Forum für Verhaltenstherapie und psychosoziale Praxis

Band 35

Ermutigung
zum aufrechten Gang

von

Heiner Keupp

Deutsche Gesellschaft für Verhaltenstherapie
Tübingen
1997

Anschrift des Autors:

Prof. Dr. Heiner Keupp
Institut für Psychologie der Universität München
Leopoldstr. 13

80802 München

Die Deutsche Bibliothek - CIP-Einheitsaufnahme
Ermutigung zum aufrechten Gang / Heiner Keupp.
Deutsche Gesellschaft für Verhaltenstherapie.
 - Tübingen : Dgvt-Verl., 1997
  (Forum für Verhaltenstherapie und psychosoziale Praxis ; Bd. 35)
  ISBN 3-87159-135-1

© 1997 dgvt-Verlag, Tübingen
Deutsche Gesellschaft für Verhaltenstherapie (DGVT)
Postfach 13 43
72003 Tübingen

Umschlagbild: A.R. Penk: Der Übergang (1963), Ludwig Forum, Aachen
© Galerie Werner, Köln und New York
Satz: VMR Monika Rohde, Bonn
Druck: Müller+Bass, Tübingen
Bindung: Buchbinderei Nädele, Nehren

ISBN 3-87159-135-1

Für Annemie –
Empowerment-Perspektiven über die 30 Jahre hinaus

Inhaltsverzeichnis

Heraus aus dem „Gehäuse der Hörigkeit" und
Ermutigung „zum aufrechten Gang" 9

Subjektsein heute:
Zwischen postmoderner Diffusion und der Suche nach neuen Fundamenten 15

Gesundheit als Lebenssouveränität –
Ein sozial ungleich verteiltes Gut 35

Von der (Un-)Möglichkeit erwachsen zu werden –
Jugend zwischen Multioptionalität und Identitätsdiffusion 49

Identitätsbildung heute –
Auf dem Weg zur Multiphrenie? 69

Bundesrepublikanische Psychiatriereform
zwischen Realpolitik, Resignation und Utopie 81

Die Gemeinschaft der Selbstsucher:
Sozialpsychologische Anmerkungen zur kulturellen Dynamik
des Protestantismus 101

Verflixte Schönheit!
Eine Zeitreise in die Geschichte der Normalität 121

Werte in der Gesellschaft von morgen 147

Alltagssolidarität in einer Stammesgesellschaft:
Potentiale für einen bundesrepublikanischen Kommunitarismus 167

Handlungsperspektiven der Gemeindepsychologie:
Geschichte und Kernideen eines Projekts 191

Psychosoziales Handeln in der postmodernen Gesellschaft:
von den schicksalsmächtigen Meta-Erzählungen zu den
eigenwilligen Geschichten vom „aufrechten Gang" 207

Literatur 229

Nachweise 249

Einleitung:
Heraus aus dem „Gehäuse der Hörigkeit" und Ermutigung „zum aufrechten Gang"

Wir bewegen uns eher besorgt auf eine Jahrtausendschwelle zu und sind von einem gesellschaftlichen Veränderungsstrudel erfaßt, dessen Ende nicht absehbar ist und dessen Zielrichtung wir nur vage erahnen. Eines wird uns zumindest immer deutlicher: Vieles, was uns wie unsere „erste Natur" erschien, wird von diesem Strudel voll erfaßt. Was anthropologisch längstens klar sein sollte, erfahren wir existentiell. Auf unsere Naturausstattung können wir uns nur unzureichend verlassen. Sie bedarf kultureller Stütz- und Sicherungssysteme.

Der homo sapiens geht zwar aufrecht im physisch-anatomischen Sinne, aber in kulturell-geistiger Hinsicht hat er erst in Ansätzen gelernt, die Chancen für die Vision menschlicher Emanzipation zu erkennen, die unsere anthropologische Grundausstattung anbietet. Was als „Mängelwesen" (Arnold Gehlen) oder als „nicht festgestelltes Tier" (Friedrich Nietzsche) charakterisiert worden ist und in diesen Formulierungen eher die Bedeutung einer Minusausstattung symbolisiert, ist ja letztlich auch die Basis für konkrete Utopien von Freiheit, vom „Ausgang des Menschen aus seiner selbst verschuldeten Unmündigkeit" (Immauel Kant), von Selbstbestimmung oder „Selbstsorge" (Foucault) oder vom „aufrechten Gang", eine konkrete Utopie, zu der uns Ernst Bloch in immer neuen Anläufen zu ermutigen versucht hat.

In Theorie und Praxis hat sich die Psychologie nicht gerade dabei hervorgetan, Möglichkeitsbedingungen von „aufrechtem Gang" zu reflektieren und Menschen dazu zu ermutigen. Sie hat sich deutlich mehr zum Arrangement mit bestehenden Mächten und Strukturen berufen gefühlt. Sie hat deutlich besser elaborierte Konzepte der Anpassung als solche des Widerstands, des Eigensinns und der Zivlcourage entwickelt. Sie hat sich eher an der Konstruktion von Stützsystemen beteiligt, die aus der „Furcht vor der Freiheit" resultieren, als danach, wie sich menschliche Subjektivität von diesen Prothesen befreien könnte.

Als Psychologe habe ich mich zuerst zu fragen, warum meine Disziplin so wenig utopische Energien entwickelt hat, um Konzepte für Subjektmöglichkeiten zu entwickeln, die über die Einpassung in und das irgendwie Zurechtkommen mit der bestehenden Realität hinausweisen. Mich interessiert die Frage, wie die Psychologie ihren Blick frei bekommen könnte, um wahrnehmen zu können, wie sich gegenwärtig Subjekte entwerfen und wie sie diese Entwürfe zu realisieren versuchen. In dieser Aussage steckt die Prämisse, daß die Psychologie ihren Blick nicht frei hat. Sie hat im Zuge ihrer eigenen Verwissenschaftlichung aus jenen Diskursen in Kultur und Gesellschaft geschöpft, die die bürgerliche Gesellschaft als Medium der Selbstverständigung des seine personale Identität und Autonomie entdeckenden Subjekts hervorgebracht hat. Gergen (1993, S. 7) spricht in diesem Zusammenhang von den „Schlüsseldiskursen im Zeitgeist der Moderne". Sie bestimmen die fachlichen Wahrnehmungsmuster der Psychologie bis heute, obwohl ihre Tragfähigkeit als konsensuelle Basis in Gesellschaft und Kultur zunehmend bezweifelt wird. „Wenn die Psychologie den Kinderschuhen entwachsen ... nicht eine kulturelle Kuriosität werden will" (ebd.), muß sie ihr kognitives Visier hochklappen, dessen Wahrnehmungseinschränkungen zur Kenntnis nehmen und ihre intellektuelle Spürnase den lauen Lüften und nicht selten auch Sturmböen einer sich verändernden Welt aussetzen. Sie haben die Hütten und Paläste längst erreicht, nur große Teile der Psychologie scheinen davon unberührt zu bleiben.

Sie verläßt sich darauf, daß jenes paradigmatische Fundament, auf dem sie sich ihre Baugenehmigung für die theoretischen Behausungen der Subjekte geholt hat, eine ontologische Garantie vermitteln würde.

Das Verhältnis des Menschen zu sich selbst und seiner Welt ist ein immer prekäres Verhältnis, es hat keine naturhaft festgelegte Form und läßt sich deshalb auch nicht in Gestalt materieller Strukturen befriedigend beschreiben, auch wenn es in der Geschichte der Psychologie immer wieder versucht wurde. In der Regel sind die angebotenen Charakteristiken dieses Verhältnisses metaphorischer Natur. Der heute so populäre Gedanke der Konstruktion stammt aus der Metaphorik der Architektur und auf diese spezifische Metaphorik habe ich mein besonderes Augenmerk gerichtet und ich werde auf sie immer wieder zurückkommen: Subjektentwürfe als Behausungen, als Versuche, sich in der jeweils vorgefundenen Welt zu beheimaten.

Hat man einmal seinen Blick für das Metaphernarsenal der Baukunst geschärft, fällt einem sehr schnell auf, wie häufig sich große Geister aus Philosophie und den Sozialwissenschaften daraus bedient haben, um die Situation des Subjekts zu charakterisieren. Bei einem exemplarischen Durchgang durch einige Theorieentwürfe wird deutlich, daß Subjektentwürfe nicht nur Aussagen über Verortungen sind, sondern immer auch das enthalten, was der Begriff „Sub-jekt" von seiner Sprachwurzel ausdrückt: „Unterwerfungen".

Max Weber beispielsweise, der große Soziologe und Theoretiker der Moderne, hat uns ein Bild hinterlassen, in dem die Persönlichkeitsstruktur des modernen Menschen als ein „stahlhartes Gehäuse der Hörigkeit" charakterisiert wird. Dieses Subjekt hat auf den ersten Blick wenig zu tun mit dem emanzipierten bürgerlichen Individuum, das an die Stelle der Traditionslenkung eigene Vernunftprinzipien setzt und sich jeder Fremdbestimmung widersetzt. Max Weber hat in seiner Religionssoziologie den faszinierenden Versuch unternommen, die Entstehung des Kapitalismus, vor allem seine soziokulturellen Lebensformen und seinen „geistigen Überbau" mit dem Siegeszug des Protestantismus in Verbindung zu bringen. Sozialpsychologisch spannend daran ist die Skizzierung eines Sozialcharakters, in dem die Grundhaltung der innerweltlichen Askese ihre Subjektgestalt erhielt. Es ist die normative Vorstellung vom rastlos tätigen Menschen, der durch seine Streb- und Regsamkeit die Gottgefälligkeit seiner Existenz beweisfähig zu machen versucht. „... wenn es köstlich gewesen ist, so ist Mühe und Arbeit gewesen", formuliert der 90. Psalm als Lebensphilosophie und drückt damit eine Haltung aus, die die abendländische Zivilisation geprägt und die in der protestantischen Ausformung als methodische Lebensführung ihre perfekteste Gestalt erhielt. Norbert Elias hat die Verinnerlichung dieser Grundhaltung treffend als „Selbstzwangapparatur" bezeichnet: Die Verinnerlichung der Affekt- und Handlungskontrolle. Damit ist jener Sozialcharakter angesprochen, den Weber mit dem „stahlharten Gehäuse der Hörigkeit" gemeint hat. Dieses Lebensgehäuse fordert bedingungslose Unterwerfung unter ein rigides Über-Ich. Das eigenständige kritische Ich hatte gegen die errichtete Gewissensinstanz nur geringe Autonomiespielräume. Die Aufstiegsperiode der kapitalistischen Gesellschaftsformation beruhte - sozialpsychologisch betrachtet - auf den Fundamenten des so erzeugten Charakterpanzers.

Das Subjektmodell, das uns bei Norbert Elias begegnet, zeigt uns das gezähmte bürgerliche Subjekt, das „wohl-temperierte Subjekt" (um den Begriff von Toby Miller (1993) aufzunehmen). Es ist „domestiziert" oder – wie es Vilem Flusser (1994) formuliert zum „häuslich verkapselten Subjekt" geworden. Es ist bestimmt von dem Gefühl des „in sich Eingeschlossenseins". Entstanden ist also der „homo clausus", jenes Subjekt, das sich hinter „hohen Mauern" in seinem „Subjektgehäuse" (Müller-Doohm 1987, S. 71) verschanzt hat. Von dem selbstbewußten bürgerlichen Subjekt, das die Welt nach eigenen Vorstellungen gestaltet und sich als Souverän dieser Welt definiert, klingt in solchen Modellen nichts mehr an. Bei Ernst Bloch noch in ambivalenter Weise, wenn er davon spricht, daß Menschen „sich in der Welt einrichten". Peter Berger interpretiert diese Formulierung so: „Der einzelne richtet sein Leben ein wie sein Haus, und oftmals symbolisiert die Einrichtung im Haus die Einrichtung im Leben" (Berger 1994, S. 124). „Sich-einrichten" heißt sich arrangieren. Der „homo clausus" sollte wenigstens in seinen „eigenen vier Wänden" die Kontrolle haben. Die „Selbstzwangapparatur" sorgt dafür, daß die innere Welt unter Kontrolle bleibt. Gleichzeitig ist die für den Kulturmenschen provozierende Frage von Freud nicht zu unterdrücken, ob Menschen wirklich „Herr im eigenen Haus" sind. Immer wieder werden wir mit der Erfahrung konfrontiert, daß Wünsche, Bedürfnisse und Impulse, die unsere kulturell normierte innere Zensurinstanz nicht akzeptiert, ihre Wirksamkeit nicht verlieren. Was wir nicht im eigenen psychischen Apparat paßförmig bearbeiten oder wenigstens „hinter die Kulissen" schieben können, müssen wir in Impuls-„Container" außerhalb unseres Persongehäuses deponieren. Der Abwehrmechanismus der Projektion leistet hier oft hervorragende Arbeit. Auf einmal erlebt das Subjekt eine Bedrohung in der äußeren Welt, die wir selbst aus unserem psychischen Binnenraum dort hin befördert haben.

Die zunehmende Verhäuslichung der menschlichen Existenz hat die Haltung befördert, das Wesentliche im Inneren des Hauses zu suchen. Zum neuzeitlichen Subjekt gehört die Wertschätzung der Innerlichkeit (vgl. Taylor 1994, S. 205 ff.). In dieser Haltung könnte sich Augustinus in vielen Strömungen der Psychokultur verwirklicht sehen und er könnte mit besonderer Wohlgefälligkeit auf die Botschaften der Humanistischen Psychologie blicken. Sie nehmen seine Empfehlung bis heute ernst: „Geh nicht nach außen; kehr in dich selbst zurück; im inneren Menschen wohnt die Wahrheit" (zit. nach Taylor, ebd., S. 238). Auch bei Augustinus finden wir also schon die metaphorische Ökologie des Wohnens.

Umso weiter wir in dieses Jahrhundert kommen, desto stärker prägt sich diese Innerlichkeitssehnsucht aus. In ihr soll die reale Erfahrung der Entfremdung kompensiert werden. Dem Menschen der Neuzeit ging zunehmend „das Gefühl der Behaustheit in der Welt ... verloren" (Buber 1982, S. 82). Es bleibt nur noch der unbeschadet gebliebene „innere Tresor". So schreibt etwa Rainer Maria Rilke in seinen *Duineser Elegien*: „Nirgends, Geliebte, wird Welt sein, als innen. Unser Leben geht hin mit

Verwandlung. Und immer geringer schwindet das Außen. Wo einmal ein dauerndes Haus war, schlägt sich erdachtes Gebild vor, quer, zu Erdenklichem völlig gehörig, als ständ es noch ganz im Gehirne" (zit. nach Emrich 1994).

Der aktuelle Blick schwankt zwischen Menschen als sich selbst bestimmenden „BaumeisterInnen" ihrer sozialen Beziehungen und „Identitätsprojekte", sowie dem Menschen, der gar nicht mehr seßhaft ist und deshalb auch keine festen Mauern mehr errichtet: Als „Nomade" braucht er allenfalls ein Zelt, das er überall aufstellen kann, als „Tourist" nutzt er mal dieses Hotel oder jenes und als Flaneur ist er in den „Kaufhäusern" zu Hause (vgl. Bauman 1993).

Für Vilem Flusser (1994) ist in seinem neuen Buch *Vom Subjekt zum Projekt* die Diagnose der Gegenwart klar:

„Die soliden und komfortablen Häuser scheinen ihrer Aufgabe nicht mehr gewachsen zu sein, als Orte der Gewohnheit Geräusche aufzufangen und zu Erfahrungen zu prozessieren. (...) Daher ist das Haus umzuentwerfen, und solange dies nicht geschehen ist, leben wir unbehaust, auch wenn wir weiterhin Häuser im alten Sinne bauen. Solche Häuser sind nämlich Kapseln geworden, die unsere Intersubjektivität hemmen, anstatt sie zu fördern" (S. 62 f).

Die Metaphorik wechselt von den festen zu den eher flüchtigen oder provisorischen Konstruktionen und der selbsttätige Anteil des Subjektes wird als beständig zunehmend eingeschätzt. Gleichzeitig wird aber auch betont, daß der an seiner Behausung „bastelnde Homeworker" auf weitgehend vorgefertigte Bauteile („Standardisierung" nennt das Ulrich Beck) zurückgreift und deshalb seine stolz herausgestellte kreative Eigentätigkeit eher den Charakter des Selbstbetrugs aufweisen würde.

Diese Metaphern und Bilder werden bemüht, um die Prozesse ansprechen zu können, in denen sich Menschen in einer Welt verorten, in die sie offensichtlich nicht paß- und handlungsfähig hineingeboren werden. Von solchen grundlegenden Prozessen der Verortung der Subjekte in ihrer Welt wird man in der hauptsächlich betriebenen Psychologie wenig Spuren finden. Ihr Personengehäuse steht auf einem scheinbar für immer garantierten Fundament, das Haus hat einen biologisch gesicherten Grundriß. Die Psychologie hat sich weitgehend darauf beschränkt, allgemeine Funktionsprinzipien der binnenhäuslichen Verarbeitung von Einflüssen zu untersuchen, die von außen das Gehäuse tangieren. Das Haus hatte zunächst noch Fenster, aus denen sich das Subjekt hinausgelehnt hat, um sich die Welt dort draußen zu vergegenwärtigen. Inzwischen verarbeitet ein immer raffinierter konstruierter Mikroprozessor die eintreffenden Informationen. Das Subjektgehäuse wird dem Computer zum Verwechseln ähnlich.

Die Psychologie unterstellt also die ontologische Dauerhaftigkeit eines Personengehäuses, wie es sich in ihrer Geburtsepoche, also der entstehenden Moderne oder bürgerlichen Gesellschaft, herausgebildet hatte und sie hat in ihrem Hauptstrom keinen epistemologischen Zugang dazu entwickelt, dieses Personengehäuse als ein historisch-spezifisches Produkt zu begreifen. Sie hat selten nach dem Preis gefragt, den Subjekte zu entrichten haben, wenn sie in diese Gehäuse einzuziehen haben und die Frage, ob es dazu Alternativen geben könnte, wird kaum gestellt. Der Erkenntnisweg der Naturwissenschaften wurde zur Leitlinie. Die Suche nach universellen Gesetzmäßigkeiten psychischen Funktionierens bestimmte und bestimmt nach wie vor das disziplinäre

Hauptgeschäft der Psychologie. Und dabei wird ein implizites Subjektverständnis vorausgesetzt und ebenfalls universalisiert, das seine modernen Eltern nicht verleugnen kann: Das autonome, männliche Subjekt, das kognitive Kontrolle über seine innere und die äußere Natur ausübt. Die Psychologie ist ein Kind der Moderne, das sich erwachsen gibt, aber noch immer in den Kinderschuhen der frühen Moderne herumläuft.

In der aktuellen Soziologie ist das Konzept der „reflexiven Modernisierung" zu einem Zentralbegriff geworden, in dem die kritisch-reflektierende Distanz zu den naiven Selbstverständlichkeiten der Moderne zum Ausdruck kommt. Die Fähigkeit zur individuellen Selbstkontrolle gehört zu den Versprechungen der Moderne und wurde doch zugleich zu einem modernen Mythos, dem die kognitive Psychologie noch immer weitgehend anhängt. In der „Dialektik der Aufklärung" hatten Horkheimer und Adorno bereits 1944 geschrieben: „Furchtbares hat die Menschheit sich antun müssen, bis das Selbst, der identische, zweckgerichtete männliche Charakter des Menschen geschaffen war. Die Anstrengung, das Ich zusammenzuhalten, haftet dem Ich auf allen Stufen an, und stets war die Lockung, es zu verlieren, mit der blinden Entschlossenheit zu seiner Erhaltung gepaart" (1969, S. 33). Daß dieses kognitiv-rationale und sich selbst kontrollierende Individuum, das so unerbittlich die eigene Autonomie betont und von der Souveränität im eigenen Personengehäuse überzeugt ist, letztlich auf Akten der Unterwerfung und der Verinnerlichung von Herrschaft beruht, ist die reflexive Einsicht, um die sich die Psychologie in ihrem Hauptstrom noch immer systematisch herummogelt.

Die vielberedete „Krise der Moderne" ist Ausdruck der sich ausbreitenden kulturellen Zweifel an den naiven Mythen der modernen Gesellschaft. Die Basis dafür schaffen technologische, ökologische und ökonomische Ein- und Umbrüche, die auch die Fundamente der modernen Subjektbauten erschüttern. Nur wenn ich die Unterwerfungsdimension dieser Gehäuse wahrzunehmen gelernt habe, kann ich auch den potentiell-befreienden Aspekt dieser Veränderungen erkennen. Darauf bezieht sich Vilem Flusser wenn er sagt: : „... wir beginnen, aus den Kerkerzellen, die die gegenwärtigen Häuser sind, auszubrechen, und uns darüber zu wundern, es solange daheim und zu Hause ausgehalten zu haben, wo doch das Abenteuer vor der Tür steht" (1994, S. 71). An anderer Stelle spricht er vom „Abenteuer eines entwerfenden Lebens" (S. 41). Und auf diesem Weg sieht er uns bereits: „Gegenwärtig gibt es zahlreiche Symptome, die darauf deuten, daß wir beginnen, uns aus einer subjektiven in eine projektive Einstellung aufzurichten; daß wir uns nicht mehr vor oder über etwas beugen, sondern zu entwerfen beginnen. Die ... Umstellung aus einer Verbeugung vor Gott zu einem Beugen über die Dingwelt beginnt einer neuen noch radikaleren zu weichen" (S. 24). Es ist die Utopie vom „Subjekt zum Projekt", vom Untertanen zum „aufrechten Menschen".

Mit dem vorliegenden Aufsatzband nähere ich mich dem „Tagträumen vom aufrechten Gang" (Münster 1977) von unterschiedlichen thematischen Ausgangspunkten an. Die einzelnen Kapitel gehen auf konkrete Anlässe zurück. In aller Regel sind sie ausgearbeitete Fassungen von Vorträgen. Sie sind alle in den vergangenen drei Jahren entstanden. Die einzelnen Aufsätze sind von gemeinsamen Grundideen und Begriffen geprägt, die dann auch in ähnlicher sprachlicher Gestalt immer wieder auftauchen.

Der Band knüpft an drei Vorläufer an: *Psychosoziale Praxis im gesellschaftlichen Umbruch* (1987); *Riskante Chancen* (1988) und *Psychologisches Handeln in der Risikogesellschaft* (1994). Alle drei Buchprojekte vereint zunächst ihre Absicht, sozialpsychologische Zeitdiagnostik zu liefern. Ein solches Vorhaben ist riskant, weil einem der souveräne Abstand zu den Themen fehlt. Aber dieses Risiko muß ich eingehen, wenn ich die zeitdiagnostische Abstinenz meines Faches kritisiere. Die drei Bücher werden aber auch noch durch einen anderen Faden verknüpft. Es ist die Überzeugung, daß psychosoziale Praxis nur dann adäquate Antworten auf subjektive Probleme von Menschen entwickeln kann, wenn sie ihre kritische Passung zu den sich verändernden gesellschaftlichen Verhältnissen findet.

Dieses Buch verdankt der Deutschen Gesellschaft für Verhaltenstherapie (DGVT) sehr viel. Einige Vorträge sind auf Einladung der DGVT entstanden. Sie steht seit Beginn der 70er Jahre für eine Tradition, die das psychologisch-psychotherapeutische Handeln auf dem Hintergrund politischer und soziokultureller Entwicklungen reflektiert. Damit erfüllt sie in der bundesrepublikanischen Psychoszene eine einzigartige und unverzichtbare Funktion. Ich freue mich, daß der DGVT-Verlag dieses Buch realisiert, und ich danke Otmar Koschar ganz herzlich für seine Ermutigung und Unterstützung. Angela Kühner danke ich für ihre vielfältige Unterstützung und ihre kritischen Nachfragen, vor allem in der Phase, in der aus Manuskriptfragmenten ein druckfertiger Text entstanden ist. Andrea Sacher von der Redaktionskommission der DGVT hat mir durch ihre sorgfältige Lektüre des Manuskriptes dabei geholfen, das Wirken des Fehlerteufels zu minimieren.

Subjektsein heute:
Zwischen postmoderner Diffusion und der Suche nach neuen Fundamenten

Der ambivalente Auszug aus dem „Gehäuse der Hörigkeit"

Max Weber, der große Soziologe und Theoretiker der Moderne, hat uns ein Bild hinterlassen, in dem die Persönlichkeitsstruktur des modernen Menschen als ein „stahlhartes Gehäuse der Hörigkeit" charakterisiert wird. Dieses Subjekt hat auf den ersten Blick wenig zu tun mit dem emanzipierten bürgerlichen Individuum, das an die Stelle der Traditionslenkung eigene Vernunftprinzipien setzt und sich jeder Fremdbestimmung widersetzt. Max Weber hat in seiner Religionssoziologie den faszinierenden Versuch unternommen, die Entstehung des Kapitalismus, vor allem seine soziokulturellen Lebensformen und seinen „geistigen Überbau" mit dem Siegeszug des Protestantismus in Verbindung zu bringen. Sozialpsychologisch spannend daran ist die Skizzierung eines Sozialcharakters, in dem die Grundhaltung der innerweltlichen Askese ihre Subjektgestalt erhielt. Es ist die normative Vorstellung vom rastlos tätigen Menschen, der durch seine Streb- und Regsamkeit die Gottgefälligkeit seiner Existenz beweisfähig zu machen versucht. „... wenn es köstlich gewesen ist, so ist Mühe und Arbeit gewesen", formuliert der 90. Psalm als Lebensphilosophie und drückt damit eine Haltung aus, die die abendländische Zivilisation geprägt und die in der protestantischen Ausformung als methodische Lebensführung ihre perfekteste Gestalt erhielt. Norbert Elias hat die Verinnerlichung dieser Grundhaltung treffend als „Selbstzwangapparatur" bezeichnet: Die Verinnerlichung der Affekt- und Handlungskontrolle. Max Weber ist in der Wahl seiner Metapher für den so entstehenden Sozialcharakter noch drastischer. Er spricht vom „stahlharten Gehäuse der Hörigkeit". Dieses Lebensgehäuse fordert bedingungslose Unterwerfung unter ein rigides Über-Ich. Das eigenständige kritische Ich hatte gegen die errichtete Gewissensinstanz nur geringe Autonomiespielräume. Die Aufstiegsperiode der kapitalistischen Gesellschaftsformation beruhte – sozialpsychologisch betrachtet – auf den Fundamenten des so erzeugten Charakterpanzers. Max Weber sprach von einem

> „mächtigen Kosmos der modernen ... Wirtschaftsordnung, der heute den Lebensstil aller einzelnen, die in dieses Triebwerk hineingeboren werden – nicht nur der direkt ökonomisch Erwerbstätigen – mit überwältigendem Zwang bestimmt, vielleicht bestimmen wird, bis der letzte Zentner fossilen Brennstoffs verglüht ist" (1963, S. 203).

Das Hineinwachsen in diese Gesellschaft bedeutete bis in die Gegenwart hinein, sich in diesem vorgegebenen Identitätsgehäuse einzurichten. Die zentrale These der nachfolgenden Überlegungen knüpft an diesem Bild an und betont, daß dieses moderne Identitätsgehäuse seine Paßformen für unsere Lebensbewältigung zunehmend verliert, auch wenn „der letzte Zentner fossilen Brennstoffs" noch nicht „verglüht ist".

Das erleben viele Menschen als Verlust, als Unbehaustheit, als Unübersichtlichkeit, als Orientierungslosigkeit und Diffusität und sie versuchen sich mit allen Mitteln ihr gewohntes Gehäuse zu erhalten. Fundamentalismen und Gewalt sind Versuche dieser Art. Sie können die vorhandene Chance nicht sehen, nicht schätzen und vor allem nicht nutzen, aus dem „Gehäuse der Hörigkeit" auszuziehen und sich in kreativen Akten der Selbstorganisation eine Behausung zu schaffen, die ihre ist. ArchitektIn und BaumeisterIn des eigenen Lebensgehäuses zu werden, ist allerdings für uns nicht nur Kür, sondern zunehmend Pflicht in einer grundlegend veränderten Gesellschaft. Es hat sich ein tiefgreifender Wandel von geschlossenen und verbindlichen zu offenen und zu gestaltenden sozialen Systemen vollzogen. Nur noch in Restbeständen existieren Lebenswelten mit geschlossener weltanschaulich-religiöser Sinngebung, klaren Autoritätsverhältnissen und Pflichtkatalogen. Die Möglichkeitsräume haben sich in einer pluralistischen Gesellschaft explosiv erweitert.

„Erweiterte Möglichkeiten bedeuten aber auch geringere Notwendigkeiten der Einordnung in gegebene Verhältnisse. (...) Damit werden aber Tugenden, mit (unverändlichen) Umständen leben zu können, weniger funktional und weniger eintrainiert als Tugenden, sich klug entscheiden zu können und Beziehungsverhältnisse aktiv befriedigend zu gestalten" (Fend 1988, S. 296).

In diesem Prozeß stecken enorme Chancen und Freiheiten, aber auch zunehmende Gefühle des Kontrollverlustes und wachsende Risiken des Mißlingens. Die qualitativen Veränderungen in der Erfahrung von Alltagswelten und im Selbstverständnis der Subjekte könnte man so zusammenfassen: Nichts ist mehr selbstverständlich so wie es ist, es könnte auch anders sein; was ich tue und wofür ich mich entscheide, erfolgt im Bewußtsein, daß es auch anders sein könnte und daß es meine Entscheidung ist, es so zu tun. Das ist die unaufhebbare Reflexivität unserer Lebensverhältnisse: Es ist meine Entscheidung, ob ich mich in einer Gewerkschaft, in einer Kirchengemeinde oder in beiden engagiere oder es lasse.

„Kindheitsmuster": Unsere inneren Bilder von einer geordneten und eindeutigen Welt

Wir alle kennen Bilder aus „besonnter Vergangenheit"*. Sie lassen beim Betrachten das Gefühl entstehen, daß die Teile sich zu einem stimmigen „Ganzen" fügen; daß die Zuordnung der Menschen zueinander paßt und mit gelebter Bezogenheit erfüllt ist; daß die Menschen nicht nur irgendeine Inszenierung betreiben, sondern echt und authentisch wirken, daß sie glaubhaft innere Werte und Überzeugungen verkörpern. Es wird nicht ein Typus simuliert, sondern gelebt. Ich denke an Bilder von Unternehmerpersönlichkeiten der frühen Industrialisierungsepoche, die in einer Mischung von Selbstbewußtsein, Demut und Väterlichkeit einen spezifischen Typus verkörpern; ich denke an Bilder von Arbeitern, die ihre eigenen Produkte in einem nachvollziehbaren Produzentenstolz zeigen, es ist ihrer Hände Arbeit, ihr Fleiß, ihre Geschicklichkeit

---

* So lautet der Titel der Lebenserinnerungen des bekannten Arztes Carl Ludwig Schleich (1922).

und ihre Solidarität wird ohne Pose sichtbar gemacht. Ich denke an Bilder aus dem ländlichen Raum, die eine bäuerliche Mehrgenerationenfamilie inmitten ihres Hofes, des Gesindes, ihres Viehs und ihrer Gerätschaften zeigt; die Ernte ist eingefahren. Die Gesichter vermitteln etwas von der Naturnähe bäuerlicher Lebensform.

Wir wissen natürlich, daß solche stimmigen Verkörperungen spezifischer epochaler Typen und ihrer Lebenswelt längst nicht immer so widerspruchsfrei, harmonisch und eindeutig waren, wie sie uns in Bildern erreichen oder wie wir sie in romantischer Verklärung gerne hätten. Wir kennen solche Bilder nicht nur aus Museen oder Bildbänden; wir haben sie in unseren eigenen Köpfen und – an der Gegenwart gemessen oder besser: im Kontrast zu ihr gebildet – gewinnen sie noch mehr Eindeutigkeit, Klarheit, Übersichtlichkeit. Meine Bilder stammen aus einem kleinen oberfränkischen Dorf in den 50er Jahren, in dem kleine Bauern und Arbeiterfamilien lebten, deren erwachsene Mitglieder fast alle in der Porzellanfabrik tätig waren. Idyllisch sind meine Bilder nicht, dazu mußten sich die Menschen um mich herum ihren Lebensunterhalt zu hart verdienen. Aber es war ein übersichtlicher Mikrokosmos, die Kirche stand in dessen Mittelpunkt und mein Vater war 30 Jahre lang der Pfarrer in dieser Gemeinde. Es war eine rein evangelische Gemeinde bis 1945. Unter den Flüchtlingen gab es einige Katholiken. Der Jahresablauf war von natürlichen Rhythmen und dem Kirchenkalender bestimmt. Ich lege mich immer mit Großstädtern an, die das Leben auf dem Lande idealistisch verklären, als Inbegriff nicht-entfremdeter Lebensverhältnisse sehen und am liebsten dort ihren Lebensmittelpunkt hin verlagern möchten. Bei solchen romantisierenden Fehldeutungen fallen mir die heftigen Konflikte ein, die dieses Dorf und auch die Kirchengemeinde oft zerrissen haben, die Ausgrenzungen von Außenseitern, die engen Sozialkontrollen. Und trotzdem liefert mir meine dörfliche Erfahrungswelt – heute wohl besser: Erinnerungswelt – eine Folie, um die verwirrenden und unübersichtlichen Erfahrungen der gegenwärtigen Alltagswelt als Phänomen ganz neuer Qualität zu kontrastieren.

Diese Kontraste sind nicht nur dem Wechsel von der ländlichen in die urbane Lebenswelt geschuldet, sondern im kontrastierenden Vergleich wird etwas von den Veränderungsprozessen persönlich erfaßt, was in so abstrakten Formulierungen wie Modernisierung oder als Übergang von modernen zu postmodernen Lebensbedingungen angesprochen wird. Wir befinden uns in einer gesellschaftlichen Phase, die besonders hochtourig verläuft und in kurzer Zeit eine solche Fülle von Veränderungen erzeugt, daß wir in aller Regel kaum mitkommen. Unstrittig scheint mir zu sein, daß wir in diesen Turbulenzen nicht einfach starr an dem festhalten können, was uns vertraut und geläufig ist und mit einer solchen Ausstattung den Sturmfluten getrost entgegentreten könnten. Und zunehmend setzt sich auch die Überzeugung durch, daß auch unsere „innere Ausstattung", unser Selbstverständnis, unsere Identität von diesen Veränderungen betroffen sind.

Solche selbst erlebten historisch-biographischen Kontrastierungen greifen einen mehr oder weniger kurzen Abschnitt aus einem gattungsgeschichtlichen Prozeß heraus, in dem sich das Verhältnis des Einzelnen zu Natur und Gesellschaft auf eine spezifische Weise verändert hat, in dem sich überhaupt erst so etwas wie ein seiner selbst bewußtes „Ich" entstanden ist. Peter Berger beschreibt diesen Prozeß in seinem neuesten religionssoziologischen Buch „Sehnsucht nach Sinn" so:

„dieses Ich (wurde) im Lauf der Geschichte in sehr unterschiedlichen Weisen erlebt und reflektiert. Taucht man tief genug in die Geschichte ein, dann stößt man überall auf der Welt auf eine Lebens- und Denkweise, die ich als mythologische Matrix bezeichnen möchte. (...) In dieser mythologischen Welt sind die Grenzen zwischen Ich und Nicht-Ich fließend: Das Ich ist eingebettet in eine Kontinuität des Seins, die sich erstreckt von der menschlichen Gemeinschaft über das, was wir heute ‚Natur' nennen, bis hinein ins Reich der Götter oder anderer geheiligter Wesen. Das Ich ist in dieser Welt in einem emphatischen Sinn nicht einsam" (1994, S. 90). In der Bewußtseinsbildung von Kindern und Jugendlichen werden „Schlüsselelemente" dieser mythologischen Matrix durchlaufen und Berger vermutet hier die Quelle „für die Sehnsucht, die selbst die modernsten Menschen nach jener Welt zu entwickeln scheinen, einer Welt, in der alles im vollen Wortsinn ein ‚Ganzes' war" (ebd.). Dieses mythologische Weltverständnis bekam im Laufe der Geschichte immer mehr Risse und „mit jedem dieser Risse (ging) eine gewisse Individuierung einher – das Individuum fiel aus dem festen Zusammenhang von Gemeinschaft, Kosmos und Göttern heraus" (ebd.).

Dieser Individualisierungsprozeß hat sich also nicht als kontinuierlicher Prozeß vollzogen, sondern nach „heißen" Phasen der Veränderung gab es immer wieder Stabilisierungsphasen, in deren Folge sich eine gute Synchronisation von Subjekt und seiner Welt herstellte und darüber eine Annäherung an die „mythologische Matrix": So haben es die Natur, die Schöpfung oder die Götter eingerichtet, so soll es sein, so muß es sein.

Ich will hier keinen allgemeinen geschichtsphilosophischen Abriß geben, sondern mich jetzt sehr rasch auf aktuelle Befindlichkeiten zubewegen. Es sind vor allem Befindlichkeiten des Verlustes, sie reagieren auf die Demontage eines Baugerüstes, das die Moderne in ihrem Aufbaustadium als äußeres und inneres Koordinatensystem gegeben hat. Wir alle haben davon in unserer Biographie und zum Teil auch noch aktuell viel mitbekommen. Ich will diesen Grundriß der frühen industriegesellschaftlichen Moderne in einer klassisch-idealtypischen Beschreibung heranziehen. Alexis de Tocqueville hat ihn in seinem klassischen Werk „Über die Demokratie in Amerika" 1835/1840 eindringlich beschrieben (ich stütze mich auf eine Zusammenfassung von Robert Bellah et al. 1987).

„In Tocquevilles noch-agrarischem Amerika war, wie das gesamte 19. Jahrhundert hindurch, die Grundeinheit der Zusammenschlüsse die Gemeinde, die gleichzeitig das praktische Fundament für die Würde des einzelnen wie für seine Mitwirkungsmöglichkeiten bildete. Die bürgerliche Kultur der Eigeninitiative wurde hier durch Gewohnheiten und persönliche Bindungen gestützt und zusätzlich durch die weitverbreitete protestantische Kirche gefestigt. Die Sitten und Gebräuche, die Tocqueville so sehr in den Vordergrund rückt, waren damals noch stark in der Bevölkerung verankert. Zwar bemühte man sich allenthalben um die wirtschaftliche Verbesserung der eigenen Lage, aber die individuellen Motive waren in die noch bestehenden Gemeinschaftsformen eingebettet, die auch die Sorge um das Wohl des Nachbarn umfaßten. In den Städten wurde die individuelle Konkurrenz des Marktes durch die mildernden Einflüsse einer grundlegenden Gleichheitsethik und einer gemeinsamen Verantwortlichkeit ausgeglichen und humanisiert" (Bellah et al., 1987, S. 63).

„Man kann Tocquevilles Amerika als ein ineinandergreifendes Netzwerk spezifischer sozialer Rollen betrachten: der des Ehemanns, der der Ehefrau, des Kindes, des Farmers, des Handwerkers, des Juristen, des Kaufmanns, des städtischen Angestellten usw. Aber die besondere Qualität jener Gesellschaft, ihre einzigartige Identität als eine ‚Welt', die sich von anderen Gesellschaften unterscheidet, kristallisierte sich im Geist der Sitten und Gebräuche, die damals lebendig waren. Ein Symbol dafür war der repräsentative Charakter des ... unabhängigen Bürgers. (...) ... der repräsentative Charakter (ist) kein abstraktes Ideal oder keine gesichtslose soziale Rolle, sondern er wird gelebt in den Biographien einzelner Persönlichkeiten, denen es mehr oder weniger gut gelingt, ihre Individualität mit den öffentlichen Erfordernissen sozialer Rollen in Übereinstimmung zu bringen. Diese sichtbare Inszenierung verleiht kulturellen Idealen die Macht, Leben zu organisieren. So kennzeichnen repräsentative Charaktere bestimmte Gesellschaften und historische Epochen. (...). Weil der repräsentative Charakter ein Kristallisationspunkt ist, an dem eine Gesellschaft ihren – kulturell interpretierten – Problemen begegnet, ist er häufig die Hauptstütze für Mythen und das Volksempfinden gewesen. Machtvolle amerikanische Mythen wurden zweifellos um das selbstbewußte, aber gerechte Individuum gebildet, dessen soziale Basis das Leben eines kleinen Farmers oder eines selbständigen Handwerkers und dessen Geist das idealisierte Ethos der Stadtgemeinde war. Diese Mythen sind wichtige Quellen für den Lebenssinn vieler Menschen" (ebd., S. 64f.).

„Im Mittelpunkt der neuen demokratischen Kultur standen männliche Rollen. Aber die Leistungsethik, die die Männer formulierten, wurde von einem weiblichen Moralsystem gestützt. Der Haushalt war in Handwerker- und Farmerfamilien von vitaler ökonomischer Bedeutung, und obwohl in ihm Männer und Frauen ungleich mit Macht und Prestige ausgestattet waren, ergänzten sich die Stellung von Mann und Frau. Die Frauen waren jedoch in den größeren Städten und Zentren, besonders in Akademikerfamilien und in der Schicht der Geschäftsleute, ihrer ökonomischen Rolle mehr und mehr beraubt. Statt dessen erwartete man von ihnen, sich der pflegenden Mutterrolle zuzuwenden und sie zum Ausdruck zu bringen. Frauen sollten außerdem das Haus verschönern, das mehr als eine Rückzugsmöglichkeit von der Alltagswelt statt als ein Teil von dieser angesehen wurde" (ebd., S. 65f.).

Das Bild, das uns Tocqueville vom politischen und religiösen Gemeindeleben des frühen Amerika bietet, vermittelt uns die gelungene Synchronisaton von Individualität und Gemeinsinn, von ökonomischem Eigennutz als Motor des Wachstums und die tiefe Verinnerlichung von Verantwortung für und Verpflichtung gegenüber dem Gemeinwesen, zwischen religiösen Überzeugungen und politischer Ordnung und zwischen den Geschlechtern. An diesem Idealbild hält der konservative Flügel der nordamerikanischen Kommunitaristen bis heute fest (exemplarisch sei hier Amitai Etzioni (1993) genannt). Gerade am Geschlechterverhältnis wird deutlich, daß die Figur des überzeugend und selbstbewußt auftretenden Bürgers ohne die „Schattenarbeit" seiner Frau gar nicht denkbar wäre. Es ist das Bild der „halbierten Moderne", die auf einer spezifischen geschlechtsspezifischen Arbeitsteilung aufbaut. Die frühe Moderne hat Konstruktionen von Mann und Frau erzeugt und sie als Ausdruck des „Wesens der Geschlechter" betrachtet und darauf ihre Ordnung errichtet. Mindestens für eine längere gesellschaftliche Entwicklungsetappe hatte sich das Leben der Menschen zu einem stimmigen Mikrokosmos gefügt, der durch eine legitimierende Leitidee bestimmt war, die den Menschen eine gemeinsam geteilte subjektive Gewißheit ermöglichte. Sie waren von einem Gewißheitsgefühl erfüllt, zu wissen, was die Welt im Innersten zusammen hält.

Doch diese Ordnung war nicht so harmonisch wie sie auf den ersten Blick wirkt, sie baut auf der Ungleichheit der Lebenschancen auf. Sie mußte bei einer konsequenten Einlösung der Aufklärungsansprüche der Moderne scheitern und die kapitalistische Ökonomie hat ihren eigenen unbestechlichen Beitrag zu einer weiteren radikalen Modernisierung geleistet. Wenig ist von dieser Ordnung übrig geblieben. Gerade in den letzten Jahren hat sich hier ein radikaler Umbruch vollzogen, den Peter Berger so charakterisiert:

„... die Modernisierung hat in der Pluralisierung wie in der Individuierung für einen Quantensprung gesorgt. Die Pluralisierung reicht von der materiellen Ebene bis tief in die Sphäre der Ideen und Werte hinein. Die Technologie hat die Auswahl der Instrumente, mittels derer die Welt verändert werden kann, ins Unermeßliche gesteigert. Die Marktwirtschaft vervielfacht die Optionen der Lebensstile so, wie die Demokratie die politischen Wahlmöglichkeiten vermehrt, und die Urbanisierung erzeugt ein Milieu, indem sich eine Vielzahl moralischer und religiöser Alternativen eröffnen. Die Moderne bedeutet für das Leben des Menschen einen riesigen Schritt weg vom Schicksal hin zur freien Entscheidung. (...) Aufs Ganze gesehen gilt ..., daß das Individuum unter den Bedingungen des modernen Pluralismus nicht nur auswählen kann, sondern daß es auswählen muß. Da es immer weniger Selbstverständlichkeiten gibt, kann der Einzelne nicht mehr auf fest etablierte Verhaltens- und Denkmuster zurückgreifen, sondern muß sich nolens volens für die eine oder andere Möglichkeit entscheiden. (...) Sein Leben wird ebenso zu einem Projekt – genauer, zu einer Serie von Projekten – wie seine Weltanschauung und seine Identität" (1994, S. 95).

Diese Veränderungen gilt es noch etwas genauer unter die Lupe zu nehmen.

Befindlichkeiten in der postmodernen Moderne

Im öffentlichen Diskurs über die Entwicklungsdynamik der bundesrepublikanischen Gesellschaft hat sich in den vergangenen Jahren ein bemerkenswerter Paradigmenwechsel vollzogen, zumindest wird um ihn heftig gerungen. Waren zunächst Individualisierungsprozesse und Prozesse der „Entgrenzung" in der politischen Geographie Mitteleuropas eher als Chancen der Befreiung, mindestens der „Erleichterung", des „Abbaus" von Feindbildern gefeiert worden, werden genau diese Prozesse heute als Wurzel alles Übels konstruiert. Natürlich ist die Frage berechtigt, wieviel Individualisierung oder Freisetzung der Mensch verträgt. Und legitim sind alle sich daran anschließenden Fragen: Heißt Freisetzung mit Notwendigkeit die Herstellung des freien, autonomen, aber auch einsamen Menschen? Wieviel Rahmung braucht der Mensch? Welche Rahmungskompetenzen brauchen wir? Besteht nicht die fatale Konsequenz bei verlorenen Rahmungen, daß die Grenzsuche regressiv verläuft: Also in der Suche nach den festen, stabilen, unverrückbaren Fundamenten, die mir niemand streitig machen kann; den unveräußerlichen kollektiven Identitätsmustern, die als positive Stütze in den Turbulenzen gegenwärtiger Lebensverhältnisse herangezogen werden könnten. Die Stimmung in Deutschland ist wirklich ziemlich miese. Sie ist nicht nur deshalb so schlecht, weil die Wirtschaft in einem kräftigen Tief steckt oder weil unsere Politiker so unfähig sind. Die Krise geht viel tiefer. Die Welt ist in Unordnung geraten. Die Ordnungsstrukturen, die dem Leben der Menschen ein halbes Jahrhundert – und trotz Krieg wahrscheinlich schon sehr viel länger – einen klaren und erwartbaren Rahmen gegeben haben, zerbröseln oder sind zerfallen. Das ist im allgemein-gesellschaftlichen und politischen Raum ebenso wie in unseren privaten Lebenswelten zu spüren. Wir merken jetzt erst, in welcher Weise die ja nicht gerade geliebte Nachkriegsordnung zugleich einen sicheren für unsere Alltagsbewältigung stabilen Rahmen abgab, auch dann wenn er unsere Verachtung und Kritik erfuhr. Dieser Rahmen ist zerbröselt und in unserer Gesellschaft mischen sich Demoralisierung, also eine Haltung der Hoffnungslosigkeit, daß sich bald etwas positiv verändern ließe, Gewalt und eine Dominanzhaltung, die nur ungenügend verhüllen kann, daß sie aus einer tiefen Verunsicherung gespeist ist.

Das Spezifikum postmoderner Befindlichkeiten wird uns von Philosophen gerne mit so großen Formulierungen wie „Das Ende der Eindeutigkeiten" – „Das Ende der Gewißheiten" – „Das Ende der „Meta-Erzählungen" erklärt. Als Sozialwissenschaftler möchte ich Befindlichkeiten näher an der Alltagserfahrung beschreiben. Vor allem möchte ich aufzeigen, daß nicht nur etwas beendet, uns etwas genommen wird, sondern, daß in diesen neuen Erfahrungen auch das Potential neuer und produktiver Formen der Lebensgestaltung und -bewältigung enthalten ist.

1. Fragmentierung von Erfahrungen.
Die wachsende Komplexität von Lebensverhältnissen führt zu einer Fülle von Erlebnis- und Erfahrungsbezügen, die sich aber in kein Gesamtbild mehr fügen. Diese Erfahrungssplitter sind wie Teile eines zerbrochenen Hohlspiegels. Wir haben meist keine andere Chance, als sie unverbunden nebeneinander stehen zu lassen. Es sind hohe psychische Spaltungskompetenzen gefordert, um nicht verrückt zu werden. Es entsteht eine „multiphrene Situation" als Normalphänomen (Gergen 1991).

Aber wir sind nicht nur vielfältig zerspalten, zerrissen und unfähig, aus den Erfahrungen wieder einen in sich stimmigen Erlebniskosmos zu konstruieren. In gewisser Weise machen wir jeden Tag multikulturelle Erfahrungen, die auch einen Reichtum ausmachen, die eindimensionale Bewußtseinshorizonte überschreiten, die ein Gefühl für den Wert von Heterogenität vermitteln.

2. Pluralisierung
Pluralisierung von Lebensformen und Milieus führen zu einer schier unendlichen Fülle von Alternativen. Peter Berger (1994, S. 83) spricht von einem „explosiven Pluralismus" und führt dazu aus:

„Pluralismus ist dann gegeben, wenn die Gesellschaft als ganze nicht von einer einzigen Gruppe konstituiert wird, bzw. wenn eine Einzelgruppe nicht als umfassende Gemeinschaft für alle Gesellschaftsmitglieder fungieren kann. Das hat schwerwiegende Implikationen für das Individuum und seine Überzeugungen. Weder sein Ich noch seine Weltsicht können fürderhin für selbstverständlich genommen werden. Das Ich dieses Individuums ist zur Einsamkeit verdammt, und sein Weltverhältnis wird zu einer Angelegenheit der bewußten Entscheidung. Die Moderne ist nicht das einzige Zeitalter, das solche pluralistischen Situationen erzeugt hat, doch hat sie den Pluralismus weit mehr als jemals zuvor zu einer bestimmenden und zunehmend globalen Realität gemacht" (Berger 1994, S. 92).

Ein besonders eindrückliches Beispiel sind die familiären Lebensformen. In eine Minderheit ist längst die vierköpfige Familie geraten, es gibt die wachsende Anzahl von Stieffamilien oder „Patchworkfamilien", in denen sich nach Trennung und Scheidung unvollständig gewordene Familienbruchstücke zu neuen Einheiten verbinden, Kinder sich über die Zeit gelegentlich mit zwei, drei „Vätern und Müttern" arrangieren müssen. Es gibt die Ehen auf Zeit und ohne Trauschein, die bewußt auf Kinder verzichten. Es gibt die bewußt alleinerziehenden Frauen und Männer, und es gibt die Wohngemeinschaften in vielfältigsten Konstellationen. Das alles sind Varianten von Familie.

Ein weiteres Beispiel für die Pluralisierung sind unterschiedliche Lebensmilieus in der Bundesrepublik, in denen höchst unterschiedliche Normen, Werte und Rollen gelten (hierzu vor allem Schulze 1992; Vester et al. 1993 und Ueltzhöffer und Flaig 1993). Diese Milieus haben kaum Berührung und Schnittmengen und in ihnen haben sich jeweils eigene Normalitätsstandards und Erlebnisansprüche ausgebildet. Hier nur stichwortartig Beispiele aus der Typologie von Ueltzhöffer und Flaig für Westdeutschland: Konservatives gehobenes Milieu, kleinbürgerliches Milieu, traditionelles und traditionsloses Arbeitermilieu, aufstiegsorientiertes Milieu, technokratisch-liberales Milieu, hedonistisches Milieu und alternatives Milieu. Im Zeitvergleich wird deutlich, daß sich die Gewichte zwischen diesen Milieus verändern: So nehmen die traditionellen Arbeitermilieus ab und die traditionslosen zu. Die aufstiegsorientierten und hedonistischen Milieus nehmen zu, die konservativ gehobenen Milieus schmelzen langsam ab.

Auf dem Hintergrund der Pluralisierung von Lebensformen ist es nicht mehr möglich, allgemeine Konzepte vom „guten" und „richtigen Leben" zu formulieren. Meine eigene Entscheidung bricht sich und relativiert sich – außer in abgeschotteten Lebensenklaven – permanent. Die Zugehörigkeit zu Milieus ist kein unabänderliches Schicksal. Ich kann mir einen Rahmen suchen, in den ich mit meinem Sosein hineinpasse. Ein schwuler junger Mann, der in seinem dörflichen Herkunftsmilieu zum diskriminierten Außenseiter wird, kann sich eine schwule Subkultur in den urbanen Zentren suchen.

3. Individualisierung

Individualisierung im Widerspruch von Egozentrierung und selbstbestimmten Gemeinschaftserfahrungen. In den westlichen Gesellschaften (und zunehmend – auf einem sicherlich anderen Niveau – auch in den Gesellschaften des ehemaligen sozialistischen Blocks) zerbrechen sich BürgerInnen und WissenschafterInnen den Kopf über den sozialen „Kitt", der jene sich allmählich neu herausbildenden gesellschaftliche Systeme zusammenhalten könnte. Bisher waren das Strukturen der Tradition, des Zwangs, der Ab- und Ausgrenzung, gemeinsame religiöse Bindungen – also die

Regulative der Moderne. All' diese Mechanismen verlieren an Bindekraft, Verbindlichkeit, Überzeugungskraft oder sind schlicht in sich zusammengebrochen (hier meine ich speziell die Implosion des „realen Sozialismus" und – in seiner Folge – den Zerfall der Blöcke und die von ihnen errichteten Mauern). In der politischen Arena wird die Solidargemeinschaft bereits als gefährdetes Gut diskutiert. So kommt etwa der SPIEGEL (22/1994) mit einer einschlägigen Titelstory daher: „Die Ego-Gesellschaft. Jeder für sich und gegen alle" steht als Motto auf der Titelseite. Die entscheidende Frage scheint zunehmend zu werden, ob denn diese Beziehungsnetze überhaupt noch existieren und wenn sie existieren, ob sie zur Bewältigung alter und neuer Lebensrisiken noch tragen. Auch in den Sozialwissenschaften wird seit einiger Zeit mit wachsendem Engagement die Frage diskutiert, wie eine Gesellschaft, die sich immer stärker an Werten wie Selbstverwirklichung oder Emanzipation des Individuums orientiere, überhaupt noch einen Zusammenhalt als solidarische Gemeinschaft realisieren könne. Es wird von einer „Kultur des Narzißmus" gesprochen oder von der „Egoismus-Falle". KulturkritikerInnen sprechen von dem „Tanz um das goldene Selbst", der heute die gesellschaftliche Bühne beherrscht. Viele dieser Diskurse sind sehr stark von Annahmen geprägt, von denen man sich eine empirische Fundierung wünschen würde. Eine ernsthafte Auseinandersetzung mit dem Zusammenhang von Individualisierung und Solidarität hat sich in der sog. „Kommunitarismus"-Debatte entfaltet, die vor allem in der Philosophie und Soziologie geführt wird. Die amerikanischen KommunitaristInnen gehen von der These aus, daß „uneingeschränkte individuelle Freiheitsentfaltung auf Dauer die Fundamente der Demokratie" untergraben würde (Irene Albers 1993, S. 35).

Diese Analysen fallen oft sehr einäugig aus und gehen von dem rückwärtsgewandten Modell der amerikanischen Geschichte aus, das wir bei Tocqueville beschrieben finden. Daß eine Gesellschaft, die sich im Sinne des liberalistischen Modells vollständig auf die gesellschaftliche Regulationskraft der auf den Markt getragenen individuellen Einzelinteressen verläßt, eine Ego-Gesellschaft ohne Gemeinschaftsverantwortung und -engagement werden kann, ist natürlich kaum zu bestreiten. Wir haben gesellschaftliche Segmente, in denen sie sich bereits etabliert hat, aber Individualisierung ist nicht per se mit der Entwicklung einer Ego-Kultur identisch. Im Gegenteil! Es gibt genug empirische Hinweise auf hohe Solidaritätspotentiale. Johanno Strasser hat es kürzlich in einem Interview so ausgedrückt:

„Da gibt es viele leichtfertig geäußerte Vermutungen und ein paar sorgfältige empirische Untersuchungen. Vermutungen und Untersuchungen decken sich keineswegs. Gängige Vermutung ist, die Menschen werden immer rabiater, immer egoistischer, der Gemeinsinn verfällt immer mehr, insbesondere die jungen Leute wollen sich nirgends mehr engagieren usw. Empirische Untersuchungen bestätigen diese Aussagen in dieser Pauschalität nicht. Wir begegnen heute solidarischem Verhalten insbesondere bei jungen Menschen, in vielen Formen, in Selbsthilfegruppen, in vielen kleinen Initiativen, manchmal auch in freiwilligen Organisationen. Es geht um Probleme vor der Haustür, aber durchaus auch um ‚abstraktere' Probleme wie die der ‚Dritten Welt'. Das Engagement erfolgt zumeist in informellen Gruppen, manchmal auch in organisatorisch fest strukturierten Zusammenhängen. Nimmt man alles zusammen, gibt es das vermutete dramatische Absinken des In-

teresses des Individuums für den anderen, für die Mühseligen und Beladenen nicht" (1994b, S. 17).
Also Individualisierung bedeutet zunächst einmal die Freisetzung aus Traditionen und Bindungen, die das eigene Handeln im Sinne dieser feststehenden Bezüge in hohem Maße steuern. Die einzelne Person wird zur Steuerungseinheit und die Begründung ihres Handelns muß ihr sinnvoll und vernünftig erscheinen und darf sich nicht allein auf das „man" traditioneller Normierungen berufen. Diese Entwicklung hat auf alle traditionsmächtigen gesellschaftlichen Institutionen Auswirkungen: Gewerkschaften, Parteien und Kirchen. Auch für diese müssen sich einzelne entscheiden und sie tun es ja auch in hohem Maße, aber es muß ihnen vernünftig erscheinen und mit ihren Vorstellungen der Selbstgestaltung und -steuerung vereinbar sein.

4. Der Verlust des Glaubens
Der Verlust des Glaubens an die „Meta-Erzählungen" und die individualisierten Sinn-BastlerInnen. Die traditionellen Instanzen der Sinnvermittlung verlieren an Bedeutung. Sie können die Erfahrungsvielfalt und den Pluralismus von Deutungen nicht mehr ohne weiteres aus dem Feld schlagen. Die großen Deutungssysteme, deren Anspruch ja auf nichts Geringeres zielte als auf eine Erklärung dessen, was die Welt im Innersten zusammenhält, haben sich entweder im Alltag auf teilweise entsetzliche Weise selbst diskreditiert (z.B. die völkischen oder die marxistisch-leninistischen „Weltanschauungen") bzw. ziehen sich bescheidener werdend zurück. Der Philosoph Axel Honneth merkt dazu an:
„Was Lyotard als das ‚Ende der Metaerzählungen' beschreibt, ist, nüchtern betrachtet, nichts anderes als der beschleunigte Vorgang einer Zerstörung von solchen narrativ verfaßten Überlieferungen, in denen sich die Mitglieder eines Gemeinwesens in ihrer Gegenwart noch kommunikativ auf eine gemeinsame Vergangenheit und eine entsprechend konstruierte Zukunft hin verständigen konnten. Kulturelle Überlieferungen dieser Art, also narrativ verfaßte, kontextübergreifende Darstellungen der gesellschaftlichen Entwicklung, scheinen einerseits mit dem endgültigen Zerbrechen metaphysischer Hintergrundgewißheiten ihre geschichtsphilosophische Legitimationsbasis zu verlieren; andererseits aber fehlt für die identitätssichernden und kommunikationsstiftenden Funktionen der zerfallenden Metaerzählungen noch jedes Äquivalent postmetaphysischen Zuschnitts" (Honneth 1990, S. 670).
Die „Sehnsucht nach Sinn" (Peter Berger) bleibt trotzdem erhalten. Wahrscheinlich hat sie eine anthropologische Basis. In ihrer Studie über den Individualismus in den USA bringen Robert Bellah u.a. Beispiele für eine hochindividualisierte Religiosität:
„Eine Person, die wir interviewten, benannte ihre Religion (sie sprach von ihrem ‚Glauben') tatsächlich nach sich selbst. (...) Sheila Larson ist eine junge Krankenschwester, die ... ihren Glauben als ‚Sheilaismus' beschreibt. ‚Ich glaube an Gott. Ich bin kein religiöser Fanatiker. Ich kann mich nicht erinnern, wann ich das letzte Mal die Kirche besucht habe. Mein Glaube hat mich einen langen Weg begleitet. Er ist Sheilaismus. Nur meine eigene kleine Stimme.' Sheilas Glauben enthält einige Lehrsätze jenseits des Gottesglaubens, aber nicht viele. Um ihren eigenen Sheilaismus zu definieren, sagt sie: ‚Er ist der Versuch, sich selbst zu lieben und behutsam zu dir selbst zu sein. Kümmert euch umeinander. Ich glaube, Er will,

daß wir uns umeinander kümmern" (1987, S. 256 f.). „Sheila Larson versucht, ein Zentrum in sich selbst zu finden, nachdem sie sich von einem bedrückend konformistischen früheren Familienleben befreit hat. Die Wurzel ihres ‚Sheilaismus' ist das Bemühen, externe Autorität in internen Sinn zu verwandeln" (S. 271).
Vielleicht ist es sinnvoller, das „Ende der Meta-Erzählungen" weniger als den Zusammenbruch des Glaubens an innere Zusammenhänge unserer Welt zu begreifen, sondern eher als das Ende der Deutungsinstanzen. Die Einzelne ist die KonstrukteurIn ihres eigenen Sinnsystems und das enthält durchaus Materialien der traditionellen Sinninstitutionen. Speziell in bezug auf das „religiöse Feld" beschreibt Karl Gabriel folgende grundlegende Veränderung:

„Auf dem religiösen Feld vollziehen sich heute die vorläufig letzten Schritte eines lang anhaltenden Umbaus eines bestimmten Modells des Religiösen mit seinen Grenzen. Dieses Modell war gekennzeichnet durch ein fest etabliertes Monopol der Definition von Religion. Für alle Problemfelder des Religiösen, von der Angstbewältigung bis zur Distanzierung von den gegebenen Sozialverhältnissen, bot die Monopolinstitution einen ausgearbeiteten Symbolkomplex mit entsprechenden Ritualisierungen an. Sie gab dem Religiösen damit scharf gezogene, klare und sichtbare Grenzen. Der Grundidee nach handelte es sich um die Etablierung einer geistlichen Körperschaft mit einem Monopol der legitimen Handhabung transzendentaler Heilsgüter und ihrer irdischen Verwaltung durch Geistliche" (1993, S. 2 f.).

Die Religion trat dem einzelnen in einer institutionalisierten Gestalt gegenüber und diese wiederum prägte den religiösen Habitus. Dieses integrale Modell von Deutung, Institution und personalem Habitus löst sich immer weiter auf. „Das einst von einem Monopolanbieter beherrschte religiöse Feld wandelt sich hin zu einer Struktur, in der sich die einzelnen ihre Religion selbst zusammenbasteln. Je nach Alter, Milieueinbindung und Beeinflussung durch modernisierte Lebensstile variiert das Muster der ‚Bricolage'" (ebd., S. 5).

Die beschriebenen Entwicklungen und weitere nur noch stichwortartig anzudeutende Erfahrungskomplexe wie die ökologische Krise, die uns das „Urvertrauen in die natürlichen Lebensgrundlagen" raubt und die gesellschaftspolitische Krise, die aus wirtschaftlichem Aufschwung bei gleichzeitig mindestens vier Millionen Arbeitslosen besteht, ergeben alles andere als ein klares Bild. In erster Linie sehen wir eine Entwicklung zu einer gewaltigen Aufwertung des einzelnen, die für viele zugleich eine schwer erträgliche Last ist. Fast nichts ist selbstverständlich so wie es ist; es könnte immer auch anders sein und es liegt an mir, daß es so ist. Rolf Schieder spricht davon, daß eine Situation entsteht,

„in der die Subjekte ständig mit inneren und äußeren Möglichkeitsüberschüssen konfrontiert sind. (...) Die Vielfalt der Möglichkeiten ermöglicht und erzwingt auszuwählen und sich zu entscheiden – und genau das wird immer schwieriger. Aufgrund der Überfülle des Möglichen sind wir ständig zur Wahl gezwungen – dies aber nicht nur bei Automarken und Modefirmen, sondern auch im Blick auf unsere Lebensorientierung. Wir leiden nicht unter Sinnverlust, sondern am Sinnüberschuß und Sinnüberfluß" (1994, S. 35 f.).

Ich sehe in dieser Entwicklung einen ambivalenten Fortschritt. Einerseits schafft er die objektiv verbesserte Basis für das selbstbestimmte Zusammenbasteln von einem

"Stück eigenem Leben", und es gibt genügend Menschen, die das virtuos und mit einem positiven Lebensgefühl schaffen. Andererseits steckt in dieser Entwicklung auch die Notwendigkeit, diese permanent geforderten Akte der Selbstorganisation zu erbringen und das erleben viele Menschen als Zumutung und Überforderung. Es sind vor allem solche Personen, die lebensgeschichtlich zu wenig Chancen hatten, die psychischen Ressourcen zu erwerben, die erforderlich sind. Der gesellschaftliche Umbruch hat viele unvorbereitet getroffen. Die Gesamtbefindlichkeit in diesem Land gerade in der allerjüngsten Zeit zeigt, daß wir es dabei nicht mit den Problemen einer Minderheit zu tun haben.

Das totalitäre Ich als hoffnungslos überfordertes Integrationszentrum

Wie kommt ein zeitgenössischer Mensch heute zu einer tragfähigen Identität? Gegen eine sich weiter fragmentierende, widersprüchliche Welt, die längst nicht mehr als geordneter Rahmen für den individuellen Lebensentwurf gedacht werden kann, wird in Philosophie, Psychologie und auch Theologie schon seit einigen Jahrzehnten ein Ich oder ein Persönlichkeitsideal konstruiert, das dem äußeren Chaos eine innere Festung entgegen setzen soll. Die Arbeit an der inneren Gestalt, die „Veredelung des Charakters" wird zu einer fordernden Erwartung an den einzelnen. Entsprechend wird auch der Charakter wie eine Rüstung gedacht, als Panzer. Bei einem Populärphilosophen aus den 30er Jahren, Otto Mock, habe ich dazu folgende Formulierung entdeckt: „Das Ich ist so etwas wie eine fest umschlossene Nuß, ein kleines hartschaliges Ding, der tief verborgene Cristallisationspunkt unseres Wesens" (1933, S. 191). Der Charakter ist „der Sitz, der Konzentrationspunkt" des „inneren Gesetzes" (ebd., S. 229). Es ist die Zeit der „Charakterkunden" und die sind sich – bei aller Unterschiedlichkeit – in einem Punkt einig: Gegen das äußere, aber auch gegen das innere Chaos der Triebe muß ein Damm errichtet werden. Auch Theologen jener Zeit teilen diese Vorstellung. Ernst Troeltsch ist ein Krisendiagnostiker der Moderne, er bemüht sich die realen gesellschaftlichen Lebensbedingungen des sich entwickelnden Kapitalismus zu erfassen.

„Er löst ein harmonistisches Bild der Moderne ab durch Krisendiagnosen. ‚Die moderne Welt ist kein einheitliches Prinzip, sondern eine Fülle auch sich stoßender Entwicklungen'. Im Zentrum seiner Beschreibungsversuche stehen gerade die innere Widersprüchlichkeit der Moderne, ihre ‚depersonalisierenden' Tendenzen, und die Korrespondenz zwischen wachsender Fragmentierung der Gesellschaft und zunehmender Zersplitterung der Seele" (Tanner 1992, S. 101).

Die Lebenssituation in der modernen Welt ist für Ernst Troeltsch gekennzeichnet durch eine „Vielspältigkeit von außen" und „von innen her" (1922, S. 48). Aber Ernst Troeltsch setzt auf die Persönlichkeit, die als rettende Synthese gegen die Erosion von Ordnung in diesem Zwei-Fronten-Krieg innere Kohäsion stiften soll. Hilfe hat es in einer sich „auflösenden Reflexionskultur" von außen nicht zu erwarten. Gegen die äußere und innere Haltlosigkeit setzt Troeltsch auf den Glauben als „die entscheidende Quelle für die Kraft zur Synthese. In Gestalt der individuellen Frömmigkeit soll er Einheit im Lebensvollzug der Persönlichkeit stiften" (Tanner, ebd., S. 101).

Die Ordnung der Dinge ist für Troeltsch nur mehr als innere Leistung denkbar, erbracht von einem Ich mit „Hilfsmotor":

> „‚Persönlichkeit' als Ergebnis eines Bildungsprozesses ist für ihn ein ‚Zusammenschluß', der charakterisiert ist durch ‚Einheit' und ‚Geschlossenheit'. Die ‚Persönlichkeit' zeichnet sich für Troeltsch durch ‚Selbstmächtigkeit', ‚strenge Selbstübereinstimmung' und ‚Charakterfestigkeit einer zusammenhängen Lebensgestaltung' aus. Das Fundament solcher Lebensgestaltung liegt in einer innerlichen, klaren Gewißheit" (Tanner ebd., S. 98).

Mit diesem Modell erweist sich Troeltsch als ein moderner Denker. Allerdings zeigt es auch, mit welch einer verzweifelten Kraftanstrengung die Moderne den Kampf gegen alles Ambivalente und Widersprüchliche führt. Es ist ein Kampf um Gewißheiten, Eindeutigkeiten und Einheitlichkeit. Und dieser Kampf wird zu einer inneren Leistung, der einen hohen Preis von der psychischen Instanz fordert, die für Synthesen zuständig ist, dem Ich. Die Herstellung von Geschlossenheit, Einheitlichkeit, Festigkeit oder die „Veredelung" läßt sich eigentlich nur in der Gestalt von „Charakterpanzerungen" vorstellen und das sind innere Zwangsstrukturen. Das zwischen inneren und äußeren Bedürfnissen und Ansprüchen flexibel vermittelnde Ich ist hier nicht mehr das Leitprinzip, sondern die vollständige Kontrolle ist die Idealnorm. Ein amerikanischer Psychoanalytiker spricht von dem „totalitären Ich" (Greenwald 1980), das in Ich- oder Identitätsmodellen unterstellt werden muß, die auf die Herstellung von Einheit, Konsistenz und Geschlossenheit der Person ausgerichtet sind. Eike Gebhardt spricht im Zusammenhang mit einer stabilen, festgezurrten Identität als von einer „totalen Institution" in der Person, die keine Rollendistanz, geschweige denn Rollenwandel zuläßt und gleichzeitig wird Stabilität in diesem Sinne noch gern als Idealfiktion hochgehalten:

> „Die Vorstellung von einem eigentlichen, unveräußerlichen, in den verschiedenen Lebenslagen sich durchhaltenden ‚Ich' ist – obwohl kulturell keineswegs universal und auch in Europa geschichtlich reichlich jung - uns gleichsam ‚natürlich' geworden. Ein starkes Ich gilt als gesund. Wir definieren es gleichfalls über langfristige Leitwerte wie unsere sogenannten Eigenschaften, Lebensinhalte etc. Deren Aufgabe – und Fluch – ist es, unser Verhalten, ja schon unsere Wahrnehmungen vorzusteuern. Paradox ausgedrückt, ist ein solches stabiles Ich geradezu der Prototyp der Fremdbestimmung: Es übernimmt nämlich automatisch Urteile und Entscheidungen, bevor wir überhaupt anfangen, in einer Situation zu deuten und zu denken. Wir werden durch ein festes Ich also geradezu entmündigt" (Gebhardt 1988, S. 294).

Kenneth Gergen, der renommierte amerikanische Sozialpsychologe formuliert es ähnlich: „Es ist offensichtlich jene grundlegende Annahme von einem ‚starren', ‚überdauernden Selbstkonzept', welche im Widerspruch zur persönlichen Erfahrung steht" (1979, S. 76). Und bei dem vor wenigen Jahren verstorbenen Theologen Hennig Luther findet sich in seinem Aufsatz „Identität und Fragment" eine ähnliche Formulierung:

> „Ein Identitätskonzept, das die Entfaltung und Herausbildung einer vollständigen und dauerhaften Ich-Identität anstrebt und für erreichbar hält und das dementsprechend eine starke Ich-Identität für das Merkmal einer gesunden, reifen Persönlich-

keit hält und fragmentarische Ich-Identitäten für pathologische Abweichungen, stellt seinerseits eine folgenschwere Verkürzung dar" (1992, S. 170).

Der Fundamentalismus ist durch diese Verkürzung geprägt und er speist sich aus der regressiven Sehnsucht nach einem sicheren Lebensgehäuse, in dem alle Fragmentierungen in der äußeren und inneren Welt aufgehoben sind.

Sozialpsychologie des Fundamentalismus

Der Fundamentalismus läßt sich in unserer Gesellschaft als eine soziale Bewegung begreifen, die sich den Modernisierungsanforderungen zu verweigern sucht, das traditionelle Identitätsgehäuse verteidigt, also an Fundamenten festzuhalten bemüht ist, obwohl sich ihre gesellschaftliche Funktionalität längst aufgelöst hat. Und dafür lassen sich wiederum – neben anderen – auch sozialpsychologische Gründe benennen. In gesellschaftlichen Umbruchsperioden kommt es zur psychologischen „Ungleichzeitigkeit". Den alltäglichen Veränderungszwängen können sich Menschen in aller Regel sehr flexibel anpassen und werden dadurch im Alltag handlungsfähig. Unser Ich funktioniert nach dem Realitätsprinzip und verfügt über ein Arsenal geschmeidiger Anpassungsmechanismen. Hingegen erfahren unsere „inneren Modelle", unsere Affektstrukturen oder unser Unbewußtes ihre prägende Gestalt in der frühen Phase der Subjektwerdung. Hier sind viel stärker als aktuelle Erfahrungen und Anforderungen die Lebensmodelle der Eltern- und Großelterngeneration repräsentiert. Ihre „Schwerkraft" ist wesentlich von der Rigidität bestimmt, mit der sie vermittelt wurden. Die in dieser Gestalt in den Subjekten verankerten Fundamente bestimmen unsere basalen Wünsche und Ängste. Sind es Hörigkeitsstrukturen im Sinne Max Webers, werden sie zu einer unstillbaren Sehnsucht nach der Wiederherstellung der Entsprechungen in der realen Welt. Das ist die psychologische Quelle des Fundamentalismus.

Der Begriff Fundamentalismus hat sich in kurzer Zeit einen prominenten Platz in alltäglichen und fachlichen Diskursen erobert. Das suggeriert mehr begriffliche Klarheit als ihm tatsächlich zukommt. Thomas Meyer (1989a) zeigt vier Bedeutungskomplexe auf, auf die der Begriff Fundamentalismus bezogen ist:

1. Zu Beginn dieses Jahrhunderts tauchte bei einer Gruppe amerikanischer ProtestantInnen erstmals die Selbstbezeichnung als FundamentalistInnen auf. Sie reagierten auf eine zunehmende Durchdringung von Religion durch moderne philosophische Elemente, die in Richtung auf Reflexion, Historisierung und Individualisierung zielten. Der fundamentalistische Widerstand bestand in einer trotzigen Reaktanz, in einem Beharren auf Wahrheiten, an denen gegenüber jeder Relativierung festzuhalten wäre. „Am Anfang war das Wort" und das habe in den biblischen Texten seine endgültige Gestalt erhalten.
2. In der wissenschaftstheoretischen Diskussion in den 60er Jahren bekämpften die VertreterInnen des Kritischen Rationalismus den – mit unterschiedlichen Positionen begründeten – Erkenntnisanspruch, es müsse für jeden Gegenstandsbereich nur eine letztlich wahre Theorie geben. Solche fundamentalistischen Ansätze würden einen notwendig prozessualen Erkenntnisprozeß verfehlen, der sich einem of-

fenen und pluralistischen Diskussionsprozeß aussetzen muß und der prinzipiell unabschließbar sei, also an keinen festen Punkt gelangen könne, aus dem sich unbestreitbare Gewißheiten begründen ließen.
3. Die aktuelle politische Popularität erlangte der Begriff Fundamentalismus in bezug auf die Islamismus-Renaissance im Iran. In diesem Zusammenhang zielt er auf den Anspruch, daß „heilige Texte" die unanfechtbare Basis für Politik und Alltagsleben vermitteln würden.
4. Im Zusammenhang mit dem Entstehen ökologischer politischer Bewegungen bezieht sich der Begriff Fundamentalismus auf Strömungen, die sich realpolitischen Kompromissen unter Berufung auf innere Gesetze des Lebens und der Natur verweigern.

In jeder dieser Bedeutungsvarianten steckt eine reaktive Komponente. Ein bestehender Zustand wird als bedenklich angesehen und soll revidiert werden. Er soll revidiert werden unter Berufung auf absolute Werte, Wahrheiten und Gewißheiten.

An anderer Stelle unterscheidet Thomas Meyer (1989b) drei Typen von Fundamentalismus, die jeweils durch die Ebene bestimmt werden, auf der er seine reaktive Qualität entfaltet:
1. Auf der Ebene der Alltagswelt gibt es Entwicklungen, die sich als lebensweltlicher Fundamentalismus zusammenfassen lassen. Sie wenden „sich vom Pluralismus, der Offenheit und der individuellen Selbstverantwortung der modernen Lebenswelt (ab)" und errichten vermeintlich unanfechtbare geschlossene Lebensformen (S. 263).
2. Der kulturelle Fundamentalismus reklamiert für sich absolute Erkenntnisgewißheiten, die sich keinem intellektuellen Zweifel und Begründungsanspruch unterwerfen.
3. Der politische Fundamentalismus geht von der Überzeugung aus, Prinzipien zu besitzen, die die Gestaltung von Politik eindeutig determinieren müssen. Er sieht im demokratischen Willensbildungsprozeß eine Verunreinigung dieser Prinzipien. Er beansprucht für sich, die „Logik der Rettung" begriffen zu haben (so der programmatische Buchtitel von Rudolf Bahro, der ein Hauptrepräsentant dieser Richtung in Deutschland ist).

Im religiösen Fundamentalismus mischen sich diese Typen. Er bezieht sich auf seine spezifische Bibeltreue und setzt sich von allen modernistischen Bibelauslegungen ab, als würden diese das textgesicherte Gebäude biblischer Wahrheiten zum Einsturz bringen. Jede Auslegung biblischer Texte, die deren behauptete unanfechtbare Aussagenqualität historisch-kritisch relativiert und in aktuelle Zeitbezüge situiert wird als unverzeihliche Abweichung vom rechten Weg angesehen. Das aber auch der Fundamentalismus selbst eine spezifische textbezogene Sinnkonstruktion darstellt, ist diesem nicht bewußt. Gerade die – unter Berufung auf die religiösen Basistexte – reklamierte unverrückbare biblische Ordnung ist ein motivgesteuertes hypothetisches Konstrukt, aus dem heraus ein Textverständnis „gefunden" wird, das dort projektiv „versteckt" wurde (wie beim Suchen und Finden selbstversteckter Ostereier).

Im Wesentlichen konstruiert der religiöse Fundamentalismus eine binäre oder manichäische Weltsicht, die Existenz zweier Mächte, einem guten und einem bösen Prinzip. Diese Prinzipien sind erkennbar und der oder die einzelne muß sich entscheiden.

„Der Fundamentalismus ... ruft und bindet den Menschen in eine Situation, die er um keinen Preis aufgeben möchte, in den Moment der Entscheidung zwischen Licht und Finsternis, zwischen Himmel und Hölle, zwischen Wahrheit und Lüge, zwischen Leben und Tod" (Schmid 1992, S. 43). Diese binäre Ordnung verspricht eine sichere Ordnung und suggeriert die Notwendigkeit der Entscheidung. Diese Entscheidung schafft zwar keine endgültige Heilsgewißheit, aber sie ist die zentrale Bedingung für die einzig denkbare Rettung. Sie bildet eine Art „religiöses Mindesteinkommen".

Ein binärer Modus der Weltdeutung ist die elementarste und zugleich eindeutigste Ordnungskonstruktion. In der Perspektive des Fundamentalismus

„zeigt das biblische Wort, wie sehr sich das ewige Licht mit Ordnung und Klarheit verbindet und wie sehr sich im Dunkel das Chaos ausbreitet. Die Entscheidung fürs Licht ist eine Entscheidung für eine neue Ordnung, die seit Anbeginn der Welt existiert und die im neuen Himmel und auf der neuen Erde wieder eingesetzt wird" (ebd., S. 47).

Eine unverrückbare Ordnung der Dinge, die sich nicht mehr gegenüber zeitgebundenen Rationalitäten und Ansprüchen zu rechtfertigen braucht, ist das Versprechen eines fundamentalistischen Christentums (und ähnliches gilt für die fundamentalistischen Varianten des Islam oder des Hinduismus).

„Das Bibelverständnis des Fundamentalismus zeigt überdeutlich, was vollkommene Ordnung, was Ewigkeit und was Heil für den Fundamentalismus bedeutet. In der neuen Ordnung, die Gott in Christus errichtet und die sich in der persönlichen Entscheidung dem Gläubigen erschließt, ist alles inspiriert, alles göttlich geplant, alles vollkommen mit allem verbunden. Da findet sich nicht der Schatten eines Irrtums oder eines Widerspruchs. Alles, was an Chaos erinnert, ist eliminiert" (ebd., S. 49).

In den wichtigsten Analysen aktueller fundamentalistischer Strömungen werden diese als Fluchtbewegungen gegenüber den unerträglichen Freiheiten und Zumutungen moderner Lebensbedingungen eingeordnet:

„Fundamentalismus ist der selbstverschuldete Ausgang aus den Zumutungen des Selberdenkens, der Eigenverantwortung, der Begründungspflicht, der Unsicherheit und der Offenheit aller Geltungsansprüche, Herrschaftslegitimationen und Lebensformen, denen Denken und Leben durch Aufklärung und Moderne unumkehrbar ausgesetzt sind, in die Sicherheit und Geschlossenheit selbsterkorener absoluter Fundamente. Vor ihnen soll dann wieder alles Fragen haltmachen, damit sie absoluten Halt geben können. Vor ihnen soll wieder alles andere relativ werden, damit sie der Relativierung entzogen bleiben. Wer sich nicht auf ihren Boden stellt, soll keine Rücksicht mehr verdienen für seine Argumente, Zweifel, Interessen und Rechte" (Meyer, 1989a, S. 157).

Der Fundamentalismus ist eine der bedeutsamen Antworten auf die „metaphysische Bodenlosigkeit der Moderne" (Ziehe 1987, S. 249). Das, was im postmodernen Denken als die große Chance der Überwindung von allumfassenden „Meta-Erzählungen" gefeiert wird, sieht der Fundamentalismus als die zentrale Bedrohung. Er kann die Diagnose nicht akzeptieren, daß wir uns in einer Ära des „nachmetaphysischen Denkens" befinden, hinter die es kein Zurück gibt.

Der Fundamentalismus verweigert sich der Einsicht, „daß es heute, unter Bedingungen nachmetaphysischen Denkens, keine Alternative mehr gibt zur Selbstrefle-

xion, wenn es um Fragen der Selbstverständigung geht. Der Pluralismus gleichberechtigter Lebensformen, die ihrerseits Raum lassen für individualisierte Lebensentwürfe, verbietet die Orientierung an feststehenden und für immer maßgeblichen Modellen. (...) heute kann sich das Gelingen oder Verfehlen des eigenen Lebens nicht mehr an exemplarischen Inhalten bemessen, sondern nur noch an formalen Gesichtspunkten der Authentizität. (...) Eine kohärente und wahrhaftige Selbstdeutung soll uns dadurch gelingen können, daß wir uns die eigene Lebensgeschichte kritisch aneignen und verantwortlich übernehmen" (Habermas 1992, S. 82).
Auf dem Hintergrund dieser vom Gedanken der Aufklärung inspirierten Lesart der Moderne ist es verständlich, wenn der Fundamentalismus als regressive Fluchtbewegung aus den „unerträglichen Freiheiten" der Moderne gesehen wird. Der postmoderne Diskurs hat eine ambivalentere Lesart der Moderne eröffnet, die den Fundamentalismus als rigide Realisation des „Subtextes" der Moderne erscheinen läßt.

Fragmentierte Identität als lebbare Perspektive?

Zygmunt Bauman hat in einem Beitrag der „Süddeutschen Zeitung" aufgezeigt, wie verzweifelt die Suche der „postmodernen NomadInnen" oder „LandstreicherInnen" sein kann, denen jedes gesicherte Gefüge, jeder verläßliche Ort und eine ungefährdete Gemeinschaftseinbindung abhanden gekommen sind. Sie sind dauernd damit beschäftigt, ihre Identitäten zu konstruieren, aber es sind immer nur „Augenblicks-Identitäten", „Identitäten für heute" oder „Identitäten bis auf weiteres" (1992, S. 694). Unter dem Titel „Wir sind wie Landstreicher" hat Zygmunt Bauman die „ontologische Bodenlosigkeit" der Postmoderne so beschrieben:

„Die Postmoderne ist der Punkt, wo das moderne Freisetzen aller gebundenen Identität zum Abschluß kommt. Es ist jetzt nicht nur leicht, Identität zu wählen, aber nicht mehr möglich, sie festzuhalten. Im Augenblick des höchsten Triumphs muß Befreiung erleben, daß sie den Gegenstand der Befreiung vernichtet hat. Je freier die Entscheidung ist, desto weniger wird sie als Entscheidung empfunden. Jederzeit widerrufbar, mangelt es ihr an Gewicht und Festigkeit – sie bindet niemanden, auch nicht den Entscheider selbst; sie hinterläßt keine bleibende Spur, da sie weder Rechte verleiht noch Verantwortung fordert und ihre Folgen, als unangenehm empfunden und unbefriedigend geworden, nach Belieben kündbar sind. Freiheit gerät zu Beliebigkeit; das berühmte Zu-allem-Befähigen, für das sie hochgelobt wird, hat den postmodernen Identitätssuchern alle Gewalt eines Sisyphos verliehen. Die Postmoderne ist jener Zustand der Beliebigkeit, von dem sich nun zeigt, daß er unheilbar ist. Nichts ist unmöglich, geschweige denn unvorstellbar. Alles, was ist, ist bis auf weiteres. Nichts, was war, ist für die Gegenwart verbindlich, während die Gegenwart nur wenig über die Zukunft vermag.
Heutzutage scheint alles sich gegen ferne Ziele, lebenslange Entwürfe, dauerhafte Bindungen, ewige Bündnisse, unwandelbare Identitäten zu verschwören. Ich kann nicht langfristig auf meinen Arbeitsplatz, meinen Beruf, ja nicht einmal auf meine eigenen Fähigkeiten bauen."

Es fällt uns schwer, solche eloquenten Analysen des Zerfalls fester Identitätsfundamente ohne beklemmende Gefühle anzuhören. Was bleibt uns denn, außer einem diffusen postmodernen Lebensgefühl? Aber genau in den Ruinen unserer Hoffnungen, Illusionen und Programmierungen, die auf eine stabile Identität bauen, entsteht eine neue Perspektive, allerdings keine Vision der Heilung und endgültige Tröstung. Von Theodor Adorno habe ich einst in meiner Frankfurter Studienzeit Formulierungen vernommen und gelesen, die ich erst jetzt allmählich zu begreifen beginne. In der „Dialektik der Aufklärung" hatten Horkheimer und Adorno geschrieben, was mir erst durch den entstehenden sozialwissenschaftlichen Feminismus richtig verständlich wurde: „Furchtbares hat die Menschheit sich antun müssen, bis das Selbst, der identische, zweckgerichtete männliche Charakter des Menschen geschaffen war" (1969, S. 33). Hierzu könnte man erneut die Webersche Metapher vom „stahlharten Gehäuse der Hörigkeit" assoziieren. Wir haben zwar noch nicht den „letzten Zentner fossilen Brennstoffs" verbraucht, aber wir erahnen zunehmend diese Möglichkeit und schon deshalb ist die Frage auf die Tagesordnung gekommen, ob es nicht einer grundlegenden Umorientierung bedarf. Dieser „identische, zweckgerichtete männliche Charakter" ist ja der, der in der Unterwerfung und Ausbeutung der äußeren Natur zugleich auch die eigene innere Natur diszipliniert und versklavt. Hier begegnen wir der Idealgestalt des „modernen Menschen". Er übt – möglichst perfekt – Kontrolle nach Außen und nach Innen aus. Er verdrängt oder vernichtet alles, was sich dieser Herrschaft entzieht. Alles Ambivalente, Widersprüchliche, Fremde, Heterogene flößt ihm Angst ein, die Angst, die Kontrolle zu verlieren.

Diese Idealfiktion des „modernen Menschen" wird durch die sich vollziehenden gesellschaftlichen Umbrüche „dekonstruiert". Sie ist nicht mehr aufrechtzuerhalten und im Gewahrwerden dieser Situation stecken Potentiale der Neuorientierung. Hier eröffnen sich Chancen für „das Ende des Identitätszwanges" (Adorno 1967, S. 275): „Das befreite Ich, nicht länger eingesperrt in seine Identität, wäre auch nicht länger zu Rollen verdammt" (ebd., S. 273), es wäre nicht mehr Erfüllungsgehilfe gesellschaftlicher Konventionen und Standardisierungen. In den Ruinen des modernen Identitätsideals entsteht die Chance, „ohne Angst verschieden sein zu können" (Adorno 1980, S. 114).

Die Überwindung von Identitätszwängen als Basis für „Subjektsein" hat wohl auch Levinás im Auge, wenn er vom „Subjekt ‚ohne Identität'" (nach Oelmüller 1994, S. 47) spricht und „vom Bruch des kohärenten Diskurses" (ebd., S. 38). Auch damit ist der soziokulturelle Zwang der Kohärenz gemeint. Und mit dessen Überwindung entsteht überhaupt erst die Chance zu einer ergebnisoffenen personalen Sinn- und Kohärenzsuche. Das scheint aus der Sicht der Psychologie eine unverzichtbare Grundlage für psychische und körperliche Gesundheit zu sein. Vom „Kohärenzsinn" spricht Aaron Antonovsky (1987) und er meint damit die subjektive Fähigkeit, in dem Mikrokosmos persönlicher Erlebnisse und Erfahrungen eine zusammenhängende sinnhaft-dynamische Gestalt zu erkennen und immer wieder neu zu konstruieren. Wir wissen auch, daß die Herstellung von innerem Sinn kein Prozeß des „homo clausus", sondern in hohem Maße kommunikativ ausgerichtet ist.

Fragmentarisches ist nicht defizitär, sondern Normalität

Wenn meine Analyse auch nur einigermaßen stimmt, dann haben wir damit zu rechnen und klarzukommen, daß unsere Identitäten und Lebensentwürfe unter den Bedingungen postmoderner Lebensverhältnisse etwas unheilbar Bruchstück-, Flickenhaftes oder Fragmentarisches haben. Sollte man das auch noch schönreden?

An diesem Punkt in meinem Nachdenken angekommen, haben mir zwei Theologen geholfen, das Beunruhigende das in dieser Lebensperspektive „ohne Netz und doppelten Boden" enthalten ist, positiv zu wenden. Henning Luther (1992) hat in seinem posthum veröffentlichten Buch „Religion und Alltag" ein Kapitel über „fragmentarische Identität". Er spricht dort auch die schmerzliche Seite unserer gescheiterten Identitätsanstrengungen an:

„Wir sind immer zugleich auch Ruinen unserer Vergangenheit, Fragmente zerbrochener Hoffnungen, verronnener Lebenswünsche, verworfener Möglichkeiten, vertaner und verspielter Chancen. Wir sind Ruinen aufgrund unseres Versagens und unserer Schuld ebenso wie aufgrund zugefügter Verletzungen und erlittener und widerfahrener Verluste und Niederlagen. Dies ist der Schmerz des Fragments" (S. 169).

Wir neigen normalerweise dazu, Fragmente aus einer Defizitperspektive zu sehen, als etwas Zerstörtes oder nicht zu Ende Gebrachtes. Aber sie haben auch eine andere Seite:

„Fragmente – seien es die Ruinen der Vergangenheit, seien es die Fragmente aus Zukunft – weisen über sich hinaus. Sie leben und wirken in Spannung zu jener Ganzheit, die sie nicht sind und nicht darstellen, auf die hin aber der Betrachter sie zu ergänzen trachtet" (ebd., S. 167).

Gerade an Dietrich Bonhoeffer – und er ist mein zweiter Theologe – wird diese Dialektik des Fragmentarischen so eindrucksvoll sichtbar. Er schreibt im Februar 1943 aus dem Gefängnis an seine Eltern:

„Es ist immer wieder ein kleiner innerer Kampf, sich ganz nüchtern an das Tatsächliche zu halten, sich Illusionen und Phantasmen aus dem Kopf zu schlagen, und mit dem Gegebenen sich zufrieden zu geben, weil man dort, wo man die äußere Notwendigkeit nicht versteht, an eine innere und unsichtbare Notwendigkeit glaubt. Außerdem – ein Leben, das sich im Beruflichen und Persönlichen voll entfalten kann und so zu einem ausgeglichenen und erfüllten Ganzen wird, wie es in Euerer Generation noch möglich war, gehört wohl nicht mehr zu den Ansprüchen, die unsere Generation stellen darf. Darin liegt wohl der größte Verzicht, der uns Jüngeren, die wir Euer Leben noch vor Augen haben, auferlegt ist und abgenötigt wird. Das Unvollendete, Fragmentarische unseres Lebens empfinden wir darum wohl besonders stark. Aber gerade das Fragmentarische kann ja auch wieder auf eine menschlich nicht mehr zu leistende höhere Vollendung hinweisen. (...) Wenn auch die Gewalt der äußeren Ereignisse unser Leben in Bruchstücke schlägt wie die Bomben unsere Häuser, so soll doch möglichst sichtbar bleiben, wie das ganze gedacht und geplant war, und mindestens wird immer noch zu erkennen sein, aus welchem Material hier gebaut wurde oder werden sollte" (Bonhoeffer 1952, S. 80).

Drei Tage später führt er dieses Thema weiter aus. Ihm ist jetzt wichtig, daß nicht nur die Ausnahmesituation von Krieg und Widerstand ein Leben bruchstückhaft macht. Er sieht das Ende geschlossener „Lebenswerke". Als Spezialisten beschäftigen wir uns mit Segmenten und Bruchstücken der Welt. Bonhoeffer fährt dann fort:

„Unsere geistige Existenz aber bleibt dabei ein Torso. Es kommt wohl nur darauf an, ob man dem Fragment unseres Lebens noch ansieht, wie das Ganze eigentlich angelegt und gedacht war und aus welchem Material es besteht. Es gibt schließlich Fragmente, die nur noch auf den Kehrichthaufen gehören (selbst eine anständige ‚Hölle' ist noch zu gut für sie) und solche, die bedeutsam sind auf Jahrhunderte hinaus, weil ihre Vollendung nur eine göttliche Sache sein kann, also Fragmente, die Fragmente sein müssen – ich denke z.B. an die Kunst der Fuge. Wenn unser Leben auch nur ein entferntester Abglanz eines solchen Fragments ist, in dem wenigstens eine kurze Zeit lang die sich immer stärker häufenden verschiedenen Themata zusammenstimmen und in dem der große Kontrapunkt vom Anfang bis zum Ende durchgehalten wird, ..., dann wollen wir uns über unser fragmentarisches Leben nicht beklagen, sondern daran sogar froh werden" (ebd., S. 53).

Eine fragmentarische Identität in dem so angedeuteten Sinne kann die Vorstellung eines gelungenen Lebensprojektes erfüllen. Wichtig sind dabei

1. die „Leitwährung" des Authentizitätsideals, durch das die Konturen des eigenen Identitätsprojektes von dem „eigenen Maß" bestimmt werden, das jede(r) hat;
2. die so angelegten Fragmente müssen sich mit anderen Fragmenten verbinden, um daraus die Grundvoraussetzungen für ein solidarisches Ganzes, für eine Gemeinschaft zu sichern; und
3. in dem Bezug auf diese kommunitäre Matrix müssen sich für den Einzelnen Möglichkeiten der „Anerkennung" des riskierten Identitätsfragments ergeben. Hier wird sich letztlich auch entscheiden, welche Fragmente auf den „Kehrichthaufen" gehören.

Der aktuelle gesellschaftliche Freisetzungsprozeß läßt sich als ein potentieller Zugewinn an individueller Entscheidungsfreiheit und an Gestaltbarkeit des eigenen Lebens und als eine „Entgrenzung des Möglichkeitssinns" begreifen. Die Entfaltung dieses Potentials findet am ehesten in „kommunitären Netzen" statt. In ihnen kann vor allem das Gefahrenpotential der „Risikogesellschaft" bewußt wahrgenommen und bearbeitet werden. In ihnen kann, mit den Worten von Agnes Heller (1989), das Bewußtsein für die krisenträchtige Moderne entwickelt werden, „daß sie auf einem Seil über einem Abgrund balanciert und deshalb einen guten Gleichgewichtssinn braucht, gute Reflexe, ungeheures Glück" und als „das wichtigste von allem": Die Subjekte brauchen „ein Netz von FreundInnen, die sie bei der Hand halten können". Das ist im Kern die Aufgabe von „Gemeinde": Ein auf „aktives Vertrauen" (Giddens 1995) begründeter und immer wieder neu zu schaffender Rahmen, in dem das Risiko eigenwilliger Identitätsprojekte von anderen mitgetragen wird und auch ihr Scheitern aufgefangen werden kann.

Gesundheit als Lebenssouveränität –
Ein sozial ungleich verteiltes Gut

Gesundheit als höchstes Gut

Die Gesundheit wird von den BürgerInnen der Bundesrepublik des ausgehenden 20. Jahrhunderts als ihr höchstes Gut betrachtet. Vor allen anderen Bereichen wie Familie, Einkommen, Arbeit, Umweltschutz, beruflichen Erfolg nennen sie zu Beginn der 90er Jahre Gesundheit als wichtigsten Bereich für ihr subjektives Wohlbefinden. Das gilt für Frauen und Männer, Jugendliche und alte Menschen, bei denen die Wertschätzung der Gesundheit in absoluten Spitzenwerten zum Ausdruck kommt.

War das nicht immer so? Gesundheit als Inbegriff für Wohlbefinden, Glück oder erfülltes Leben ist ein moderner Begriff. In der Tradition des mittelalterlichen Christentums waren Gesundheit, Krankheit, Sterben und Tod Teil einer göttlichen Schöpfungsordnung. Gesundheit und Krankheit erhielten ihren Sinn in einer Ordnung der Dinge, die von Gott so eingerichtet war und auf die Menschen ohnehin wenig Einfluß nehmen können. Die Gesundheit des einzelnen war kein persönliches Gut, sondern Ausdruck seiner Integration in die von Gott bestimmte Ordnung. Mit der entstehenden Neuzeit, die von Aufklärung, Industrialisierung und einem selbstbewußten Bürgertum geprägt war, kam es zu einem grundlegenden Wandel in der Schöpfungsordnung und der in ihr gegebenen menschlichen Handlungsmöglichkeiten. Gesundheit wird anfänglich nach wie vor als göttliche Fügung begriffen, aber sie erfordert zunehmend auch die Eigenleistung des Subjekts. Die Gottgefälligkeit des individuellen Lebens erweist sich zunehmend in einer sozialnützlichen Lebensweise. Gesundheit wird zum Gradmesser einer gottgefälligen Lebensweise. Gesundheit ist nicht nur Schicksal, sondern Ausdruck eines individuellen Lebensstils. Sie ist gebunden an Mäßigkeit der Lebensführung, an einen sparsamen und effektiven Umgang mit Lebensressourcen und sie wird zunehmend mit Arbeitsfähigkeit gleichgesetzt. Arbeitsamkeit ist der Inbegriff einer methodischen Lebensführung. Die BürgerInnen unterliegen der Pflicht, alle ihre Energien für die Realisierung eines nützlichen Lebens zu mobilisieren.

Die BürgerInnen der Neuzeit haben ihre Vorstellungen von Vollkommenheit und Glückseligkeit zunehmend mit irdischer Gesundheit gleichgesetzt. Gesundheit wurde zur zentralen Voraussetzung für die Realisierung diesseitiger Utopien. Mit der zunehmenden bürgerlichen Vorstellung der Selbstverantwortung für das eigene seelisch-körperliche Wohlbefinden verliert der Glaube an eine von Gott stabil geordnete Welt, in der auch Gesundheit und Krankheit vorbestimmt sind, an Bindekraft. Gesundheit wird immer weniger als von Gott geschenkt aufgefaßt. Gesundheit wird nun so verstanden, daß sie durch den Menschen selbst produziert werden kann; sie wird mit Selbst-Tun assoziiert; sie drückt den rationalen Umgang jedes einzelnen mit sich selbst aus.

Diese Säkularisierung von Heilserwartungen in diesseitig gerichtete Vorstellungen vom „guten Leben" haben den Wert von Gesundheit ungeheuer gesteigert. Er hat seit der Aufklärung ständig an Bedeutung zugenommen. Gesundheit ist die unabdingbare Voraussetzung für eine optimale Entfaltung unserer Leistungsfähigkeit und mit den wachsenden Anforderungen an die Arbeitsfähigkeit und Leistungskraft wachsen auch die Ansprüche an die Gesundheit. Aber auch die Nutzung nicht-arbeitsbezogener Angebote in der Freizeit, in der Konsumwelt, der Kultur und im Privaten setzen Gesundheit voraus. In der folgenden Werbung für ein marktgängiges Therapeutikum kommt diese Gesundheitsphilosophie eingängig zum Ausdruck:

> „Gesundheit ist das höchste Gut des Menschen. Sie ist die beste Voraussetzung für Arbeits- und Lebensfreude. Es lohnt sich, sie zu bewahren oder bei Beschwerden rasch und auf möglichst natürliche Weise wiederherzustellen."

Gesundheit wünschen sich die Menschen für sich selbst am meisten und sie steht ganz oben bei dem, was sich Menschen bei Geburtstagen und zum Jahreswechsel wünschen. Sie hat einen religionsähnlichen Status. Unser „Heil" hängt von ihr ab.

Der beschriebene Perspektivenwechsel von einer außerirdischen zu einer innerweltlichen Heilserwartung ist eng gekoppelt an den Aufstieg der modernen Medizin und den an sie geknüpften Erwartungen und Hoffnungen. Die erfahrungswissenschaftlich fundierte moderne Medizin und ihre Erfolge bestätigen die Grundüberzeugung des aufgeklärten bürgerlichen Bewußtseins, das ein gezieltes Eingreifen in naturhafte und gesellschaftliche Prozesse für möglich und notwendig hält. Mit ihren unstrittigen Erfolgen hat die Medizin nicht nur den Beweis angetreten, daß menschliches Handeln dem „blinden Walten" des Schicksals und der Natur eine eigene handelnde Vernunft entgegensetzen kann, sondern sie ist zugleich zum Kristallisationskern der innerweltlichen Heilserwartungen geworden. Die dominierende Alltagsreligion ist die Gesundheit geworden und ihre Priesterschaft rekrutiert sich aus der Medizin.

Im kulturellen Selbstverständnis der Moderne repräsentiert die Medizin einerseits die Idee der Aufklärung, nämlich die Überwindung blinder Abhängigkeiten und den Versuch, scheinbar unberechenbare Gefahren der Natur einer rationalen Kontrolle zu unterziehen. Andererseits bindet die Medizin in ihrem Heilungspotential auch eine innerweltliche Heilserwartung, die Menschen passiv macht. In diesem Sinne werden Menschen durch die moderne Medizin zugleich ihrer Gesundheit und ihrer Krankheiten enteignet. Sie werden der mit Allmacht ausgestatteten Medizin abgetreten. In ihrem biomedizinischen Krankheitsbegriff kommt die Medizin dieser delegierenden Entäußerung vieler Menschen entgegen. Er transportiert ein Menschenbild, das die psychosozial bestimmte Identität des Menschen von seinem Organismus abtrennt, für dessen biologische Abläufe und vor allem ihre krankheitsbedingten Störungen die Biomedizin die Zuständigkeit hat.

KritikerInnen der modernen Medizin betonen, daß sie den Menschen zwar aus der totalen Abhängigkeit von naturhaften Wirkmächten und Gefahren befreit habe, aber um den Preis einer erneuten Abhängigkeit von einer biomedizinisch-technischen Logik. Diesen Widerspruch muß eine zeitgemäße Perspektive der Gesundheitsförderung erkennen und zu überwinden versuchen. Notwendig ist die Förderung einer Vorstellung von Gesundheit, die das aktive und selbsttätige Subjekt betont und dies auch gegenüber den Passivität fördernden Tendenzen der biomedizinisch-technischen Medizin.

Modernisierung und Gesundheit

Die Skepsis gegenüber den Segnungen der Industrialisierung wachsen. Unser Bewußtsein hat sich für neue Risikolagen geschärft. Bei aller berechtigten Skepsis gegenüber einem ungebremsten Industrialismus bleibt doch festzuhalten, daß die Moderne den Menschen eine gesteigerte Lebenserwartung und das heißt, eine Eindämmung von Krankheiten und z.T. eine vollständige Bewältigung früher bedrohlicher Krankheiten gebracht hat.

Die Geschichte des ausgehenden 20. Jahrhunderts ließe sich problemlos als eine Siegesgeschichte der Medizin schreiben. Die „Geißeln Gottes" früherer Zeitepochen sind überwunden: Mindestens in den Industrieländern des Westens sind Seuchen, Epidemien und Infektionskrankheiten weitgehend bewältigt oder unter Kontrolle. Die Folge ist ein dramatischer Anstieg der Lebenserwartung der Menschen. Die durchschnittliche Lebenserwartung für Männer stieg seit Beginn dieses Jahrhunderts um 27,39 auf heute 72,21 Jahre und für Frauen noch dramatischer um 30,35 Jahre auf 78,68 Jahre. Ein erheblicher Teil des noch vorhandenen Krankheitspotentials kann als Ausdruck der erhöhten Lebenserwartung gedeutet werden: Werden Menschen im Durchschnitt älter, dann erhält auch der Anteil altersbedingter degenerativer Erkrankungen ein größeres Gewicht. Diese Erkrankungen, die natürlich für den einzelnen Leiden und Schmerzen bedeuten, müssen deshalb unter dem Aspekt der gesundheitlichen Gesamtsituation nicht beunruhigen. Bei weiter steigender Lebenserwartung (für das Jahr 2018 wird ein mittleres Sterbealter in Deutschland von 85 Jahren geschätzt) ließe sich sagen, daß sich die durchschnittliche Lebenserwartung den biologischen Grenzen menschlichen Lebens überhaupt nähert. (vgl. Wemmer & Korczak 1994)

Diese Perspektive eines linearen Fortschritts der gesundheitlichen Situation der Bevölkerung gerät bei einigen aktuellen Problemen in Erklärungsnotstand (nach Sagan 1992; Kleiber 1992):

1. Es gibt eine erkennbare Diskrepanz zwischen Daten, die auf eine Verbesserung der gesundheitlichen Situation der Bevölkerung hinweisen und dem subjektiven Gefühl von Gesundheit und Wohlbefinden. Gesundheit ist für viele Menschen mehr als die Abwesenheit von Krankheit. Zunehmend wird auch deutlich, daß neben den biomedizinisch erfaß- und behandelbaren Krankheitsursachen Persönlichkeitsfaktoren, der Lebensstil und die soziale Integration der Menschen von zentraler Bedeutung für Gesundheit und Krankheit sind.
2. Die Medizin hat weitgehend erfolgreich die infektiösen Wege der Krankheitsentstehung unter ihre Kontrolle bringen können, aber sie tut sich schwer mit Prozessen der Krankheitsentstehung und -bewältigung, die außerhalb biomedizinischer Abläufe liegen. Lebensqualität ist auch und gerade dann ein zentrales Bedürfnis, wenn Menschen mit chronischen Krankheiten ein Lebensarrangement finden wollen.

Und wir wissen, daß der Verlauf von Krankheiten wesentlich auch von dem Lebensgefühl der Menschen, ihren sozialen Beziehungen und der trotz und mit der Krankheit möglichen Lebenssouveränität abhängt.

3. Die positiven Effekte der medizinischen Modernisierung lassen sich vor allem bei älteren Menschen sowie bei Säuglingen und Kindern nachweisen: Gemessen an der Steigerungsrate der Lebenserwartung haben ältere Menschen seit 1900 in fast gleichem Umfang von ihr profitiert wie die ganz jungen. Bei Erwachsenen lassen sich bei den meisten Erkrankungen rückläufige Mortalitätswerte aufzeigen. Bei Jugendlichen ist der Trend allerdings gegenläufig. Das wirft die Frage auf, welche gesundheitlichen Belastungen der Modernisierungsprozeß selbst in den westlichen Gesellschaften erzeugt. Jugend repräsentiert den sensibelsten Teil einer Gesellschaft. (vgl. Hurrelmann 1988)

4. Das fortgeschrittenste Land der westlichen Hemisphäre, die USA, die regelmäßig die meisten NobelpreisträgerInnen in der Medizin stellen und deren BürgerInnen sich lange zu Recht an der Spitze auch des medizinischen Fortschritts einordneten, stagniert in seiner Entwicklung, und ExpertInnen sprechen von einer Verschlechterung des Gesundheitszustandes der amerikanischen Bevölkerung (z.B. fallen die USA auf der Rangskala im Rückgang der Säuglingssterblichkeit vom 7. auf den 17. Platz zurück). Dies gilt, obwohl die Aufwendungen für Gesundheit in ihrem Anteil am Bruttosozialprodukt wachsen (von 4,4 % im Jahre 1950 auf 11 % im Jahre 1984). Hier tut sich eine wachsende Schere zwischen der Leistungsfähigkeit der Biomedizin und dem Gesundheitszustand der Menschen auf, der die Frage nahelegt, wie förderlich gesellschaftliche Modernisierungsprozesse letztlich für die Lebensqualität der Menschen ist.

Psychosoziale Lebensqualität als Bedingung für Gesundheit

Wenn es nicht der medizinische Fortschritt allein ist, wovon hängt sonst der Gesundheitszustand der Bevölkerung ab? Die aktuelle sozialwissenschaftliche Gesundheitsforschung hat unsere Aufmerksamkeit auf Veränderungen der sozialen Lebensverhältnisse gerichtet und zeigen können, daß eine Reihe von Verbesserungen in der gesundheitlichen Situation der Bevölkerung, die zunächst ganz selbstverständlich der modernen Medizin als Erfolg zugerechnet wurden, auf allgemeine Verbesserungen der Lebensbedingungen zurückgeführt werden müssen. Historische Analysen zeigen, daß nicht einmal der Rückgang der Todesraten von Tuberkulose, Keuchhusten und Masern dem Erfolg von Impfprogrammen zugeschrieben werden kann, sondern daß die entscheidenden Senkungen der Sterberaten bereits vor Einführung von Impfprogrammen erfolgt waren.

In aller Regel wird ein hygienisch erweitertes medizinisches Modell herangezogen, um die Verbesserungen der gesundheitlichen Situation der Bevölkerung zu erklären. Zweifellos haben sich hygienische Maßnahmen zur Verbesserung der Nahrungs- und Trinkwasserversorgung günstig auf die Gesundheit ausgewirkt, doch auch hier wird das Bild eines linearen medizinischen Fortschritts durch historisch-sozialmedizinische Befunde relativiert. Vor allem kann gezeigt werden, daß der Rückgang der Sterberaten schon vor der großen Hygienebewegung des 19. Jahrhunderts begann. Außerdem ist der Rückgang der Mortalität nicht entscheidend durch den Rückgang der Infektionen verursacht worden, sondern durch einen Rückgang der Todesraten bei Menschen, die sich infiziert hatten.

Vieles scheint dafür zu sprechen, daß sich die Resistenz der Menschen im Zuge der Stabilisierung der modernen Industriegesellschaften und der Entstehung wohlfahrtstaatlicher Systeme zunehmend verbessert hat. Der bekannte nordamerikanische Epidemiologe Leonard A. Sagan (1992) stellt die These auf, daß Menschen in prämodernen Gesellschaften aufgrund permanenter und nicht-kontrollierbarer Belastungssituationen eine geringere Resistenz gegen Infektion und Tod hatten und führt dazu aus:

„Wir unterschätzen den Stress, der mit Armut und Ungewißheit prämoderner Gesellschaften einhergeht, erheblich – die eingeschränkte Fähigkeit von Analphabeten und Hoffnungslosen zur Konfliktbewältigung, die Resignation und den Fatalismus, die Angehörige traditioneller Gesellschaften kennzeichnen" (1992, S. 66).

In dieser Formulierung wird eine Sicht von Gesundheit und Krankheit erkennbar, die in der zeitgenössischen Gesundheitsforschung an Bedeutung gewinnt. Auf der Basis epidemiologischer, medizinhistorischer, soziologischer und psychologischer Befunde kommt Sagan zu dem Schluß, daß Zuwächse in der durchschnittlichen Lebenserwartung nur zu einem geringen Teil dem medizinischen Versorgungssystem gut geschrieben werden dürfen. Auch verbesserte Hygienebedingungen hätten nicht das Gewicht, das ihnen meist zugemessen wird. Die zentrale Rolle bei der Verbesserung der „Überlebensfähigkeit" oder der gesundheitlichen Situation in den fortgeschrittenen Industrieländern schreibt er Faktoren von Lebensqualität wie „ein Gefühl der Erfüllung, der persönlichen Entfaltung, der Freude und der Kreativität" zu, die spezifische Formen der Lebensbewältigung ermöglichen und entscheidend bedingt sind durch den sozialen Status, durch den Bildungsstand und vor allem den sozialen Rückhalt im familiären und engeren sozialen Umfeld.

Bei einer solchen Sichtweise überrascht es dann auch nicht, daß bei der oben aufgeworfenen Frage, warum sich die gesundheitliche Situation einer fortgeschrittenen Industriegesellschaft im Weltmaßstab zu verschlechtern beginnt, die Antwort nicht im Zustand der medizinischen Versorgung alleine gesucht werden kann. Einen Teil der Antwort wird man im inneren Zustand der Gesellschaft und ihrer spezifischen Wandlungsdynamik zum Ausgang des 20. Jahrhunderts selbst suchen müssen. Sie wird in allen „fortgeschrittenen" Industriegesellschaften zunehmend als „Risikogesellschaft" beschrieben. In diesem Konzept wird eine doppelte Risikostruktur angesprochen:

1. Die Risiken einer Zivilisation, die ihren Fortschritt über die rücksichtslose Ausbeutung der natürlichen Lebensgrundlagen betreibt, aber zunehmend von den „unerwünschten Nebenfolgen" dieses Prozesses geplagt wird. Hier haben wir es vor allem mit den gesundheitlichen Folgelasten der ökologischen Unvernunft zu tun.
2. Die Risiken einer sich zunehmend enttraditionalisierenden Gesellschaft, die für das Subjekt der (Post-)Moderne Verunsicherungen, existentielle Bodenlosigkeit, neue Kompetenzanforderungen und nicht immer erreichbare Chancen bedeuten. Hier handelt es sich um die „psychosozialen Kosten" des hochtourigen „Projekts der

Moderne", das auch auf der Subjektebene zunehmend spürbar an seine Grenzen stößt.

Die verfügbaren epidemiologischen Daten machen deutlich, daß Anlaß zur Sorge um das körperliche, seelische und soziale Wohl von Jugendlichen besteht. Die materiellen und sozialen Lebensbedingungen für die Mehrheit der Bevölkerung und auch für Heranwachsende in Deutschland sind – mindestens im internationalen Vergleich gesehen – günstig. Trotzdem ist aber offensichtlich, daß das soziale, psychische und körperliche Wohlbefinden großer Teile der heranwachsenden Bevölkerung keineswegs ausreichend gewährleistet ist.

Der Jugendlichkeitsmythos in unserer Gesellschaft verstellt in fataler Weise den Blick für wachsende Gesundheitsrisiken von Jugendlichen. Nur auf den ersten Blick scheint es sich bei Jugendlichen um eine vergleichsweise sehr gesunde Bevölkerungsgruppe zu handeln. Auf den zweiten Blick wird deutlich, daß zwar die relativen Morbiditätsraten fast aller Altersgruppen in den letzten Jahren zurückgegangen sind, vor allem bei den ganz jungen und den ganz alten Menschen, in der Altersgruppe der 10- bis 25jährigen sind jedoch gegenläufige Trends festzustellen (das Krankheitsspektrum hat sich zu chronischen Krankheiten hin verschoben. Die Tendenz ist steigend. In die gleiche Richtung weisen psychosomatische Beeinträchtigungen und natürlich hat sich der Konsum von Sucht- und Rauschmitteln auf einem hohen Niveau stabilisiert).

Der tiefgreifende soziokulturelle Umbruch, der sich gegenwärtig vollzieht, zeigt gerade bei Heranwachsenden seine „Kostenseite". Die Lebenssituation von Kindern und Jugendlichen ist heute in der sozialen Lebenswelt durch eine eigentümliche Spannung gekennzeichnet: Einerseits sind auch schon für Kinder und Jugendliche die Freiheitsgrade für die Gestaltung der eigenen individuellen Lebensweise sehr hoch. Andererseits werden aber diese „Individualisierungschancen" erkauft durch die Lockerung von sozialen und kulturellen Bindungen. Der Weg in die moderne Gesellschaft ist so gesehen auch ein Weg in eine zunehmende soziale und kulturelle Ungewißheit, in moralische und wertemäßige Widersprüchlichkeit und in eine erhebliche Zukunftsunsicherheit. Deswegen bringen die heutigen Lebensbedingungen auch so viele neue Formen von Belastung mit sich, Risiken des Leidens, des Unbehagens und der Unruhe, die teilweise die Bewältigungskapazität von Kindern und Jugendlichen überfordern.

Sie zahlen, um im Bild zu sprechen, einen ‚hohen Preis' für die fortgeschrittene Industrialisierung und Urbanisierung, der sich in körperlichen, psychischen und sozialen Belastungen ausdrückt.

In einer Gesellschaft, der zunehmend einheitliche Ziele und Werte abhanden kommen, die von der Pluralisierung der Lebensstile gekennzeichnet ist und in der sich die sozialstrukturell gegebenen objektiven Lebenschancen höchst unterschiedlich bieten, wird die Lebensgestaltung zu einem risikoreichen Unternehmen, bei dem sich das Subjekt immer weniger auf vorgegebene Normen und Modelle beziehen kann.

Es scheint angezeigt, den Gesundheitsproblemen von Heranwachsenden besondere Aufmerksamkeit zu schenken, weil gerade in dieser Altersgruppe gesundheitsbezogene Lebensstile mit lebenslangen Konsequenzen ausgebildet werden. Die Stabilität der in der Jugendphase ausgebildeten gesundheitsgefährdenden Lebensstile scheint hoch zu sein.

Zusammenfassend läßt sich festhalten, daß gesundheitsförderliche Bedingungen vor allem in den allgemeinen gesellschaftlichen und psychosozialen Lebensbedingungen zu suchen sind. Die moderne Gesellschaft hat im Durchschnitt die Lebensqualität für die Menschen verbessert und ihre Ressourcen in der Auseinandersetzungen mit Belastungen und Krisen des alltäglichen Lebens verbessert. Eine neue Phase tiefgreifender gesellschaftlicher Wandlungsdynamik schafft jedoch neue gesundheitliche Risiken. Die spätmodernen Lebensverhältnisse sind von einem unaufhaltsamen Individualisierungsschub bestimmt, der für spezifische Bevölkerungsgruppen zu einer Verknappung der erforderlichen Bewältigungsressourcen führt.

Individuelle Gesundheitspotentiale

Der Ausgangspunkt unserer Überlegungen war, daß Menschen Gesundheit als ihr höchstes Gut ansehen, aber gleichzeitig immer noch fälschlicherweise als Produkt einer riesigen Gesundheits- oder Krankheitsindustrie, des medizinisch-industriellen Komplexes. Es spricht sehr viel dafür, die eigentlichen Bedingungen für Gesundheit in spezifischen Lebensweisen zu sehen. Wir wissen, daß Menschen permanent gesundheitlichen Risiken ausgesetzt sind und wir wissen auch, daß ihr biologisches und ihr psychosoziales Immunsystem letztlich dafür entscheidend sind, welche Resistenz gegenüber spezifischen Gefährdungen und Risiken entwickelt werden kann.

Wenn man das Problem von Gesundheit und Krankheit so formuliert, führt das zu der Fragestellung: Was sind die Bedingungen dafür, gesund zu bleiben, wieder gesund zu werden oder trotz spezifischer chronischer krankheitsbedingter Lebenseinschränkungen „gut" zu leben. Ob kritische Lebensereignisse, akute oder chronische Belastungen (z.B. Tod der PartnerInnen, Scheidung, Verlust des Arbeitsplatzes oder der Wohnung, aber auch die vielen kleinen Ärgernisse und Pannen im Alltag) zu gesundheitlichen Einschränkungen führen, hängt wesentlich davon ab, wie solche Belastungen erlebt und verarbeitet werden können. Nicht jeder Streß macht krank, und was für die eine oder den einen ein belastendes Ereignis ist, stellt für die andere oder den anderen eine Herausforderung dar, in der sie oder er sich beweisen will.

Was wissen wir nun über psychologische Bedingungen für gesundheitsförderliche Umgehensweisen mit den Risiken und Chancen individueller Lebensgestaltung? Folgende Bedingungen werden durch die entsprechende Forschung als grundlegend für „psychische Widerstandskraft" herausgearbeitet:

a) Ein hohes Maß an Selbstachtung und ein Vertrauen auf die Chance, das eigene Geschick kontrollieren und lenken zu können. Solche Menschen sehen sich nicht als Spielball der Götter, einflußreicher anderer Menschen oder des Zufalls, sondern sind davon überzeugt davon, daß sie mit ihren eigenen Entscheidungen den Gang ihres Lebens steuern können.

b) Veränderungen werden weniger als Bedrohung von all' dem erlebt, was das Leben stabil und berechenbar macht, sondern als eine Herausforderung. Voraussetzungen dafür sind die Bereitschaft und Fähigkeit, Ungewißheiten aushalten zu können, Neues zu suchen und zu erkunden und flexibel und experimentell auf Probleme reagieren zu können.

c) Engagement und Zukunftsorientierung führen dazu, sich auf Aktivitäten zu verpflichten, die über den unmittelbaren situativen Konsum hinausgehen. Unmittelbare Befriedigung kann zugunsten künftiger Chancen und Möglichkeiten zurückgestellt werden. Es besteht eine hohe Motivation, an der eigenen Person zu „arbeiten", vor allem in Bildung zu investieren.
d) Beziehungsfähigkeit als Bedingung für den Aufbau vertrauensvoller und für sich und andere förderlicher sozialer Netze, in denen emotionale, kognitive und identitätsbezogene Unterstützung geholt und gegeben werden kann.
e) Genußfähigkeit und eine positive Einstellung zum Leben wird gegen eine asketische Verzichtshaltung gesetzt.

Aus solchen gesundheitspsychologischen Überlegungen werden gelegentlich fragwürdige verallgemeinerte Aussagen und Ratschläge abgeleitet. „Gesund ist, was Spaß macht", heißt ein aktuelles Buch (Ernst 1992), das für diesen Trend steht. Es soll zeigen, „daß unsere beste Gesundheitsfürsorge darin besteht, uns schrittweise von selbstauferlegten oder fremden Zwängen, Verboten und Verhaltensregeln zu befreien und herauszufinden, was uns gut tut. Wenn Gesundheit die Grundlage für all das ist, was das Leben lebenswert macht, dann ist es doch paradox, sich diese Lebensfreude in stetiger, konzentrierter Anstrengung erkämpfen zu wollen und nur mit schlechtem Gewissen vom geistigen Trimmpfad mit seinen vielen Gebotstafeln abzuweichen" (S. 7). Mit einer gewissen Häme wird gefragt: „Warum werden manche Gesundheitsfanatiker trotz ihrer asketischen und ‚vernünftigen' Lebensweise früh dahingerafft?" (S. 155). Die Antwort lautet, daß sie das hedonistische Credo nicht gelernt hätten, „das Schöne und die Genüsse nicht als ‚Belohnung' für irgendwelche Anstrengungen und Kämpfe zu betrachten, sondern als den eigentlichen Sinn des Lebens" (S. 154).

Dieses bedingungslose und verallgemeinerte Setzen auf Lebenslust und Hedonismus übersieht die gesellschaftlichen Voraussetzungen, die für die Ausbildung solcher Lebenseinstellungen bedeutsam sind. Die genannten individuellen Bedingungen für psychische Widerstandsfähigkeit und Streßresistenz sind genau besehen Fähigkeiten, die nicht unabhängig von spezifischen objektiven gesellschaftlichen Lebensbedingungen sind. Menschen aus eher privilegierten sozialen und materiellen Lebenslagen werden eher die Chance haben, solche Bewältigungspotentiale auszubilden.

Strukturelle Hindernisse selbstbestimmter Lebensgestaltung

Wenn man sich den Zusammenhang von gesellschaftlichen Lebensbedingungen und Persönlichkeitsentwicklung mit dem Blick auf unterprivilegierte gesellschaftliche Gruppen vergegenwärtigt, dann entdeckt man ein eindrucksvolles empirisches Gegengift gegen die ideologische Beschwörung der ungeahnten Chancen, die jede und jeder in unserer Gesellschaft hätten, etwas aus ihrem Leben zu machen und gestärkt und optimistisch aus Krisen und Belastungen hervorzugehen. Die neuere epidemiologische Forschung ist bei ihren Gemeindestudien auf ein Phänomen gestoßen, das als „Demoralisierung" bezeichnet wurde. Es beinhaltet Einstellungen und Grundhaltungen, die durch ein geringes Selbstwertgefühl, Hilflosigkeit, Hoffnungslosigkeit, unbestimmte Zukunftsängste und allgemein gedrückter Grundstimmung geprägt sind.

Für die USA liegen folgende Ergebnisse vor: Demoralisiert in dem beschriebenen Sinne wurde etwa ein Drittel der Bevölkerung eingeschätzt. Die Demoralisierungsrate von Frauen liegt um 10 % höher als bei Männern. Etwa die Hälfte der Angehörigen der untersten sozialen Schicht erwies sich als demoralisiert. Etwa die Hälfte des Bevölkerungsanteils, der als demoralisiert eingeschätzt wurde, wies klinisch auffällige Symptome auf. Bei dieser Gruppe hatten die verfügbaren Ressourcen offensichtlich nicht ausgereicht, um mit Lebensproblemen und Krisen produktiv umgehen zu können. Das Demoralisierungssyndrom bringt zum Ausdruck, daß eine erheblicher Anteil der Bevölkerung für sich keinen Sinn mehr darin sieht, sich für oder gegen etwas einzusetzen. Diese Personen lassen Ereignisse fatalistisch auf sich zukommen und über sich hereinstürzen, weil sie nicht mehr daran glauben, daß sie wirksam etwas gegen diese unternehmen könnten. (vgl. Keupp 1992)

In diesem Zusammenhang kann man auch an den klassischen Begriff der „Entfremdung" anknüpfen. Er ist geeignet, jene Bedingungen genauer zu benennen, die zu passiven und fatalistischen Reaktionen auf belastende Lebensereignisse führen. Entfremdung läßt sich in den folgenden fünf unterschiedlichen Konstellationen zusammenfassen, für die es jeweils beweiskräftige Befunde gibt (nach Mirowsky & Ross 1989): Subjektive Erfahrungen von „Machtlosigkeit", „Selbst-Entfremdung", „Isolation", „Sinnlosigkeit" und „Normverlust" sind ausgeprägter je weiter wir in der sozialen Hierarchie nach unten gehen. Die Erfahrung von „Ungerechtigkeit" bei der gesellschaftlichen Verteilung von materiellen und symbolischen Gütern, Einfluß und Chancen wird als zweite vermittelnde Größe zwischen sozialer Position und psychosozialer Leiderfahrung eingeführt. Und schließlich wird noch der „Autoritarismus" eingeführt, der in den unteren sozialen Schichten ausgeprägter vorkommt und der mit einer kognitiven und emotionalen Rigidität einhergeht, die bezogen auf die in einer sich rasch wandelnden Gesellschaft geforderten sozialen Kompetenzen zunehmend dysfunktional wird. Das Vertrauen in eine berechenbare Welt, für die man eine adäquate Sozialisation und Ausbildung erworben hat, geht verloren. In einer ängstlich-mißtrauischen Grundhaltung erwartet man eine feindliche Welt, die dann auch genauso erfahren wird, als Welt, in der nichts Gutes erwartet werden kann, die ungerecht, ausbeuterisch, gewalttätig und zunehmend fremd erlebt wird und die eigene Lebenssouveränität unterminiert.

Dieses Modell integriert auf neuestem Stand die sozialepidemiologische Befundlage. Eines ihrer stabilsten Ergebnisse zeigt für alle fortgeschrittenen Industriestaaten, daß sich soziale Ungleichheit auch im Gesundheitsstatus einer Bevölkerung reproduziert: Mit geringerem sozialen Status und niedrigerem Bildungsstand steigt das Krankheitsrisiko und sinkt gleichzeitig die Chance auf eine angemessene Behandlung. Dieser Befund gilt selbst für Krankheiten, die im Alltagsbewußtsein als die Krankheiten der oberen sozialen Schichten gelten. Der Herzinfarkt ist gar nicht typisch für die Elite, für streßgeplagte Manager und leitende Angestellte, sondern vielmehr eine Todesursache, die prozentual stärker Menschen aus den sozial schwächeren, unterprivilegierten Schichten der Bevölkerung betrifft. Medizinhistorische Studien beweisen, daß die privilegiertesten Schichten mit dem Einsetzen der Modernisierungsprozesse als erste einen Rückgang der Sterberate verzeichneten.

Diese Befunde zeigen sozialstrukturelle Begrenzungen souveräner und selbstgestalteter Lebensführung auf und die Ideologieträchtigkeit von Ansätzen der Gesundheitsförderung, die psychische Gesundheit zu einer Angelegenheit von Lebensstil und guter Laune machen, also im Grunde auf unbegrenzte individuelle Bewältigungsressourcen setzen. Dieses Modell sollte aufzeigen, wo gesellschaftliche Fremdbestimmung, Enteignung von Alltagskompetenzen, die Zerstörung menschlicher Gestaltungsräume und die wachsenden ökologischen Risiken durch individuelle Bewältigungsstrategien letztlich nicht überwunden werden können und geeignete gesellschaftliche Strukturreformen erforderlich sind.

Gesundheit als Lebenssouveränität

Lebenserfahrungen, in denen Subjekte sich als ihr Leben Gestaltende konstruieren können, in denen sie sich in ihren Identitätsentwürfen als aktive ProduzentInnen ihrer Biographie begreifen können, sind offensichtlich wichtige Bedingungen der Gesunderhaltung.

Der israelische Gesundheitsforscher Aaron Antonovsky hat diesen Gedanken in das Zentrum seines „salutogenetischen Modells" gestellt. Es stellt die Ressourcen in den Mittelpunkt der Analyse, die ein Subjekt mobilisieren kann, um mit belastenden, widrigen und widersprüchlichen Alltagserfahrungen produktiv umgehen zu können und nicht krank zu werden.

Dieses Modell geht von der Prämisse aus, daß Menschen ständig mit belastenden Lebenssituationen konfrontiert werden. Der Organismus reagiert auf Stressoren mit einem erhöhten Spannungszustand, der pathologische, neutrale oder gesunde Folgen haben kann, je nachdem, wie mit dieser Spannung umgegangen wird. Es gibt eine Reihe von allgemeinen Widerstandsfaktoren, die innerhalb einer spezifischen soziokulturellen Welt als Potential gegeben sind. Sie hängen von dem kulturellen, materiellen und sozialen Entwicklungsniveau einer konkreten Gesellschaft ab. Mit organismisch-konstitutionellen Widerstandsquellen ist das körpereigene Immunsystem einer Person gemeint. Unter materiellen Widerstandsquellen ist der Zugang zu materiellen Ressourcen gemeint (Verfügbarkeit über Geld, Arbeit, Wohnung etc.). Kognitive Widerstandsquellen sind Intelligenz, Wissen und Bildung. Eine zentrale Widerstandsquelle bezeichnet die Ich-Identität, also eine emotionale Sicherheit in bezug auf die eigene Person. Die Ressourcen einer Person schließen als zentralen Bereich seine zwischenmenschlichen Beziehungen ein, also die Möglichkeit, sich von anderen Menschen soziale Unterstützung zu holen, sich sozial zugehörig und verortet zu fühlen.

Antonovsky zeigt auf, daß alle mobilisierbaren Ressourcen in ihrer Wirksamkeit letztlich von einer zentralen subjektiven Kompetenz abhängen: Dem „Gefühl von Kohärenz". Er definiert dieses Gefühl so:

„Das Gefühl der Kohärenz, des inneren Zusammenhangs ist eine globale Orientierung, die ausdrückt, inwieweit jemand ein sich auf alle Lebensbereiche erstreckendes, überdauerndes und doch dynamisches Vertrauen hat, daß (1) die Reize aus der inneren und äußeren Welt im Laufe des Lebens strukturiert, vorhersagbar und erklärbar sind; daß (2) es Mittel und Wege gibt, die Aufgaben zu lösen, die durch diese Reize gestellt werden; und daß (3) diese Aufgaben Herausforderungen sind, für die es sich lohnt, sich zu engagieren und zu investieren" (1987, S. 19). Antonovsky transformiert eine zentrale Überlegung aus dem Bereich der Sozialwissenschaften zu einer grundlegenden Bedingung für Gesundheit: Als Kohärenzsinn wird ein positives Bild der eigenen Handlungsfähigkeit verstanden, die von dem Gefühl der Bewältigbarkeit von externen und internen Lebensbedingungen, der Gewißheit der Selbststeuerungsfähigkeit und der Gestaltbarkeit der Lebensbedingungen getragen ist. Der Kohärenzsinn ist durch das Bestreben charakterisiert, den Lebensbedingungen einen subjektiven Sinn zu geben und sie mit den eigenen Wünschen und Bedürfnissen in Einklang bringen zu können.

Ein solches Belastungs-Bewältigungs-Modell, das die Aufmerksamkeit auf das aktiv handelnde Individuum in seiner gesellschaftlichen Alltagswelt richtet, eröffnet für eine Praxis und Politik der Gesundheitsförderung andere Perspektiven, als wenn Krankheit und Gesundheit mechanisch ablaufende Prozesse wären, denen der einzelne ausgeliefert ist und die letztlich nur durch den kundigen Experten von außen beeinflußt werden können.

Perspektiven der Gesundheitsförderung: Empowerment

Wenn Gesundheitsförderung von dem zentralen Gedanken der Erweiterung von Lebenssouveränität der Menschen bestimmt ist, dann müssen mit besonderer Aufmerksamkeit jene Prozesse untersucht werden, die spezifischen Menschengruppen die Selbstbestimmung über ihre Lebensführung erschweren bzw. verhindern. Hier liegt das unverzichtbare Erkenntnispotential der sozialepidemiologischen Forschung für eine präventiv orientierte Gesundheitsforschung im Bereich psychische Gesundheit. „Salutogenetische" Konzepte müssen dieses Erkenntnispotential nutzen, wenn sie eine Blickverengung auf privilegierte soziale Gruppen vermeiden wollen.

Die Ottawa-Charta der Weltgesundheitsorganisation (1992) zur Gesundheitsförderung aus dem Jahre 1986 und die darauf aufbauende Initiative „Gesunde Städte" steht ganz unter diesen Vorzeichen. In der Ottawa-Charta heißt es: Gesundheitsförderung „zielt auf einen Prozeß, allen Menschen ein höheres Maß an Selbstbestimmung über ihre Lebensumstände und Umwelt zu ermöglichen und sie damit zur Stärkung ihrer Gesundheit zu befähigen". Und etwas später: „Gesundheit wird von Menschen in ihrer alltäglichen Umwelt geschaffen und gelebt: dort, wo sie spielen, lernen, arbeiten und lieben. Gesundheit entsteht dadurch, daß man sich um sich selbst und für andere sorgt, daß man in die Lage versetzt ist, selber Entscheidungen zu fällen und eine Kontrolle über die eigenen Lebensumstände auszuüben sowie dadurch, daß die Gesellschaft, in der man lebt, Bedingungen herstellt, die allen ihren Bürgern Gesundheit ermöglichen". Die Arbeitsdefinition für eine „Gesunde Stadt" sieht bei der WHO so aus: Sie „verbessert kontinuierlich die physischen und sozialen Lebensbedingungen und fördert die Entfaltung gemeinschaftlicher Aktions- und Unterstützungsformen, beides mit dem Ziel, die Menschen zur wechselseitigen Unterstützung in allen Lebenslagen zu befähigen und ihnen damit die maximale Entfaltung ihrer Anlagen zu ermöglichen".

Diese Grundidee kommt vor allem im Konzept „Empowerment" zum Ausdruck, das der Praxis der Gesundheitsberufe und der Gesundheitspolitik eine innovative Perspektive anbietet. (vgl. Kieffer 1984; Rappaport 1985; Keupp 1992; Stark 1993).

Empowerment meint den Prozeß, innerhalb dessen Menschen sich ermutigt fühlen, ihre eigenen Angelegenheiten in die Hand zu nehmen, ihre eigenen Kräfte und Kompetenzen zu entdecken und ernst zu nehmen und den Wert selbst erarbeiteter Lösungen schätzen lernen. Empowerment bezieht sich auf einen Prozeß, in dem die Kooperation von gleichen oder ähnlichen Problemen betroffene Personen durch ihre Zusammenarbeit zu synergetischen Effekten führt. Aus der Sicht professioneller und institutioneller Hilfen bedeutet die Empowerment-Perspektive die aktive Förderung solcher solidarischer Formen der Selbstorganisation.

Die Empowerment-Perspektive bündelt wichtige Lernprozesse des letzten Jahrzehnts. Sie knüpft ein Netz von Ideen zu einer neuen Orientierung psychosozialen Handelns. Es sind vor allem die folgenden Lernprozesse:

1. Von der Defizit- oder Krankheitsperspektive zur Ressourcen- oder Kompetenzperspektive. Das Wissen um die Stärken der Menschen und der Glaube an ihre Fähigkeiten, in eigener Regie eine lebenswerte Lebenswelt und einen gelingenden Alltag herzustellen, führt mit Notwendigkeit zu einer anderen beruflichen Perspektive als im Falle eines professionellen Szenarios der Hilfebedürftigkeit.
2. Nur jene Art von professionellem Angebot kann letztlich wirksam werden, das in das System des Selbst- und Weltverständnisses der KlientInnen integrierbar ist und das persönlich glaubwürdig und überzeugend vermittelt wird. Solche Einsichten führen mit Notwendigkeit zur Überwindung einer einseitigen Betonung professioneller Lösungskompetenzen und von der Orientierung an der Allmacht der Experten zu einer partnerschaftlichen Kooperation von Betroffenen und Fachleuten. Von Dauer können nur Veränderungen sein, die den Grundsatz „Hilfe zur Selbsthilfe" realisieren.
3. Jede professionelle Aktivität, der es nicht gelingt, zur Überwindung des Erfahrungskomplexes der „gelernten Hilflosigkeit" oder „Demoralisierung" beizutragen, wird wirkungslos bleiben. Die Wirksamkeit professioneller Hilfe wird davon abhängen, ob das Gefühl gefördert werden kann, mehr Kontrolle über die eigenen Lebensbedingungen zu erlangen.
4. Soziale Unterstützung im eigenen sozialen Beziehungsgefüge ist von großer Bedeutung bei der Bewältigung von Krisen, Krankheiten und Behinderungen sowie bei der Formulierung und Realisierung selbstbestimmter Lebensentwürfe. Gerade die Kräfte, die durch die Vernetzung von gleich Betroffenen entstehen können, sind von besonderer Qualität.
5. Psychosoziale Praxis läßt sich nicht in Kategorien von Widerspruchsfreiheit oder im Funktionskreis instrumentellen Denkens adäquat erfassen. Anstelle eines Diskurses, der von der Unterstellung eines hehren Allgemeinwohl ausgeht, ist es notwendig, Widersprüche, Interessenunterschiede und unterschiedliche Bedürfnisse zum Thema zu machen. Hierzu gehören auch Themen wie die Janusköpfigkeit von Hilfe und Kontrolle in allen Formen psychosozialen Handelns; die Analyse unerwünschter Nebenfolgen „fürsorglicher Belagerung" und ihrer institutionellen Eigenlogiken und schließlich auch die Anerkennung unterschiedlicher und teilweise widersprüchlicher Interessen von KlientInnen und Professionellen.

6. Die wichtigste Erkenntnis, die auf solchen Pfaden divergenten Denkens zu gewinnen ist, ist die Einsicht in die Dialektik von Rechten und Bedürftigkeiten. Die klassische wohlfahrtstaatliche Philosophie war ausschließlich von einer Definition von Bedürftigkeiten und auf sie bezogener sozialstaatlicher Hilfe- oder Präventionsprogramme bestimmt. Die meisten Therapie- und Präventionsprogramme gehen – in aller Regel mit guten und nachvollziehbaren Gründen – von einer Annahme spezifischer Defizite und Bedürftigkeiten aus, die im wohlverstandenen Interesse der Betroffenen verhindert, kompensiert oder verändert werden sollen. Erst in den 70er Jahren wurde – nicht zuletzt in Folge heftiger Konflikte zwischen wohlwollenden HelferInnen und zunehmend eigene Ansprüche formulierender KlientInnen – die Ebene der Rechte als unabhängiger Begründungsinstanz für Handeln oder dessen Unterlassung „entdeckt". Es war sicher kein Zufall, daß diese Entdeckung in die Zeit der sich abzeichnenden Krise des Wohlfahrtsstaates fiel.

In Zeiten wachsender Sozialbudgets ist eher die Vorstellung gewachsen, daß bei uns Professionellen die Angelegenheiten der Betroffenen in guten Händen seien. Die Segnungen immer neuer Spezialprogramme und -einrichtungen ließen sich beweiskräftig so verstehen. Die von uns so bereitgestellte „fürsorgliche Belagerung" hatte eine Qualität der tendenziellen Rund-um-Versorgung, bei der der Gedanke der Einschränkung von KlientInnen-Rechten und der Kontrolle von Lebenssouveränität weniger Nahrung erhielt. Die Krise des Sozialstaats hat auch für viele Betroffene sichtbar gemacht, daß ihre Rechte keineswegs in Wohlfahrtsleistungen gesichert sind und mit deren Abbau auch gefährdet sind und eigenständig vertreten und abgesichert werden müssen. Rappaport bringt die beiden Sichtweisen auf die Formel von „Kinder in Not" oder „Bürger mit Rechten". Es handelt sich nicht um Entweder-oder-Perspektiven, sie müssen in dem Spannungsverhältnis, in dem sie zueinander stehen, erhalten bleiben. Gerade an der Reaganschen Kahlschlagpolitik im Sozialbereich kann das aufgezeigt werden. Sie hat sich gerne mit Schlagworten wie Bürgerrechte oder „Freiheit" vom Staat drapiert und gleichzeitig wohlfahrtsstaatliche Leistungen abgebaut. Dazu bemerkt Rappaport treffend: „Rechte ohne Ressourcen zu besitzen, ist ein grausamer Scherz" (S. 268).

Aus diesen Grundgedanken folgt für die soziale Arbeit dreierlei:
1. Verzicht auf professionelle Fertigprodukte. Die Versorgung mit vorgefertigten Standardlösungen für spezifische soziale Notsituationen, die von einzelnen Hilfesuchenden als durchaus entlastend erlebt werden mögen, können jedoch zugleich passive Erwartungshaltungen verfestigen. „Phantasie und Kreativität im Umgang mit Lebensproblemen werden verschüttet, der Klient ist nur noch Konsument von mundgerecht abgepackten Versorgungsleistungen" (Herriger 1991, S. 227). Solche Dienstleistungsroutinen werden natürlich häufig durch eine vorgegebene institutionelle Logik bestimmt (z.B. Einzelfallabrechnung, Notwendigkeit der Diagnosestellung, von Kassen definierte Therapiestunden, die allein abrechnungsfähig sind). Insofern ist es notwendig, die institutionellen Arbeitsbedingungen für gestaltbare Strukturen zu öffnen.
2. Öffnung für aktives Handeln in Lebenswelten: Präventionsstrategien, so in der psychosozialen Praxis überhaupt entwickelt, gehen häufig davon aus, daß Menschen antizipatorisch für spezifische Krisenerfahrung „immunisiert" werden sollten. Da-

zu werden problemzentrierte Trainingsprogramme angeboten. Charles Kieffer, einer der wichtigsten Vertreter der Empowerment-Perspektive, ist skeptisch gegenüber Planspielen ohne Realkontext und plädiert für ein Handeln und Erfahrungensammeln in der Alltagswelt. Für ihn ist „reflektierte Eigenerfahrung die zentrale Quelle für persönliches Wachstum. Der einzelne muß lernen, verinnerlichte Vorstellungen von der eigenen Hilflosigkeit zu überwinden, die Konflikte beim Aufbau von kollektiven Unterstützungsnetzwerken zu bewältigen ... und die politischen Einschüchterungsversuche zu ertragen. Diese Fähigkeiten aber erwachsen nur aus der Praxis ... Es gibt keinen Ersatz für das Lernen durch Erfahrung im Ernstfall" (1984, S. 27f.). Professionelle Arbeit soll die Möglichkeiten für „reflektierte Eigenerfahrung" aktiv im jeweiligen Lebenskontext unterstützen. Dazu gehört etwa, Gleichbetroffene miteinander ins Gespräch zu bringen, eigeninitiierten Projekten organisatorische Hilfe zu vermitteln (z.B. räumliche Infrastruktur), in gruppeninternen Situationen des Konfliktes und der Interessenkollision moderierend zu wirken und gruppendynamisches Wissen einzubringen oder Wege kommunalpolitischer Initiative zu öffnen. Professionelle können hier wichtige Funktionen der Inititiierung und Förderung von Selbstorganisation übernehmen.

3. Stiften von sozialen Zusammenhängen: Psychosoziale Praxis soll dabei unterstützend wirken, daß sich Betroffene neue Ressourcen schaffen, neue „Kräfte entdecken". Wolfgang Stark spricht von dem Ziel „einen schöpferischen Umgang mit Situationen und Problemen durch das Stiften von Zusammenhängen zu ermöglichen und zu erleichtern" (1989, S. 8). Im neuen Fachjargon heißt das „networking", also Netzwerkarbeit oder Netzwerkförderung. Sie kann sich auf einzelne Personen und Familien beziehen oder die Einbindung von Gruppen in das bestehende Feld von Selbsthilfeinitiativen im Sinne einer „Vernetzung der Netzwerke".

Von der (Un-)Möglichkeit erwachsen zu werden – Jugend zwischen Multioptionalität und Identitätsdiffusion*

Jungsein heute – ein erster Blick

Nicht immer ist die Jugend im Gespräch, aber wenn es der Fall ist, dann liegt in der Regel ein Hauch von Krise in der Luft. Dann bringt sie sich entweder selbst ins Gespräch in Gestalt unterschiedlicher Varianten von Jugendbewegungen oder sie wird ins Gespräch gebracht, wenn sich Politik und Erwachsene Gedanken darüber machen, was bei Jugendlichen wohl vor sich geht. In dieser Phase sind die Äußerungen über Jugendliche vor allem projektiver Art. Das war Anfang der 90er Jahre ebenso der Fall, als die „Generation X" erfunden wurde, wie Mitte der 90er Jahre als die Technogeneration mit ihrem radikalen Hedonismus ins Zentrum kollektiver projektiver Phantasien geriet. Aktuell werden einige überangepaßte CDU-Abgeordnete als „junge Wilde" apostrophiert, nur weil sie um die 40 sind und damit um 20 Jahre jünger als ihre Parteioligarchen. Sie werden als Speerspitze einer Revolte gegen die Herrschaft der Alten stilisiert. Gleichzeitig wird die Jugend als Demonstrationsobjekt einer sich angeblich ausbreitenden Egokultur, Jugendliche als „Ichlinge" konstruiert. Dann wieder tritt der Bundesbildungsminister erfreut vor die Bonner Presse und präsentiert ein Jugendbild, das die Wiederkehr der guten alten Werte von Pflicht, Treue und Familie enthält.

Diese Flut von höchst widersprüchlichen Jugendbildern, die kulturell, politisch und wissenschaftlich konstruiert werden, erzeugt Konfusion in unseren Köpfen. Wahrscheinlich waren auch schon die früher so populären Generationsgestalten Konstrukte, die nur für Teilausschnitte der jeweiligen heranwachsenden Generation Typizität beanspruchen konnten: Die „skeptische Generation" (1957), die „unheimliche Generation" (1967), die „überflüssige Generation", die „verlorene Generation" (1989). Aber diese Schlagworttypisierungen trafen wohl etwas, wodurch sie eine zeitweilige Paßform erlangten. Und nun rätseln die Spezialisten über eine „gut getarnte Generation von schweigenden Individualisten" (Schnibben 1994, S. 58). Für 16 Millionen Deutsche im Alter zwischen 13 und 30 steht erst einmal ein X: „Generation X". In der Süddeutschen Zeitung vom 19.02.1997 schreibt Wolfgang Farkas:

„Jugend: sechs Buchstaben, die nichts mehr verheißen, weil sie allgegenwärtig sind. Jugend: sechs Buchstaben, die für nichts mehr stehen – außer für eine kaufkräftige Zielgruppe. Jugend: sechs Buchstaben, die sich, allen Ausdifferenzierungen zum Trotz, noch immer auf ein paar Millionen junge oder sich jung fühlende Menschen beziehen lassen, angepaßte und ausgestoßene, hedonistische und leiden-

---

* Meinen ProjektkollegInnen Renate Höfer, Wolfgang Kraus und Florian Straus danke ich für ihre Mitarbeit an diesem Text.

schaftslose, politisch interessierte und unaufmerksame, unauffällige und nicht weiter zugängliche, die oft nicht viel mehr gemeinsam haben als eine Fahrt in der U-Bahn – aber die eben wohin wollen" (Farkas 1997, S. 17).

Damit ist ein erster Befund zu unserem Thema festzuhalten: Jugend ist als Generationsgestalt mit einem einheitlichen psychosozialen Profil kaum mehr zu fassen. 1981 hatte noch Horst Eberhard Richter auf dem Hintergrund der Züricher Unruhen Thesen über die Ursachen der damals aufflackernden Jugendunruhen formuliert. Seine erste lautete: „Was die Jungen denken, fühlen und tun ist stets zugleich Frage, Antwort und Spiegelung im Beziehungssystem der Gesamtgesellschaft" (1981, S. 238). Mit dieser und allen seinen weiteren 18 Thesen unterstellt Richter die Möglichkeit, eine einheitliche Aussage über typische Grundhaltungen der jungen Generation treffen zu können. Diese Möglichkeit scheint für die aktuelle Jugendforschung passé. Das hat wesentlich damit zu tun, daß die pluralen Lebensformen in der Gesamtgesellschaft zu einer Pluralisierung von Lebensformen auch im Jugendalter geführt haben. „Ein neues trendübergreifendes Label ist nicht in Sicht, und so muß die Jugend als No-Name-Produkt überwintern" (Farkas 1997, S. 17). Trotzdem scheint es ein unstillbares Bedürfnis zu sein, typische Gestalten von Jugend zu erzeugen. Cordt Schnibben sieht dafür folgenden Grund: „Das Bild einer Generation wird wenig bestimmt vom Leben einer Generation, mehr vom eingebildeten Leben ihrer Avantgarde – und diese Einbildung produzieren die Generationen, die fürchten müssen, von den Heranwachsenden um Geld, Macht, Einfluß und Rente gebracht zu werden. Der ängstliche Blick auf „die Jugend" ist ein Blick in die eigene Zukunft" (1994, S. 58).

Auf dem Hintergrund solcher projektiver Phantasien ist man wirklich für empirische Studien dankbar und gerade sind zwei repräsentativ angelegte Untersuchungen publiziert worden, die uns eine Möglichkeit geben, beim Projekt Jugend über Spekulationen hinauszugehen.

Gerhard Schmidtchen (1997) hat 5500 Menschen im Alter zwischen 15 und 30 befragt. Auftraggeber seiner Studie war das Bundesjugendministerium und sie war im wesentlichen motiviert durch die fremdenfeindliche Gewaltexplosion Anfang der 90er Jahre. Warnfried Dettling (1997) hat die Ergebnisse in einem ganzseitigen Artikel in der ZEIT vom 14. Februar 1997 zusammengefaßt. Was ist dem kritischen Christdemokraten Dettling an ihr besonders wichtig? Zunächst sieht er in ihren Belegen die Basis für die Überschrift „Die moralische Generation" und er zitiert Gerhard Schmidtchen folgendermaßen: „Was mich am meisten beeindruckt, ist die Moralsehnsucht junger Menschen, die Lauterkeit des Strebens nach persönlicher Ehrlichkeit, der durchgängige Wunsch, in der Entwicklung der eigenen Persönlichkeit den Sinn des Lebens zu finden." In diesem Zusammenhang spricht Schmidtchen von einem „Aufstand der Person", der für ihn eine vergleichbare Dynamik aufweist wie die Entdeckung der individuellen Person in der Renaissance:

„Man möchte unabhängig sein, frei von Angst, aber auch frei von Überheblichkeit. Von daher wird der Widerstand gegen die ungeprüfte Übernahme von Normen verständlich, gegen Institutionen, die zu wenig Mitbestimmung verheißen, gegen falsche Unterordnung, gegen politische Entscheidungen, die nicht einleuchten. Die Person steht auf gegen das, was sie begrenzt und zu deformieren versucht. Dieses Grundmuster ist dem der Renaissance vergleichbar."

Als zweites bemerkenswertes Ergebnis wird die Gewaltbereitschaft thematisiert. In diesem Punkt gibt es die einzige klare Differenz zwischen Ost- und Westdeutschland: 33 % gegenüber 22 %. Schmidtchen sucht keine individual-, sondern kollektivpsychologische Erklärungen für diesen Befund. Er entwickelt einen Ansatz, der an der politischen Kultur des vereinigten Deutschland anknüpft: „Dem Verhalten des politischen Systems kommt eine nicht unmaßgebliche Rolle bei der Vermeidung von Gewalt zu. Die Gewaltphantasien steigen auf, wenn junge Bürger sich machtlos vorkommen, wenn sie die Legitimität des politischen Systems bezweifeln, wenn sie das Gefühl haben, wesentliche humanitäre Werte in der Gesellschaft nicht verwirklichen zu können. Durch Bildung und Wohlstand sind die Bürger kompetenter geworden. Politisch ist ihr Einfluß aber nicht gewachsen". Warnfried Dettling kommentiert diese Aussage so: Die „aufgeregte Frage: Was ist los mit der Jugend?" wird

„kühl an die Erwachsenen zurückgespielt: Was ist eigentlich mit der Gesellschaft los? Welchem geistigen Bauplan folgen, in welcher geistigen Verfassung sind eigentlich all jene Institutionen, denen die Jungen in ihrem Leben begegnen, vom Kindergarten bis zur Universität, von den Betrieben bis zu den Gewerkschaften, von den Parteien bis zu den Gewerkschaften, von den Parteien bis zu den Parlamenten?"

Ich nehme aus dieser ersten aktuellen Jugendstudie die Stichworte „Aufstand der Person" und „unzureichende Partizipationschancen" mit.

Zeitgleich ist eine zweite Jugendstudie erschienen: „Jungsein in Deutschland" (Silbereisen, Vaskovics & Zinnecker 1997), die auf 1996 erhobenen Daten bei 13- bis 29jährigen aufbaut und unmittelbar an die letzte Shell-Studie von 1992 anschließt. Was erfahren wir da über die Lebenssituation von Heranwachsenden? Aus der Fülle der Daten greife ich die Ergebnisse heraus, die ich am eindrucksvollsten finde. Da gibt es Befunde, die direkt auf die Studie von Schmidtchen verweisen. Fast 90 % der Heranwachsenden fühlen sich durch Politiker und Parteien nicht angemessen vertreten. Fast die Hälfte der 18- bis 29jährigen ist bereit „eine aktive Rolle in der Politik zu übernehmen".

Der Anteil derjenigen, die auch nach dem 20. Lebensjahr noch unschlüssig ist, wie sie sich beruflich entscheiden sollen, hat sich in den letzten fünf Jahren verdoppelt. Die Ausbildungsphase verlängert sich weiter. „1991 standen 32 % der jungen Erwachsenen (18- bis 29jährige) noch in Ausbildung; bis 1996 steigt ihr Anteil auf 41 %". Bei jungen Frauen „steigt der Anteil derer, die sich in Ausbildung befinden zwischen 1991 und 1996 von 30 % auf 42 %, also etwas stärker als bei den jungen Männern" (1997, S. 352). Der Einstieg in das Berufsleben führt 1996 für etwa ein Viertel der jungen Erwachsenen in den alten Bundesländern über eine Phase der Arbeitslosigkeit, ähnlich wie fünf Jahre vorher. Damals war die Situation in West- und Ostdeutschland vergleichbar, fünf Jahre später haben 51 % der jungen Erwachsenen aus den neuen Bundesländern bereits Arbeitslosigkeit erfahren. Am größten ist die Schwierigkeit, eine Arbeitsstelle zu finden, für junge Frauen aus den neuen Bundesländern.

Von besonderem Interesse sind für mich die Ergebnisse zu den Fragen nach Werten, Zukunft und Religion. Bei den Werten rangieren Frieden und Freundschaft ganz oben, die esoterische Loslösung von weltlichen Belangen und soziale Macht ganz unten. Bei der Zukunftsorientierung werden drei Hauptgruppen unterschieden: Eine knappe Hälfte der Befragten mit einer stärkeren Besetzung durch die Älteren in der Stichprobe konzentriert sich planerisch auf die Zukunft, mit Optimismus wird mittel- bis langfristig geplant. Ein größerer Teil hat sich beruflich etablieren können und ist verheiratet. Es wird ihnen eine „erarbeitete Identität" zugeschrieben. Die zweite knappe Hälfte, mit einer deutlicheren Ausprägung bei den Jüngeren, ist durch eine ausgesprochene Gegenwartsorientierung geprägt, hedonistisch eingestellt und hat eine spielerisch-experimentelle Haltung „gegenüber einer unbestimmbar offenen Zukunft" (S. 14). Ihr Identitätsstatus wird als suchend bis diffus eingeschätzt. Nur eine kleine Minderheit (etwa 4 %) erleben sich „in einer unstrukturierten Lebenszukunft fremdbestimmt". „Ihre Zukunftssicht ist kurzschrittiger und eher pessimistisch getönt" (S. 14).

Wie halten es die jungen Deutschen mit der Religion? Die Autoren formulieren es zusammenfassend so: „Die christliche Weltanschauung ist zahlenmäßig unter den Jüngeren nur noch marginal vertreten" (S. 19). Nur 9,5 % glauben an einen christlichen Gott und nur 6,8 % an eine christliche Erlösungsvorstellung. Die Befragten sind aber keineswegs rigorose Nihilisten. „Autonome, selbständige Sinngebung und Sinnschöpfung ist für nahezu jeden Jugendlichen und jungen Erwachsenen eine selbstverständliche Form der Selbst- und Weltinterpretation. Über 50 % sind der festen Überzeugung, daß das Leben nur dann einen Sinn hat, wenn man ihm einen Sinn gibt" (S. 116). Das überraschendste Ergebnis war für die Autoren, daß sie keine vertrauten Weltanschauungsmuster auffinden konnten. Das heißt, daß „die Individuen ihre Weltanschauung nach eigenen autonomen Regeln zusammensetzen, die nicht mehr der traditionellen Logik folgen" (S. 117). Interessant ist, daß Deutungsfragmente, die einen christlichen Ursprung aufweisen, relativ häufig vorkommen und mit dem „Autonomismus", also der Betonung einer selbstbestimmten Sinngebung, einen hohen Überschneidungsgrad aufweisen. Die Autoren interpretieren dieses Ergebnis so, daß das „Deutungsschema" der christlichen Kirchen

„dem einzelnen nicht mehr ausreicht, weil seine Begriffe unklar sind, die Anpassung an die Lebenssituation der Menschen in der fortgeschrittenen modernen Gesellschaft nicht gelungen ist und der einzelne daher den Bedarf nach einer Sättigung und Ergänzung durch andere Formen der Weltanschauung hat" (S. 123).

Stichworte, die ich aus dieser Studie aufnehme, sind „autonome Sinnsuche" und Identitätsmuster, die ein weites Spektrum von erarbeiteten und eher sicheren bis zu ungesichert-diffusen Konstellationen umfassen.

Lebensbewältigung im Widerspruch von Selbstorganisation und Entwertung

Ich habe mich skeptisch zu den plakativ aufgemotzten Allgemeinaussagen über „die Jugend" oder über „die Jugendgeneration" geäußert. Diese Skepsis soll jedoch nicht jeden Versuch als unsinnig erklären, typische Konstellationen jugendlicher Handlungsbedingungen zu bestimmen, die sich durch spezifische gesellschaftliche Strukturvorgaben ergeben. Wenn man die aktuelle Sozialisationsforschung (vor allem die Arbeiten von Helmut Fend, 1988; 1990; 1991 und Klaus Hurrelmann 1990; 1992) im

Zusammenhang sieht, dann lassen sich einige zusammenfassenden Thesen formulieren, in denen die veränderte Generationengestalt gegenwärtiger Jugend skizziert wird, die durch die tiefgreifenden gesellschaftlichen Individualisierungsprozesse der hinter uns liegenden Jahre bedingt ist.

Zunächst möchte ich einige typische sozialstrukturelle Entwicklungen in ihren Auswirkungen auf Heranwachsende benennen. Der Blick auf das Panorama der psychosozialen Probleme von Heranwachsenden in unserer Gesellschaft verweist vor allem auf drei Quellen von struktureller Veränderung, die tief in die Alltagswelt von Kindern und Jugendlichen eingreifen (so Klaus Hurrelmann 1992):

– „In allen Industrieländern verschiebt sich der Zeitpunkt des Eintritts in das Beschäftigungssystem für junge Menschen in immer höhere Altersstufen. Der Schulbesuch mit anschließendem Besuch vollzeitlicher allgemeinbildender oder berufsbildender Ausbildungsstätten ist zum beherrschenden Strukturmerkmal der Jugendphase geworden. Dadurch wurden die Chancen der jungen Generation, einen hochwertigen schulischen und beruflichen Ausbildungsabschluß zu erlangen, enorm gesteigert. Zugleich ist aber der Erwartungsdruck der Eltern stark angestiegen. Heute erwerben über 30 % der entsprechenden Altersgruppe Abitur, weitere 35 % einen qualifizierten Abschluß nach 10 Jahren Schulbesuch in der Sekundarstufe I (früher ‚mittlere Reife' genannt). In den 50er und frühen 60er Jahren lagen diese Quoten bei etwa einem Fünftel dieser Werte.

– Durch die raschen ökonomischen, sozialen und kulturellen Veränderungen hat sich auch die Situation der Familie als einer zentralen Erziehungsinstitution für Jugendliche erheblich gewandelt. Der für das Jugendalter typische Prozeß der Ablösung vom Elternhaus gestaltet sich heute sehr komplex: Wegen der langandauernden wirtschaftlichen Abhängigkeit von den Eltern durch die verlängerten Schul- und Ausbildungszeiten tritt er später als vor einer Generation ein. Auf der anderen Seite entwickeln Jugendliche heute sehr früh einen von den Eltern unabhängigen persönlichen Lebensstil, vor allem im Freizeit- und Konsumbereich, ziehen früher in eigene Lebens- und Wohngemeinschaften mit Gleichaltrigen und leben früher mit Partnern des anderen Geschlechts zusammen. Der Ablösungsprozeß findet also in verschiedenen Bereichen zu unterschiedlichen Zeitpunkten statt, womit die Beziehungen zur Herkunftsfamilie sich kompliziert gestalten. Die Bedeutung der Familie als wirtschaftlicher Rückhalt und auch als Bezugsinstitution bei Laufbahnentscheidungen ist sehr hoch, während ihre Rolle als lebensstilprägende Wohn- und Lebensgemeinschaft im Jugendalter klein ist.

– Historisch vergleichende Studien zeigen, daß die Bedeutung von Gleichaltrigengruppen im Jugendalter nach zeitlichem und psychosozialem Stellenwert zugenommen hat. Offensichtlich wächst die Bedeutung der Gleichaltrigengruppe in dem Maß, wie die soziale Ablösung der Jugendlichen vom Elternhaus erfolgt. Auch ist die Bedeutung der Gleichaltrigengruppe bei der Ausgestaltung der Konsum- und Freizeitaktivitäten im Jugendalter von herausragendem Gewicht. Die Gleichaltrigengruppen (‚Cliquen') vermitteln die Standards für die Orientierung im Konsumsektor und setzen damit wirksame Maßstäbe für das Verhalten von Jugendlichen. Sie prägen teilweise eine eigene Jugendkultur aus, die die Entfaltung eines eigenständigen und von den Erwachsenen abgesonderten Lebensstils ermöglicht. Gleichaltrigengruppen eröffnen ihren Mitgliedern vollwertige Teilnahmechancen, die ihnen in Familie und Schule in diesem Umfang nicht gewährt werden. Sie sind ein wichtiges Medium, um Jugendlichen eine soziale Selbstdarstellung zu ermöglichen".

Aus diesen sozialstrukturellen Veränderungen folgen unterschiedliche Anforderungen an die Lebensbewältigung. Fend versucht die jeweils vorherrschenden Generationsgestalten aus den gesellschaftlich dominanten Formen der Daseinsgestaltung zu deuten:

„Jede Generation, die in diese Welt und in unseren Kulturkreis geboren wird, findet in ihrer Umwelt Menschen, die sich im Umfeld der natürlichen, kulturellen und sozialen Rahmenbedingungen um die Bewältigung ihres Daseins bemühen. In solche aktiven Problembewältigungen muß auch die neue Generation hineinwachsen. (...) In Gesellschaften, in denen ein rascher sozialer Wandel zu beobachten ist, verändern sich die altersspezifischen Problemvorgaben und Rahmenbedingungen der Existenzbewältigung" (1988, S. 294).

Diese allgemeine Rahmenthese spezifiziert Fend in weiteren Argumentationsschritten:

1. Es habe sich generell ein Wandel von geschlossenen und verbindlichen zu offenen und zu gestaltenden sozialen Systemen vollzogen und das hat Konsequenzen für die Sozialisation. „Aufwachsen heute bedeutet nur mehr für einen verschwindend kleinen Teil, in lokalen und dichten sozialen Kontrollnetzen mit geschlossener weltanschaulicher (religiöser) Sinngebung und klaren Autoritätsverhältnissen und Pflichtkatalogen groß zu werden" (ebd., S. 295). Die gesteigerte soziale und geographische Mobilität hat die Bindung an fixe Koordinaten der Lebensplanung gelockert und dem einzelnen die Verantwortung für die Wahl seiner Freunde und Partner, für Ausbildung und Beruf und die Entscheidung für spezifische Lebensstile übertragen. Ganz im Sinne von Elias folgt daraus: „Innere Kontrolle muß fehlende äußere Kontrolle ersetzen" (ebd., S. 295).
2. In diesem Veränderungsprozeß sind zunehmende „Freiheitsgrade des Handelns" enthalten und ebenso „Erweiterungen von Möglichkeitsräumen" (ebd.). „Erweiterte Möglichkeiten bedeuten aber auch geringere Notwendigkeiten der Einordnung in gegebene Verhältnisse. (...) Damit werden aber Tugenden, mit (unveränderlichen) Umständen leben zu können, weniger funktional und weniger eintrainiert als Tugenden, sich klug entscheiden zu können und Beziehungsverhältnisse aktiv befriedigend zu gestalten" (ebd., S. 296).
3. Fend betont die „Stärkung der individuellen Entscheidungsmöglichkeiten und Entscheidungsnotwendigkeiten", die als „Individualisierungsschub" bezeichnet werden (ebd., S. 296). Der zunehmende ökonomische Bedeutungsverlust von Kindern sei durch ihren psychischen Bedeutungszuwachs kompensiert worden. Ihr Glück und ihre optimale Förderung stehen im Mittelpunkt des familiären Lebens.
4. Die Maßstäbe und Bezugssysteme für das, was als gelingende Lebensbewältigung betrachtet wird, die Standards für das, „was von diesem Leben berechtigterweise erwartet werden darf", haben sich mit diesen Veränderungen gewandelt. Der „generationsspezifische Erwartungshorizont" für das, was als selbstverständlich, als

erreicht und das, was als knapp, aber anstrebenswert gilt, hat sich verschoben: Seinen „Kern bilden Erwartungen an ein erfülltes Leben. Die heutigen Bedingungen kristallisieren diese Ansprüche um jene der personalen Selbstentfaltung im Spannungsfeld von bedingungslosen Akzeptanzwünschen und normativ geleiteter aktiver Selbstgestaltung" (Fend 1988, S. 297).

5. Die bislang beschriebenen Argumentationsschritte transportieren ein Bild von Freiheitsgewinn und wachsender personaler Selbstentfaltung: „Die Freiheitsgrade des Handelns bürden den Heranwachsenden aber auch ein hohes Maß an Selbstverantwortung und damit auch klare Visionen der Erfüllung und des Versagens auf" (ebd., S. 298). Gerade die gesellschaftlich den Jugendlichen vorgegebenen begrenzten Realisierungsbedingungen machen die Erfahrungen des Versagens häufiger. Diskontinuierliche Ausbildungs- und Berufswege, die oft sehr verzögert und gelegentlich überhaupt nicht zu einem gesicherten Platz im Beschäftigungssystem führen, produzieren immer häufiger die Erfahrung der Begrenztheit der Selbstentfaltung. Die Erfahrung riskanter Chancen wird gemacht.

6. Die in der Individualisierungsdynamik liegende Möglichkeit von emanzipativen Chancen der Selbstverwirklichung ist in ambivalenter Weise gepaart mit einer egozentrischen Form des Individualismus oder wie es in der amerikanischen Diskussion dieser Thematik genannt wurde, von einer „Kultur des Narzißmus" (Lasch, 1980).

„Die Konzentration auf die personelle Selbstentfaltung führt Heranwachsende potentiell in Konflikte mit den anderen, die Mitbewerber um erfolgreiche Selbstdarstellung sind. Je stärker sich jemand ausschließlich auf die Entfaltung der eigenen Person, auf höchstmögliche Leistung und Exklusivität konzentriert, um so egozentrischer, aber auch einsamer kann er werden. Im Bildungssystem, in dem der eigene Erfolg häufig nur auf der Folie des Mißerfolgs der anderen strahlend erscheint, ist dieser Grundkonflikt angelegt. Die Gefahr des sozialen Ausschlusses ist aber in der Jugendphase jene Bedrohung, die am stärksten wiegt" (Fend 1988, S. 299f.)

7. Die Alternative zu einem zur Lebensform stilisierten Selbstbezugs ist eine solidarische Vernetzung, die Herstellung von selbstbestimmten und selbstorganisierten Gruppenzusammenhängen:

„Auf der Folie der egozentrischen Vereinsamung gewinnen Vergemeinschaftungsformen unter Altersgleichen eine herausragende Bedeutung. In der Symbiose des Bedürfnisses nach Selbstdarstellung mit dem Aufgehobensein in der Gemeinschaft könnte sich heute ein Schutzmodell der jungen Generation herausbilden, das von den rationalistischen, asketischen und individualistischen Zumutungen unserer Zivilisationsgeschichte abzuschirmen hilft" (ebd., S. 300).

In der so charakterisierbaren Generationsgestalt steckt also offensichtlich ein ambivalentes Gemisch von „riskanten Chancen":

„Die Lebenssituation von Kindern und Jugendlichen ist heute ebenso wie die von Erwachsenen in der sozialen Lebenswelt durch eine eigentümliche Spannung gekennzeichnet: Einerseits sind auch schon für Kinder und Jugendliche die Freiheitsgrade für die Gestaltung der eigenen individuellen Lebensweise sehr hoch. Andererseits werden aber diese ‚Individualisierungschancen' erkauft durch die Lockerung von sozialen und kulturellen Bindungen. Der Weg in die moderne Gesellschaft ist so gesehen auch ein Weg in eine zunehmende soziale und kulturelle Ungewißheit, in moralische und wertemäßige Widersprüchlichkeit und in eine erhebliche Zukunftsunsicherheit. Deswegen bringen die heutigen Lebensbedingungen auch so viele neue Formen von Belastung mit sich, Risiken des Leidens, des Unbehagens und der Unruhe, die teilweise die Bewältigungskapazität von Kindern und Jugendlichen überfordern" (Hurrelmann 1990, S. 59).

Jugend und Gesundheit im gesellschaftlichen Umbruch

Die Ergebnisse der sozialwissenschaftlichen Gesundheitsforschung (vgl. Hurrelmann 1990; Mansel & Hurrelmann 1991; Engel & Hurrelmann 1993; Settertobulte, Palentien & Hurrelmann 1995; Mansel 1995; Kolip, Hurrelmann & Schnabel 1995) zeigen, daß die sich verändernde Jugendsituation sich in einer Zunahme von gesundheitlichen Belastungen äußert. In diesem Sinne formuliert Klaus Hurrelmann folgende Aussage: „Trotz der ... Erfolge bei der Versorgung der Bevölkerung mit materiellen Gütern und wichtigen Dienstleistungen ist aber das soziale, psychische und körperliche Wohlbefinden großer Teile der jungen und jüngsten Bürgerinnen und Bürger keineswegs ausreichend gewährleistet. Sie zahlen, um im Bild zu sprechen, einen ‚hohen Preis' für die fortgeschrittene Industrialisierung und Urbanisierung, der sich in körperlichen, psychischen und sozialen Belastungen ausdrückt" (1990, S. 58). Der Bielefelder Jugendgesundheitssurvey von 1993 (Repräsentativbefragung von 2.400 12- bis 17jährigen Jugendlichen zu ihrem selbstberichteten Gesundheits- und Krankheitsstatus, ihrem Gesundheitsbewußtsein und ihrem Gesundheitsverhalten) zeigt ein relativ hohes Niveau gesundheitlicher Beeinträchtigungen: „Kopfschmerzen, Nervosität und Unruhe wie Konzentrationsschwierigkeiten werden von über einem Drittel der ... befragten Jugendlichen als regelmäßige Beeinträchtigung im psychosomatischen und psychosozialen Bereich angegeben. Es folgen Kreuz- und Rückenschmerzen, Schwindelgefühle, Magenbeschwerden, Appetitlosigkeit und Schlaflosigkeit" (Hurrelmann 1994, S. 9). „Psychische Störungen (Verhaltensauffälligkeiten) haben nach allen vorliegenden Untersuchungen in den letzten Jahren leicht aber kontinuierlich zugenommen und liegen bei 10- bis 15 % der Altersgruppen" (ebd., S. 10).

Im Rahmen der Public Health-Forschung haben wir auch im Münchner Raum Erhebungen über gesundheitliche Belastungen und Bewältigungsressourcen von Heranwachsenden durchgeführt. Sie belegen die hohen gesundheitlichen Belastungen von Jugendlichen. Erhoben haben wir Repräsentativdaten für 13- bis 25jährige in München und differenzierte quantitative und qualitative Profile von sog. „institutionsauffälligen" Jugendlichen. Es handelt sich dabei um Jugendliche, die sich in Maßnahmen der Jugendhilfe befinden.

Erste Befunde zeigen, daß 13- bis 25jährige mit deutscher Nationalität hohe Streßsymptome berichten. Beim Vergleich der Heranwachsenden in der Repräsentativerhebung mit jenen aus den Bereichen der Jugendhilfe, also den hochbelasteten Jugendlichen, ergeben sich noch deutlich höhere Beschwerderaten, die berichtet werden. Unzureichende Bewältigungsmöglichkeiten zeigen sich z.B. in Suchtverhaltensweisen und auch in der Gewaltbereitschaft. Etwa ein Drittel der befragten Heranwachsenden bezeichnen sich im Biogramm als RaucherInnen, bei den benachteiligten Jugendlichen liegen die Werte deutlich über 50 %. Illegale Drogen spielen im Erfahrungsspektrum von Heranwachsenden eine große Rolle und die „Experimentierfreudigkeit" mit unterschiedlichsten Drogen (von Haschisch, über Heroin bis zu den Designerdrogen) nimmt offensichtlich zu. Männer liegen im Durchschnitt deutlich vor den Frauen. Bis zur Hälfte der belasteten männlichen Jugendlichen haben Drogen „ausprobiert" und fast ein Drittel ist beim Konsum geblieben. Im repräsentativen Durchschnitt ist es ein Drittel, das mit Drogen Erfahrungen hat.

Gewalt läßt sich als ein Lösungsversuch alltäglicher Lebensbedingungen begreifen, wenn andere Bewältigungsmuster nicht zur Verfügung stehen. Im Vergleich zu den Daten, die für NRW repräsentativ erhoben worden sind, zeigen benachteiligte Jugendliche im Münchner Raum eine deutlich höhere Gewaltbereitschaft.

Die Gruppe der sozial benachteiligten und auffällig gewordenen Jugendlichen war für uns aus zweifacher Hinsicht relevant: Zum einen weil sie unter einem ganzheitlichen Gesundheits-/Krankheitsbegriff als besonders gefährdet gelten muß. Zum zweiten weil es sich hier um eine Gruppe Jugendlicher handelt, für die aufgrund des Kinder- und Jugendhilfegesetzes ein besonderer staatlicher Auftrag kommunaler Fürsorge besteht. Im Vordergrund der Analyse steht die salutogenetische Perspektive mit der Frage, welche Faktoren bei Jugendlichen Gesundheit fördern und wie diese im Sinne der Empowerment-Perspektive gezielt unterstützt werden könnten. Grundlagenwissenschaftlich soll dabei auch ein Beitrag zur Frage geleistet werden, welchen Stellenwert Identitätsarbeit als Steuerungselement für gesundheitliches Handeln hat.

Von der Patho- zur Salutogenese: Die Bedeutung des „Kohärenzsinns"

Lebenserfahrungen, in denen Subjekte sich als ihr Leben Gestaltende konstruieren können, in denen sie sich in ihren Identitätsentwürfen als aktive Produzenten ihrer Biographie begreifen können, sind offensichtlich wichtige Bedingungen der Gesunderhaltung.

Der israelische Gesundheitsforscher Aaron Antonovsky hat diesen Gedanken in das Zentrum seines „salutogenetischen Modells" gestellt. Es stellt die Ressourcen in den Mittelpunkt der Analyse, die ein Subjekt mobilisieren kann, um mit belastenden, widrigen und widersprüchlichen Alltagserfahrungen produktiv umgehen zu können und nicht krank zu werden.

> *Was ist Salutogenese?*
> - Das Konzept stammt von dem israelischen Gesundheitsforscher Aaron Antonovsky.
> - Sein „salutogenetisches" Denkmodell (abgeleitet vom lateinischen Begriff ‚saluto' für Gesundheit) formuliert eine Alternative zu Pathogenese, also zur Entstehung von Krankheiten.
> - Gefragt ist nicht, was macht krank, sondern wie es Menschen schaffen, gesund zu bleiben, trotz unterschiedlicher gesundheitlicher Belastungen.
> - Von besonderer gesundheitsförderlicher Bedeutung sind die Widerstandsressourcen einer Person. Dazu zählen:
>   – Körperliche Resistenzbedingungen
>   – Psychische Ressourcen
>   – Materielle Ressourcen
>   – Psychosoziale Ressourcen
> - Von besonderer Relevanz ist der „Kohärenzsinn", die Fähigkeit, in seinem Leben Sinn zu entdecken oder zu stiften

Dieses Modell geht von der Prämisse aus, daß Menschen ständig mit belastenden Lebenssituationen konfrontiert werden. Der Organismus reagiert auf Stressoren mit einem erhöhten Spannungszustand, der pathologische, neutrale oder gesunde Folgen haben kann, je nachdem, wie mit dieser Spannung umgegangen wird. Es gibt eine Reihe von allgemeinen Widerstandsfaktoren, die innerhalb einer spezifischen soziokulturellen Welt als Potential gegeben sind. Sie hängen von dem kulturellen, materiellen und sozialen Entwicklungsniveau einer konkreten Gesellschaft ab. Mit organismisch-konstitutionellen Widerstandsquellen ist das körpereigene Immunsystem einer Person gemeint. Unter materiellen Widerstandsquellen ist der Zugang zu materiellen Ressourcen gemeint (Verfügbarkeit über Geld, Arbeit, Wohnung etc.). Kognitive Widerstandsquellen sind „symbolisches Kapital", also Intelligenz, Wissen und Bildung. Eine zentrale Widerstandsquelle bezeichnet die Ich-Identität, also eine emotionale Sicherheit in bezug auf die eigene Person. Die Ressourcen einer Person schließen als zentralen Bereich seine zwischenmenschlichen Beziehungen ein, also die Möglichkeit, sich von anderen Menschen soziale Unterstützung zu holen, sich sozial zugehörig und verortet zu fühlen.

Antonovsky zeigt auf, daß alle mobilisierbaren Ressourcen in ihrer Wirksamkeit letztlich von einer zentralen subjektiven Kompetenz abhängt: Dem „Gefühl von Kohärenz". Er definiert dieses Gefühl so:

„Das Gefühl der Kohärenz, des inneren Zusammenhangs ist eine globale Orientierung, die ausdrückt, inwieweit jemand ein sich auf alle Lebensbereiche erstreckendes, überdauerndes und doch dynamisches Vertrauen hat, daß
(1) die Reize aus der inneren und äußeren Welt im Laufe des Lebens strukturiert, vorhersagbar und erklärbar sind; daß
(2) es Mittel und Wege gibt, die Aufgaben zu lösen, die durch diese Reize gestellt werden; und daß

(3) diese Aufgaben Herausforderungen sind, für die es sich lohnt, sich zu engagieren und zu investieren" (1987, S. 19).

> *Kohärenzsinn:*
> *Das Herzstück der Salutogenese*
> Kohärenz ist das Gefühl, daß es Zusammenhang und Sinn im Leben gibt, daß das Leben nicht einem unbeeinflußbaren Schicksal unterworfen ist.
> Der *Kohärenzsinn* beschreibt eine geistige Haltung:
> - Meine Welt ist verständlich, stimmig, geordnet; auch Probleme und Belastungen, die ich erlebe, kann ich in einem größeren Zusammenhang sehen.
> - Das Leben stellt mir Aufgaben, die ich lösen kann. Ich verfüge über Ressourcen, die ich zur Meisterung meines Lebens, meiner aktuellen Probleme mobilisieren kann.
> - Für meine Lebensführung ist jede Anstrengung sinnvoll. Es gibt Ziele und Projekte, für die es sich zu engagieren lohnt.
> - Der Zustand der Demoralisierung bildet den Gegenpol zum Kohärenzsinn.

Antonovsky transformiert eine zentrale Überlegung aus dem Bereich der Sozialwissenschaften zu einer grundlegenden Bedingung für Gesundheit: Als Kohärenzsinn wird ein positives Bild der eigenen Handlungsfähigkeit verstanden, die von dem Gefühl der Bewältigbarkeit von externen und internen Lebensbedingungen, der Gewißheit der Selbststeuerungsfähigkeit und der Gestaltbarkeit der Lebensbedingungen getragen ist. Der Kohärenzsinn ist durch das Bestreben charakterisiert, den Lebensbedingungen einen subjektiven Sinn zu geben und sie mit den eigenen Wünschen und Bedürfnissen in Einklang bringen zu können.

Gerade für Heranwachsende scheint der Kohärenzsinn von zentraler Bedeutung zu sein. Eine zentrale Entwicklungsaufgabe des Jugendalters ist die Entwicklung einer eigenständigen Identität. Identität stellt die Antwort auf die Frage dar: „Wer bin ich?" In einer solchen Antwort wird die eigene Person in einem soziokulturellen Rahmen verortet, in dem sie persönlichen Lebenssinn gewinnen kann. Umso weniger es gelingt, für sich Lebenssinn zu konstruieren, desto weniger besteht die Möglichkeit sich für oder gegen etwas zu engagieren und Ressourcen zur Realisierung spezifischer Ziele zu mobilisieren.

In unserer eigenen Untersuchung haben wir eindrucksvolle Befunde für die Bedeutung des Kohärenzsinns gefunden. Wir haben Antonovskys Meßinstrument zur Messung des Kohärenzsinns (abgekürzt: SOC für „sense of coherence") eingesetzt und klar belegen können, daß Heranwachsende umso mehr psychosomatische Beschwerden berichten, je geringer ihre Werte für den Kohärenzsinn sind.

Wenn Menschen keine sinnhafte Ordnung in ihrem Leben finden oder entwickeln können, dann wirkt sich das in dem Phänomen der „Demoralisierung" aus. Dieses Muster beinhaltet Einstellungen und Grundhaltungen, die durch ein geringes Selbstwertgefühl, Hilflosigkeit, Hoffnungslosigkeit, unbestimmte Zukunftsängste und allgemein gedrückter Grundstimmung geprägt sind. Für die USA liegen folgende Ergebnisse vor: Demoralisiert in dem beschriebenen Sinne wurde etwa ein Drittel der Bevölkerung eingeschätzt. Die Demoralisierungsrate von Frauen liegt um 10 % höher als bei Männern. Etwa die Hälfte der Angehörigen der untersten sozialen Schicht erwies sich als demoralisiert. Etwa die Hälfte des Bevölkerungsanteils, der als demoralisiert eingeschätzt wurde, wies klinisch auffällige Symptome auf. Bei dieser Gruppe hatten die verfügbaren Ressourcen offensichtlich nicht ausgereicht, um mit Lebensproblemen und Krisen produktiv umgehen zu können. Das Demoralisierungssyndrom bringt zum Ausdruck, daß eine erheblicher Anteil der Bevölkerung für sich keinen Sinn mehr darin sieht, sich für oder gegen etwas einzusetzen. Diese Personen lassen Ereignisse fatalistisch auf sich zukommen und über sich hereinstürzen, weil sie nicht mehr daran glauben, daß sie wirksam etwas gegen diese unternehmen könnten.

Bei unserer Untersuchung zeigt sich deutlich die umgekehrte Relation zwischen Kohärenzgefühl und Demoralisierung: Je ausgeprägter das Demoralisierungsgefühl vorhanden ist, desto geringer ist das Kohärenzgefühl entwickelt.

Unsere quantitativen Befunde haben wir als Hinweisspuren genommen, denen wir in dem qualitativen Teil unseres Projektes weiter nachgegangen sind. Uns hat vor allem folgende Frage interessiert: Was kennzeichnet nun Jugendliche mit einem hohen bzw. niedrigen Kohärenzsinn genauer. Betrachtet man Gesundheit als aktiven Herstellungsprozeß, dann interessiert vor allem ob und wie der Kohärenzsinn diesen Prozeß beeinflußt. Dies soll im folgenden anhand von Material aus unseren qualitativen Interviews aufgezeigt werden.

Die drei Jugendlichen, die ich exemplarisch vorstellen werde, sind zwischen siebzehn und achtzehn Jahre alt. Allen gemeinsam ist, daß ihre Biographien einige Brüche aufweisen. Sie waren zur Zeit des Interviews stark mit den identitätsbezogenen Fragen „wer bin ich" und „wer möchte ich sein" beschäftigt, die auch starke Gefühle der Unsicherheit und Angst auslösten.

Kati lebt nach der Scheidung der Eltern im letzten Jahr bei der Mutter. Die Beziehung zu den Eltern ist eher gespannt, zur kühlen rationalen Mutter wie auch zum Vater, der als psychisch krank etikettiert wurde. Ihre beste Freundin hat sie durch den Umzug verloren, der mit der Scheidung verbunden war. Neue wirkliche FreundInnen hat sie keine gefunden.

Kati hat diffuse Ängste vor Situationen, die Enttäuschungen bzw. für sie negative Gefühle bedeuten könnten. Sie sagt, man kann sich nie sicher sein, daß man verletzt wird. Damit sie nicht krank wird, muß sie sich aber ihrer Vorstellung nach vor allen Belastungen schützen. Sie versucht dies zu tun, indem sie alle Situationen vermeidet, in denen sie verletzt werden könnte und sie wappnet sich gegen Enttäuschungen: Sie schraubt ihre Erwartung herunter und sie versteckt sich in sozialen Situationen: Sie sagt selten etwas, zeigt anderen wenig Gefühle, zieht sich ganz zurück. Gleichzeitig wächst ihre Selbstkritik, denn sie möchte nicht so sein, wie sie ist. Wenn sie schwierige Situationen nicht verhindern kann, wie die Scheidung ihrer Eltern, dann „hadert" sie, wie sie sagt, „mit dem Schicksal". Sie selbst sieht, daß ihre „Sicherheitsstrategie" dazu führt, daß sie dadurch auch weniger positive Erfahrungen macht, aber sie schafft es nicht, dieses Muster zu durchbrechen. Auch ihre jetzige Lebenssituation bietet dazu im Moment keine Möglichkeitsräume.

Alex lebt bei seiner Mutter. Die Beziehung zu ihr beschreibt er als eher schlecht. Sie sei sehr verschlossen, es gibt kein Lob und keine Streicheleinheiten. Der Vater, alkoholabhängig und gewalttätig, hat die Familie vor dreizehn Jahren verlassen. Er hat etliche Freunde aus zwei Szenen: Raver und die „Bronxgang", wie sie sich bezeichnen. Alex fühlt sich durch neue Situationen schnell verunsichert. Er kann sich, wie er sagt, nur schwer auf neue Situationen einstellen, die Erwartungen an ihn, die damit verbunden sind, zu antizipieren und auch danach zu handeln. Um sich sicher fühlen zu können sagt er, braucht er Situationen, die klar strukturiert sind, die Schule oder die Bundeswehr. Der Verlust seines Jobs hat ihn tief getroffen und seine Lebenslust, die wie er meint von Erfolgen abhängt, sehr reduziert. Er empfindet seinen Alltag ziemlich sinnlos und langweilig. Er hat neue berufliche Perspektiven entwickelt er will die Mittlere Reife bei der Bundeswehr nachmachen, zweifelt aber immer wieder daran, daß er es schafft. Auch seine Clique ändert wenig an seinen Selbstzweifeln. Hier versucht er durch die Anpassung an äußere Gruppennormen, die nicht seine eigenen sind, dazuzugehören. Er trägt die „geforderten" teuren Raverklamotten, er macht mit bei Schlägereien gegen andere Gangs, die ihm aber nichts bedeuten, und er geht öfters als es ihm Spaß macht auf Raveparties, tanzt 72 Stunden durch und nimmt Drogen, damit er „in" ist und es auch bleibt. Metaphorisch drückt sich diese Sicherungsstrategie in seinem Körperbezug aus: Er macht Kampfsport, damit seine Muskeln alle Schläge (wohl auch die des Lebens) abwehren können, ihn unverwundbar machen.

Kevin war, wie er sagt, ein richtiges Muttersöhnchen. Er hatte kaum Freunde, er hatte Schulschwierigkeiten und litt unter Angst und psychosomatischen Beschwerden. Die Beziehung zu seiner Mutter ist eher negativ, er hofft, daß sie, wie angekündigt, bald auszieht. Die Beziehung zu seinem Vater ist von Vertrauen geprägt, auch wenn sie teilweise durch den zu hohen Alkoholkonsum des Vaters getrübt ist. Kevin hat auch heute noch Angst vor „unklaren Situationen bzw. Anforderungen". Eine solche stellt zur Zeit seine Rolle als Mann für ihn dar. Einerseits sieht er sich als der Starke, als Beschützer der Frau, andererseits spürt er auch seine eigenen Gefühle und Verletzlichkeiten. Im Unterschied zu Kati und teilweise auch zu Alex versucht Kevin aktive Lösungswege. Einer ist beispielsweise, daß er in einem Fantasyspiel, das er mit seinen Freunden seit einigen Monaten spielt, bewußt die Rolle einer Frau übernommen hat. Die Beziehung zwischen den Freunden ist durch diese Spielregeln festgelegt und erlaubt ihm, im Sinne eines „Probehandelns" ohne „Risiko" neue Erfahrungen zuzulassen und auszuprobieren.

Auch die Beziehung zu seiner ersten Freundin hat ihn verunsichert, da es für das Zusammenleben keine allgemein geteilten Regeln mehr gibt. Seine Zwischenlösung war, daß sie nach dem keltischen Ritus „geheiratet" haben und sich damit Regeln für die Gestaltung ihrer Beziehung gestaltet haben. Typisch für Kevin ist auch, daß er den schulischen Abstieg vom Gymnasium in die Realschule eher positiv sieht. Er hat eine berufliche Perspektive entwickelt, zu der seine jetzige Schulform genau geeignet ist. Außerdem hat er dort in relativ kurzer Zeit auch Freunde und seine Freundin gefunden.

Die drei Beispiele zeigen Adoleszente mit einem unterschiedlich stark ausgeprägten Kohärenzsinn. Antonovsky (ebd.) hat den Kohärenzsinn als eine globale affektiv-

kognitive Orientierung definiert, die das Ausmaß ausdrückt, in dem jemand ein durchgehendes, überdauerndes und dennoch dynamisches Gefühl der Zuversicht hat, das bewirkt, daß:
1. die Anforderungen es wert sind, sich dafür anzustrengen und zu engagieren (Sinnebene);
2. die Ressourcen verfügbar sind, die man dazu braucht, um den gestellten Anforderungen gerecht zu werden (Bewältigungsebene), und
3. die Ereignisse der inneren und äußeren Umwelt strukturiert, vorhersehbar und erklärbar sind (Verstehensebene).

Analysiert man nun die Alltagsstrategien dieser drei Adoleszenten unter den analytischen Kategorien, die Antonovsky für den Kohärenzsinn angenommen hat, so finden sich diese in den Fallgeschichten relativ genau wieder.

Auf die Fallgeschichten bezogen zeigen sich

Auf der Sinnebene

Kati und Alex finden in ihrer gegenwärtigen Lebenssituation eher wenig Sinn. Kati ist von dem, was sie tut, oft gelangweilt, ist damit unzufrieden und hat keine Wünsche, Träume in bezug auf ihre Zukunft, außer der Hoffnung, daß nach dem Schulabschluß eine geeignete Lösung kommt.

Alex hat sich zwar eine neue Perspektive erarbeitet, die er allerdings nicht alleine und bald verwirklichen kann. Er ist abhängig davon, ob die gewählte Perspektive auch von außen (von der Bundeswehr) ermöglicht wird. Seinen gegenwärtigen Alltag findet er stinklangweilig und sinnlos.

Kevin dagegen ist überzeugt, daß sein gegenwärtiges Leben äußerst lebenswert ist und auch seine Zukunftsperspektiven seinem Leben einen Sinn geben. Es ist genau das, was zu ihm paßt und was er tun, bzw. wie er sein möchte.

Auf der Ebene der Bewältigung

Alex befürchtet, daß er seine Ziele nicht verwirklichen kann, daß er nicht durchhalten kann, bzw. alles anders kommt, als er sich das vorstellt. Er sagt von sich selbst, daß er intelligent genug sei (also hier Ressourcen habe), aber zu dumm sei, dies für seine Ziele zu nutzen.

Kati sieht nur ihre Defizite (zu schüchtern, zu wenig eindeutig begabt), nicht ihr Stärken (sie ist intelligent, pflichtbewußt, musisch, künstlerisch begabt...). Durch ihre Strategie kann sie kaum Erfahrungen des Gelingens ihrer Projekte machen, da sie sich keine richtigen Ziele steckt, bzw. von vornherein die Erwartungen minimiert.

Kevin dagegen ist überzeugt, daß er die Ziele, die er sich gesteckt hat, auch erreichen kann und die Energie hat, sich dafür einzusetzen. Er vertraut dabei, und dies unterscheidet ihn von Alex und Kati, auch auf die Hilfe seiner Freunde und seiner Freundin. Hier macht er Erfahrungen, die seine „inneren" Ressourcen stärken.

Auf der Verstehensebene

Kati und Kevin versuchen beide den Umgang mit Gefühlen, die ihnen Angst machen und die verletzen könnten, zu vermeiden. Kati zieht sich in sich selbst zurück und versucht solche Situationen zu vermeiden. Sie kann Situationen schwer einschätzen und wie sie sagt, kann man sich nie sicher sein, was passieren wird.

Auch Alex ist oft von Situationen und deren Bedeutung überrascht. Alex wünscht und arbeitet an einem „Panzer", der ihn unverwundbar macht, bzw. versteckt sich hinter Äußerlichkeiten, und hat so wenig Chancen, sich selbst in Situationen zu testen und daraus zu lernen. Kevin hat sich „Bereiche" geschaffen, in denen er sich wohlfühlt und in denen er Erfahrungen macht, die ihm helfen werden, auch andere, neue Situationen besser einschätzen zu können.

Aus der Gesundheitsforschung bin ich damit unversehens in die Identitätsforschung übergegangen und das nicht ohne guten Grund. Kohärenz ist nicht nur eine zentrale Basis für Gesundheit, sondern auch ein klassisches Kriterium für gelingende Identitätsarbeit. Und es mehren sich Versuche, Identitätsarbeit selbst mit salutogenetischen Fragen zu verknüpfen. Alex, Kati und Kevin zeigen den hochindividualisierten Prozeß der Identitätsbildung, den Heranwachsende zunehmend zu bewältigen haben.

Individualisierte Identitätsentwicklung in der Reflexiven Moderne

In unterschiedlichem Maße werden bei den drei jungen Erwachsenen Formen der Identitätsarbeit deutlich, wie sie in der „reflexiven Moderne" offensichtlich zum neuen Normalitätsstandard werden. Anthony Giddens (1991, S. 74 ff.) hat ihn in 10 Punkten zusammengefaßt:

> 1. Das Selbst wird zum reflexiven Projekt: „Wir sind nicht, was wir sind, sondern was wir aus uns machen".
> 2. Das Selbst bildet eine entwicklungsmäßige Verlaufskurve. Im Entwicklungsgeschehen zwischen Kindheit und Zukunft wird deren innere Kohärenz durch die jeweilige Lebensspanne erzeugt.
> 3. Die Reflexivität des Selbst ist kontinuierlich und alles durchdringend: „Was geschieht gerade mit mir? Was denke ich? Was tue ich? Was fühle ich?"
> 4. Identität entsteht in einem narrativen Prozeß: „Ich erzähle mich selbst".
> 5. Selbstverwirklichung bedeutet die Schaffung persönlicher Zeitzonen, die bewußt gegen die äußere Zeit gesetzt werden.
> 6. Die Selbstreflexivität bezieht den Körper ein.
> 7. Selbstverwirklichung wird im Spannungsfeld von Chancen und Risiken verstanden.
> 8. Authentizität wird zum Leitfaden der Selbstverwirklichung.
> 9. Identität vollzieht sich in „Übergängen", die ohne gesellschaftliche Stützrituale gelebt und gestaltet werden.
> 10. Die Verlaufskurve der Identitätsentwicklung ist unheilbar selbstreferentiell: Ich muß meine Lebenserzählung in sich stimmig präsentieren.

Identität wird hier verstanden als konzeptioneller Rahmen, innerhalb dessen eine Person ihre Erfahrungen interpretiert und die jeweils die Basis bildet für aktuelle Identitätsprojekte. Die alltägliche Identitätsarbeit sucht in spezifischen Identitätsprojekten situativ stimmige Passungen im Verhältnis von inneren und äußeren Erfahrungen zu entwickeln. Dazu werden Identitätsstrategien eingesetzt.

Auf der Ebene der Identität geht es nicht mehr um Einzellösungen für spezifische Entwicklungs- oder Handlungsaufgaben, sondern um das Wechselspiel der auch über Handlungsaufgaben definierten „Teil"-identitäten bzw. um die Frage der „Gesamtentwurfs"-identität einer Person. Dies wird durch eigene Ergebnisse gestützt. In unserer noch laufenden Längsschnittuntersuchung zur Identitätsentwicklung junger Erwachsener zeigen sich Desynchronizitätseffekte. Die Teilidentitäten (z.B. zu Beruf, Familie, Freizeit oder persönliche Ideologie/Weltanschauung) befinden sich in einem sehr unterschiedlichen „Entwicklungszustand". Für das Gefühl subjektiven Wohlbefindens erweist sich dieses Patchwork unterschiedlicher Identitätszustände (zum Begriff vgl. Marcia et al., 1993) durchaus als funktional. Dabei kommt es auch zu Transfereffekten zwischen Identitätsbereichen. So dient die subjektiv erfolgreiche Bewältigung einer Handlungsaufgabe (beispielsweise bei der Findung einer eigenen Berufsrolle) als Ressource für die Identitätsarbeit in anderen Handlungsbereichen.

Typisch für diese Identitätsmodelle ist, ähnlich wie beim Konzept der Entwicklungsaufgaben, ein Abschied von normativen Stufenmodellen (das Subjekt schreitet von Stufe zu Stufe zu einer jeweils gelungeneren Identität) hin zu vernetzten Prozeßmodellen. Die Entwicklung über Erikson und sein normatives Stufenmodell hinaus erscheint schon aus empirischen Gründen geboten. In einer empirischen Studie in

Nordamerika und Kanada fand James Marcia (1989), ein persönlicher Schüler Eriksons, heraus, daß knapp 40 % der jungen Erwachsenen in seiner Repräsentativerhebung nach den Beschreibungskriterien Eriksons als dem Zustandsbild der „Identitätsdiffusion" zugehörig gelten müßten. Wenn wir uns interpretativ unangefochten in den Maßstäben Eriksons bewegen würden, müßte man eine knappe Hälfte der jungen Erwachsenen in Nordamerika als psychisch deviant einordnen. Marcia geht einen anderen Weg und öffnet seinen Blick vorsichtig für eine sich herausbildende postmoderne Kultur, in der die Diffusion nicht nur selbst gefördert wird, sondern in der es sogar adaptiv sein kann, sich nicht festzulegen. Es kann für jemanden, der auf dem Markt der Möglichkeiten einen möglichst „guten Schnitt" machen will, geradezu gefährlich sein, ein commitment für eine Person, Idee oder Sache einzugehen. Es scheint sehr viel opportuner zu sein, sich nicht festzulegen, auf dem Sprung zu sein und sich dafür alle Optionen offen zu halten. Auf der Basis solcher gesellschaftskritischer Überlegungen hält es Marcia für sinnvoll, das Konzept der Identitätsdiffussion neu zu überdenken und zu differenzieren:

Fünf Typen von Identitätsdiffusion (nach James E. Marcia)
1. Selbst-Fragmentierung:
   Mangel eines integrierten Selbst; Gefühle, nicht wirklich zu sein, nicht zusammenhängend zu sein, keine Kontinuität über die Zeit zu haben.
2. Gestörte Diffusion:
   Am ehesten mit Eriksons Konzept identisch; schwere biographische Verletzungen; Mangel an Ressourcen; soziale Isolation; praktisches Scheitern; kompensatorische Größenphantasien.
3. Sorglose Diffusion:
   Kann sich gut „verkaufen"; unfähig zu beruflichen und ideologischen commitments; ausgedehntes Repertoire interpersonaler Kompetenzen; verfolgt schnell wechselnde Projekte.
4. Kulturell-adaptive Diffusion:
   Ich-adaptive Reaktion auf gesellschaftliche Situationen, in denen berufliche und ideologische commitments riskant sein könnten. Als „Unternehmer" der eigenen Person werden möglichst viele verwertbare Optionen akkumuliert.
5. Entwicklungsdiffusion:
   Bedingungen für eine „erarbeitete Identität" gegeben, es wird aber ein Zustand des verbindlichen commitments zeitweilig noch ausgesetzt. Es wird dadurch die Chance geschaffen, Alternativen zu bedenken und zu explorieren.

Die Befunde von Marcia und die typologischen Konsequenzen, die er aus ihnen ableitet, weisen in eine Richtung, die in der aktuellen Identitätsforschung an Resonanz gewinnt (vgl. Kraus 1996; Keupp & Höfer 1997). Es wird weniger nach den formalen oder inhaltlichen Stabilitätsgaranten für ein gesichertes Identitätsgehäuse gesucht, sondern eher nach dem alltäglichen Herstellungsprozeß eines Gefühls von Identität. Dieser Herstellungsprozeß läßt sich sinnvollerweise als „Projekt" begreifen, zu dessen Realisierung spezifische Strategien eingesetzt werden. Das Identitätsprojekt einer Person wird hier nicht mehr notwendig von einem Wunsch nach einem kohärenten Sinnganzen bestimmt sein. Es wird geleitet von Bedürfnissen, die aus der persönlichen und gesellschaftlichen Lebenssituation gespeist sind. Insofern konstruieren Subjekte ihre Identität nicht in beliebiger und jederzeit revidierbarer Weise, sondern versuchen, sich durch das Gefühl von Identität (sense of identity) in ein „imaginäres Verhältnis zu ihren wirklichen Lebensbedingungen" (vgl. Althusser 1973) zu setzen. Dieser Kohärenzsinn ist nicht durch das Bestreben gekennzeichnet, alles einheitlich zu machen, sondern den Lebensbedingungen einen subjektiven Sinn zu geben und sie mit den eigenen Wünschen und Bedürfnissen (auch nach Vielfalt) in Einklang zu bringen. Auf Gesundheit bezogen wird Identität zu einer der zentralen Ressourcen, die das Subjekt mobilisieren kann, um mit belastenden, widrigen und widersprüchlichen Alltagserfahrungen produktiv umgehen zu können und nicht krank zu werden.

Leben mit „riskanten Chancen": Welche Kompetenzen zur Lebensbewältigung brauchen Heranwachsende?

Im weiteren soll nun der Versuch unternommen werden, soziale und psychische Bedingungen zu formulieren, die mir für eine produktive Nutzung der riskanten Chancen der gegenwärtigen Lebenssituation wichtig erscheinen. Zugleich verstehe ich diese Bedingungen als Orientierungs- und Ansatzpunkte für psychosoziales Handeln.

Bedingungen für ein Leben mit „riskanten Chancen"

1. Ein offenes Identitätsprojekt bedarf *materieller Ressourcen*: Die klassische soziale Frage steht immer noch auf der Tagesordnung
2. Als soziale Baumeister/Innen unserer eigenen Lebenswelten und Netze brauchen wir *soziale Ressourcen*
3. Die „demokratische Frage" stellt sich im Alltag: Benötigt werden *Fähigkeiten zum Aushandeln*, um die gemeinsame Lebensplattform immer wieder zu schaffen
4. Die objektive Vergrößerung der *individuellen Gestaltungskompetenz* erfordert eine erhöhte Fähigkeit zur „positiven Verunsicherung" und „Ambiguitätstoleranz"
5. Entscheidend für eine souveräne Lebensbewältigung ist *kritische Eigenständigkeit*, die sich von vorgefertigten Lebensschablonen reflexiv zu distanzieren vermag

1. Ein offenes Identitätsprojekt, in dem neue Lebensformen erprobt und eigener Lebenssinn entwickelt werden, bedarf *materieller Ressourcen*. Hier liegt das zentrale und höchst aktuelle sozial- und gesellschaftspolitische Problem. Eine Gesellschaft die sich ideologisch, politisch und ökonomisch fast ausschließlich auf die Regulationskraft des Marktes verläßt, vertieft die gesellschaftliche Spaltung und führt auch zu einer wachsenden Ungleichheit der Chancen an Lebensgestaltung. Hier holt uns immer wieder die klassische soziale Frage ein. Die Fähigkeit zu und die Erprobung von Projekten der Selbstorganisation sind ohne ausreichende materielle Absicherung nicht möglich. Ohne Teilhabe am gesellschaftlichen Lebensprozeß in Form von sinnvoller Tätigkeit und angemessener Bezahlung wird Identitätsbildung zu einem zynischen Schwebezustand, den auch ein „postmodernes Credo" nicht zu einem Reich der Freiheit aufwerten kann.
2. Wenn wir die sozialen Baumeister unserer eigenen sozialen Lebenswelten und Netze sind, dann ist eine spezifische Beziehungs- und Verknüpfungsfähigkeit erforderlich, nennen wir sie *soziale Ressourcen*. Der Bestand immer schon vorhandener sozialer Bezüge wird geringer und der Teil unseres sozialen Beziehungsnetzes, den wir uns selbst schaffen und den wir durch Eigenaktivität aufrechterhalten (müssen), wird größer. Nun zeigen die entsprechenden Studien, daß das moderne Subjekt keineswegs ein „Einsiedlerkrebs" geworden ist, sondern im Durchschnitt ein größeres Netz eigeninitiierter sozialer Beziehungen aufweist, als es seine Vorläufergenerationen hatten: Freundeskreise, Nachbarschaftsaktivitäten, Interessensgemeinschaften, Vereine, Selbsthilfegruppen, Initiativen. Es zeigt sich nur zunehmend auch, daß sozioökonomisch unterprivilegierte und gesellschaftlich marginalisierte Gruppen offensichtlich besondere Defizite aufweisen bei dieser gesellschaftlich zunehmend geforderten eigeninitiativen Beziehungsarbeit. Die sozialen Netzwerke von Arbeitern z.B. sind in den Nachkriegsjahrzehnten immer kleiner geworden. Von den engmaschigen und solidarischen Netzwerken der Arbeiterfamilien, wie sie noch in den 50er Jahren in einer Reihe klassischer Studien aufgezeigt wurden und in der Studentenbewegung teilweise romantisch überhöht wurden, ist nicht mehr viel übrig geblieben. Das „Eremitenklima" ist am ehesten hier zur Realität geworden. Unser „soziales Kapital", die sozialen Ressourcen, sind ganz offensichtlich wesentlich mitbestimmt von unserem Zugang zu „ökonomischem Kapital".
3. Nicht mehr die Bereitschaft zur Übernahme von fertigen Paketen des „richtigen Lebens", sondern *Fähigkeiten zum Aushandeln* sind notwendig: Wenn es in unserer Alltagswelt keine unverrückbaren allgemein akzeptierten Normen mehr gibt, außer einigen Grundwerten, wenn wir keine Knigge mehr haben, der uns für alle wichtigen Lebenslagen das angemessene Verhalten vorgeben kann, dann müssen wir die Regeln, Normen, Ziele und Wege beständig neu aushandeln. Das kann nicht in Gestalt von Kommandosystemen erfolgen, sondern erfordert demokratische Willensbildung im Alltag, in den Familien, in der Schule, Universität, in der Arbeitswelt und in Initiativ- und Selbsthilfegruppen. Dazu gehört natürlich auch eine gehörige Portion von Konfliktfähigkeit. Die „demokratische Frage" ist durch die Etablierung des Parlamentarismus noch längst nicht abgehakt, sondern muß im Alltag verankert werden.
4. Gesellschaftliche Freisetzungsprozesse bedeuten einen objektiven Zugewinn *indi-*

vidueller Gestaltungskompetenz, aber auch deren Notwendigkeit. Sie erfordern vom Subjekt vermehrt die eigenwillige Verknüpfung und Kombination multipler Realitäten. Hier eröffnet sich ein subjektiver und gesellschaftlicher Raum für die Entwicklung jenes „Möglichkeitssinns", den Robert Musil im „Mann ohne Eigenschaften" entworfen hat. Er ermöglicht den Auszug aus dem „Gehäuse der Hörigkeit" und führt uns an den Punkt, den Christa Wolf in ihrer Frankfurter Vorlesung zur Poetik so treffend formuliert hat: „Freude aus Verunsicherung ziehen". Aber sie verknüpft dieses positive Ziel gleich mit der skeptischen Frage: „wer hat uns das je beigebracht?". Als hätte sie hellseherisch die Situation in der DDR im Frühjahr 1990 beschrieben! Aber so verschieden sind vermutlich auch wir Bürger in der BRD nicht, als daß diese Frage nicht auch für uns gelten würde. Die psychische Voraussetzung für eine *positive Verunsicherung* ist das, was in der Sozialpsychologie „Ambiguitätstoleranz" genannt wird. Sie meint die Fähigkeit, sich auf Menschen und Situationen offen einzulassen, sie zu erkunden, sie nicht nach einem „Alles-oder-nichts"-Prinzip als nur gut oder nur böse zu beurteilen. Es geht also um die Überwindung des „Eindeutigkeitszwanges" und die Ermöglichung von neugieriger Exploration von Realitätsschichten, die einer verkürzenden instrumentellen Logik unzugänglich sind.

5. Für Personen „vom alten Schlag", den „innengeleiteten Prinzipienmenschen", sind Personen mit einer bunt-kreativen Patchwork-Identität eine Provokation. Sie werden als diffus, chamäleonhaft und „ohne Tiefe" erlebt, als modische Varianten der Anpassung an die bestehenden Verhältnisse. Wer wollte die Existenz solcher Menschentypen bestreiten. Zugleich sollten man auch nicht übersehen, daß die Differenz zwischen dem „innengeleiteten Habitus" und dem „autoritären Charakter" oft so gering ist, daß sie gar nicht mehr ausgemacht werden kann. Die Grenze zwischen kritischer Eigenständigkeit und williger Anpassung und Unterwürfigkeit besteht meines Erachtens nicht zwischen dem „klassischen" und dem „postmodernen" Sozialcharakter, sondern läuft quer zu ihnen. „Aufrechter Gang" und kritischprüfende Distanz zu allem, was sich als Autorität gibt und Unterwerfung unter die eigene Macht einfordert, bilden für mich diese Grenze. Ich sehe in den zeitgenössischen Identitätsmustern ein bedeutsames *Potential für eine kritische Eigenständigkeit*. Ich sehe in ihnen durchaus auch ein hoffnungsvolles Potential der sozialen Erneuerung. Der klassische Sozialcharakter, der „Prinzipienmensch" hat seine Autonomie ganz wesentlich aus der Konkurrenz zu anderen entwickelt, zum eigenen Vater, zu anderen im Leistungskampf um die Plätze an der Sonne. Es ist das „männliche Modell der Autonomie". In den neuen Identitätsentwürfen ist dieser Konkurrenzgesichtspunkt wesentlich weniger dominant und die kommunikative Verbindung mit anderen hat einen deutlich höheren Stellenwert.

Identitätsbildung heute –
Auf dem Weg zur Multiphrenie?

Zur Deutung gegenwärtiger Lebensverhältnisse in den fortgeschrittenen Industrieländern werden uns höchst unterschiedliche Versionen angeboten: Einerseits wird in den hoffnungsvoll klingenden Konzepten postmoderner Denker die Überwindung traditioneller Normalitätsrasterungen behauptet und andererseits wird betont, daß sich der Tanker „Normalität" wieder aufrüsten und sich unter neuen Identitätsflaggen abschotten würde, anstatt sich in einen multikulturellen Flottenverband einzubeziehen. Ein sich vorübergehend öffnendes kulturelles System, das Ideen von Integration, Achtung vor Verschiedenheit, Buntheit von Lebensformen und -stilen zuließ, das den Abbruch von trennenden Mauern begrüßte, baut sich wieder neue Mauern, verhält sich, als wäre es eine Fluchtburg und es wird heftig darüber diskutiert, wer sich hineinflüchten darf, wessen Platz darin gesichert ist und wer abgewiesen werden muß. Wir haben es nicht nur mit einem Kampf um äußere Grenzen, um die Reorganisation und Neudefinition von Nationalstaatlichkeit im Gefolge des Zusammenbruchs der großen Blockbildung zu tun. Es ist auch ein Kampf um innere Grenzen, es ist ein Kampf um Normalitäten und Identitäten. Und gerade in diesem Sinne betrifft er die Frage nach pluralen Lebenschancen unmittelbar und trifft das sozialpsychiatrische Projekt ins Herz, das sich ja für das Recht auf Verschiedenheit und die Überwindung von Ausgrenzung einsetzt.

Die These meines Vortrags möchte ich so formulieren:
Gegenwärtig vollzieht sich ein tiefgreifender soziokultureller Wandel, der die bislang als stabil erscheinenden Rahmenbedingungen moderner Lebensbedingungen in Frage stellt. Die Krise der Moderne und das mit ihr verknüpfte Ende der Eindeutigkeiten enthält Chancen zur Überwindung rigider Normalitätsmuster und eröffnet ein Potential für plurale Lebenskonzepte. „Ohne Angst verschieden sein können", formuliert Theodor W. Adorno diese Perspektive. Diese Chancen und dieses Potential gelten insbesondere für Menschengruppen, deren innere und äußere Lebensformen in der Moderne als Provokation, als Störung, als Abweichung oder als Verrücktheit wahrgenommen und ausgrenzend behandelt wurden. Gleichzeitig mehren sich die Anzeichen dafür, daß die Toleranz für Verschiedenheit bei größeren Teilen der „Normalbevölkerung", gerade auf dem Hintergrund von schwindender Eindeutigkeit, zu einem akut gefährdeten Gut wird. Wachsende Verunsicherungen fördern die regressive Suche nach „alten" Eindeutigkeiten, nach unstrittigen Fundamenten. Vor allem die wachsende fremdenfeindliche Gewalt ist Ausdruck dieser fundamentalistischen Suche. Das Projekt von Sozial- und Gemeindepsychiatrie enthält eine Utopie vom Recht auf Differenz und der gesellschaftlichen Integration ohne Normalitätszwänge. Dieses Projekt ist aber nicht nur eine Utopie, sondern bezieht seine Stärke und Lebendigkeit aus vielen Jahren praktischer Umsetzung. Es gibt überzeugende Gründe dafür, dieses Pro-

jekt gerade jetzt offensiv weiterzuverfolgen und es nicht nur wie ein seltenes Pflänzchen angesichts vielfältiger Gefährdungen unter Artenschutz zu stellen.

Erste Annäherung an den gesellschaftlichen Umbruch: Die Grenzziehung zwischen Normalität und Abweichung wird immer häufiger symbolisch überschritten

Die Erosion der modernen gesellschaftlichen Lebensweise und das, was aus diesem Prozeß für Subjektsein heute folgt, wird immer häufiger mit begrifflichen Anleihen aus dem Bereich der Psychopathologie belegt, nicht selten ohne klare Vorstellungen davon, welche Erfahrungen an persönlichem Leid spezifische Störungsbilder benennen. Das Zerbröseln einer festgefügten und in sich widerspruchsfreien und einheitlichen Identität als gesellschaftliche Normalerfahrung wird häufig in der Metapher der „multiplen Persönlichkeit" zu fassen versucht (Büchertitel wie „Ich bin viele" (Casey 1992) oder „Du bist viele. Das 100-fache Selbst" (Stone und Stone 1994) überschwemmen gegenwärtig den Markt). Angesprochen werden soll damit die Erfahrung vieler Subjekte unter postmodernen Lebensbedingungen, daß unterschiedliche Selbstanteile fragmentiert und voneinander gespalten in Personen koexistieren und daß es nicht mehr gelingt, sie kohärent zu vermitteln.

„Aus alledem", so Peter Berger (1971, S. 119), „mag man den Eindruck gewinnen, daß gar kein wesentlicher Unterschied besteht zwischen Menschen, die an einer in der Psychiatrie so genannten ‚multiplen Persönlichkeit' leiden, und allen anderen". In einer Titelgeschichte des SPIEGEL (22/1994) wird für diese Erfahrung von „Chaos und beziehungslosem Nebeneinander von verschiedenen Teil-Identitäten in einer Person" der Begriff „Multiphrenie" eingeführt (S. 71). Er stammt von dem renommierten nordamerikanischen Sozialpsychologen Kenneth Gergen, der mit ihm die „postmoderne" Grunderfahrung zu formulieren versuchte.

Erinnert wird man an Deleuze und Guattari (1974), die in ihrem *Anti-Ödipus* die These vertreten, daß Normalität heute eigentlich nur noch in der Form der Schizophrenie – wenn nicht gar der Polyphrenie – möglich sei.

> In einem aktuellen Gespräch mit „Psychologie heute" wird Kenneth Gergen gebeten, den Begriff der „Multiphrenie" vor möglichen Mißverständnissen zu schützen und ihn noch einmal zu erläutern. Er führt folgendes aus:
> „Mit ‚Multiphrenie' wollte ich vor allem unsere derzeitige Erfahrung beschreiben, daß wir immer stärker Teil eines wachsenden Netzwerkes von Beziehungen werden, von direkten zwischenmenschlichen, aber auch von elektronischen und solchen ‚aus zweiter Hand'. Auf uns stürmt eine ungeheuer schnell wachsende Vielfalt von Wünschen, Optionen, Gelegenheiten, Verpflichtungen und Werten ein. Und wir müssen damit leben, daß vieles von dem höchst widersprüchlich ist. Dieses neue Bewußtsein mag eine wichtige Vorstufe sein für eine höhere, besser entwickeltere Art, als Beziehungs-Mensch zu leben. Wir erkennen die Vergeblichkeit von ‚Autonomie' und die Grenzen logischer Kohärenz, und allmählich lernen wir es zu schätzen, in die Vielfalt kultureller Sinn-Systeme eingebunden zu sein, die uns untereinander verbinden" (1994, S. 36).

Kürzlich habe ich das Konzept der Multiphrenie an einem ganz unerwarteten Ort entdeckt. Gerd Gerken (1994) ist der intellektuelle opinion leader der deutschen Marketingfachleute. Er hat eine unglaubliche Resorptionsfähigkeit für zeitgeistige Strömungen und kulturelle Veränderungen. Er beobachtet, daß sich „jetzt das Ich des westlichen Menschen vermehrt" und darin läge „eine große Chance für eine neue Bewußtseins-Offensive der europäischen Unternehmen: Je mehr Ichs es gibt, um so mehr Bewußtsein kann repräsentiert werden. Je mehr Bewußtsein existiert, um so mehr Komplexität kann bewältigt werden". Und dann fährt Gerken fort: „Es entstehen also viele Ichs in einer Person. Das ist der neue Trend. Und es gibt auch schon einen Fachausdruck dafür: *Multiphrenie*" (S. 95). Unter Bezug auf die Jugend-Szene stellt er mentale Dissoziationsphänomene fest, die eine Destabilisierung erzeugen, ohne daß deshalb ein pathologischer Zustand entstehen müsse:

> „Um diese bewußte Destabilisierung mental organisieren zu können, gehen sie an die Grenze der Ich-Festigkeit. Das wird in Fachkreisen ‚Borderline-Syndrom' genannt. Dadurch entsteht in unserer Kultur die Pluralisierung des Ichs und die Pluralisierung des Bewußtseins".

Diese Entwicklung hält Gerken für eine „evolutionäre Notwendigkeit" (S. 96). Deshalb sei „die Multiphrenie also nichts Krankes oder Kaputtes. Dieser neue Ich-Trend ist vielmehr genau das Gegenteil". Sie sei sogar die „Wiederherstellung der Überlegenheit" (S. 97). An anderer Stelle formuliert er die Multiphrenie „sowohl als Herausforderung als auch Chance" für das „kommende Markt-Management" und prognostiziert, daß das

> „multiphrene Ich immer mehr in den Sektor des Konsums eindringen (wird). In den USA spricht man schon heute vom hybriden und *‚schizophrenen Konsumenten'*. Morgen werden wir den multiphrenen Konsumenten haben" (S. 101).

In diesen Analysen wird auf eine gesellschaftliche Umbruchsituation reagiert, die kaum zu leugnen ist: Angesichts der partikularistischen Lebenssituation des modernen Menschen, ist ein ständiges Umschalten auf Situationen notwendig, in denen ganz unterschiedliche, sich sogar gegenseitig ausschließende Personanteile gefordert sein können. Diese alltäglichen Diskontinuitäten fordern offensichtlich ein Subjekt, das verschiedene Rollen und die dazugehörigen Identitäten ohne permanente Verwirrung zu leben vermag.

Es spricht einiges dafür, daß das Leben in „multiplen Realitäten" und die ihm angemessene Entwicklung „multipler Identitäten" einen Bedeutungswandel erfahren haben. In der klassischen sozialwissenschaftlichen und sozialpsychiatrischen Literatur wurde eine solche Lebensrealität über das hohe Maß möglicher Rollenkonflikte und -überlastungen definiert, die als Risikofaktoren für psychische und körperliche Störungen angesehen wurden. So hat etwa Arnold Rose in den 50er Jahren die folgende Einschätzung gegeben: „Ein ‚vielseitiges' Selbst ist ein Hauptfaktor bei der Entstehung einer Neurose" (1962). Seit den 70er Jahren häufen sich Arbeiten, in denen die Zunahme von Rollenkomplexität als eher gesundheitsförderliche Situation betrachtet wird. Vor allem Peggy Thoits (1986) hat sich in mehreren Studien mit dem Zusammenhang von multiplen Identitäten und psychischer Gesundheit befaßt. Sie formulierte eine Hypothese, derzufolge multiple Rollenengagements die Ressourcen einer Person, ihre positiven Selbstwertgefühle und ihre existentielle Sicherheit erhöhen. Sie sieht sich durch ihre Ergebnisse eindeutig bestätigt.

Postmoderner Idealismus: Die Grenzen zwischen Normalität und Abweichung lösen sich auf

In der postmodernen Philosophie werden solche Befunde als Beleg dafür genommen, daß sich die historisch-gesellschaftlich vorgenommenen Grenzziehungen zwischen Normalität und Abweichung verwischen. Wolfgang Welsch, der prominenteste Vertreter der postmodernen Philosophie in Deutschland, sieht als Konsequenz einer einschneidenden Pluralisierung der Gesellschaft die zunehmende Auflösung einer in sich fest zementierten monolithischen Identität. „Leben unter heutigen Bedingungen ist Leben im Plural, will sagen: Leben im Übergang zwischen unterschiedlichen Lebensformen" (1990, S. 171). Und daraus folgt für ihn eine substantielle Veränderung im Verhältnis von Normalität und psychischer Devianz: „Daher ist psychische Labilität, die man bislang an Kranken studieren konnte, heute zu einem Verstehensschlüssel für Normalität selbst geworden" (ebd.). An Beispielen zeitgenössischer Kunst versucht er seine These zu belegen, „daß die variable Identität, die man bislang aus den Zonen der Krankheit und der psychiatrischen Behandlung kannte, vom Stigma zum Modell geworden ist und gesellschaftlich prospektive Funktion übernommen hat" (ebd., S. 198). Ganz am Ende seiner Überlegungen will er diese Formulierung doch nicht zu wörtlich verstanden wissen und warnt davor, den „Kranken ... umstandslos zur Modellfigur künftiger Gesundheit zu erklären", aber er hält daran fest, daß „Strukturen, die bislang für krankheitscharakteristisch galten, künftig eher für lebensermöglichend anzusehen sind" (ebd., S. 199).

Diese Gedanken haben durchaus ihre ideologische Suggestivkraft. Die Kontrollmacht Psychiatrie – in welcher Form auch immer – würde sich in dem beschriebenen Prozeß erübrigen. Sie hätte ihre Funktion als Normalitätswächterin endgültig verloren. Mit der aktuellen gesellschaftlichen Wirklichkeit, vor allem mit der Situation von Menschen, die mit ihrem Fühlen, Denken und Handeln sich in bestehenden Normalitätserwartungen nicht integrieren können und wollen, hat eine solche Sicht wenig empirische Berührung. Der Philosoph legt uns eine utopische Vision vor, gibt sie aber als Gegenwartsanalyse aus. Sein realistischer empirischer Bezug sind die veränderten Subjekterfahrungen in der Gegenwart, die zunehmend das Koordinatensystem der Moderne überschreiten. Die verallgemeinerbare Grunderfahrung der Subjekte in den fortgeschrittenen Industrieländern heute ist die „ontologische Bodenlosigkeit", eine radikale Enttraditionalisierung, der Verlust von unstritig akzeptierten Lebenskonzepten, übernehmbaren Identitätsmustern und normativen Koordinaten. Subjekte erleben sich als DarstellerInnen auf einer gesellschaftlichen Bühne, ohne daß ihnen fertige Drehbücher geliefert würden. Genau in dieser Grunderfahrung wird die Ambivalenz der aktuellen Lebensverhältnisse spürbar. Es klingt natürlich für Subjekte verheißungsvoll, wenn ihnen vermittelt wird, daß sie ihre Drehbücher selbst schreiben dürften, ein Stück eigenes Leben entwerfen, inszenieren und realisieren könnten. Die Voraussetzungen dafür, daß diese Chancen auch realisiert werden können, sind allerdings hoch, für viele unerreichbar hoch. Die erforderlichen materiellen, sozialen und psychischen Ressourcen sind oft nicht vorhanden und dann wird die gesellschaftliche Notwendigkeit und Norm der Selbstgestaltung zu einer schwer erträglichen Aufgabe, der man sich gerne entziehen möchte. Die Aufforderung, sich selbstbewußt zu inszenieren, hat ohne Zugang zu den erforderlichen Ressourcen etwas Zynisches.

Die vielbeschworene Krise der Moderne ist nicht nur eine Krise der äußeren Lebensbedingungen, an die in Zeiten des beschleunigten gesellschaftlichen Wandels immer wieder Anpassungsleistungen zu erfolgen haben. Die Moderne hat selbst die innersten Zellen des Menschen imprägniert und gerade deshalb reagieren sie auf gesellschaftliche Umbrüche aus ihrem Innersten heraus: Mit Unbehagen, Angst, Sicherheitsbedürfnissen, Abgrenzungs- und Ausgrenzungsmechanismen, die immer zugleich auch als Abwehr- und Selbstschutzmechanismen funktionieren. Und die Moderne suchte ihre Selbstheilung nach dem Prinzip „mehr vom selben": Mehr Sicherheit, mehr Gewißheit, mehr Ordnung. Das Ende moderner Eindeutigkeiten wird von vielen Menschen nicht als überzeugende philosophische Einsicht gelassen und freudig akzeptiert, sondern vielmehr wächst auch das Bedürfnis, die eigene Welt wieder eindeutig zu machen, im Zweifelsfalle mit Mitteln der Gewalt und rassistischen Weltbildern. Die Krise der Moderne und die politisch-kulturellen Entgrenzungen am Ende des 20. Jahrhunderts erzeugen eine hochambivalente Situation, die ein Spannungsfeld zwischen dem „Spiel der Differenz" und Bürgerkrieg aufmachen (vgl. Rauschenbach 1994). Wolfgang Welsch und einige postmoderne PhilosophInnen feiern das „Spiel der Differenz", den Siegeszug der äußeren und inneren Pluralisierung und sind eher sprachlos angesichts der wachsenden Gewalt, zunehmender Ausgrenzungsprozesse und Bürgerkriege.

Die Frage, die heute zu stellen ist, ist historisch noch nicht beantwortbar: „Vernichtet oder entläßt die Moderne ihre Kinder?" Es scheint mir wichtig, einen kurzen Blick auf die Geschichte des Projektes der Moderne zu werfen. Und dieser Blick soll weniger die Moderne als Projekt der Aufklärung erfassen, die den Auszug aus der selbstverschuldeten Unmündigkeit zum Ziel hat und auf eine Vernunft setzt, die sich in ihrer Radikalität von keiner Tradition und keiner Autorität Grenzen setzen läßt. Das ist der auch heute unverzichtbar positive Bezug auf die Moderne, aber sie ist auch rekonstruierbar als „Krieg gegen die Ambivalenzen".

Die Moderne als Krieg gegen die Ambivalenz

Möglicherweise befinden wir uns an einer ähnlichen Epochenschwelle wie sie vom Übergang aus der mittelalterlichen Gesellschaft in die Neuzeit gebildet wurde. Der Auszug aus dem mittelalterlichen Lebensgehäuse hat ungeheure Potentiale des Fragens, Suchens und sich Selbstbestimmens freigesetzt. Bei Humanisten wie Erasmus von Rotterdam oder Michel de Montaigne spüren wir die befreiende Qualität dieser neuen Möglichkeiten. Sie haben ohne dogmatisches Erklärungsmodell offen und neugierig die innere Vielfalt und Widersprüchlichkeit der menschlichen Körper- und Seelenausstattung untersucht. Sie entwickelten eine Haltung der „skeptischen Anerkennung der Vieldeutigkeit und die Bereitschaft, mit der Ungewißheit zu leben" (Toulmin 1991). Aber diese Haltung, die den endgültigen Bruch mit dem Mittelalter anzeigte, hatte bald ihre Chance verspielt, der Moderne ihr Gepräge zu geben, denn der Auszug aus der mittelalterlichen Ordnung hat in Europa zugleich einen Machtkampf um eine neue geistige und politische Machtordnung ausgelöst, der im 30jährigen Krieg seinen brutalen Höhepunkt erlebte. Er hat Europa an den Rand der Selbstauslöschung getrieben und die Ansprüche der verschiedenen Varianten christlichen Glaubens auf universelle Gültigkeit endgültig zerstört. Die daraus folgende tiefe Desorientierung und Verunsicherung hat den Boden für das rationalistische Weltbild der Moderne bereitet, das Descartes entwickelt hatte und das jetzt dankbar aufgenommen wurde. Das „moderne Weltbild" ist die philosophische Verarbeitung von „dreißig Jahren des Gemetzels im Namen der Religion".

„Das ‚Streben nach Gewißheit' bei den Philosophen des 17. Jahrhunderts war kein bloßes Programm zur Konstruktion abstrakter und zeitloser theoretischer Schemata, die lediglich als Gegenstände reiner, distanzierter geistiger Betrachtung erdacht worden wären. Es war vielmehr eine zeitgebundene Antwort auf eine bestimmte historische Herausforderung – auf das politische, gesellschaftliche und theologische Chaos, das sich im Dreißigjährigen Krieg niederschlug" (Toulmin, ebd., S. 122).

In Zeiten der Krise haben elementare Unterscheidungen die besten Chancen, Ordnung in eine verwirrende Komplexität hineinzulegen. Binäre Schemata, Dichotomien und polare Gegensätze bieten sich hier in allererster Linie an. Die cartesianische Unterscheidung vom rationalen Geist und der kausalen Materie, von Geist und Körper, der Welt der rationalen menschlichen Erfahrung von der Welt der mechanischen Naturerscheinungen erfüllte dieses basale Ordnungsbedürfnis in hohem Maße. Diese binäre Differenzierung bildet die Hauptachse der cartesianischen „Meta-Erzählung", eine „Kosmopolis", die als umfassende Weltsicht, als ein System zusammenhängender Ideen eben als „geistiges Baugerüst" einer neu entstehenden Welt fungierte. Diese Weltbild-Annahmen bestimmten nicht nur das wissenschaftliche Denken, sondern sie „(rückten) bald in den Rang des gesunden Menschenverstandes auf" (S. 178). Und in diesem System wird auch ein Subjektmodell erzeugt, das in Psychologie und Psychiatrie bis heute nicht überwunden ist. Es lebt von folgender Dichotomie: „*Die Vernunft ist geistig (oder spirituell), die Emotion körperlich (oder fleischlich)*" (S. 190). Den eigenen Emotionen ausgeliefert zu sein, war für Descartes in seiner „Abhandlung über die Leidenschaften" die bedrohliche Erfahrung, „daß die Rationalität von den kausalen Kräften des Körpers überrollt wird" (ebd.) und das ist gleichbedeutend mit einer Dehumanisierung, denn: „*Das Wesentliche am Menschen ist seine Fähigkeit zu rationalem Denken und Handeln*" (S. 187). Also, und das ist die folgerichtige weitere Weltbild-Annahme: „*Die Emotionen behindern oder verfälschen die Vernunft*" (S. 190). Hier wird die Basis für eine neue Aufteilung in Vernunft und Unvernunft gelegt. Michel Foucault, Klaus Dörner oder Andrew Scull haben überzeugend nachweisen können, daß die Psychiatrie und letztlich auch die Psychologie erst auf dieser Basis entstehen konnten und ein gesellschaftliches Mandat erhielten, diese neue Vernunftordnung an ihren Grenzen institutionell zu sichern.

Alles Uneindeutige in der äußeren und inneren Welt der Menschen widersprach dieser modernen Systemlogik. Auch Psychologie und Psychiatrie sind Kinder dieser Moderne und folgten der von Descartes gelegten Spur. Bis zu Freud hatte die Psychologie kein adäquates theoretisches Modell, um das Vieldeutige, Ambivalente, Polymorphe im menschlichen Erleben und Handeln zu benennen. „Die skeptische Anerkennung der Vieldeutigkeit und die Bereitschaft, mit der Ungewißheit zu leben", waren und sind auch in der Psychologie keine „lebendigen und geachteten geistigen Haltungen" und das ist für Toulmin auf die ungebrochene Wirkmächtigkeit des cartesianischen Baugerüsts zurückzuführen. Auch heute favorisiert die akademische Psychologie Modelle der kognitiv-rationalen Eindeutigkeit, der Kontrolle nach Innen und Außen. Sie konstruiert uns als „Herren im eigenen Haus". Und die Psychiatrie bewacht diagnostisch und interventionistisch die Grenzen des so abgesteckten Territoriums der Normalität.

Das „Baugerüst der Moderne" erhält seine Stützpfeiler weniger aus den Prinzipien der Aufklärung, sondern ist entstanden und regeneriert sich ständig im Kampf gegen Bedrohungen aus der innerpsychischen und der äußeren Ökologie. Zygmunt Bauman, sieht die Moderne im „Krieg gegen Ungewißheit und Ambiguität des Beweismaterials". Sie sucht und schafft Ordnung, die sich ihren eigenen Prinzipien fügt:

„Eine ordentliche Welt ist eine Welt, in der man ‚weiter weiß' (oder, was auf das Gleiche hinausläuft, in der man herauszufinden vermag – und zwar *mit Sicherheit* – wie es weiter geht), in der man die Wahrscheinlichkeit eines Ereignisses berechnen und diese Wahrscheinlichkeit erhöhen oder verringern kann" (1992b, S. 14).

Die Moderne will „aufklären", Licht ins Dunkel bringen, das Chaos des Unverstandenen und Unberechenbaren überwinden. Sie führt einen „Kampf der Bestimmung gegen die Mehrdeutigkeit, der semantischen Präzision gegen Ambivalenz, der Durchsichtigkeit gegen Dunkelheit, der Klarheit gegen Verschwommenheit" (ebd., S. 19). Dieser Kampf sei nie endgültig gewonnen, es gibt allenfalls befestigte Linien, die eine relative Ruhe an der „Front" ermöglichen. Aber das „Andere der Ordnung" lauert: Es ist „das Miasma des Unbestimmten und Unvorhersagbaren. Das Andere ist die Ungewißheit, jener Ursprung und Archetyp aller Furcht, (...) Undefinierbarkeit, Inkohärenz, Widersinnigkeit, Unvereinbarkeit, Unlogik, Irrationalität, Mehrdeutigkeit,

Verwirrung, Unentscheidbarkeit, Ambivalenz" (ebd.). Ambivalenz ist der Skandal, den es zu vermeiden gilt.

Die Moderne ist aber nicht nur eine kognitive Haltung zur Welt, sondern ein interventionistisches Projekt. Die Gestaltung ihrer selbst, nach eigenen Vorstellungen; das ungeordnete bloße Dasein soll unter Kontrolle, in Schranken gehalten und gezügelt werden, aus Gestaltlosigkeit in eine absichtsvolle Form überführt werden. Baumans immer wieder aufgegriffene Metapher für die Moderne ist die des Gärtners, der der Natur seine künstliche Ordnung abringt. Am radikalsten ist die Gärtnermetapher in der Psychiatrie aufgenommen und interventionistisch gewendet worden. Sie hatte ein eugenisches Gesellschaftsbild, auf dessen konsequente Umsetzung sie zunächst noch warten mußte. Werner Villinger, noch 1952 als „Führer der deutschen Jugendpsychiatrie" gefeiert, schrieb 1939: „Asoziale Debile und asoziale Psychopathen und ihre mannigfachen Kombinationen können wir heute noch nicht oder nur in ungenügendem Maße aus dem Volkskörper aussondern und so unschädlich machen". Auszuwählen, wer „gemeingefährlich" und „gemeinlästig" ist, war für Villinger eine psychiatrische Aufgabe, deren Erfüllung man sich ohne jeden Zweifel zutraute und die dann auch wenig später bis zur mörderischen Konsequenz übernommen wurde (Zitate nach Ernst Klee 1993). Das war modernes Denken in höchster Vollendung.

Der Nationalsozialismus war gerade kein Rückfall ins finstere Mittelalter oder der Einbruch dämonisch-irrationaler Kräfte, sondern der Holocaust „trägt die Signatur des zivilisatorischen Fortschritts" (Richard L. Rubenstein, zit. nach Bauman 1992a, S. 22f.). Ein Staat hat sich in radikaler Konsequenz seine Vorstellungen vom „Gartenstaat" verwirklicht. Er hat die Gesellschaft auf dem damals höchsten technischen Niveau „als Feld der Planung, Veredelung und Unkrautvergiftung" gestaltet. Es war ein „gesellschaftssanitäres Projekt", das von einer Konstruktion von (Rasse)-Reinheit bestimmt war und alles eliminiert hat, was als Verunreinigung, als wesensfremd, als ambivalent wahrgenommen wurde. Das waren psychisch Kranke, Homosexuelle und vor allem Juden verkörperten diesen „Gegentypus". Der Umgang mit diesen Abweichlern

> „... symbolisierte die grauenhaften Folgen der Grenzüberschreitung, die jedem drohten, der nicht an seinem Platz blieb und versuchte, bedingungsloser Loyalität oder eindeutiger Entscheidung auszuweichen"; sie galten „als sichtbarer Beweis für die wahnwitzige, unheimliche Vernunft des Abweichlerischen und diskreditierte von vornherein jeden Gegenentwurf zur ... definierten, tradierten und praktizierten Ordnung"; sie trugen „eine Botschaft: jeder Versuch einer anderen Ordnung im Hier und Jetzt muß scheitern und wird nur Chaos und Untergang verursachen" (ebd., S. 53).

Die Moderne bekämpft alles, was sich ihrer kognitiv-rationalen Ordnung nicht fügt, alles "Fremde". Fremd bleiben jene Personen, Phänomene, Ereignisse und Gefühle, die nicht assimilierbar sind, an etwas Vertrautes angenähert, verwandelt oder eingemeindet werden können. Dieses Fremde ist gefährlich, weil es die Grenzen nach Außen wie nach Innen gefährdet, die jeder auf Eindeutigkeit zielender Ordnungsversuch braucht. Als Beispiel dafür mag Johanna Haarer dienen, deren Buch „Die deutsche Mutter und ihr erstes Kind" in den 30er und 40er Jahre eine millionenfache Auflage erlebte. Sie setzt sich von einer psychoanalytisch orientierten Entwicklungslehre ab, die die Fassade von Alltagsnormalitäten durchbricht und den Menschen „fremd" gewordene, ambivalente Prozesse zu entschlüsseln versucht:

> „Eine uns art- und wesensfremde Seelenkunde verzerrte und entstellte die natürlichsten Zusammenhänge zwischen Eltern und Kindern, bauschte belanglose Nichtigkeiten der kindlichen Entwicklung zu schweren Gefahren auf, rassefremde Forscher zerrten Dinge ins Licht des Bewußtseins und der gedanklichen Zergliederung, die im Urgrund der Seele schlummern und in Ruhe gelassen werden sollten. Dabei schreckten sie in ihrer Deutung vor keiner Ungeheuerlichkeit zurück" (Haarer 1934, S. 118).

Hier klingt zumindest eine Ahnung davon an, daß dieser „Urgrund der Seele" etwas Bedrohliches und Fremdes enthalten könnte, das die gezogenen Grenzmarkierungen gefährden könnte. Freud, der sich zur Erkundung dieses „inneren Auslandes" aufgemacht hatte und dabei dessen dynamische Handlungsbedeutsamkeit entdeckt und „das Wissen von der *Ambivalenz*" erworben hat, wurde nicht nur als Jude, sondern auch als Repräsentant dieses Wissens zum Symbol des „Art- und Wesensfremden".

Die Moderne hat sich mit ihrem Eindeutigkeitsstreben bis in die innersten Zellen des Denkens und Fühlens eingenistet und deshalb ist es auch so schwer, die Botschaft vom „Ende der Eindeutigkeiten" zu akzeptieren und zu leben. Der Kampf der Moderne gegen die Ambivalenz hat diese nicht aufgehoben, sondern immer wieder freigesetzt. Ja, die Moderne mit ihrer spezifischen Marktdynamik hat die eigenen Gewißheitskoordinaten und Einheitsvorstellungen aufgelöst und einen ungeplanten, aber realen Pluralismus von Denk- und Lebensformen erzeugt. Dieser hat zementierte Mauern und Grenzziehungen aufgelöst. Es ist eine „unauslöschliche Pluralität" entstanden, die zur Anerkennung ansteht, auch wenn sich das moderne Bewußtsein noch dagegen sträubt. Dazu eine Empfehlung von Zygmunt Bauman: „Ambivalenz ist nicht zu beklagen. Sie muß gefeiert werden. Ambivalenz stellt die Grenze der Macht der Mächtigen dar. Aus demselben Grunde ist sie die Freiheit der Machtlosen" (1992b, S. 220f.).

Anerkennung der Verschiedenheit im Trialog

Aber diese Machtfrage ist längst noch nicht entschieden. Im Gegenteil. Gerade in der psychosozialen Versorgung erleben wir den Widerspruch zwischen einer solchen Perspektive und den Grenzzäunen, die symbolisch und real immer wieder neu gezogen werden. Entscheidend ist allerdings, ob wir selbst in der Lage sind, Ambivalenzen zuzulassen, ihre bereichernde und den Blick öffnende Qualität anzuerkennen. Die Kunst- und Kulturszenen der fortgeschrittenen Industriegesellschaften haben sich schon in den 20er Jahren für die künstlerische Arbeit von psychisch Kranken interessiert und dieses Interesse ist eher größer geworden. In den kreativen Schöpfungen sah man Ausdrucksgestalten von inneren Wirklichkeiten, die aus den rationalistischen Normalitätsbezirken an- und eingepaßter BürgerInnen ausgeblendet und deshalb bei ihnen verschüttet sind. In der Esoterik der Kunstbetrachtung war die Begegnung mit Repräsentationen des „inneren Auslandes" möglich, aber die reale Begegnung mit ProduzentInnen der Bilder ist vermieden worden. Es war Zulassung von Ambivalenz in dosierter und jederzeit wieder abstellbarer Form.

Aber auch wir Professionellen haben uns unsere therapeutischen, diagnostischen und versorgungstechnischen babylonischen Türme gebaut, die die unmittelbare Begegnung mit den oft befremdlichen inneren Erfahrungen und Lebenswünschen, die sich in psychischen Störungen äußern, verhindern. Der begonnene Trialog* hat hier eine ganz neue Perspektive eröffnet. Psychiatrieerfahrene und Angehörige beginnen ihre Erfahrungen zu formulieren und wir Professionelle beginnen, darauf zu hören. Dieses Zuhörenlernen und die dia- und trialogischen Prozesse zu fördern, ist der zentrale Sinn der „Empowerment"-Perspektive.

Nur darüber kann jener Gedanke realisiert werden, der in den 60er Jahren als „Kopfgeburt" entstand und der heute aktueller ist denn je: Die Notwendigkeit, kommunizierende Verbindungen zwischen den Diskursen der Psychiatriereform und dem allgemeinen gesellschaftlich-kulturellen Raum zu knüpfen. Dieser Gedanke war Ende der 60er und in die 70er Jahre hinein ein wichtiger Motor, der das Engagement für die Psychiatriereform speiste: Es trug die breite Beteiligung an der Debatte über Normalität und Abweichung, über „gute Gründe" in einer „verrückten Gesellschaft" verrückt zu werden und über politische und ökonomische Gründe der Ausgrenzung von gelebter Differenz. Die Bücher von Laing, Cooper oder Basaglia wurden in Riesenauflagen verkauft, sie wurden zu „Kultbüchern" weit über die Fachszenen hinaus. Es gab einen Diskurs zur Überwindung (klein-)bürgerlicher Normalitätsgehäuse und die „Verrückten" wurden als Avantgarde idealisiert, die sich bereits auf eine „Reise" begeben hatten, auf der wir ihnen möglichst bald nachfolgen sollten. Es war bereits ein intensiver Diskurs über die Bedingungen einer lebbaren „multikulturellen Gesellschaft", obwohl wir damals diesen Begriff noch nicht hatten. Es war jedoch weitgehend ein projektiver Diskurs, der ohne dialogische Bezüge zu den Psychiatrieerfahrenen auskam.

In der notwendigen Politik der „kleinen Reformschritte" sind viele nicht mehr mitgegangen, für die die Anstaltspsychiatrie vor allem eine kulturrevolutionäre Bewegung war, eine Politik der Lebensstile und Alltagskultur. Aber die Utopie einer veränderten Gesellschaft, in der Ausgrenzung von Dissenz und Differenz überwunden, in der „Verrücktheit" und „Anderssein" normalisiert werden könnten, war uns noch nicht abhanden gekommen. Manche Konflikte in der DGSP gingen genau um diese Fragen. Die großen Worte wie „Deinstitutionalisierung" (Auflösung der „Irrenhäuser") oder „Rekommunalisierung psychischen Leids" wurden zu Reizworten, weil sie von einem utopischen Überschuß getragen wurden, der mehr wollte, als technisch-quantitative Lösungen. Vielleicht verloren diese Debatten auch deshalb an Schwung und Bedeutung, weil sie keine kommunizierende Verbindung mehr zu einer breiteren soziokulturellen Öffentlichkeit hatten. Unsere utopischen Energien hatten sich im wesent-

---

* Hier wird darauf Bezug genommen, daß der Hamburger Weltkongreß für Soziale Psychiatrie im Juni 1994, in dessen Abschlußplenum dieser Vortrag gehalten werden sollte, ganz im Zeichen einer Beteiligung von Psychiatrieerfahrenen und Angehörigen stand. Hier wurde das Modell, das in einer Reihe von „Psychoseseminaren" erprobt wurde, auf die Strukturierung eines Kongresses übertragen und erprobt. Allerdings sah die Konzeption des Schlußplenums allein Referate von Professionellen vor. Weil sich aber eine Reihe von psychiatrieerfahrenen TeilnehmerInnen in diesem Schlußplenum zu Wort meldeten, habe ich darauf verzichtet und den Vortragstext nur in schriftlicher Form vorgelegt.

lichen aus dem Hoffnungspotential gespeist, daß die „real existierende Bundesrepublik" und ihr aus ökonomischer Potenz gespeister „Krämergeist" nicht das „Ende der Geschichte" sein würde.

Die Geschichte ist weitergegangen und sie hat zu einer tiefgreifenden Erosion der Fundamente der Moderne geführt und das ist nicht nur ein Verfall von Ordnung und Sicherheit, es ist zugleich die verbesserte Chance für die von Adorno so treffend formulierte Utopie: *„Ohne Angst verschieden sein können"* (1980, S. 114). Sie schafft vielleicht die Voraussetzungen dafür, daß die alltäglichen Identitäts- und Normalitätszwänge sich lockern können.

Manfred Bleuler hat 1984 in einem Brief an einen jungen Kollegen in Gütersloh zusammengefaßt, was nach einem langen Forscherleben für ihn der Kern der Schizophrenie sei. Ich will nur einen Satz daraus abschließend aufgreifen. Für ihn überschreitet die Psychose einen „Schwellenwert",

„nach welchem die Konfrontation der persönlichen inneren Welt mit der Realität und der Notwendigkeit zur Vereinheitlichung zu schwierig und zu schmerzhaft geworden ist und aufgegeben worden ist" (1987, S. 18).

In dieser Formulierung wird Normalität als Produkt harter Arbeit angesprochen, die in der Vereinheitlichung von äußeren und inneren Realitäten zu leisten ist. Die Hoffnung habe ich, daß in der Überwindung moderner Einheits- und Eindeutigungszwänge sich die Bedingungen für eine weniger von Zwang bestimmte Normalitätsarbeit verbessern. Überwunden werden muß aber auch der zentrale ideologische blinde Fleck in der Kultur des Westens, in der die Arbeit an Identität und Normalität als monologischer Prozeß gedeutet wird. Identität entsteht in einem dialogischen Prozeß, wird aber in unserer Kultur monologische gedeutet und erzählt (Taylor 1993b): „Ich habe und ich bin ...". Diese ideologische Ichbezogenheit und -befangenheit unterschlägt die große Bedeutung der Anderen/des Anderen und die Prozesse der dialogischen Anerkennung, die in Ich-Du- oder Ich-Wir-Bezügen begründet sind. Genau an dieser Stelle bildet der begonnene Dia- und Trialog in der Sozialpsychiatrie ein hoffnungsvolles Modell für die Utopie einer gelingenden multikulturellen Gesellschaft.

Bundesrepublikanische Psychiatriereform zwischen Realpolitik, Resignation und Utopie: Diskutiert am Präventionsdiskurs

Die Veränderung der Psychiatrielandschaft hat in den hinter uns liegenden Jahren in einem erstaunlichen Maße stattgefunden. Einem aus unserer Szene der Psychiatriekritiker und -reformer, der in der Mitte der 70er Jahre die Bundesrepublik verlassen hätte und jetzt zurückkehren würde, würde all dies auffallen. Er würde vielleicht sogar fragen, warum seid Ihr so larmoyant und demoralisiert. Ihm würde vielleicht auch folgender Widerspruch auffallen: Ausgelaugte Psychiatriereformer sehen nur Sozialabbau, Rücknahme von Positionen, Politik im Rückwärtsgang und aus der pessimistischen Prophezeihung, es würde nichts mehr gehen, wird eine „sich selbst erfüllende Prophezeihung", wir gehen nicht mehr, verharren in der selbst konstruierten Sicht, daß nichts mehr ginge.

Andererseits befindet sich ja das psychosoziale Feld durchaus auch in Bewegung. Es entstehen Initiativen, die niemand mehr für möglich gehalten hatte (z.B. die Sektorisierung und Dezentralisierung eines Großkrankenhauses wie München-Haar). Häufig sind es fiskalische Gründe, die den Bewegungsimpuls setzen, aber die Richtung der Bewegung ist damit noch nicht determiniert. Sie ist vermutlich gestalt- und steuerbar. Aber das erfordert auch für alle Reformkräfte ein neues Nachdenken, kritische Reflexion der bisherigen Entwicklung. In diesem Sinne halte ich Ideen zu einer „Radikalisierung der Psychiatrie-Reform" gerade jetzt für wichtig und teile sie.

Unserem Rückkehrer wird aber noch etwas anderes auffallen, was sich in diesen 20 Jahren qualitativ verändert hat. Es betrifft die kommunizierenden Verbindungen zwischen den Diskursen in den Szenen der Psychiatriereform und dem allgemeinen gesellschaftlich-kulturellen Raum. Ende der 60er und in die 70er Jahre hinein gab es im soziokulturellen Raum der Bundesrepublik eine bemerkenswerte Resonanz für die Debatte um Normalität und Abweichung, für „gute Gründe" in einer „verrückten Gesellschaft" verrückt zu werden, für politische und ökonomische Gründe der Ausgrenzung von gelebter Differenz. Die Bücher von Laing, Cooper oder Basaglia wurden in Riesenauflagen verkauft, sie wurden zu „Kultbüchern" weit über die Fachszenen hinaus. Es gab einen Diskurs zur Überwindung (klein)bürgerlicher Normalitätsgehäuse und die „Verrückten" wurden als Avantgarde idealisiert, die sich bereits auf eine „Reise" begeben hatten, auf der wir ihnen möglichst bald nachfolgen sollten. Es war bereits ein intensiver Diskurs über die Bedingungen einer lebbaren „multikulturellen Gesellschaft", obwohl wir damals diesen Begriff noch nicht hatten.

In der notwendigen Politik der „kleinen Reformschritte" sind viele nicht mehr mitgegangen, für die die Antipsychiatrie vor allem eine kulturrevolutionäre Bewegung, eine Politik der Lebensstile und Alltagskultur war, aber die Utopie einer veränderten Gesellschaft, in der Ausgrenzung von Dissenz und Differenz überwunden, in der „Verrücktheit" und „Anderssein" normalisiert werden könnten, war uns noch nicht abhanden gekommen. Manche Konflikte in der Psychiatriereformbewegung (vor allem ausgetragen in der Deutschen Gesellschaft für Soziale Psychiatrie) gingen genau um diese Fragen. Die großen Worte wie „Deinstitutionalisierung" (Auflösung der „Irrenhäuser") oder „Rekommunalisierung psychischen Leids" wurden zu Reizworten, weil sie von einem utopischen Überschuß getragen wurden, der mehr wollte als technisch-quantitative Lösungen. Vielleicht verloren diese Debatten auch deshalb an Schwung und Bedeutung, weil sie keine kommunizierende Verbindung mehr zu einer breiteren soziokulturellen Öffentlichkeit mehr hatten. Unsere utopischen Energien hatten sich im wesentlichen daraus gespeist, aus einem Hoffnungspotential, daß die „real existierende Bundesrepublik" und ihr aus ökonomischer Potenz gespeister „Krämergeist" nicht das „Ende der Geschichte" sein würde.

Wo sind eure utopischen Energien geblieben, dürfte uns unser Spätheimkehrer fragen. Und vielleicht macht er uns mit seinen Fragen zum Zustand unserer Republik auf eine andere Art von kommunizierender Verknüpfung zwischen soziokultureller Stimmungslage im gesellschaftlichen Raum und der Psychiatrieszene aufmerksam. Er fragt nach den Gründen und Wirkungen von Fremdenfeindlichkeit und Gewalt in diesem Land, von verzweifelter Suche nach stabilen, kollektiven Identitäten. Ihm fällt auf, wie groß in diesem Land der Wunsch nach gesicherten Grenzen ist, wie schnell an Stelle abgerissener Mauern, Stacheldrahtzäune und verminter Grenzstreifen symbolische und juristische Mauern (ich denke hier an die Asylgesetzgebung) errichtet wurden. Eine solche kollektive Stimmungslage befördert Kulturen der Segregation, der Ausgrenzung, der Differenzierung von Eigenem und Fremdem. Und jetzt sind wir an dem Punkt angelangt, an dem wir über die Tatsache reden müssen, daß sich die fremdenfeindliche Gewalt längst nicht mehr nur gegen Menschen aus fremden Kulturen richtet, sondern zunehmend auch gegen Repräsentanten des „inneren Auslandes": Gegen Behinderte, Schwule und Lesben und auch gegen psychisch Kranke.

Die fiskalische Bedrohung bereits erreichter gemeindepsychiatrischer Potentiale ist die eine, die zunehmende Gefährdung der politischen, kulturellen und psychosozialen Bedingungen für eine gelebte Multikulturalität ist eine zweite – vielleicht noch fundamentalere – Bedrohung für die Psychiatriereform. Sie bedroht Prinzipien der Normalisierung psychischer Devianz, der Kommunalisierung und der Pluralisierung von Lebensformen. Sie bedroht damit die von Adorno (1980, S. 114) so treffend formulierte Utopie: *„Ohne Angst verschieden sein können"*.

Eine solche gesellschaftspolitische Situation veranlaßt mich, noch einmal den hinter uns liegenden Zeitraum aktiver Psychiatriereform kritisch zu durchleuchten und dabei auch die Kontextgebundenheit eigener Sichtweisen von Psychiatriereform zu reflektieren. Dabei werden eigene Positionen zur Revision freigegeben. Ich werde diese Reflexion unter besonderer Berücksichtigung des Präventionsdiskurses tun, da er in der Reformrhetorik der 70er und 80er Jahre einen besonders prominenten Platz hatte.

Opinion leader der psychiatrischen Innovation haben sich schon immer vor allem durch ihre Betonung der Verhütung psychischer Störungen profiliert. Der französische Psychiater Jean-Etienne-Dominique Esquirol hat zu Beginn des 19. Jahrhunderts sein Präventionsprogramm so formuliert:

„Um die Entstehung der Seelenstörungen zu verhüten, vermeide man Heiraten unter Individuen, die von gestört gewesenen Eltern abstammen, leite die Erziehung nach den Grundsätzen einer religiösen Moral, erziehe die Kinder weniger zur Gefallsucht und Eitelkeit, ... übertreibe nicht die Kräfte der Empfänglichkeit und des Geistes strenge die Organe nicht zu zeitig an, und erschöpfe sie nicht durch für die Kindheit zu schwere Aufgaben; vermeide Ausschweifungen der Lebensweise, die so häufig von dem zartesten Alter an zu Seelenstörungen geneigt machen; dämpfe und leite die Gefühle und Leidenschaften der Kinder und der jungen Leute" (zit. nach Kind, 1984, S. 232)

Und was hatte Wilhelm Griesinger, einer der Gründerväter der deutschen Psychiatrie zu bieten? In seinem Buch „Die Pathologie und Therapie der psychischen Krankheiten" (1861) betont er die Bedeutung einer „wohlgeordneten psychischen und leiblichen Diätethik", worunter er folgendes versteht:

„Alles was ein Vorherrschen der Fantasie, was körperliche und psychische Weichlichkeit, was eine zu frühe Entwicklung des Geschlechtstriebes veranlassen könnte, müßte entfernt gehalten, es müßte immer so viel als möglich auf die einfachsten, geordnetsten äußeren Lebensverhältnisse, auf die Vermeidung anhaltender Leidenschaften, auf Gewöhnung an Unterordnung unter objektiv gegebene Verhältnisse gesorgt werden" (1861, S. 475).

Für R. v. Krafft-Ebing hängt wenig später der Erhalt der „Nervengesundheit" davon ab, daß „ein richtiges Verhältnis zwischen Besitz und Verausgabung von Nervenkraft" (1885, S. 18) gefunden wird. Hierzu wird eine angemessene Diätethik gefordert. Sie läuft letztlich auf die Formung einer zuchtvollen Lebensführung hinaus, die sich allen „Ausschweifungen" verweigert. Hierzu ein Beispiel:

„Vor allem vermeide man Alles, was die Sinnlichkeit wecken könnte. Viel und gut essen, Genussmittel, Stubensitzen, Stadtleben, Romanlesen, Tanzstunde, frühe Einführung in das Leben der Gesellschaft sind schädlich" (S. 99).

Im Sinne der in der frühen Psychiatrie explizit geforderten und vertretenen „moralischen Behandlung" schöpfte auch das Handlungsprogramm der Prävention ausschließlich aus dem gängigen moralischen Diskurs. Hat sich das in der aktuellen Präventionsdebatte geändert?

Prävention gehört zu den Forderungen und Zielen, die in keinem Reformplan zur psychosozialen Versorgung fehlen dürfen. Gleichzeitig zeichnen sich präventive Forderungen durch ihre Vagheit und durch eine handlungs- und politikbezogene Unverbindlichkeit aus. Hat in der Reformgeschichte der bundesrepublikanischen Psychiatrie zum Thema Prävention mehr als Reformrhetorik stattgefunden? Es gilt sowohl die entsprechenden fachlichen und politischen Diskurse zu rekonstruieren als auch ihre realpolitischen Folgewirkungen zu untersuchen, um diese Frage beantworten zu können. Zunächst wird allerdings gar nicht schwerpunktmäßig über Prävention zu reflektieren sein, sondern eine Wanderung durch die psychiatriepolitischen Landschaften in der BRD unternommen. Dieser Kontext ist erforderlich, um die speziellen Diskurse und Politiken zur Prävention einordnen zu können.

Modernisierungsprozesse in der psychosozialen Versorgung der BRD

Die psychiatriepolitische Landschaft in der BRD

Wie geht es der Psychiatriereform in der BRD und wohin geht sie? Eine kürzlich erschienene Diagnose kommt zu folgender Einschätzung:
„In der psychiatrischen Szene in der Bundesrepublik herrscht allenthalben Katerstimmung. Die Psychiatriereform habe nicht gebracht, was man sich von ihr versprochen habe; sie habe gar nicht stattgefunden, meinen einige. Sie sei steckengeblieben, meinen andere, weil es an Geld fehle, an Personal vor allem, und am politischen Willen, sie durchzusetzen".
Dieses Bild zeichnete Asmus Finzen in einem Artikel in der „Frankfurter Allgemeinen Zeitung" (12. Mai 1989).

Der Blick auf zwei Jahrzehnte Psychiatriereform in der BRD ergibt ein höchst uneinheitliches Bild. Es ist gekennzeichnet von widersprüchlichen Entwicklungen, Deutungen und Perspektiven. Wahrscheinlich würde im Ausland eine höchst unterschiedliche Bilanz präsentiert werden, je nachdem, wer sie aufmachen würde. Niemand ist unparteiisch, und ich will es gleich zu Beginn gestehen, daß ich gar nicht erst den Versuch unternommen habe, eine „objektive" Einschätzung zu geben. Parteilichkeit ist ja wohl nur dann problematisch, wenn sie im Gewande der interessenlosen Objektivität daherkommt.

Für mich lassen sich im widersprüchlichen Feld der psychosozialen Versorgung der Bundesrepublik vier Hauptströmungen unterscheiden, die durchaus ihre Überlappungen haben und Bündnisse und Koalitionen eingehen:

1. Die TraditionalistInnen, aber in modernem Gewande: Auch sie wollen mittlerweile keine Anstalt mehr, sondern eine moderne Klinik. Sie halten aber am „medizinischen Modell" unbeirrt fest. Psychopharmaka sind ihr hauptsächliches Therapeutikum, aber auch der Elektroschock wird unverändert und teilweise wieder verstärkt eingesetzt. Die Kraepelinsche-Schneidersche Linie der Psychopathologie ist ungebrochen, auch wenn sie in die jeweils aktuellsten Varianten von DSM oder ICD eingekleidet werden. Die Hochburg dieser Richtung bilden vor allem herausragende RepräsentantInnen der Universitätspsychiatrie (z.B. Hippius oder Helmchen) und der psychiatrischen Großkrankenhäuser. Über diese Gruppe werde ich im weiteren nicht sehr viel zu sagen haben, obwohl sie einen erheblichen Einfluß hat, aber hier sehe ich keine Reformgruppierung. Sie läßt sich auch keineswegs als die Position einer langsam aussterbenden Psychiater-Generation abtun, denn sie rekrutiert immer wieder ihren eigenen Nachwuchs.
2. Die ModernisiererInnen, die im wesentlichen dafür arbeiten, daß die bundesdeutsche Psychiatrie den Anschluß an die internationale Entwicklung hält. Sie bildeten die Kerngruppe der Psychiatrie-Enquete und des BeraterInnengremiums zum Modellprogramm Psychiatrie der Bundesregierung. Sie sprechen die Sprache einer pragmatischen Sozialpsychiatrie. Sie empfinden sich als realpolitisch orientiert und setzen sich von allen „Ideologisierungen" ab. Sie haben eine Reihe wegweisender

Weichenstellungen für eine moderne Psychiatrie ermöglicht. Caspar Kuhlenkampff, Heinz Häfner, Alexander Veltin oder Asmus Finzen sind Namen, die für diese Richtung stehen. Sie präsentieren die Geschichte der vergangenen Jahre als Erfolgsgeschichte. Die Anstalt alten Stils gehöre der Vergangenheit an („Das Ende der Anstalt" hat Asmus Finzen eines seiner Bücher betitelt). Die Modernisierung hat stattgefunden. Natürlich bleibt noch viel zu tun und eine konsequente Umsetzung gemeindepsychiatrischer Prinzipien stünde als nächste Phase der Reform an. Die ModernisiererInnen gehen ziemlich ungnädig mit allen KritikerInnen um, die die Entwicklung nicht so positiv sehen. Hier werden Ausgrenzungen von „postmodernen Amateurarchitekten der einfachen Lösungen" (schon wieder Finzen) und Ausstiegsphilosophien vorgenommen.

3. Die sozialpsychiatrischen MoralistInnen, die sich von einem therapeutisch-technischen Spezialistentum dezidiert abwenden und die stattdessen eine stark anthropologische Begründung ihres Tuns suchen. Die Arbeit mit Menschen, die in psychiatrischen Institutionen leben, soll sich möglichst an normalen Prinzipien der menschlichen Kommunikation orientieren. Ebenso werden die Bedürfnisse von psychiatrischen PatientInnen auf die für uns alle maßgeblichen Grundbedürfnisse nach menschenwürdigem Wohnen, Arbeiten und Zusammenleben bezogen. Als Maß für eine erfolgreiche Psychiatriereform wird die Verbesserung der Lebensbedingungen und -perspektiven der sogenannten „chronischen PatientInnen" gesehen, also des „harten Kerns" der traditionellen Psychiatrie. Diese Gruppe feiert nicht die Erfolge schon erreichter Reform, sondern formuliert z.B. provokativ als Thema einer gerade in Gütersloh stattfindenden Tagung „Jetzt wird's ernst – die Psychiatriereform beginnt". Die Menschenrechte und ethische Grundfragen bilden das Aufmerksamkeitszentrum. Die Aufarbeitung der Geschichte der Ermordung von hunderttausenden von psychisch Kranken in der Zeit des Nationalsozialismus und neuere Ansätze, „lebensunwertes Leben" (z.B. im Zusammenhang mit Diskussionen zu Sterbehilfe, Gentechnologie oder Euthanasie) zu definieren, sind Themen die von VertreterInnen dieser Gruppe mit großem Engagement und öffentlicher Resonanz aufgegriffen wurden (vor allem Klaus Dörner, Ursula Plog, Niels Pörksen).

4. Die radikalen PsychiatriekritikerInnen, die das Ziel der weitestgehenden „Entpsychiatrisierung" psychischen Leids verfolgen, vertreten die Auffassung, daß die Veränderungen der letzten Jahre keine wirkliche Reform, sondern nur eine Modernisierung gebracht hätten. Für diese Gruppe zählt als Strukturreform weniger die Transformation der klassischen asylären Strukturen in zeitgemäße Muster klinischer oder sozialpsychiatrischer Versorgung. Mit Skepsis wird dort ein Prozeß der „Transinstitutionalisierung" festgestellt, wo das Prinzip der „Deinstitutionalisierung" gefordert und verfolgt worden war. Zwar werden die großen Anstalten systematisch verkleinert, aber die modernisierten Anstalten werden als die gestärkten Zentren der psychosozialen Versorgung angesehen. Die in den vergangenen Jahren aufgebauten ambulanten Systeme (z.B. sozialpsychiatrische Dienste) werden als zu schwach bewertet, um eine Alternative zur Klinikpsychiatrie zu bilden, ja sie werden als verlängerte Arme der Klinik in die alltägliche Lebenswelt verstanden. Statt die Macht der Anstalt zu brechen, seien die ambulanten „Kümmerformen" zu einer problematischen Erweiterung der psychiatrischen Macht geworden. Zur

Gruppe der radikalen PsychiatriekritikerInnen gehören Initiativen und Einzelpersonen, die die Psychiatriethesen der „Grünen" mitformuliert haben. Besonders wichtig sind in diesem Spektrum die Initiativgruppen ehemaliger psychiatrischer PatientInnen (wie die „Irrenoffensive"). Dieses bunte Spektrum psychiatriekritischer oder antipsychiatrischer Initiativen sieht „psychisches Leid" nicht als ein Problem, das eines technisch-therapeutischen Managements bedarf, sondern als kulturell eigenständiges Lebensmuster, das ein Existenzrecht beanspruchen kann, das vielleicht sogar Momente der Befreiung vom durchschnittlichen „Normalitätsgefängnis" symbolisiert. Die Psychiatrisierung solcher dissidenter Lebensmuster wird als Akt der Unterdrückung, der sozialen Kontrolle verstanden, gegen den politisch gekämpft werden muß. Diese Perspektive, die vor allem in den 60er und frühen 70er Jahre eine breite Anhängerschaft hatte, wird zunehmend leiser und manchmal scheint mir, sie sei bereits verstummt.

Ich selbst habe einige Sympathien für diese sozialkritische Perspektive, wenngleich sie alleine zumindest in den Erfahrungsfeldern nicht trägt, in denen ich mich um kommunale Psychiatriepolitik in München gekümmert habe. Und in der Rolle dessen, der mit einigen KollegInnen für die Bundestagsfraktion der „Grünen" Grundzüge für ein Psychiatrie-Reform-Gesetz entwickelt hat, wird man zwangsläufig eher den Habitus des Realpolitikers einnehmen müssen. Eine ehrliche Bilanz der bundesdeutschen Psychiatriereform wird die Perspektiven der Gruppen 2 bis 4 ernst nehmen müssen.

Im weiteren werde ich zunächst meine eigene knappe Einschätzung der bundesrepublikanischen Psychiatriereform geben. Dann werde ich die Kernaussagen der Expertenkommission der Bundesregierung kurz zusammengefaßt darstellen, die Ende des vergangenen Jahres ihren 700seitigen Bericht vorgelegt hat. Daran schließt sich eine kritische Besichtigung des programmatischen Herzstückes jeder Reformkonzeption an: Wie hält sie es mit der Prävention?

Eine persönliche Einschätzung der Psychiatriereform

Eine Strukturreform der westdeutschen Psychiatrie hat nicht stattgefunden. Diese Aussage impliziert aber nicht die Einschätzung, daß das Programm der Psychiatrie-Enquete gescheitert wäre. Ihr Hauptziel war die Modernisierung der psychiatrisch-psychotherapeutischen Versorgung, die in dem Zustandsbild der 50er und 60er Jahre als Schandmal in einem ansonsten so fortgeschrittenen wohlfahrtsstaatlich geprägten Land wie der BRD in Erscheinung treten mußte. Die damalige Expertenkommission hat den Modernisierungsauftrag mit jener technokratischen Gründlichkeit übernommen und ausgeführt, die dem sozialliberalen Planungshorizont der 70er Jahre entsprach. Orientiert war diese Planung an den international führenden Versorgungsmodellen. Herausgekommen ist der Plan für ein lückenloses Netz, das über alle psychosozialen Krisenherde und Problemlagen geworfen werden sollte. Psychisches Leid sollte von einem System „fürsorglicher Belagerung" eingefriedet werden. Die Enquete hat an keiner Stelle den Anspruch einer Strukturreform erhoben: Das Prinzip der „Deinstitutionalisierung" anstaltsförmiger Internierungssysteme und einer radikalen Rückverlagerung psychosozialer Hilfen in die Lebenswelt war nicht formuliert worden. Ebensowenig gab es einen strukturellen Bruch in der Deutung psychischen Leids: Das „medizinische Modell" blieb das Leitmodell.

Als Modernisierungsprojekt kann sich die Psychiatrie-Enquete durchaus sehen lassen. Die Kliniken sind mittlerweile in einem rundherum vorzeigbaren Zustand. Eine Verkleinerung der Großkrankenhäuser wird fast überall stolz vermeldet. Auch sozialpsychiatrische Dienste gehören schon beinahe zur Grundausstattung vieler Regionen. Das Modernisierungsprogramm wäre in noch größerem Umfang realisiert worden, wenn es nicht von der ökonomischen Krise eingeholt worden wäre, die sich schon Mitte der 70er Jahre abzuzeichnen begann.

Die Unterscheidung zwischen Modernisierung und Strukturreform ist von zentraler Bedeutung. In manchen Klagen aus dem Lager der PsychiatriereformerInnen läßt sich heraushören, daß die fiskalische Krise und die „Wendepolitik" ein echtes Reformprojekt um seine Realisierungschance gebracht hätten. Aber nur wenn wir uns von diesem Mythos lösen können, können wir aus den Erfahrungen der vergangenen Jahre auch lernen. Da ist durchaus eine Chance gegeben, die Reformkonzepte noch einmal zu reflektieren.

Die Anstalt ist gestärkt aus dem Modernisierungsprojekt hervorgegangen. Vor allem konservative Kliniken präsentieren sich wieder mit ungebrochenem oder zurückgewonnenem Selbstbewußtsein der Öffentlichkeit. Sie sind sich ihrer gesellschaftlichen Nützlichkeit und Notwendigkeit wieder sicher. Die zunehmenden Aufnahmezahlen liefern alltäglich das stärkste Argument für ihre Unverzichtbarkeit. Die tiefe gesellschaftliche Spaltung, die sich durch die bundesrepublikanische Gesellschaft zieht und durch die neokonservative Politik verschärft wird, hat die klassischen gesellschaftlichen Kontrollstrukturen revitalisiert, von deren Verschwinden in den wohlfahrtsstaatlichen Utopien der 70er Jahre schon gesprochen wurde. Der für die Psychiatrie seit ihrer gesellschaftlichen Etablierung so grundlegende Zusammenhang von Not und Leid, Armut und psychischen Störungen ist wieder sichtbar geworden. Die innere Militarisierung der bundesrepublikanischen Gesellschaft (etwa im Setzen auf Stärke, Härte, Leistungsbereitschaft und Elite) führt mit Notwendigkeit zur Regeneration des Kontrollmandats der Psychiatrie. Die Sogwirkung der Anstalt, ihr Prinzip des gesellschaftlichen Ausschlusses, droht auch die wenigen Alternativstrukturen, die in den letzten Jahren entstanden sind (z.B. Sozialpsychiatrische Dienste oder therapeutische Wohngemeinschaften), ihrer Hegemonie zu unterstellen.

Der größte Fehler der Psychiatrie-Reformbewegung der Bundesrepublik war wohl, daß sie sich fast ausschließlich für eine bessere *Versorgung* von Menschen mit psychischen Problemen eingesetzt hat, nicht aber für eine *Befreiung*. Es wurde versucht, den Versorgungspol der Psychiatrie zu stärken und dadurch den Kontrollpol zurückzudrängen. Der Doppelcharakter von Hilfe und Kontrolle, der für die Psychiatrie von Beginn an konstitutiv ist, konnte dadurch nicht außer Kraft gesetzt werden. Umso weniger Ressourcen für eine angemessene Versorgung verfügbar sind, desto deutlicher zeichnet sich wieder die häßliche Fratze der Kontrolle ab. Das zwingt zu der schmerzlichen Einsicht, daß „fürsorgliche Belagerung" im Sinne umfassender therapeutischer Normalisierungsprogramme die Kontrolldimension nicht auflösen konnte. Gegenwärtig tritt die fürsorgliche Komponente immer mehr in den Hintergrund und es bleibt die Belagerung jener Menschen, die in den herrschenden Normalitätshorizont nicht hineinpassen oder sich diesem entziehen. In einigen neueren Psychiatriegesetzen der Bundesländer (am ausgeprägtesten wohl im bayerischen „Unterbringungsgesetz" in seiner kürzlich novellierten Form) steht der Schutz der Öffentlichkeit (besser: der „öffentlichen Ordnung") vor störender Devianz im Vordergrund. Persönlichkeits- und Bürgerrechte der psychiatrisch Internierten sind nur minimal geschützt. Angesichts der in der BRD kaum vorhandenen Bürgerrechtstradition dürfte die gesetzliche Form der Absicherung eines besonderen Persönlichkeitsschutzes für psychiatrische Patienten unabdingbar sein.

Angesichts einer spürbaren Lähmung in der professionellen Reformszene sind es gegenwärtig vor allem einige Gruppen von Psychiatriebetroffenen, von denen Veränderungsimpulse ausgehen und diese sind für Professionelle oft alles andere als bequem. Es werden einerseits elementare Menschenrechte eingeklagt (z.B. das Recht auf Ablehnung jeder Form von Zwangsbehandlung) und andererseits die materiellen Voraussetzungen für selbstbestimmte und -organisierte Lebensformen gefordert, die nicht unter professioneller Anleitung oder Aufsicht stehen sollen. Diese Forderungen geraten oft in Widerspruch zu dem, was von professionellen HelferInnen für notwendig gehalten wird (im „wohlverstandenen Interesse" der PatientInnen, wie wir dann zu sagen pflegen). Diese Widersprüche werden sich nie völlig auflösen lassen. Für professionelle HelferInnen wäre es eine wichtige Einsicht, daß durch die Stärkung von Selbstorganisation (oder „Empowerment", wie es in den USA heißt) und durch das Einklagen von Menschenrechten der zunehmenden staatlichen und administrativen Kontrollmacht wirksame Elemente von Gegenkontrolle erwachsen können. Progressive Professionelle werden sich für neue Bündnisse öffnen und sich von ihrem professionellen Mythos trennen müssen, daß sie stellvertretend für die Betroffenen und ihre Angehörigen „zu ihrem Besten" handeln könnten.

Die „offizielle Diagnose" der Psychiatriereform

Der voluminöse Bericht des von der Bundesregierung Anfang der 80er Jahre berufenen Beratergremiums bilanziert die Entwicklung in der psychosozialen Versorgung der BRD eineinhalb Jahrzehnte nach der Psychiatrie-Enquete (1975) und nach Abschluß einer Modellphase, in der Vorschläge der Enquete in verschiedenen Varianten und in unterschiedlichen Regionen der BRD aus den Mitteln eines Modellprogramms erprobt wurden. Zunächst wird die Reformentwicklung als „verspätet einsetzende psychiatriegeschichtliche Epoche" charakterisiert. Als sich vier Jahre nach Vorlage der Enquete die Bundesregierung zu einer Stellungnahme herbeiließ, waren eigentlich die reformatorischen Ressourcen erschöpft, die sozialliberale Koalition litt an Schwindsucht und die „Wende" zeichnete sich mit Sparmaßnahmen im Sozialbereich längst ab. Trotz dieser Rahmenbedingungen hat sich im Gefolge der Enquete doch einiges getan, wenngleich mit enormen regionalen Unterschieden, die nicht zuletzt darauf zurückzuführen sind, daß die Psychiatrie in die Zuständigkeit der Bundesländer fällt. Interessant erscheint mir noch die psychiatriepolitische Einschätzung, daß die Enquete eine Art „historischen Kompromiß" bildete. Wörtlich heißt es: „Ihre Leistung besteht im wesentlichen darin, einen tragfähigen Ausgleich zwischen vorandrängenden und vorsichtig bewahrenden Kräften auf den Weg gebracht zu haben" (Expertenkommission 1988, S. 2).

Entstanden sind z.B. mehr als hundert psychiatrische Abteilungen an Allgemeinkrankenhäusern, ebenso viele Tageskliniken, sozialpsychiatrische Dienste in ziemlich großer Zahl (in Bayern sind es etwa 50, für die gesamte BRD konnte auch die Sachverständigenkommission keine exakten Zahlen vorlegen), beschützende Wohngemeinschaften sind wie Pilze aus dem Boden geschossen (in München sind es mittlerweile über 30). Hinzu kamen Wohn- und Übergangsheime, vielfältige Freizeit- und Arbeitsangebote, PatientInnen- und Angehörigenselbsthilfe-Vereinigungen. Das ist doch was! Nicht vergessen werden darf der enorme Finanzaufwand, durch den die beeindruckende bauliche Sanierung der psychiatrischen Anstalten als erster Reformschritt möglich wurde. Die größtenteils in moderne Krankenhäuser verwandelten Anstalten lassen sich heute bei den „Tagen der offenen Tür" stolz der Öffentlichkeit präsentieren. Sie wurden in aller Regel wesentlich verkleinert. Wie ist das bewältigt worden?

Hier stoßen wir auf den ersten wunden Punkt der Reform. Die Reduktion der Bettenzahl „gelang" in der Regel durch Verlegung von chronischen PatientInnen in teilweise völlig unzureichende private Heime und Anstalten. Die Lage dieser „chronischen PatientInnen" rechtfertigt auch heute noch die Kennzeichnung „katastrophal" (S. VI), eine Charakterisierung, die fünfzehn Jahre früher in der Enquete für die gesamte stationäre Psychiatrie verwendet wurde. Die Zahl der „chronisch psychisch Kranken" wird auf eine halbe Million Menschen geschätzt.

„Ihre Lebenssituation kann wie folgt umrissen werden: Rund 60.000 von ihnen sind noch immer langfristig als sogenannte Pflegefälle in den Langzeitbereichen der großen psychiatrischen Krankenhäuser untergebracht. Über 100.000 leben in Heimen und Anstalten, meist weit entfernt von ihren Wohnorten und ohne ausreichende psychiatrische Behandlung und rehabilitative Förderung".
Etwa 10.000 leben in Wohnformen des komplementären Sektors.
„Die hier umrissenen Größenordnungen machen deutlich, daß die meisten chronisch psychisch Kranken außerhalb von Institutionen in der Gemeinde leben, allein oder – was in etwa 40 % (im Bereich der Alterspsychiatrie sogar bei 80 %) der Fälle liegen dürfte – bei ihren Familien. Angehörige tragen somit die Hauptlast der Versorgung von chronisch psychisch Kranken".
Und dann folgt als zusammenfassende Wertung:
„Die gesundheitliche, soziale und materielle Lage der chronisch psychisch Kranken und Behinderten ist nach Meinung der Expertenkommission katastrophal: Es fehlt für sie weitgehend an qualifizierten fachlichen Hilfen. Sie sind zu nahezu zu 90 % aus dem Erwerbsleben ausgegrenzt. Sie fristen von Kleinrenten und Sozialhilfe ein Leben an der Armutsgrenze. Ihre Chancen, am gesellschaftlich-kulturellen Leben teilzunehmen, sind in einem Ausmaß beschränkt, das die Expertenkommission als beschämend für ein so wohlhabendes und dem Sozialstaatsprinzip verpflichtetes Land wie die Bundesrepublik Deutschland empfindet. – Erheblich sind die Belastungen der Angehörigen: Diese bringen für Behandlungs- und Pflegeleistungen, die die Sozialversicherungsträger nicht (mehr) finanzieren, jährlich rund 1,5 Mrd. DM auf. Die zwischenmenschlichen Belastungen in den betroffenen Fa-

milien führen zu Gesundheitsproblemen bei den pflegenden Angehörigen und zu Prozessen der Isolation und des sozialen Abstiegs der gesamten Familie" (S. V f.). Ein zweiter „wunder Punkt" wird von der Expertenkommission auch – für ein seriöses Dokument im Auftrag der Bundesregierung – ungewöhnlich drastisch formuliert. Die Enquete hatte ganz klare Vorstellungen von einer gelungenen Koordination der psychosozialen Aktivitäten in einem „Standardversorgungsgebiet". Es wurden Gremien und Planungsinstrumente vorgeschlagen, die das gewährleisten sollten. Die Zersplitterung von Zuständigkeiten scheint sich eher noch verschärft zu haben. In dem Bericht heißt es dazu:

„Ein Wirrwarr an Zuständigkeiten und ein entsprechender Mangel an klaren Verantwortlichkeiten herrscht auf allen Ebenen: Von der Bedarfsermittlung über die Planung bis hin zur Finanzierung und Ausgestaltung der Angebote. Opfer dieser *strukturellen Schwindsüchtigkeit* sind diejenigen psychisch Kranken und Behinderten und ihre Angehörigen, deren Kontaktmöglichkeiten und Hilfesuchverhalten krankheitsbedingt so eingeschränkt sind, daß sie der Zersplitterung des Systems hilflos gegenüberstehen, also die chronisch psychisch Kranken, Langzeitkranken und seelisch Behinderten" (S. VII).

Wie soll die Reform weitergeführt werden?
Die Vorstellungen der Expertenkommission

Die Reformvorstellungen der Expertenkommission haben einen gemeindepsychiatrischen Zuschnitt. Das Herzstück der Empfehlung bildet der Vorschlag eines „Gemeindepsychiatrischen Verbundes", auf den ich gleich zurückkommen werde.

Als erste Empfehlung (1.) wird die kommunale Verantwortung für alle BürgerInnen, also für gesunde und kranke BürgerInnen, gefordert. Kommunen sollten nicht mehr dazu „eingeladen" werden, ihre „unangepaßten" BürgerInnen durch Entrichtung einer Steuerumlage in gemeindeferne Einrichtungen „auszubürgern". Im Mittelpunkt psychosozialer Hilfen soll nicht mehr das Krankenhaus stehen, „sondern die Gemeinde mit allen ihren allgemeinen und spezialisierten Möglichkeiten für gesunde und behinderte Bürger" (S. VIII).

Daraus folgt (2. Empfehlung), daß „die Psychiatrieplanung ... integrierter Bestandteil der Sozial- und Gesundheitsplanung der Kommunen" wird (ebd.).

Das für psychosoziale Hilfen in einer Kommune mobilisierbare Potential besteht nicht aus Fachleuten und Institutionen, sondern aus „nicht-professionalisierten Kräften und Selbsthilfepotentialen", die zu aktivieren und zu unterstützen sind (Empfehlung 3).

Für die Realisierung kommunaler Verantwortlichkeit ist eine adäquate Budgetierung zu schaffen (Empfehlung 4).

In Absetzung von den eher synthetisch konstruierten und zu groß angelegten „Standardversorgungsgebieten" der Enquete wird jetzt eine „kleinräumige Struktur" (S. X) empfohlen, die sich möglichst an die bestehenden Gliederungen von kreisfreien Städten und Landkreisen orientieren sollten (Empfehlung 5).

In die Planung und Realisierung kommunaler Versorgungssysteme sind auch die regional einschlägigen stationär-psychiatrischen Einrichtungen einzubeziehen, die in ihren „Kapazitäten möglichst ortsnahe zugeordnet werden" (S. XI) sollten (Empfehlung 6).

Zentraler Orientierungspunkt für die Entwicklung psychosozialer Dienstleistungen sollte das „Bedürfnis der chronisch psychisch Kranken und Behinderten mit komplexen Problemlagen bilden". Ihre „Grundversorgung ... hat Vorrang vor der differenzierteren Versorgung anderer Gruppen" (S. XI; Empfehlung 7).

Bei allen Maßnahmen der Planung und Realisierung von psychosozialen Hilfen soll eine „funktionale Betrachtungsweise" leitend sein und die bislang dominante „institutionelle Sichtweise" abgelöst werden. Als zentrale „Funktionsbereiche" werden unterschieden: „1. Behandlung/Pflege/Rehabilitation; 2. Hilfen im Bereich Wohnen; 3. Hilfen im Bereich Arbeit; 4. Hilfen zur sozialen Teilhabe und Verwirklichung materieller Rechte" (S. XI; Empfehlung 8).

Das zentrale Anliegen dieser Empfehlungen, nämlich eine territoriale Bündelung vorhandener Kapazitäten und die Schaffung neuer, um eine Grundversorgung für alle Menschen mit psychosozialen Problemen zu gewährleisten, findet seinen Ausdruck in dem Vorschlag zur Schaffung „gemeindepsychiatrischer Verbundsysteme". Sie sollen – möglichst in „rechtsfähiger Form" – die vorhandenen oder zu schaffenden „Bausteine" vereinigen (solche „Bausteine" sind niedergelassene NervenärztInnen, Institutsambulanzen, Sozialpsychiatrische Dienste, Kontaktstellen und Tagesstätten, beschützte Wohnangebote, Tageskliniken und stationäre Einrichtungen). Diese Bausteine werden im „Gemeindepsychiatrischen Verbund" im Hinblick auf drei zentrale Komponenten geordnet, die ein solches Konsortium im Sinne der „funktionalen Betrachtungsweise" zu gewährleisten hat: „aufsuchend-ambulante Dienste", „Einrichtung mit Kontaktstellenfunktion" und „Tagesstätten". Ein zweites zentrales Anliegen richtet sich auf die Schaffung von Arbeitsmöglichkeiten und beruflicher Förderung für psychiatrische PatientInnen.

Das ist im wesentlichen das, was die Expertenkommission der Bundesregierung als aktuelles Reformprogramm vorgelegt hat. Ich war bei der Lektüre überrascht, in wieviel Punkten ich problemlos zustimmen kann. Das ist einfach das international geforderte gemeindepsychiatrische Einmaleins oder der aktuelle „historische Kompromiß". Wirklich bemerkenswert finde ich die Ausrichtung der Reform am Prüfstein der sog. „chronischen PsychiatriepatientInnen" und deren materieller und sozialer Situation.

Schwach an dem Bericht finde ich seine vage Unentschlossenheit gegenüber dem stationären Bereich. Für ihn sind keine klaren Optionen formuliert. Er wird nicht völlig ausgeklammert, aber es finden sich keine Aussagen darüber, ob er zugunsten der Stärkung des ambulanten Bereichs abgebaut werden soll, in welcher Weise heute noch stationär gebundene Kapazitäten in ambulante Hilfsangebote überführt werden sollen. Schwach sind auch die Aussagen zum ambulanten Behandlungsmonopol der niedergelassenen NervenärztInnen. Da wird sogar über „gemeindepsychiatrisch orientierte Nervenarztpraxen" philosophiert. Alles spricht dafür, daß man sich nicht an die bestehenden Machtbastionen der Psychiatrie herangewagt hat. Das durchaus überzeugende Konzept gemeindepsychiatrischer Verbundsysteme ist dadurch in einem Kräftefeld, dessen traditionell starke Pole relativ unverändert bleiben. Genau dadurch aber wird der gesamte Reformansatz gefährdet, im Sinne der Interessen der stark gebliebenen Machtzentren der „alten Psychiatrie" funktionalisiert zu werden.

Auch zu den Fragen der Menschenrechte in der Psychiatrie verliert der Expertenbericht kein Wort. Das ist erstaunlich, wenn man an die weltweit geführten Diskussionen über die Stärkung der PatientInnenrechte denkt. Auch von den Überlegungen, die in Österreich zur Einführung des Modells „Sachwalterschaft" geführt haben, findet sich keine Spur.

Die Präventionsdiskurse in der psychosozialen Versorgung der BRD

Von der Psychiatrie-Enquete zum Bericht der Expertenkommision:
Primärprävention bleibt auf der Strecke

In der Psychiatrie-Enquete hatte der Gedanke der Prävention einen prominenten Platz. Von den neun Grundsätzen, die der konzipierten Neuordnung zugrunde gelegt wurden, beziehen sich gleich die drei ersten auf die Idee und Ziele der Prävention. Sie lauten:

„1. Die Entstehungsbedingungen psychischer Krankheiten und die Umstände, welche zu ihrer Chronifizierung beitragen können, machen es vor allem in den Bereichen der Erziehung, der Arbeit und des Wohnens notwendig, solchen Zusammenhängen und den Fragen und Möglichkeiten der Prävention fortschreitend nachzugehen und Erkenntnisse darüber an die Betroffenen, an Institutionen und Entscheidungsinstanzen zu vermitteln.

2. Erforderlich ist eine intensivierte allgemeine Aufklärung der Bevölkerung auf dem Gebiet der psychischen Gesundheit und eine gründlichere spezielle Schulung solcher Berufsgruppen, die in ihren Bezugsfeldern oft als erste mit Auffälligkeiten und Beeinträchtigungen konfrontiert werden.

3. Durch volle Ausschöpfung präventiver Hilfen von pädagogischen, sozialtherapeutischen und beratenden Diensten, sowie durch sinnvolle Förderung von Selbsthilfeinitiativen der Betroffenen (Selbsthilfegruppen) ist die Vorsorge auf dem Sektor der psychischen Gesundheit bereits im Vorfeld der fachtherapeutischen Dienste wesentlich zu verbessern. Da es sich hier vor allem um Ausbildungs- und Supervisionshilfen für die betreffenden Berufsgruppen handelt, kann damit gerechnet werden, daß deren präventive Wirksamkeit ohne gravierende finanzielle Mehrbelastungen zu steigern ist" (1975, S. 189).

Das besondere Gewicht, das die Enquete-Kommission speziell der Primärprävention eingeräumt hat, wird in der Tatsache sichtbar, daß sie diesem Thema ein eigenes Kapitel gewidmet hat. In ihm spiegelt sich der programmatische Anspruch, entschieden präventive Akzente zu setzen und zugleich das pragmatische Umsetzungsdefizit in entsprechende Projekte und Strategien. Es gab in Deutschland – abgesehen von einigen frühen sozialpsychiatrischen Ansätzen (z.B. in der sog. „Erlanger Schule") und dem verbrecherischen Weg, der in dem Präventionsprogramm der „Euthanasie" bzw. der „Vernichtung lebensunwerten Lebens" endete – keine auswertbare Erfahrungstradition. Aus dem angloamerikanischen Raum ließen sich aber real erprobte und wissenschaftlich evaluierte Anregungen beziehen. Das entsprechende Kapitel der Psychiatrie-Enquete läßt sich als eine Zusammenfassung des international erreichten Standes zur Diskussion um die primäre Prävention lesen.

Jedes kurativ orientierte System von Hilfen hat paradigmatische Probleme mit der Präventionsphilosophie. Das gilt auch für das in der Psychiatrie und der Klinischen Psychologie vorherrschende diagnostisch-therapeutische Modell. Die Enquetekommission benennt diesen kritischen Punkt, kann sich aber nicht klar entscheiden, ob es zu einer „Umstellung" oder „Ausweitung" des „kurativen Modells" kommen muß:

„Das Problem der Primärprävention bedingt eine Umstellung und Ausweitung des traditionellen medizinisch-psychiatrischen und psychotherapeutischen Denkens, denn der Blick muß sich von den Kranken auf die viel größere Zahl der Gesunden und möglicherweise Gefährdeten richten und verschiebt sich vom Einzelindividuum, das üblicherweise im Mittelpunkt medizinischer, psychiatrischer und psychotherapeutischer Bemühungen steht, weitgehend auf ganze Gruppen und Bevölkerungsteile, bis auf die Gesellschaft als Ganzes" (1975, S. 385).

Als Bereiche der Primärprävention werden genannt:
1. Der medizinische Bereich, in dem über die verschiedenen Lebensphasen hinweg „körperliche Integrität" zu sichern ist, die „Voraussetzung für die psychische Gesundheit" sei;
2. der psychosoziale Bereich, der weitgehend mit dem familiären Lebenszusammenhang identifiziert wird und in dem spezifische Grundbedürfnisse zu sichern sind: „... das Bedürfnis nach Geborgenheit, nach beständigen und strukturierten Kontakten zu festen Bezugspersonen, nach ausreichender affektiver Bindung und intellektueller und pädagogischer Anregung";
3. der soziokulturelle Bereich, der in Gesellschaften mit sich beständig wandelnden „Sozialstrukturen und Wertvorstellungen" und den sich daraus ergebenden krisenhaften Auswirkungen auf das psychische Wohlbefinden an Bedeutung gewinnt, soll – als Bedingung für eine „gesunde psychische Entwicklung" – „Zugang zu Bildungs- und Ausbildungsmöglichkeiten" vermitteln, „der dem Individuum die Chance zur Entwicklung seiner Fähigkeiten gibt und ihm die Möglichkeit zur Entfaltung seiner Persönlichkeit bietet"; und
4. der sozioökonomische Bereich soll den Subjekten „die Verwirklichung beruflicher Möglichkeiten, die Sicherung des Arbeitsplatzes und die Freiheit von ökonomischer Not" ermöglichen, von denen das psychosoziale Wohlbefinden entscheidend abhängt (alle Zitate S. 386).

Diese allgemeinen präventiven Zielorientierungen werden weiter expliziert. Dabei wird eine Grobklassifizierung nach präventiven Maßnahmen vorgenommen, die zur Förderung psychosozialen Wohlbefindens in spezifischen Lebensphasen erforderlich und eher individuumszentriert sind, und solchen, die sich auf spezifische gesellschaftliche Problemebreiche beziehen, von denen gesundheitsförderliche oder -schädliche Auswirkungen angenommen werden können. Angesprochen werden hier vor allem der Bereich Arbeit, in dem durch gezielte Humanisierungsmaßnahmen psychosoziale Belastungen abgebaut werden sollen und der Bereich Stadtplanung und Wohnen, für den zunehmend evident geworden sei, „daß zwischen den Bedingungen der räumlichmateriellen Umwelt und psychosozialen Belastungen ein enger Zusammenhang besteht" (S. 391).

Als Organisationsformen für die Durchführung primärpräventiver Maßnahmen nennt die Enquetekommission bereits bestehende institutionelle Strukturen, in denen einzelne dieser Maßnahmen bereits wahrgenommen werden bzw. die sich dafür gezielter einsetzen sollten. Neben der „Körpermedizin" werden vor allem die „psychiatrischen und psychotherapeutischen Dienste" genannt, die neben den „Diensten der Sozialarbeit" als „wichtigste Träger für Präventionsaufgaben" angesehen werden. Zu diesen Aufgaben gehören „namentlich ... die Erkennung und Betreuung von Risikogruppen, einschließlich der Selbstmordprophylaxe, (...) die Hilfe in besonderen Belastungssituationen und (...) die Familienprophylaxe". Als wichtige Zukunftsaufgaben gemeindenaher Arbeit werden die „soziale Integration von Randgruppen, Aufgaben bei der Resozialisierung von straffällig Gewordenen oder die Beratung bei Stadtplanungsfragen" genannt. Schließlich werden auch „Aufgaben der Gesellschaft als ganzer" genannt und zugleich Zweifel an dieser Formulierung geäußert, „da die Gesellschaft ja nur als abstrakter Begriff existiert". Angesprochen wird vor allem der Abbau von Vorurteilen und die Notwendigkeit eines gesellschaftlichen Bewußtseins für psychosoziale Aufgaben und speziell auch für die Notwendigkeit primärpräventiver Maßnahmen. Ohne ein solches Bewußtsein seien gesetzgeberische Maßnahmen nicht durchsetzbar, die „vor allem auf dem Gebiet des Familienschutzes, der Schule und Ausbildung, der Arbeitsgesetze, des Umweltschutzes und des Gesundheitswesens, der Sozialgesetzgebung und der Alterssicherung" erforderlich seien (S. 392 f.).

Schließlich werden abschließend der Aufbau einer „Modellregion zur Förderung primärpräventiver Maßnahmen", deren Erfahrungen wissenschaftlich ausgewertet werden sollten, und die „Einsetzung einer Arbeitsgemeinschaft zur Prävention psychischer Störungen auf Bundesebene" gefordert (S. 395). Mit diesen Forderungen sollte unterstrichen werden, welch' ein großer Nachholbedarf im Bereich der Prävention in der BRD besteht und daß zu ihrer besseren Etablierung Zeichen gesetzt werden sollten.

Mit dem Abstand von fünfzehn Jahren kann man feststellen, daß die Ideen und Vorschläge zur Primärprävention der Psychiatrie-Enquete fast vollständig auf der Strecke geblieben sind. Die auf sie folgenden politischen Umsetzungsprozesse haben sie weitgehend unberücksichtigt gelassen. Sie müssen heute in der Rubrik „Reformrhetorik" verbucht werden. Weder der „kleine Modellverbund" noch das „Modellprogramm Psychiatrie der Bundesregierung" haben entsprechende Empfehlungen aufgegriffen und ihre Umsetzung gefördert (vgl. v.Kardorff 1985). Zwar wurde in verschiedenen regionalen Reforminitiativen Bezug genommen auf die präventiven Konzepte der Enquete, aber sie sind in aller Regel als nicht förderungswürdig aus der staatlichen Finanzierung herausgefallen.

Beispielhaft sei dafür die Geschichte der sozialpsychiatrischen Dienste in München erwähnt. In den ersten Anträgen auf Einrichtung solcher Dienste, die von verschiedenen Trägern gestellt wurden, wurde ein Drittel der Aufgaben sozialpsychiatrischer Dienste als präventiv bezeichnet. Auch in die Förderrichtlinien der Stadt München wurde das aufgenommen. Selbst der 1979 vorgelegte erste bayerische Psychiatrieplan nannte noch ausdrücklich die präventiven Aufgaben. Aus den

zu Beginn der 80er Jahren von den bayerischen Bezirken und dem Sozialministerium vorgelegten und heftig umstrittenen Finanzierungrichtlinien ist die präventive Arbeit als Funktionsbereich der ambulanten Sozialpsychiatrie, für den ein nennenswerter Anteil der Dienstzeit verwendet werden sollte, herausgefallen.
In den Ende 1988 vorgelegten Empfehlungen der Expertenkommission der Bundesregierung werden zwar noch einmal die von der Enquete formulierten Grundsätze, von denen sich immerhin die ersten drei auf Prävention beziehen, zustimmend zitiert (sie hätten sich „in der Praxis bewährt und können unverändert Gültigkeit beanspruchen" (1988, S. 121). Präventive Gedanken und Ansprüche werden durchaus auch noch einmal betont. Es wird herausgestellt, daß durchaus Fortschritte erzielt worden seien, die Öffentlichkeit für Belange psychisch Kranker und der psychosozialen Versorgung mehr zu sensibilisieren. Es sei gelungen,

die „klinischen Institutionen aus ihrer Isolation heraus den gesunden und psychisch kranken Bürgern und ihrer Lebenswelt ‚nahe' oder wenigstens ‚näher' zu bringen. (...) In diesem Annäherungsprozeß hat sich das Bewußtsein in der Bevölkerung dafür geschärft, daß die psychisch Kranken ebenso wie die körperlich Kranken einen Anspruch darauf haben, daß ihr Leiden am Ort seiner Entstehung zur Kenntnis genommen und getragen wird und daß dort auch die Voraussetzungen für angemessene Angebote zur Beseitigung oder Linderung von Krankheiten oder Krankheitsfolgen geschaffen werden. Vorstellungen wie die, daß die Gemeinde als Lebensraum ihrer Bürger in gesunden und kranken Tagen auch die psychisch Kranken und Behinderten einschließt, stoßen auf ein wachsendes Verständnis" (S. 124).

Der politische Akzent wird vor allem in die Richtung gesetzt, daß Kommunen für alle ihre BürgerInnen die Aufgabe hätten, angemessene Formen der „Daseinsvorsorge" zu entwickeln und daß Menschen mit psychosozialen Problemen in diesen Anspruch voll einbezogen werden müssen.

„Die Integration in das kommunale System der Daseinsvorsorge hat auch für die Psychiatrie ihre Konsequenzen. Eine in die Lebensumwelt der Bürger eingebundene Psychiatrie, die sich als Teil der allgemeinen Gesundheitsvorsorge und Gesundheitsfürsorge einer Stadt oder eines Landkreises sieht, kann sich nicht auf die Aufgaben der unmittelbaren Behandlung und Betreuung der psychisch Kranken und Behinderten beschränken. Sie ist dazu aufgerufen, in Zusammenarbeit mit allen anderen psychosozialen Diensten und Einrichtungen bei der Herstellung von Lebensbedingungen mitzuwirken, die der Erhaltung und Förderung der seelischen Gesundheit der Bevölkerung dienen. Ihre Planungen wird sie notwendigerweise, auch und gerade wenn überregionale Zuständigkeiten gegeben oder mitgegeben sind, an den administrativ vorgegebenen kommunalen Grenzen ausrichten" (S. 125 f.).

Die zentrale Perspektivenveränderung von der Enquete zu den „Empfehlungen" ist darin zu sehen, daß sich letztere mit guten Gründen und konsequent zum Anwalt psychisch Kranker macht und eine „Rekommunalisierung" psychischen Leids ins Zentrum ihrer Vorschläge gerückt hat. Damit ist der Akzent der Präventionsüberlegungen von der primären zur sekundären und besonders ausgeprägt zu Maßnahmen der tertiären Prävention verschoben worden. In diesem Perspektivenwechsel kommt sowohl ein handlungsbezogener gemeindepsychiatrischer Schwerpunkt in der Psychiatriereform zum Ausdruck, der sich nicht mehr mit wohlklingender Reformrhetorik zufrieden gibt, aber auch der Verlust einer gesamtgesellschaftlich angelegten Perspektive, die sich über konsequente Gesellschaftspolitik positive Auswirkungen auf die subjektive Befindlichkeiten der Bürger verspricht. Die Habermassche Formel von der „Erschöpfung utopischer Energien" (Habermas, 1985) scheint auch hier zu passen. Diese Einschätzung impliziert nicht, daß all' die oben beschriebenen primärpräventiven Konzepte unkritisch positiv einzuschätzen seien. Sie bedeutet lediglich die Anerkennung, daß die Psychiatrie-Enquete noch einen bemerkenswerten Versuch unternommen hat, psychosoziale Probleme und ihre Ursachen zum Gegenstand eines primärpräventiven Diskurses zu erheben.

Die „Empfehlungen" sehen – wie schon betont – ihre Hauptaufgabe darin, eine politische Anerkennung von „chronisch psychisch Kranken" als „MitbürgerInnen" zu erreichen. Das kommt auch in ihren „grundsätzlichen Empfehlungen", die einen vergleichbaren Status haben wie die „Grundsätze" der Enquete, klar zum Ausdruck. Die beiden ersten Empfehlungen lauten:

„1. Die kommunalen Gebietskörperschaften (Städte und Landkreise) sollen stärker als bisher die politische Verantwortung dafür übernehmen, daß psychisch Kranken und Behinderten, die in ihren Grenzen leben, angemessene Hilfen zur Verfügung stehen (gemeindenahe Versorgung).

2. Die Planung für diesen politischen Verantwortungsbereich, d.h. die Psychiatrie-Planung, ist somit als integrierter Bestandteil der Sozial- und Gesundheitsplanung der Kommunen zu verstehen. Besondere Aufmerksamkeit ist dabei dem Hilfebedarf für die stark benachteiligte Gruppe chronisch psychisch kranker Mitbürger zu widmen" (1988, S. 134).

Die weiteren Überlegungen führen dann zielstrebig zum paradigmatischen Zentrum der „Empfehlungen", dem „gemeindepsychiatrischen Verbund", den ich bereits umrissen habe. Das Ende wohlfahrtsstaatlicher Utopien, das mit dem Stichwort „Wende" letztendlich bezeichnet wird, hat in allen westlich-kapitalistischen Ländern zu einer Defensivstrategie geführt, deren Kern die Verteidigung elementarer Bürgerrechte für psychiatrische PatientInnen bildet. Da sie bei den fiskalisch begründeten und marktorientierten neokonservativen Strategien der Sozialpolitik am ehesten ganz aus einem System wohlfahrtsstaatlicher Hilfen herauszufallen drohen (vgl. den sich ausweitenden Bereich privatwirtschaftlich organisierter Heime), sind hier besondere advokatorische Gegenstrategien erforderlich. Prävention hat sich auf diesem politischen Hintergrund zu einem Maßnahmensystem entwickelt, das für Menschen mit schwerwiegenden psychosozialen Problemen eine bürgerrechtliche Mindestabsicherung anzielt und ihnen durch psychosoziale Hilfen ein Leben in der Gemeinde ermöglichen soll. Es wird nicht mehr darüber nachgedacht, wie durch den Abbau von gesundheitsschädigenden Belastungen und durch die Förderung von positiven Lebensbedingungen das subjektive Wohlbefinden der Bevölkerung gefördert werden kann, sondern ins Zentrum präventiver Überlegungen rücken Hilfen für psychisch Kranke zur „Teilhabe am Leben in der Gesellschaft" in Form von Maßnahmen der „Tagesstrukturierung" und der „Kontaktstiftung" oder Projekte des „beschützten Wohnens" und der Schaffung „beschützter Arbeitsplätze".

Aus diesem Überblick über Präventionsansätze in den 20 Jahren staatlicher Re-

formpolitik im Bereich der Psychiatrie läßt sich der Schluß ziehen,
1. daß Ziele und Maßnahmen der primären Prävention anfänglich einen bemerkenswerten Stellenwert in der Prioritätenliste der Reformziele einnahmen,
2. daß sie jedoch schon in der Phase der modellartigen Erprobung von Reformkonzepten auf der Strecke blieben und
3. daß sie heute völlig aufgegeben wurden und Prävention sich mittlerweile ausschließlich auf rehabilitative Maßnahme für die Gruppe der Personen bezieht, die manifeste psychosoziale Probleme aufweist.

Aktuelle Präventionsdiskurse

Wie wir gesehen haben, ist das präventive Denken aus dem Bereich der Psychiatrie und auch der Sozialpsychiatrie zunehmend verdrängt bzw. auf sekundär- und tertiärpräventive Ziele reduziert worden. Das heißt aber nicht, daß damit das Thema Prävention aus den Diskursen der psychosozialen Professionen der BRD verschwunden wäre (man denke nur an die Arbeiten von Röhrle, 1985; 1992; 1995). Aber es ist nicht bloß an anderen disziplinären Orten konserviert worden, sondern es hat durchaus bemerkenswerte Veränderungen erfahren. Ich möchte abschließend vier Diskurse unterscheiden und knapp umreißen.
1. Die Forderung und die vorhandenen praktischen Versuche in vorhandenen psychosozialen Diensten eine lebensweltliche Orientierung zu verankern, steht am ehesten in der Tradition der Psychiatrie-Enquete. Der Grundgedanke dieser Option sieht so aus: Durch die Einbindung psychosozialer Einrichtungen (Erziehungs- und Familienberatungsstellen oder Sozialpsychiatrische Dienste) in ein Stadtviertel oder eine Region und durch die Öffnung der Institution für spezifische Probleme und Bedürfnisse des jeweiligen Territoriums gewinnen Dienste die Chance, auf Belastungen und Probleme frühzeitig aufmerksam zu werden und nach passenden Antworten zu suchen. Gemeindepsychologische Orientierungen, Ansätze von Gemeinwesenarbeit und gemeindepsychiatrische Ideen weisen alle in diese Richtung und führen zu einer präventiven „Ergänzungsausstattung" gegenüber den klassischen kurativ-therapeutischen Funktionen. Die Forderung nach lebensweltlicher Öffnung weist in Richtung auf territorial orientierte psychosoziale Zentren, in denen sich Angebote an Beratung, Therapie und Prävention problem- und personenspezifisch entwickeln und gegebenenfalls auch bündeln. Der 1990 vorgelegte 8. Jugendbericht der Bundesregierung enthält in expliziter Form diese präventiv verstandene Lebensweltorientierung.
2. Netzwerkförderung als Schaffung psychosozialer Ressourcen ist im gesamten Bereich der Gesundheitsförderung eine immer bedeutsamere Zielorientierung geworden (Bubert et al., 1987; Hurrelmann, 1988; Nestmann, 1989; Sorensen und Sandanger, 1989; Röhrle, 1989). In der sich produktiv entwickelnden Netzwerkforschung ist gut belegt worden, welch' eine wichtige salutogene Bedeutung das Netz von sozialen Beziehungen hat, in das Subjekte eingebunden sind. Netzwerkbeziehungen sind sowohl für den Umgang mit Krisen und Belastungen relevant (im Sinne einer „Pufferfunktion"), als auch im Sinne präventiver Potentiale, die

bei der Konzipierung und Realisierung von Lebensentwürfen von Bedeutung sind (als „soziales Kapital"). Da traditionelle soziale Netzwerke (wie Verwandtschaft oder Nachbarschaft) von gesellschaftlichen Erosions- und Individualisierungsprozessen zunehmend aufgelöst werden, zumindest in ihrer Funktion für die Subjekte erheblich an Bedeutung verlieren, werden neuartige soziale Beziehungsnetze (z.B. Selbsthilfeinitiativen oder Freundschaftsnetze) immer wichtiger. Die staatliche Förderung solcher Beziehungsnetze wird zunehmend zu einer der zentralen sozialpolitischen Forderung.
3. Speziell von psychiatriekritischen und antipsychiatrisch orientierten AutorInnen ist ein kritischer Diskurs entfaltet worden, der Prävention als ausgeweitete Kontrollstrategie im psychosozialen Feld bestimmt (exemplarisch dazu Wambach, 1983; Armbruster, Fahr, Hohloch und Obert, 1987; Hellerich 1988). In diesem Diskurs wird vor dem gesteigerten professionellen Machtpotential gewarnt, das durch die immer spezifischere Ausforschung der Lebenswelt von Individuen und Gruppen entsteht. Dieses Machtpotential würde vor allem dadurch seine gefährliche Qualität erlangen, daß es zur immer perfekteren Durchsetzung von „Normalitätsstandards" eingesetzt wird, die der herrschenden Rationalität und Leistungsmoral verpflichtet sind. „Eigensinnigkeit" und „Widerständigkeit" von individuellen und kollektiven Lebensentwürfen würde dann psychosozial eingeebnet werden. Häufig taucht in diesem Zusammenhang die Formulierung von der „Kolonisierung der Lebenswelt" auf.
4. Der wahrscheinlich einflußreichste Veränderungsimpuls in der Präventionsdiskussion ist die Orientierung an der Idee des Empowerment (vgl. vor allem Rappaport, 1985; Stark, 1989; Zimmerman, 1990; Bray und Preston-Shoot, 1995). Sie kommt aus der Kritik an einer impliziten Expertenfixiertheit der klassischen Präventionskonzepte. Sie gehen in aller Regel davon aus, daß Experten wissen, was Defizite sind, wie sie entstehen und überwunden werden könnten (diagnostisches und therapeutisches Expertenwissen). Sie gehen weiter davon aus, daß Experten im „wohlverstandenen Interesse der Betroffenen" handeln. Nicht zuletzt die Entstehung von Betroffeneninitiativen auch im psychosozialen Bereich hat deutlich werden lassen, daß die professionellen Interessen und Ziele und die Bedürfnisse und Ansprüche betroffener Personengruppen in Widerspruch zueinander geraten können. Empowerment meint „die (Wieder-)Gewinnung von Kontrollbewußtsein und Kontrolle über die eigenen Lebensumstände" (Stark 1989, S. 23). Rappaport formuliert den Kerngedanken von Empowerment so: „Wir müssen uns mit dem Widerspruch auseinandersetzen, daß selbst Menschen mit wenigen Fähigkeiten oder in extremen Krisensituationen, genauso wie jeder von uns, eher mehr als weniger Kontrolle über ihr eigenes Leben brauchen. Das heißt nicht notwendigerweise, daß wir deren Bedürfnisse nach Hilfe vernachlässigen, wenn wir für mehr Selbstbestimmung votieren" (1985, S. 269).

Zusammenfassung

Der psychosoziale Bereich der BRD, in dem sich im Zuge des starken wohlfahrtsstaatlichen Modernisierungsschubs der 70er Jahre auch eine betonte Rezeption von international diskutierten Präventionsideen vollzog, hat von diesen Impulsen wenig aufgreifen und in Praxisprojekte überführen können. Die primärpräventiven Konzepte sind mit der zunehmenden Erschöpfung wohlfahrtsstaatlicher Reformhaushalte als innovative Gestaltungsideen für den psychosozialen Sektor an den Rand gedrängt worden. Gesellschaftsgestaltende Funktionen für psychosoziale Professionen und Institutionen, die auf eine Reduktion psychosozialer Belastungen und eine gezielte Förderung gesundheitsförderlicher Lebensbedingungen ausgerichtet sind, sind aus dem Katalog selbstgesetzter Ansprüche und politischer Forderungen fast durchweg verschwunden. Geblieben ist eine konsensfähige Entschlossenheit in weiten Bereichen des psychosozialen Feldes, für Menschen mit massiven psychosozialen Problemen allgemeine Bürgerrechte und Teilhabemöglichkeiten an den durchschnittlichen Arbeits- und Wohnstandards der BRD zu fordern und durch spezielle professionelle Aktivität zu fördern und zu unterstützen.

Neben diesen sekundär- und tertiärpräventiven Optionen haben sich allerdings wichtige Diskurse entwickelt, die für die Einschätzung des aktuellen Standes präventiver Konzepte in der BRD von erheblicher Bedeutung sind. Einerseits wird in diesen Diskursen kritisch und selbstkritisch reflektiert, welche unerwünschten sozialen Nebenfolgen eine naive Präventionsphilosophie mit sich bringen kann. Andererseits wird eine zunehmende Orientierung an Konzepten der Selbstorganisation und der selbstbestimmten Gestaltung von eigener Lebenswelt erkennbar. Sozialpolitik und professionelles Handeln im psychosozialen Bereich wird zunehmend daran gemessen, inwieweit sie zur Förderung und Unterstützung selbstbestimmter Lebensentwürfe und darauf bezogener selbstorganisierter Projekte beitragen.

Gerade mit diesen innovativen Ideen, die sich im Prinzip des „Empowerment" kristallisieren, scheint mir auch ein endgültiger Bruch mit jener Tradition präventiven Räsonierens vollzogen zu sein, die ich einleitend angesprochen habe und die sich wesentlich als moralischer Diskurs entfaltete, dessen Ressourcen eine normalisierende Alltagsmoral war, die sich nur mühsam als fachlich begründetes Denken verkleidete.

Die Gemeinschaft der Selbstsucher:
Sozialpsychologische Anmerkungen
zur kulturellen Dynamik des Protestantismus

Dieser Tage ist die Studie „Jungsein in Deutschland" (Silbereisen, Vaskovics & Zinnecker 1997) erschienen, die auf 1996 erhobene Daten bei 13- bis 29-Jährigen aufbaut und unmittelbar an die letzte Shell-Studie von 1992 anschließt. Was erfahren wir da zu der Frage: Wie halten es die jungen Deutschen mit der Religion? Die Autoren formulieren es zusammenfassend so: „Die christliche Weltanschauung ist zahlenmäßig unter den Jüngeren nur noch marginal vertreten" (S. 19). Nur 9,5 % glauben an einen christlichen Gott und gar nur 6,8 % an eine christliche Erlösungsvorstellung. Die Befragten sind aber keineswegs rigorose Nihilisten.

„Autonome, selbständige Sinngebung und Sinnschöpfung ist für nahezu jeden Jugendlichen und jungen Erwachsenen eine selbstverständliche Form der Selbst- und Weltinterpretation. Über 50 % sind der festen Überzeugung, daß das Leben nur dann einen Sinn hat, wenn man ihm einen Sinn gibt" (S. 116).

Das überraschendste Ergebnis war für die Autoren, daß sie keine vertrauten Weltanschauungsmuster auffinden konnten. Das heißt, daß „die Individuen ihre Weltanschauung nach eigenen autonomen Regeln zusammensetzen, die nicht mehr der traditionellen Logik folgen" (S. 117). Interessant ist, daß Deutungsfragmente, die einen christlichen Ursprung aufweisen, relativ häufig vorkommen und mit dem „Autonomismus", also der Betonung einer selbstbestimmten Sinngebung, einen hohen Überschneidungsgrad aufweisen. Die Autoren interpretieren dieses Ergebnis so, daß das „Deutungsschema" der christlichen Kirchen

„dem einzelnen nicht mehr ausreicht, weil seine Begriffe unklar sind, die Anpassung an die Lebenssituation der Menschen in der fortgeschrittenen modernen Gesellschaft nicht gelungen ist und der einzelne daher den Bedarf nach einer Sättigung und Ergänzung durch andere Formen der Weltanschauung hat" (S. 123).

Nötigen uns diese Ergebnisse eine Endzeitvision des christlichen Glaubens auf? Hat er seine prägende Rolle für die abendländische Zivilisation ausgespielt? Hat sich nicht gerade der protestantische Glauben, der sich als individuelle Glaubenserfahrung versteht, in diesen Ergebnissen im positiven Sinne erfüllt und braucht er keine institutionellen Prothesen mehr?

In diesem Beitrag gehe ich von folgender Leitthese aus: Der Protestantismus ist ein wichtiger Motor der Moderne und zugleich kann man an ihm aber auch alle Widersprüche der Moderne ablesen. Der Protestantismus hat zur Befreiung des Individuums von äußeren Instanzen ganz wesentlich beigetragen, er hat die „Freiheit des Christenmenschen" ins Zentrum gerückt und ihr zugleich mißtraut. Er hat die Überwindung von Unterwürfigkeit unter externe Autoritäten befördert und war doch zugleich immer in besonderem Maße gefährdet, Untertanen zu fördern. Er hat dem alltäglichen Leben einen besonderen Wert beigemessen und hat sich doch immer wieder in spezifischen Innerlichkeitskulten von der realen Welt zurückgezogen. Der Protestantismus schwankt zwischen rebellischen Zügen und einer rigiden Amtlichkeit. Und schließlich: Wie hält er es mit der Freiheit des Christenmenschen von der „Gemeinschaft der Heiligen"? Kann sie respektiert werden oder muß Vergemeinschaftung gefordert werden? Das ist für mich die zentrale Widersprüchlichkeit des Protestantismus, die ich in meinem Titel unterzubringen versucht habe: Einerseits die Ermutigung zu einem ganz und gar eigenen inneren Weg, für den sich keine äußere Instanz zuständig erklären darf und andererseits ein offener oder „geheimer Lehrplan" für die mehr oder weniger emphatische Auflösung des Subjekts in den realen Gemeinde- oder Gemeinschaftsformen.

Mein Bezug zum Protestantismus lutherischer Prägung ist nicht in erster Linie über Worte und Schriften hergestellt, sondern durch meine „Kindheitsmuster" bestimmt, durch vitale Lebensbezüge. Der bekannte Spruch „Pfarrers Kinder, Müllers Vieh geraten selten oder nie", stimmt in einem Punkte nicht: Die Erziehung der Pfarrersnachwuchses mag mißlingen, statt der erwarteten Fortführung einer Pfarrersdynastie wird es vielleicht nur ein Psychologe, aber die Imprägnierung mit dem protestantischen Milieu gelingt selbst dann noch, wenn man ihm fliehen wollte. Man spürt diesen Protestantismus in „Fleisch und Knochen".

Meine naiven Alltagserfahrungen in einer christlich-pietistischen Lebenswelt habe ich erst aus einem relativ großen zeitlichen Abstand heraus angeschaut. Dazu habe ich natürlich die allmählich verfügbaren fachlichen Instrumente der Psychologie und der Sozialwissenschaften genutzt. Ich habe aber auch theologische Literatur im Nachlaß meines Vaters vorgefunden, die ich lange Zeit keiner Beachtung wert fand. Jetzt habe ich in ihr herumgeschmökert und bin auf eine Reihe von Namen gestoßen, die mir vertraut waren, wie ferne Verwandte, obwohl ich nie ein Wort von ihnen gelesen hatte. Sie kamen einfach bei den ausladenden Tischgesprächen bei uns zu Hause vor. Vater und Großvater und ihre theologischen Gäste operierten mit Namen wie Adolf Schlatter und Karl Heim (bei ihnen hatte Vater studiert und er erzählte, daß er bei ihnen zum Oberseminarkaffee geladen war), Friedrich Gogarten und Ernst Troeltsch, der zusammen mit Rudolf Bultmann eine der Personifizierungen theologischer Irrwege war. Sie umwehte ein Hauch von Häresie. Ich erinnere mich an den Versuch, etwas von Bultmann zu lesen, weil es so anstößig klang, was über ihn gesprochen wurde. Es war wohl in der Erwartung dessen, was da zu lesen war, ein ähnliches Bauchkribbeln wie das verbotene Blättern in dem „Frauenbuch" in Mutters Schrank. Die Enttäuschung war riesengroß, Bultmanns Sprache war für mich völlig unverständlich. Als ich jetzt ein Buch von Ernst Troeltsch mit großem Interesse las und erfuhr, daß er einer der Begründer der „liberalen Theologie" war, ging mir auch sofort das großväterliche Verdikt durch den Kopf, daß „liberale Theologie" Verrat am echten Glauben ist. Bei dem Namen Karl Barth erinnere ich die Enttäuschung meines Großvaters, der ihn in Basel besuchte und das in der Hoffnung, ihn zu einem Bündnis mit dem Pietismus zu motivieren. Es wird wohl deutlich werden, daß ich bei der Vorbereitung auf diesen Text nicht nur Bücher gelesen habe, sondern auch „szenische Erinnerungen" in mir wach wurden; mehr als mir manchmal lieb waren. Das betrifft vor allem einen bemerkenswerten Fund auf einem Nürnberger Flohmarkt. Ich entdeckte dort theologische Literatur von meinen beiden Großvätern bzw. über sie. Beide waren Mutterhausväter (was für eine eindrucksvolle Sprachschöpfung) im sog. „Gemeinschaftsdiakonieverband", also hatten Leitungsfunktionen in großen Institutionen für Diakonissen. Ich spreche das an, weil es für meine Auseinandersetzung mit dem Protestantismus jene Folie abgibt, die mir durch meinen Sozialisationsprozeß vermittelt wurde. Sie hat mein Denken und meine Wahrnehmung lange Zeit imprägniert und gegenüber anderen Sichtweisen immunisiert. Über diese Imprägnierung bin ich selbst Teil des Phänomens, das ich in diesem Text zu untersuchen beabsichtige.

Im weiteren unternehme ich den sicherlich nicht ganz unproblematischen und auch für mich durchaus riskanten Versuch, diese unterschiedlichen Quellen miteinander zu verknüpfen.

Babysteps in Protestantismus zwischen Pietismus und Lutheranern

Weil ich immer wieder darauf zurückgreifen werde, werde ich meinen biographischen Hintergrund – über das hinaus, was schon anklang – wenigstens kurz skizzieren. Aufgewachsen bin ich in einem fränkischen Dorfpfarrhaus. Meine Familie war eingebettet in eine Mehr-Generationen-Tradition von evangelischen Pfarrern, die ihre Generationsfäden teilweise bis in die Reformationszeit zurückverfolgen konnten. Großmutter und Großvater, die Eltern meiner Mutter und neben den Eltern also noch einmal eine „Frau Pfarrer" und ein „Herr Pfarrer", lebten seit dem Ende des Krieges überwiegend bei uns.

Mein Vater war als Gemeindepfarrer mehr als 30 Jahre im Amt und er kannte sich in seiner Gemeinde wirklich aus. Neben den üblichen Aktivitäten eines Gemeindepfarrers hat er sich jeden Abend aufgemacht und hat Familien besucht. Er ging nicht nur zu solchen, die regelmäßig in seine Kirche kamen, sondern vor allem zu solchen, die auf Distanz zu den „kirchlichen Kreisen" gingen. Das waren vor allem die Arbeiterfamilien. Vater war mit deren familiärer Lebenswelt genauso vertraut wie mit derjenigen der Bauern, Handwerker und Geschäftsleute, die „kirchlich" waren. Vater ging in diese Familien nicht nur, wenn sich dort etwas tat, was einen Pfarrer von Amts wegen fordert (Geburt, Konfirmation, Hochzeit, Krankheit, Tod). Er versuchte auch an ihrem normalen Alltag zu partizipieren. Über die Jahre entstand eine Vertrautheit mit seiner Gemeinde. Bei einem dramatischen Lebensereignis mußte nicht viel erklärt werden. Der familiäre Kontext war ihm meist so bekannt, daß er Problemhintergründe verstand oder wußte, über welche Ressourcen Menschen in solchen Situationen verfügten.

Mein Vater war Lutheraner mit pietistischen Einsprengseln. Bis auf das gute fränkische Bier (das für den Sohn des Begründers des bayerischen „Blauen Kreuzes" tabu war) konnte er sich vor allem der fränkischen Küche hedonistisch zuwenden. In seiner Gemeinde gab es einen „pietistischen Innenkreis", den wir Kinder besonders wenig zu schätzen wußten (wir nannten sie „Kanzelwanzen"), weil sie ständig an unserem Lebensstil herumzumäkeln hatten und uns bei unseren Eltern nicht selten „denunzierten". Sie durften sich aber in unserer Privatsphäre breitmachen. Bibel- und Gebetskreise fanden in unserem Wohnzimmer statt. Im Zentrum dieses innersten Kreises sehe ich vor allem meinen Großvater, der in einem Teil seiner Persönlichkeit der Gralshüter des Pietismus war. Der andere Teil bestand aus einem beeindruckenden Repertoire bildungsbürgerlicher Zitate und Liedern der Romantik. Er konnte unendlich viele Geschichten erzählen, über die wir uns vor Lachen ausschütten mußten. Aber dann wiederum war er der „Pietist pur", für den „Bekehrungsaktivitäten" sein oberstes Soll waren. Davon waren nicht nur Gemeindemitglieder oder fremde Menschen auf Reisen betroffen, sondern auch wir sechs Kinder. In der Zeit vor der Konfirmation suchte er Einzelgespräche mit uns und wir versuchten ihnen mit allen Tricks zu entgehen. Da ging es um unser persönlichstes Verhältnis zu Jesus und um unsere abgrundtiefe Sündhaftigkeit. Alles zielte auf die „Bekehrung", das eindeutige Evidenzerlebnis, das unsere ambivalenten Vorbilder mit Tag und Stunde angeben konnten. Vor den Bekehrungszugriffen, die die Grenze zum psychischen Terror gelegentlich überschritten haben, schützten uns letztlich die Eltern, die sich daran einfach nicht beteiligten und uns ihre liebevolle Wertschätzung auch ohne die Eintrittskarte „Bekehrung" vermitteln konnten. Schutzlos fühlte ich mich nur, wenn unsere Eltern im Sommer drei Wochen in Urlaub fuhren und die Großeltern die familiäre Regie übernahmen und bei zwei pietistisch geprägten Jugendfreizeiten, bei denen der Bekehrungszwang gruppendynamisch verstärkt wurde. Ich werde nie vergessen, wie hier das Ausmalen unserer „Sünden" zu einer Aufklärungskampagne geriet, der pornographische Züge nicht abzusprechen waren. Meine ländlich beschränkte Lebenswelt hatte mir offenbar sexuelle Erlebnisse und Erfahrungen vorenthalten, die ich jetzt so dringend gebraucht hätte, um mir jene schulddurchtränkte Erlebnisintensität zu vermitteln, die offenbar die Basis für das erwartete Bekehrungserlebnis gewesen wäre. Es wollte sich nicht einstellen. Gemartert habe ich mich trotzdem, weil für den durchschnittlichen Sünderstatus allemal genug vorlag, aber ich fühlte mich auch gemartert, man könnte auch von psychischer Vergewaltigung sprechen. Das Schlimme war für mich, daß der Leiter dieser Freizeit ein Studienfreund meines Vaters war. Ich habe eine Art von eindringender Jugendarbeit kennengelernt, vor der ich meine eigenen Kinder auf jeden Fall bewahren wollte.

Diese Erinnerungen bringe ich jedenfalls bis heute nicht mit der lutherschen Formulierung von der „Freiheit des Christenmenschen" in Verbindung. Es war vielmehr die prägende Erfahrung, daß mein Glaube, meine innersten religiösen Bezüge, von einem sozialen Zwang modelliert werden sollten, dem man sich kaum entziehen konnte. Und damit bin ich wieder bei meinem Thema: Es gibt offensichtlich Ausprägungen des Protestantismus, die der inneren Welt nicht trauen, sie nicht als Freiheitsquelle sehen, sondern als eine gefährliche Versuchung, die von einer möglichst perfektionierten „Selbstzwangapparatur" in den Griff genommen werden muß und – weil das möglicherweise immer noch nicht reicht – „Schutzhaft" von einer alles normierenden „Gemeinschaft" auferlegt bekommt.

Die Moderne und ihre protestantischen Wurzeln

In meiner Ausgangsthese habe ich den Protestantismus als wichtigen Motor der Moderne bezeichnet. Das ist ja alles andere als eine originelle These und ich will mich dabei zunächst gar nicht aufhalten. Ich werde vielmehr dort ansetzen, woran sich heute vor allem die zeitgenössische Krisendiagnostik abarbeitet: Sie versucht „das Unbehagen an der Moderne" zu thematisieren, und es läßt sich meines Erachtens zeigen, daß die benannten Krisensymptome sehr viel mit dem kulturell-gesellschaftlichen Erbe des Protestantismus zu tun haben.

Charles Taylor (1995) hat ein Buch mit dem Titel „Das Unbehagen an der Moderne" publiziert, in dem er dreierlei Unbehagen benennt:

„1. Die erste Ursache der Beunruhigung ist der Individualismus. Freilich steht der Begriff ,Individualismus' auch für die ... höchste Errungenschaft der modernen Zivilisation. Wir leben heute in einer Welt, in der die Menschen das Recht haben, ihr eigenes Lebensmuster selbständig zu wählen, ihrem eigenen Gewissen folgend zu entscheiden, welche Überzeugungen sie vertreten wollen, und die Form der Lebensführung in zahllosen Hinsichten zu bestimmen, über die ihre Vorfahren keine Kontrolle hatten" (S. 8). Dieser Individualismus steht im Zentrum vieler Klagen über den Zustand der Gegenwartsgesellschaften. Als „Egoismus" oder „Narzißmus" wird er als ein zerstörerischer Prozeß gesellschaftlicher Ordnungen angeklagt, er würde für die zunehmende Zersetzung von Solidarität und Gemeinsinn verantwortlich sein und letztlich sei er die Quelle von Einsamkeit und Gewalt. Schon de Tocqueville sah 1835 die Gefahr, daß der Mensch in einer modernen individualisierten Gesellschaft „gänzlich in die Einsamkeit seines eigenen Herzens" eingesperrt würde (1985, S. 240). Die Individualisierung würde die Einbettung der Menschen in eine umfassende Ordnung auflösen. Es käme zu einer „Entzauberung".

2. Diese Entzauberung wird auch durch „den Vorrang der instrumentellen Vernunft" (Taylor, ebd., S. 11) erheblich vorangetrieben, die Taylor als zweite große Quelle des Unbehagens an der Moderne bezeichnet. Darunter wird eine Rationalität verstanden, „auf die wir uns stützen, wenn wir die ökonomische Anwendung der Mittel zu einem gegebenen Zweck berechnen". Diesem Denken entsprechend wird alles einem Zweck-Mittel-Kalkül unterworfen und der Siegeszug der kapitalistischen Produktionsweise hat die Durchsetzung dieser Denkweise höchst erfolgreich betrieben.

3. Das dritte Unbehagen kristallisiert sich um die „Konsequenzen, die der Individualismus und die instrumentelle Vernunft im Hinblick auf das politische Leben nach sich ziehen" (Taylor, ebd., S. 15).

Die beiden ersten Hauptquellen des von Taylor diagnostizierten Unbehagens sind unauflöslich mit dem Protestantismus verbunden und das möchte ich im weiteren noch etwas genauer beleuchten.

Die protestantische Ethik als Quelle der instrumentellen Vernunft

Max Weber hat in seiner Religionssoziologie den faszinierenden Versuch unternommen, die Entstehung des Kapitalismus, vor allem seine soziokulturellen Lebensformen und seinen „geistigen Überbau", mit dem Siegeszug des Protestantismus in Verbindung zu bringen (vgl. Vontobel 1946). In seinem Werk „Die protestantische Ethik und der Geist des Kapitalismus" zeigte er den ökonomischen Modernisierungseffekt der protestantischen Revolution auf. Ich will nur eine zentrale Stelle aus diesem Werk zitieren:

> „... indem die Askese aus den Mönchszellen heraus in das Berufsleben übertragen wurde und die innerweltliche Sittlichkeit zu beherrschen begann, half sie an ihrem Teile mit daran, jenen mächtigen Kosmos der modernen, an die technischen und ökonomischen Voraussetzungen mechanisch-maschineller Produktion gebundenen, Wirtschaftsordnung zu erbauen, der heute den Lebensstil aller einzelner, die in dieses Triebwerk hineingeboren werden – *nicht* nur der ökonomisch Erwerbstätigen –, mit überwältigendem Zwange bestimmt und vielleicht bestimmen wird, bis der letzte Zentner fossilen Brennstoffs verglüht ist" (1963, S. 203).

Gerade dieses Moment des Zwanges erhält noch eine besondere metaphorische Anschaulichkeit. Max Weber bezieht sich exemplarisch immer wieder auf den englischen Puritaner Richard Baxter, der im 17. Jahrhundert mit seinen Schriften großen Einfluß hatte. Er hatte die Sorge um äußere Güter in das Bild eines „dünnen Mantels, den man jederzeit abwerfe könnte", gekleidet. Weber kommentiert das, was aus dieser Sorge geworden ist, so:

> „... aus dem Mantel ließ das Verhängnis ein stahlhartes Gehäuse werden. Indem die Askese die Welt umzubauen und in der Welt sich auszuwirken unternahm, gewannen die äußeren Güter dieser Welt zunehmende und schließlich unentrinnbare Macht über den Menschen, wie niemals zuvor in der Geschichte" (ebd. 203f.).

Sozialpsychologisch spannend daran ist die Skizzierung eines Sozialcharakters, in dem die Grundhaltung der innerweltlichen Askese ihre Subjektgestalt erhielt. Es ist die normative Vorstellung vom rastlos tätigen Menschen, der durch seine Streb- und Regsamkeit die Gottgefälligkeit seiner Existenz beweisfähig zu machen versucht. „... wenn es köstlich gewesen ist, so ist Mühe und Arbeit gewesen", formuliert der 90. Psalm als Lebensphilosophie und drückt damit eine Haltung aus, die die abendländische Zivilisation geprägt und die in der protestantischen Ausformung als methodische Lebensführung ihre perfekteste Gestalt erhielt. Norbert Elias (1976) hat die Verinnerlichung dieser Grundhaltung treffend als „Selbstzwangapparatur" bezeichnet: Die Verinnerlichung der Affekt- und Handlungskontrolle. Max Weber ist in der Wahl seiner Metapher für den so entstehenden Sozialcharakter noch drastischer. Er spricht vom „stahlharten Gehäuse der Hörigkeit". Dieses Lebensgehäuse fordert bedingungslose Unterwerfung unter ein rigides Über-Ich. Das eigenständige kritische Ich hatte gegen die errichtete Gewissensinstanz nur geringe Autonomiespielräume. Die Aufstiegsperiode der kapitalistischen Gesellschaftsformation beruhte – sozialpsychologisch betrachtet – auf den Fundamenten des so erzeugten Charakterpanzers.

Einen weniger bekannten Aspekt der protestantischen Revolution möchte ich noch etwas genauer beleuchten. Mit der Rückholung des „Heiligen" aus dem besonderen

Bezirk des Klosters wird nicht nur die Arbeit völlig neu bewertet, sondern das gesamte Alltagsleben, das Profane.

„Dadurch, daß dem Mönch der besondere Rang abgesprochen wird, erhält das gewöhnliche Leben eine mehr als nur profane Stellung, indem es als seinerseits geheiligt und keineswegs zweitklassig hingestellt wird. Die Institution des Klosterlebens wird als Verunglimpfung der spirituellen Stellung der produktiven Arbeit und des Familienlebens angesehen, als würden diese dadurch als Bereiche geistlicher Unterentwicklung gebrandmarkt" (Taylor 1994, S. 385f.).

Beruf, Ehe und Familie werden zu Orten, an denen sich christliche Existenz in ihrer diesseitigen Bestimmung erfüllen kann. Hierdurch wird auch ein gesellschaftlich egalitäres Denken gefördert. Es gibt keine herausgehobenen Positionen, die sich auf einen besonderen göttlichen Segen berufen könnten. Das läßt sich aus vielen frühprotestantischen Texten eindeutig entnehmen. Der puritanische Prediger John Dod z.B. formuliert es so:

„Was auch immer unser Beruf sein mag, in ihm dienen wir dem Herrn Christus... Deine Arbeit mag zwar gering sein, doch es ist nichts Geringes in ihr einem solchen Herrn zu dienen. Die würdigsten Diener – gleichviel, welches ihre Beschäftigung sein mag – sind diejenigen, die mit besonders gewissenhaftem und pflichtbewußtem Herzen und Geist dem Herrn dienen, wo er sie hingestellt hat, und in der Arbeit, die er ihnen zugewiesen hat".

Die Gesinnung, die innere Haltung wird auch hier zum entscheidenden Kriterium, nicht die Tätigkeit selber. Da kann dann ein Pfarrer gegenüber einem Bauern ziemlich schlecht dastehen. So etwa bei dem Puritaner Joseph Hall:

„Der einfachste Dienst, den wir in einem ehrlichen Beruf verrichten, sei's auch nur Pflügen oder Graben, wird, wenn er gehorsam und eingedenk der Gebote Gottes getan ward, mit reichlicher Belohnung gekrönt, während die ihrer Art nach besten Arbeiten (das Predigen, das Beten, das Darbringen evangelikaler Opfer) von Flüchen beladen sind, wenn sie ohne Achtung vor Gott und Ehre ausgeführt werden. Gott liebet Adverbien und schert sich nicht darum, wie gut etwas ist, sondern darum, wie wohl es getan ist".

In einem letzten Beispiel, der Prediger heißt William Perkins, werden sogar weibliche Tätigkeiten in dieses egalitäre Prinzip aufgenommen:

„Vergleichen wir nun Arbeit mit Arbeit, so gibt es zwar einen Unterschied zwischen dem Abwaschen des Geschirrs und dem Predigen von Gottes Wort, doch wenn es darum geht, Gott zu gefallen, dann gibt es keinen" (alle Zitate bei Taylor 1994, S. 395 f.).

Dieses im Kern egalitäre Erbe der protestantischen Ethik ist wenig gepflegt worden und verdient eine Revitalisierung in Form eines antihierarchischen gesellschaftlichen Engagements. Ebenso Teil einer vitalen und sich einmischenden „protestantischen Reflexionskultur" (Wagner 1992) müßte eine systematische Analyse von Max Webers Hinweis auf den „letzten Zentner fossilen Brennstoffs" werden. Hier stoßen wir auf die Grenze der instrumentalistischen Ausdeutung von „Macht Euch die Erde untertan!", mit der ja die protestantische Aufwertung des Prosaischen Hand in Hand ging. Neben der ökologischen Krise, die uns hier einholt, ist auch die wachsende psychosoziale Krisenhaftigkeit einzubeziehen, die ja wesentlich daraus resultiert, daß das

„stahlharte Gehäuse der Hörigkeit" als Identitätsgehäuse rissig geworden ist. Das Hineinwachsen in eine erwerbsarbeitszentrierte Gesellschaft bedeutete bis in die Gegenwart hinein, sich in diesem vorgegebenen Identitätsgehäuse einzurichten. Dieses moderne Identitätsgehäuse verliert zunehmend seine Paßformen für unsere Lebensbewältigung, auch wenn „der letzte Zentner fossilen Brennstoffs" noch nicht „verglüht ist".

Identität braucht Anerkennung, und Anerkennung ist an soziale Zugehörigkeiten gebunden. Identität in diesem Sinne war in den Industriegesellschaften vor allem durch Erwerbsarbeit abgesichert. In dramatischer Weise lösen sich gegenwärtig arbeitsvermittelte Anerkennungsverhältnisse auf und bilden zunehmend weniger Identitätsgaranten.

Richard Sennett (1996), der amerikanische Stadtforscher und Experte für die Psychokultur, hat kürzlich folgendes Bild der aktuellen gesellschaftlichen Veränderungen gezeichnet. Für ihn hat nach einer Periode, die wir als „Spätkapitalismus" oder „voll entwickelten Kapitalismus" zu bezeichnen gewohnt sind

„ein neues Kapitel begonnen: Elefantenhaft angeschwollene Regierungen und Firmenverwaltungen gewinnen an Flexibilität und verlieren an Sicherheit; sie bedienen sich neuer Technologien, um global miteinander in Kontakt zu treten, und entledigen sich intern immer neuer Schichten von Managern und qualifizierten Beschäftigten. Arbeit hat sich von festgelegten Funktionen und klaren Karrierepfaden auf beschränktere und wechselnde Aufgaben verlagert. Die Arbeit liefert dem Arbeitenden keine stabile Identität mehr" (S. 47).

„Diese großen Veränderungen im modernen Kapitalismus haben ebenso weitreichende kulturelle Konsequenzen. Zum Beispiel wird bereits jetzt deutlich, daß mitten im materiellen Wachstum viele arbeitende Menschen verstärkt eine Empfindung persönlichen Scheiterns erfahren, daß sie sich für nutzlos halten, für randständig, relativ früh schon für verbraucht. Die neue ökonomische Ordnung höhlt das Selbstwertgefühl nicht nur auf dem Markt aus, sie untergräbt auch die Institutionen, die Menschen traditionell vor dem Markt schützten" (S. 47).

„Die Beseitigung der institutionellen Stützen, am Arbeitsplatz wie im Wohlfahrtsstaat, beläßt den Individuen nur ihr Verantwortungsgefühl; das viktorianische Erbe umgreift heute oft eine negative Flugbahn enttäuschten Willens, des gescheiterten Versuchs, seinem Leben mittels der Arbeit einen Zusammenhang zu geben. (...) Diese Hinterlassenschaft des persönlichen Verantwortungsgefühls lenkt den Zorn von den wirtschaftlichen Institutionen ab. Die Rhetorik des modernen Managements versucht tatsächlich die Machtverhältnisse in der neuen Wirtschaft zu tarnen, indem sie den Beschäftigten das Gefühl zu vermitteln sucht, sie seien selbstbestimmte Subjekte (...) In der Moderne übernehmen die Menschen die Verantwortung für ihr Leben, weil sie den Eindruck haben, es hänge von ihnen ab. Aber wenn die Kultur der Moderne mit ihren Prinzipien persönlicher Verantwortung und zielgerichteten Lebens in eine Gesellschaft ohne institutionelle Schutzräume mitgeschleppt wird, ist nicht Stolz oder Selbstwertgefühl die Folge, sondern eine Dialektik des Scheiterns mitten im Wachstum".

Der Protestantismus und der religiöse Individualismus

In dem Buch „Der moderne Mensch in Luther" aus dem Jahre 1908 beschreibt Carl Vogl den Menschen der Moderne als einen, der beim „geschichtlich Gewordenen" nicht „in der Überzeugung" verweilen könne, „daß dort zu finden sei, was ihm seine Würde, sein Genügen, sein Sich-ausleben, seinen 'Ewigkeitsgehalt' gewährleistet; „er weiß, daß ihm erst werden muß, was er begrüßen kann als *seinen* Anteil an der Wahrheit, als *seinen* Sinn des Lebens" (S. 28). In einer schwülstig-emphatischen Sprache wird „der Mensch von heute und morgen" so beschrieben:

„er hat etwas erfahren vom ewigen Werden, vom Stückwerk das wir sind, vom Unzulänglichen und Vergänglichen und wohl auch von der Tragik, die in alledem beschlossen liegt. Aber er kennt auch die Sehnsucht, die heilige Sehnsucht, den Lebenstrieb, der über sich selbst hinaus will" (S. 29).

Dieser faustische moderne Mensch ist notwendigerweise ein Rebell gegen eine überkommene Ordnung, die sich nicht an akzeptablen Kriterien ausweisen kann:

„Der moderne Mensch anerkennt keine Sitte und Gepflogenheit, keine Konvenienz und Höflichkeitsbezeugung als von vornherein zu Recht bestehend; sie muß ihr Recht erst erweisen vor dem Forum seines eigenen Gutachtens" (S. 29f.).

Bei Luther sieht Carl Vogl „viel vom Modernen keimhaft angelegt" (S. 42) und damit steht er nicht allein.

Ernst Troeltsch hat etwa in der gleichen Zeit seinen Aufsatz „Luther und die moderne Welt" publiziert. In ihm heißt es: Der Protestantismus „ist die religiöse Befreiung des Individuums, wie die Renaissance die künstlerische und politisch-ökonomische und die Aufklärung die wissenschaftliche gewesen ist" (S. 73).

Und als Grundzüge des Protestantismus führt dann Ernst Troeltsch die folgenden auf:

1. Religion als Glaubensreligion:

„Nicht heilige Dinge und Stoffe, die von der Kirche dem sorgfältig Vorbereiteten eingeflößt werden, sondern Gedanken und Erkenntnisse über Wesen und Willen Gottes, die uns im inneren Seelenkampfe gewiß werden, sind das Wesen des Heils und der Religion" (S. 78f.). „Die Religion selbst ist damit psychologisiert und das Geheimnis fällt in die verborgenen Gründe des Seelengeschehens überhaupt" (S. 80).

2. Religiöser Individualismus:

„Jede solche Erkenntnis ist nur möglich in eigener persönlicher Überzeugung, als eine völlig individuelle Gewißheit, die jeder nur auf seine Weise und auf seine eigene Rechnung hat" (S. 80 f.). „Wie der Glaube der Gegensatz gegen das Sakrament und die priesterliche Erlösungskraft ist, so ist der religiöse Individualismus der Gegensatz gegen das Kirchendogma und die priesterliche Lehrautorität. Er ist auch seinerseits eine Emanzipation von der Gewalt der Kirche und des Priestertums, wenn auch nicht von der Macht der Überlieferung und des Gemeinlebens" (S. 81 f.).

3. Gesinnungsethik:
„Das einzelne Handeln hat seinen Wert nur in der prinzipiellen Gesinnung, aus der es quillt, und das Handeln ist nicht eine Summe zersplitterter einzelner ‚Werke', sondern die Auswirkung einer einheitlichen Gesinnung in einer einheitlichen Lebenshaltung und einem einheitlichen Lebenswerk. Das ist der Gegensatz gegen die Gesetzesethik und die Lohnethik in jedem Sinne" (S. 82 f.).

4. Innerweltliche Zentrierung/Weltoffenheit:
„Eine Religion, die ein Glaube und Gedanke zu sein vermag und kein dunkles Sakramentswunder zu sein braucht, die kann auch das Handeln des Gläubigen nicht aus der Welt hinausführen, sondern muß diesen Gedanken die Welt durchdringen und gestalten lassen" (S. 83). „Damit ergibt sich dann aber der prinzipielle Gegensatz gegen alle asketische Verwerfung der Welt und Natur und das völlige Eingehen auf die natürlichen Lebensverhältnisse und die geschichtlichen Kulturbildungen" (S. 84).

Goethe hatte in bezug auf Luther festgestellt, er hätte „dem Menschen wieder den Mut gegeben, fest auf der gottgegebenen Erde zu stehen".

Aber Martin Luther steht nicht nur für eine Haltung, die den Alltag der Menschen ernst nimmt und Menschen in ihrer subjektiven Glaubenshaltung ermutigt. In seinem großen Buch „Die Furcht vor der Freiheit", 1941 als sozialpsychologischer Erklärungsversuch des Faschismus in Deutschland geschrieben, zeichnet Erich Fromm einen höchst ambivalenten Luther: Er sieht die „befreienden Seiten" der lutherischen Lehren zunächst durchaus:

„Sie sind eine Quelle der geistigen und politischen Entfaltung der Freiheit in der modernen Gesellschaft. (...) Die andere Seite der modernen Freiheit: die Isolierung und Ohnmacht, die sie dem Individuum brachte" (S. 80).

Luther wird als Repräsentant des gefährdeten Mittelstandes gedeutet:

„Dieses Dilemma spiegelt sich in dem Bild, das Luther vom Menschen gibt. Der Mensch ist frei *von* allen Fesseln geistiger Bevormundung, aber eben diese Freiheit läßt ihn einsam, in Angst und überantwortet ihn dem Gefühl der eigenen individuellen Unbedeutendheit. Das freie, isolierte Individuum fühlt sich durch das Erlebnis seines persönlichen Nichts-Seins gequält" (S. 86). „Indem er (Luther) das Individuum die Wertlosigkeit und Bedeutungslosigkeit all seiner persönlichen Verdienste fühlen ließ, so daß es sich als machtloses Werkzeug in Gottes Hand empfand, nahm er ihm von dem Selbstvertrauen und dem Gefühl der Menschenwürde, das die Voraussetzung für jeden Widerstand gegen den Druck der weltlichen Macht darstellte" (S. 88 f.).

Diese Seite des lutherischen Protestantismus habe ich in meiner eigenen Sozialisation nur zu deutlich erlebt. Die befreiende und Selbstbewußtsein fördende Seite ist dagegen nie so klar und ausdrücklich vermittelt worden, außer in einer gewissen Überheblichkeit gegenüber den „zurückgebliebenen Katholiken" und der Variante „Hier stehe ich und kann nicht anders", also in einem gewissen Bekenntniszwang, der sich nicht an Opportunitäten der Gelegenheit orientiert, sondern immer und überall „Bekenntnis ablegt". Dieser freiheitlich-individualistischen Spur folge ich in meinen Recherchen weiter. Bestimmend ist für mich dabei das Gefühl, daß mir mein Elternhaus einen Teil des protestantischen Erbes vorenthalten hat.

Ich entdecke einen Artikel von Johann Heinrich Campe, dem Theologen und Pädagogen, der der Aufklärung verbunden und Erzieher von Alexander und Wilhelm v. Humboldt war. Im *Wörterbuch zur Erklärung und Verdeutschung der unserer Sprache aufgedrungenen fremden Ausdrücke* von 1801 heißt es zum Begriff „Protestant":

„Im Allgemeinen bezeichnet diese Benennung einen Christen, der sich, wie Kant sagt, gegen die Ansprüche (Anmassungen) anderer Glaubensgenossen, die ihren Kirchenglauben für allgemein verbindlich ausgeben, verwahrt. Man kann auch sagen: er verwahrt sich gegen jede Verpflichtung etwas zu glauben, was nicht auf einer übereinstimmenden Aussage seiner Vernunft und der Bibel beruht. Man könnte sie (die Protestanten) die Freigläubigen nennen; denn sie sind in Bezug auf die kirchliche Gesellschaft, was der Freibürger in bezug auf die bürgerliche Gesellschaft ist" (zit. nach Graf 1992, S. 23).

Bei dem einflußreichen Tübinger Theologen Wilhelm Martin Leberecht de Wette finde ich in einem Buch aus dem Jahre (1815) unter dem Stichwort „Befreiungsgeschichte des religiösen Geistes" folgende Aussage:

„Dieser (religiöse Geist) wirft die Fesseln ab, die ihm ein dunkles träges Zeitalter angelegt hatte und erkämpft sich wieder die Freiheit, welche Mose in ihrer ersten Regung und Christus in ihrer ganzen männlichen Kraft (!!! – meine Ausrufezeichen, H.K.) geltend gemacht hatten. Die Reformatoren entledigen das fromme Gewissen des Drucks der geistlichen Tyrannei; Menschensatzung und Menschenautorität gilt ihnen nichts im Gebiet der Religion, sondern allein der lebendige Glaube" (S. 106f.).

Meine positive Haltung zu solchen Äußerungen wächst, wenn ich dann weiter entdecke, daß de Wette sich in seinen Aussagen nicht auf die religiöse Freiheit beschränkt. In seinem vier Jahre später publizierten Aufsatz „Über den sittlichen Geist der Reformation in Beziehung auf unsere Zeit" kann man lesen:

„Die Feyer der Reformation ist noch nicht ganz aufrichtig gewesen, wenn im protestantischen Deutschland noch nicht allgemein die Freiheit der Presse anerkannt ist" (nach Graf 1992, S. 16). „... der Geist des Protestantismus bringt nothwendig einen Geist der Freiheit und Selbständigkeit unter das Volk, die evangelische Freiheit wird nothwendig zur politischen. Wenn der Christ in Glaubenssachen keinen Richter über sich erkennt, wieviel weniger in Sachen der Vernunft, die ein jeglicher zu begreifen sich zutraut?" (ebd.).

Ein Tübinger Nachfolger von de Wette, Ferdinand Christian Baur, hat in seinem Aufsatz „Kritische Studien über das Wesen des Protestantismus" 1847 eine Formulierung gefunden, die höchst aktuell klingt:

„... das Erste, worin das Princip des Protestantismus zum Dasein kam, (ist) der Act der Emancipation des Subjects von der bindenden Macht der äusseren Auctorität" (zit. nach Koch 1992, S. 54).

Das sind frühe Stimmen des „politischen Protestantismus", der von konservativer Seite denn auch als Grundübel der Moderne gegeißelt wird. „Er habe den Ungeist des Individualismus in die Welt gebracht", er sei eine „Fehlgestalt des Christentums"; „protestantischer Individualismus löse die dogmatische Substanz der Tradition auf.

Er habe kein konstruktives Verhältnis zur Institutionalität der Kirche. Er nivelliere die Wesensunterschiede zwischen bürgerlicher Gesellschaft und religiöser Gemeinschaft" (Graf 1992, S. 16). Der „Neuprotestantismus", gelegentlich auch als „Kulturprotestantismus" bezeichnet, versuchte die „Freiheit des Christenmenschen" neu zu bestimmen und sie mit den Prinzipien der Aufklärung und ihrem neuen Vernunftverständnis für vereinbar zu erklären. Darin steckt ein neuer zentraler Impuls im Sinne der Ermutigung zum „aufrechten Gang". In diesem Impuls steckt die Chance, den Untertanengeist des „Altprotestantismus" im Sinne folgender Botschaft zu überwinden: Niemand kann mir vorschreiben, wie ich meinen Lebenssinn zu finden und zu definieren habe. Kein Pfarrer und keine Gemeinde haben einen Monopolanspruch zur Vermittlung in meinem Verhältnis zu jenen Quellen, aus denen ich meinen persönlichen Lebenssinn schöpfe. Sie haben einzig und allein die Funktion einer Ressource, die ich zur Ermutigung auf diesem Weg brauche.

Wie auch immer: Es dürfte aber kaum strittig sein, daß die Subjektivierung von Sinn und Überzeugung eine wesentliche Leistung des Protestantismus war. Der „kleinen inneren Stimme" in uns wurde Mut gemacht. So nennt eine junge Amerikanerin ihren autonom gefundenen Glauben: In ihrer Studie über den Individualismus in den USA bringen Robert Bellah u.a. Beispiele für eine hochindividualisierte Religiosität: „Eine Person, die wir interviewten, benannte ihre Religion (sie sprach von ihrem ‚Glauben') tatsächlich nach sich selbst. (...) Sheila Larson ist eine junge Krankenschwester, die ... ihren Glauben als ‚Sheilaismus' beschreibt. ‚Ich glaube an Gott. Ich bin kein religiöser Fanatiker. Ich kann mich nicht erinnern, wann ich das letzte Mal die Kirche besucht habe. Mein Glaube hat mich einen langen Weg begleitet. Er ist Sheilaismus. Nur meine eigene kleine Stimme.' Sheilas Glauben enthält einige Lehrsätze jenseits des Gottesglaubens, aber nicht viele. Um ihren eigenen Sheilaismus zu definieren, sagt sie: ‚Er ist der Versuch, sich selbst zu lieben und behutsam zu dir selbst zu sein. Kümmert euch umeinander. Ich glaube, Er will, daß wir uns umeinander kümmern'" (1987, S. 256 f.). „Sheila Larson versucht, ein Zentrum in sich selbst zu finden, nachdem sie sich von einem bedrückend konformistischen früheren Familienleben befreit hat. Die Wurzel ihres ‚Sheilaismus' ist das Bemühen, externe Autorität in internen Sinn zu verwandeln" (S. 271).

Warum wird einem solchen selbst geschöpften subjektivierten Lebenssinn mit Unbehagen begegnet? An Menschen wie ihr werden die zeitgenössischen Tendenzen zu Relativismus und Individualismus festgemacht, die ich in der folgenden Formulierung gar nicht negativ einzuschätzen vermag, obwohl sie dieses Ziel verfolgt: „Jeder habe das Recht, seine eigene Lebensweise zu gestalten und sich dabei auf sein eigenes Gefühl für das wirklich Wichtige oder Wertvolle zu stützen" (Taylor 1995, S. 20). Reagieren die religiösen und philosophischen Mandarine deshalb so empfindlich auf das, was sich als Ideal der Authentizität artikuliert, weil es ihnen die kulturelle Hegemonie raubt, ihre Position als Chefhermeneutiker für „Tiefsinn" untergräbt? Denn zur Verteidigung dieses Authentizitätsideals läßt sich problemlos eine prominente Stimme der Aufklärung heranziehen, nämlich die des Vorzeige-Protestanten Johann Gottfried Herder. Er sagt nichts weniger als dies: „Jeder Mensch hat ein eigenes Maß, gleichsam eine eigene Stimmung aller seiner sinnlichen Gefühle zu einander" (zit. nach Taylor, S. 38). Das heißt ja wohl nichts anderes als dies: Was für mich stimmt, kann mir niemand vorgeben. Ich muß es für mich selbst herausfinden. Das ist eine Idee der Moderne, die der Protestantismus begründet hat und hinter die es kein „Zurück" geben darf. Aber es gab und gibt vielfältige Bewegungen des regressiven „Zurück". Die „Freiheit des Christenmenschen" wird zur „Furcht vor der Freiheit". Institutionelle Entlastungsangebote von Amtskirche oder gar Staatskirche und vor allem eine spezifische „Gemeinschaftssüchtigkeit" reagieren – so meine These – auf eine schwer erträgliche Erfahrung des religiösen Individualismus, nämlich „in die Einsamkeit des eigenen Herzens eingesperrt" zu sein (Alexis de Tocqueville).

Furcht vor der Freiheit: Protestantismus und Autoritarismus

Die Begriffsbestimmungen des Protestantismus aus der ersten Hälfte des letzten Jahrhunderts haben wir noch in Erinnerung. Da war er mit Ideen von Mündigkeit, politischer Freiheit, Emanzipation und „aufrechtem Gang" assoziiert. Davon habe ich eine persönliche Ahnung durch die Begegnungen mit Martin Niemöller oder Helmut Gollwitzer erlangt. Bei mir zu Hause war allerdings auch nie davon die Rede, daß unsere religiöse Ausrichtung als „Protestantismus" zu bezeichnen sei. Die Selbstidentifikation erfolgte viel eher durch Begriffe wie „evangelisch" oder „evangelisch-lutherisch". Mein Vater war durch die Ausläufer der Jugendmusikbewegung geprägt und das hob ihn in seinem Habitus von den steifen Repräsentanten der Amtskirche ab. Der Hauch von rebellischer Jugendlichkeit konnte allerdings den starken Eindruck einer demutsvollen Einordnung in die bestehenden Hierarchien nicht verwischen. Die Kirchenoberen, ebenso wie die Repräsentanten der weltlichen Ordnung, erhielten ihre Referenz. Ich habe mich oft darüber geärgert, wie stolz mein Vater von Besuchen vom mächtigsten Fabrikanten, dem „Herrn Baron" oder dem Landrat heimkehrte. Deren huldvolle Beachtung hat ihm sehr viel bedeutet. Die Zurückhaltung in politischen Fragen hat er uns mit Luthers Lehre von den „zwei Reichen" erklärt. Sie hat mich wütend gemacht, vor allem als ich von Luthers „Verrat" an den aufständischen Bauern erfuhr. Ich konnte darin nur puren Opportunismus erkennen: Um seine „Bewegung" abzusichern, hat er sich mit der politischen Macht verbündet. Ein Teil seiner treuesten Anhänger hatte auf einmal die Sache mit der „Freiheit des Christenmenschen" nicht richtig begriffen und wurde einer Machtstrategie geopfert. Das habe ich Luther bis heute nicht verziehen.

In meiner Sicht führte die Lehre von den zwei Reichen zu einem „halbierten Protestantismus". Die „Glaubensfreiheit" wird in das individuelle Binnenreich verbannt. In der gesellschaftlich-politischen Welt ist der Christ Untertan. Aber selbst diese Revieraufteilung ist zu ungenau. Sie suggeriert ja die ungeschmälerte individuelle Souveränität in Glaubensdingen. Das ist zumindest auch ein Stück lutherischer Selbstbetrug: Auch in Glaubensdingen traut man dem individuellen Ich nicht über den Weg. Es bekommt einen institutionellen Ordnungsrahmen, in dem sich erneut ein spezifisches Muster von Untertänigkeit entfaltet. Später habe ich dieses Muster als „autoritären Charakter" zu benennen gelernt.

Ich werde zunächst in diesem Revier autobiographische Spurensuche betreiben. Ich brauchte ziemlich lange, um mich aus dem Gehäuse religiös-fundamentalistischer

Bindungen herauszutrauen und ein Leben ohne seine Geschlossenheit, Klarheit und seinen Schutzraum zu riskieren.

Nach dem Abitur war ich nach Frankfurt gegangen, um Soziologie und Psychologie zu studieren. Der Wechsel von meinem kleinen oberfränkischen Dorf in die Großstadt und der Wechsel von der zwar gehaßten, aber doch übersichtlichen Schule an diese riesige Universität machte mir sehr zu schaffen. Deshalb machte ich mich dort schnell auf die Suche nach einer neuen „Gemeinde". Von der „Frankfurter Eintracht", über den SDS und den Deutsch-Israelischen Studentenverband bis hin zur Evangelischen Studentengemeinde (ESG) führte mich meine Suche. Gerade die ESG in Frankfurt war für mich ein wichtiger Sozialzusammenhang. Einerseits war sie politisch engagiert (im Winter 1962 organisierte sie eine große Demonstration gegen die Kriminalisierung des „Spiegel", es war meine erste Demonstration überhaupt) und andererseits lieferte sie mir auch ein Stück vertraute Heimat. Die Kontinuität einer religiös orientierten Gemeinschaft war für mich wichtig. Zugleich erlaubte sie mir Erfahrungen als Christ außerhalb der hermetischen Grenzen des pietistischen Dogmatismus. Ich konnte einige Fenster mehr in meinem religiösen Gehäuse öffnen und mich dem frischen Wind neuer Gedankensysteme aussetzen.

Mitten in meinem ersten Semester erreichte mich die Einberufung zur Bundeswehr. Mit meinen pazifistisch angehauchten Vorstellungen zog mich dort eigentlich nichts hin. Zugleich war es doch eine sozial vorzeigbare Begründung für ein „Moratorium", das ich zu diesem Zeitpunkt dringend brauchte. Ich war in bezug auf meine Studienentscheidung voller Zweifel und ich hatte noch immer große Anpassungsprobleme an das neue Leben in und außerhalb der Universität. Die Bundeswehr „rief" mich in eine oberbayerische Kleinstadt. Dort entdeckte ich bald einen soldatischen Arbeitskreis, der sich im Umfeld des Standortpfarrers gebildet hatte. Er traf sich außerhalb der Kaserne in den Gemeinderäumen der evangelischen Kirche und bildete für mich eine Kontaktbrücke zu deren aktiven Kern. Hier fand ich wichtige soziale Bezüge (u.a. meine Lebenspartnerin) und einen Ort, an dem ich mich engagieren konnte. In Fortführung meiner ersten politischen Gehversuche organisierte ich im Rahmen des Soldatenkreises und der Kirchengemeinde eine Reihe von Veranstaltungen, die in den kirchlichen Raum politische Themen einführte (die gerade begonnenen Auschwitzprozesse veranlaßten uns zu einer gründlichen Einarbeitung in die Geschichte der Judenverfolgung und -vernichtung). Wir luden uns Mandatsträger der politischen Parteien ein; beschäftigten uns mit Programm und Aktionen der „Humanistischen Union" und der „Aktion Sühnezeichen". Aber dies alles stand immer unter den Vorzeichen christlicher Verantwortung. Das war für mich zu diesem Zeitpunkt eine wichtige Identitätsklammer.

In diese Zeit fiel auch der Kontakt zu einer pietistischen Studentengruppe, zu der sich Gemeindemitglieder rechneten und die sich dann auch in der Pfarrgemeinde vorstellte. Es war eine Gruppe mit einem dogmatischen Fundamentalismus, die sich als Teil einer Erweckungsbewegung verstand. Sie löste bei mir höchst ambivalente Gefühle aus. Einerseits faszinierte mich ihre sektenhafte Radikalität, die Unerbittlichkeit ihrer biblischen Überzeugungen und die ungeheure soziale Verbindlichkeit des Gruppenzusammenhalts. Anderseits empfand ich eine Reihe ihrer Mitglieder als hoch neurotisiert, erschreckte mich die ungebremste Intervention in die persönlichsten Belange des einzelnen und vor allem schien mir die gedankliche Eigenständigkeit und das politische Engagement, die mir inzwischen so wichtig geworden waren, in dieser Gruppe gefährdet. Der Preis für den Eintritt in sie wäre für mich ungeheuer hoch gewesen. Ihn wollte ich auf keinen Fall bezahlen.

Ich nahm dann auch mein Studium wieder auf. In Erlangen kombinierte ich Psychologie und Soziologie mit Theologie. Gerade mit der Entscheidung für die Theologie wollte ich mir eine Möglichkeit verschaffen, meine Auseinandersetzung mit der christlichen Welt(anschauung) fortzusetzen und darin meinen eigenen Weg zu finden. Die Liebe und die geringe intellektuelle Anregungsqualität des Studiums in Erlangen trieben mich nach München. Als ich 1966 mein Vordiplom hinter mich brachte, spürte ich die ersten Anzeichen der Studentenbewegung und eine starke Politisierung durch die Empörung über den Vietnamkrieg. Jetzt begann eine zentrale persönliche und politische Sozialisationsphase. Subjektiv konnte ich Entwicklungsschritte wie in Siebenmeilenstiefeln hinter mich bringen (aus dem schüchternen Studenten, der sich im Proseminar nicht zu reden traute, wurde ein politischer Aktivist, der in der vollbesetzten riesigen Aula der Universität Resolutionen einbrachte). Die sektenhafte Engstirnigkeit, mit der ich mich noch kurz zuvor auseinanderzusetzen hatte, war für mich kein relevantes Thema mehr. Jetzt sollte die Universität revolutioniert werden und sehr bald war es die ganze Gesellschaft.

Die Geschichte der Studentenbewegung, ihre Sozialisationsfunktionen und ihre Selbstmißverständnisse ist vielfach beschrieben und analysiert worden. Wichtig ist mir dabei unter psychologischem Gesichtspunkt, daß sie vor allem von der Dynamik des autoritären Charakters bestimmt war. Die Studentenbewegung richtete sich gegen dessen institutionelle und personifizierte Bastionen und hat viele delegitimiert oder geschleift, sie war aber zugleich selbst von seinen Grundzügen imprägniert. Sie war in vielerlei Beziehung eine „schlechte Aufhebung des autoritären Charakters". Die vielen autoritär strukturierten politischen Sekten und ihr Dogmatismus belegen dies vor allem. Was hat aber dies mit meinem Verhältnis zur Religion zu tun? Zunächst einmal kappte ich in dieser Zeit meine letzten Bindungen an die institutionelle Gestalt von Religion und auch ihre sinnstiftende Rolle in meinem Alltag löste sich auf. Aber nicht in Wohlgefallen, sondern ich fand Ersatz. Die neu entdeckte und kollektiv angeeignete „materialistische Wissenschaft" schien mir sehr viel besser erklären zu können, was die „Welt im Innersten zusammenhält", als der von vielen Zweifeln schon brüchig gewordene religiöse Rahmen. In der Verbindung von Weltanschauung und Wissenschaft lag auch das Potential für einen überlegenen Standpunkt der Weltinterpretation. Ich möchte nicht falsch verstanden werden: Eine historisch-materialistische Analyse gesellschaftlicher und subjektiver Phänomene halte ich noch immer für unverzichtbar. Ich will hier eher den persönlichen Surplus-Effekt in Gestalt einer „materialistischen Weltanschauung" herausarbeiten, ihre Funktion als ein „gesichertes" Interpretationswissen. Ihre Verfügbarkeit hat mir den Bruch mit meinem religiösen Sozialisationspaket sehr erleichtert. Ich habe mich oft gefragt, warum er mir so leicht gefallen ist. Fast zwei Jahrzehnte war mir meine materialistische Alternative eine wichtige Prothese und erst mit ihrer allmählichen Entdogmatisierung spüre ich die Sicherheit, die zwangsläufig daraus folgende „Verunsicherung" nicht als Bedrohung empfinden zu müssen.

Dieser zweite biographische Exkurs soll nicht eine These am eigenen Modell validieren, aber es liefert mir authentische Hinweise, die durchaus zu dem passen, was ich anderen Quellen entnehmen kann. Sie richten den Blick auf den auffälligen Widerspruch zwischen einer religiös-individualistischen Glaubensperspektive und dem gelebten protestantischen Alltagsleben. Die psychologischen Bedingungen für individuelle Lebenssouveränität sind in der Geschichte des Protestantismus viel zu wenig untersucht worden und so werden institutionelle Krücken oder massenpsychologisch nachvollziehbare Gruppenmilieus zu unreflektierten Prothesen, die dann letztlich auch eine theologisch kaum thematisierte Deutungsinstanz für den individuellen Glauben erhalten. Es geht also um „die Beziehung zwischen individueller Persönlichkeitsbildung einerseits sowie sozialen Gemeinschaften und Institutionen andererseits" (Tanner 1992, S. 97).

Der Religionssoziologe Gerhard Schmidtchen formuliert dazu eine an Arnold Gehlen angelehnte Perspektive. Der Protestantismus habe mit seiner Distanzierung vom katholischen Modell eine Überforderung für den einzelnen erzeugt:

„Dort, wo es keine zentrale Verwaltung des Wissens, autoritative, mit Sanktionen verbundene Definitionen von Wahrheit gibt, ist der einzelne zur Suche, auch zur Respektlosigkeit vor Autoritäten motiviert, und nur auf internalisierte Normen, auf innere Evidenzgefühle angewiesen", dieses habe bedenkliche Folgewirkungen: „Die dahinter stehenden theologischen Konzepte haben die Stärke des Individuums überschätzt und die Bedeutung der Institutionen für die Macht und die praktische Freiheit des einzelnen unterschätzt" (1984).

Ich teile diese Allgemeinaussage deshalb nicht, weil sie fragwürdige abstrakte anthropologische Aussagen über das Subjekt macht: Das sei eben als „Mängelwesen" ohne starke institutionelle Prothesen gar nicht handlungsfähig. Es braucht einen starken Staat und eine starke Kirche. Aber steckt nicht genau in der prinzipiellen Offenheit menschlicher Grundausstattung letztlich die psychologische Basis für individuelle Freiheit? Das kann man bei Alexander Mitscherlich oder Erich Fromm so erklärt bekommen. Aber beide zeigen auch auf, daß diese Basis nicht einfach da ist, sondern entwickelt und gefördert werden muß. Kritische Ich-Fähigkeiten können gefördert, aber auch verhindert werden. In Familien, sozialen Gruppen oder Institutionen können diese Fähigkeiten unterstützt, aber auch torpediert werden. Und das gilt natürlich auch für christliche Gemeinden.

Die Selbstverständlichkeit, mit der Friedrich Schleiermacher die Kirche als gelungenen Ort zur Ermöglichung von Selbständigkeit unterstellt, kommt mir naiv vor: „Wir sagen nun, die Evangelische Kirche ist eine Gemeinschaft des christlichen Lebens zur selbständigen Ausübung des Christentums" (1831, S. 62). In seinen „Reden an die Gebildeten unter ihren Verächtern" sieht er die religiöse Gemeinschaft wie

„eine vollkommene Republik, wo jeder abwechselnd Führer und Volk ist, Jeder derselben Kraft im Anderen folgt, die er auch in sich fühlt, und womit auch er die Anderen regiert. – Wie sollte also hier der Geist der Zwietracht und der Spaltungen einheimisch sein, den Ihr als die unvermeidliche Folge aller religiösen Vereinigungen anseht? Ich sehe nichts, als daß alles Eins ist, und daß alle Unterschiede, die es in der Religion selbst wirklich giebt, eben durch die gesellige Verbindung der Frommen sanft in einander fließen" (S. 181).

Ich halte Schleiermacher zugute, daß er noch nicht über die Konzepte der Massenpsychologie verfügte, die haben Freud u.a. erst 100 Jahre später entwickelt.

Noch deutlich vor diesen Arbeiten ist Ernst Troeltsch schon sehr viel kritisch-realistischer, wenn er die inneren Widersprüche der Kirche analysiert. Von der Kirche als

> „‚Heilsanstalt' wird die Reinheit und Einheit des ‚Wortes' verlangt und damit alle Garantien und Verwirklichungsmittel reiner Lehre. (...) Der Dogmatismus und der freiheitliche Individualismus müssen in dieser Kirche aufeinanderstoßen, sobald der heilige Geist die Einheit nicht mehr von innen heraus und von selbst bewirkt, wie im Enthusiasmus und der Unbestimmtheit des Anfangs der Bewegung es erwartet wurde" (1906, S. 100).

Kirche als „Heilsanstalt" ist eine soziale Bewahranstalt, die in einer institutionellen Sklerose ihre Kraft verlieren kann und immer wieder verloren hat. Der Pietismus verstand sich als eine Erneuerungsbewegung des lahm gewordenen Protestantismus. Er wollte das „innere Feuer" wieder anfachen, und es gelang ihm die Anfachung „einer stark erhöhten Temperatur der religiösen Gefühle und der Phantasie", wie Troeltsch in bezug auf August Hermann Francke, einen der „Herzensheiligen" meines Großvaters, feststellte.

> „Für ihn wird die Grundlage aller Religion und Theologie, die von jedem zu erfahrende Erneuerung der persönlichen Erlebnisse Luthers, von einer modern leidenschaftlichen und individualistischen Stimmung gefärbt, das stürmische Erlebnis des Durchbruches der Bekehrung und der Gnadengewißheit nach tiefer Qual des Zweifels, der Sündenangst und Gottesferne" (S. 674).

Diesen selbstquälerischen lutherischen Geist haben die Pietisten gehegt und gepflegt. Ein Individuum, das von tiefen Selbstzweifeln und einsam durch solche Täler individuellen Sündenelends getrieben wurde, sucht verzweifelt nach „Gemeinschaft". Und „Gemeinschaft" ist in meiner Familie auch das Kürzel für die pietistische Bewegung gewesen und sie hat alles geboten, was die Gefahren von „regressiven Gemeinschaften" ausmachen: Führungskulte; emotionale Überhöhung der eigenen Gemeinschaft und eine blühende Feindbildproduktion an den Grenzen; starrer Fundamentalismus; der Ausschluß von Sündenböcken sichert einen immer bedrohten inneren Zusammenhalt. Und das Wichtigste: Eine rigide Verteidigung des status quo, vor allem im politisch-gesellschaftlichen Raum.

Schon Ernst Troeltsch hatte festgestellt, der Pietismus will

> „ein rein christliches Leben aufrichten, sei es auch nur in dem kleinen Kreise von Kernchristen. Hier ist freilich der deutsche Pietismus sehr kleinlich und ängstlich geblieben. Er wagt sich in deutscher Untertanenhaftigkeit nur an das Privatleben und die Einzelpersonen" (S. 670).

In einem Buch mit dem Titel „Pietismus – eine Schicksalsfrage an die Kirche heute" aus dem Jahre 1938 finde ich mehr als nur „Untertanenhaftigkeit". Mir begegnet eine ins Politische ausgedehnte „Gemeinschaftsseligkeit" und was das in jener Zeit bedeutete, wird in den folgenden Zitaten sofort evident:

> „Wieviel mehr sollte uns die Liebe des Geistes fähig machen, unsern deutschen Volksgenossen wirklich ganz Volksgenosse zu werden und Blut und Rasse, die hier nicht Schranke, sondern Brücke und Gemeinschaft bedeuten, im Sinn des christ-

lichen Schöpfungsglaubens zu bejahen und uns mit beiden Füßen und brennenden Herzen hineinzustellen in die Volksgemeinschaft des Dritten Reiches, in wirklicher dankbarer Liebe zum Führer, die auch hier ohne Menschengefälligkeit ‚des Gesetzes Erfüllung' bedeutet! Fehlt es an dieser sich den anderen wirklich hingebenden, glühenden Liebe zum Volk, dann reißt uns das Fleisch nur gar zu leicht hin in jenes ‚Eifern mit Unverstand', das eben nicht aus der Liebe und nicht aus dem Geist stammt" (S. 145).

Der Autor dieser Zeilen heißt Fritz Mund und er war mein Großvater!

Zum posttraditionalen oder reflexiven Protestantismus: Die freie Assoziation der Sinnsucher

Ich komme zum Schluß und es wird keine Summe. Ich sehe lose Fäden, die protestantisch inspiriert wurden und in einer zeitgemäßen „protestantischen Reflexionskultur" weiter zu verfolgen sind. Der eine knüpft am Prinzip subjektiver Reflexivität von persönlichem Sinn und Sinnfindung an, das in der „reflexiven Moderne" nicht mehr disponibel ist. Der andere Faden spannt sich kritisch von den regressiven Gemeinschaftslösungen, denen nicht ein individualistischer Eskapismus als Alternative gegenüber gestellt werden sollte, sondern eine Idee „posttraditionaler Ligaturen", also sozialer Bezügen, die selbst gewählt sind, eine „freie Assoziation" von Menschen, zu denen ein „aktives Vertrauensverhältnis" entwickelt worden ist.

Der Protestantismus teilt mit der von ihm wesentlich mitgeprägten Moderne einen ideologischen Individualismus. Gemeint ist damit die Blindheit für die sozialen Bedingungen für individuelle Autonomie. Aus der notwendigen Befreiung von unhinterfragten externen Autoritäten konnte gar nicht selbstverständlich das souveräne Subjekt entstehen, das den „aufrechten Gang" bereits beherrscht. Die Ideologie des heroischen bürgerlichen Subjekts hat aber genau das immer unterstellt. Bis heute erzählt das westliche männliche Subjekt seine eigene Identitätsgeschichte in einer „monologischen Form", also in Ich-Form. Dabei ist bei unverstelltem sozialpsychologischem Blick ganz klar, wie stark ein gelingendes Leben von sozialen Beziehungen und darin enthaltenen Möglichkeiten sozialer Anerkennung abhängt. Gerade die Suche nach einer „starken Gemeinschaft" im fundamentalistischen Sinne drückt diese Abhängigkeit in hohem Maße aus. Die „Gemeinschaft" ist eine Ich-Prothese im Sinne der Entlastung von der Norm, seinen eigenen Weg zu gehen und sich selbst zu finden. Die Entlastung wird erkauft durch den Verzicht auf irgendeine Form des „aufrechten Gangs". Die Alternative ist nicht der Verzicht auf Gemeinschaft, also der einsame Cowboy oder die vereinsamte Emanze, die ihren Weg gehen, ohne irgendeine Form sozialer Einbindung. Solche sozialen Zugehörigkeiten oder Kontexte der Anerkennung brauchen wir alle und gerade dazu, im eigenen Weg ermutigt und unterstützt zu werden. Die „baby steps" in Richtung Autonomie können wir nur dann gehen, wenn wir elementare Vertrauensbeziehungen zu unseren Eltern entwickeln konnten und auf dieser Basis aufbauend von ihnen dazu ermuntert werden, eigene Schritte gerade auch von ihnen weg zu riskieren. Solche Gemeinschaften brauchen wir auch als Erwachsene, gerade solche, die keine Unterordnung verlangen, sondern

Mut zu Eigensinn machen. „Empowerment" könnte man das in unserem Fachjargon nennen.

Für mich sind drei Punkte festzuhalten:
1. die „Leitwährung" des Authentizitätsideals, durch das die Konturen des eigenen Identitätsprojektes von dem „eigenen Maß" bestimmt werden, das jede(r) hat;
2. die so angelegten Fragmente müssen sich mit anderen Fragmenten verbinden, um daraus die Grundvoraussetzungen für ein solidarisches Ganzes, für eine Gemeinschaft zu sichern; und
3. in dem Bezug auf diese kommunitäre Matrix müssen sich für den einzelnen Möglichkeiten der „Anerkennung" des riskierten Identitätsfragments ergeben.

Ob dafür ein Dach benötigt wird, auf dem der Schriftzug „Kirche" stehen muß, weiß ich nicht. Relativ sicher bin ich mir nur, daß sich diese „post-traditionalen Ligaturen", diese „Kommunitäten" nicht mehr selbstverständlich unter den Dächern sammeln werden, auf denen heute das Symbol Kirche prangt. Bei dem Besuch der Kruzifixdemonstration im September 1995 auf dem Odeonsplatz war ich mir jedenfalls sicher, daß die Präsenz des protestantischen Landesbischofs dort vielleicht kirchenpolitisch opportun war, aber kein Ausdruck jener protestantischen Reflexionskultur, die wir in Zukunft brauchen.

Die aktuellen gesellschaftlichen Freisetzungsprozesse lassen sich als potentieller Zugewinn an individueller Entscheidungsfreiheit und an Gestaltbarkeit des eigenen Lebens und als eine „Entgrenzung des Möglichkeitssinns" begreifen. Die Entfaltung dieses Potentials findet am ehesten in „kommunitären Netzen" statt. In ihnen kann vor allem das Gefahrenpotential der „Risikogesellschaft" bewußt wahrgenommen und bearbeitet werden. In ihnen kann, mit den Worten von Agnes Heller (1989), das Bewußtsein für die krisenträchtige Moderne entwickelt werden, „daß sie auf einem Seil über einem Abgrund balanciert und deshalb einen guten Gleichgewichtssinn braucht, gute Reflexe, ungeheures Glück" und als „das wichtigste von allem": Die Subjekte brauchen „ein Netz von Freunden, die sie bei der Hand halten können". Das ist im Kern die Aufgabe von „Gemeinde": Ein auf „aktives Vertrauen" (Giddens 1995) begründeter und immer wieder neu zu schaffender Rahmen, in dem das Risiko eigenwilliger Identitätsprojekte von anderen mitgetragen wird und auch ihr Scheitern aufgefangen werden kann.

Verfli_xte Schönheit!
Eine Zeitreise in die Geschichte der Normalität[*]

*Die Schönheit, was das ist,
das weiß ich nicht
Albrecht Dürer*

Zunächst will ich in Form einer „Zeitreise" aufzeigen, wie veränderlich Vorstellungen von Schönheit sind, wie stark der Konformitätsdruck ist, der durch dieses Thema ausgeübt wird. Die Zeitreise schien mir didaktisch vor allem deshalb sinnvoll, weil wir im historischen Abstand mehr von den Mechanismen erkennen können, die uns auch aktuell beherrschen, aber eingesponnen in das auch uns beherrschende Bedeutungsfeld von Normalitätsstandards sehr viel weniger sichtbar gemacht werden können. Weil sie zur Normalität gehören, werden sie nicht hinterfragt. Der historische Abstand erleichtert dies. Mein empirisches Material zur Realisierung dieser Zeitreise bilden Bücher, Ratgeber, Broschüren und Zeitschriften zum Thema Schönheit, die vor 1945 erschienen sind. Der einschlägige Büchermarkt war in den ersten Jahren nach der Wende vom 19. zum 20. Jahrhundert besonders ergiebig.

Ich stellte mir mein Projekt zunächst sehr viel leichter vor. Es hat mich schließlich ziemlich gefordert, vielleicht sogar überfordert. Mir ist immer deutlicher geworden, daß dann, wenn wir in unserem inneren Wortspeicher Begriffe wie *schön* oder *Schönheit* anklicken, ein ungeheuer weites Feld von Bedeutungsverknüpfungen eröffnet wird. Wir geraten mitten hinein in zentrale Fragen und Themen der abendländischen Philosophie und Kultur. Schönheit im Sinne von *Körperschönheit* führt uns in die großen Dramen und Endspiele unserer Zivilisation
 – zwischen Natur und Kultur
 – zwischen Außen und Innen
 – zwischen Körper und Seele
 – zwischen Erscheinung und Wesen
 – zwischen Zwang und Befreiung
 – zwischen Reinheit und Triebhaftigkeit
 – zwischen Spiel und Ernst
 – zwischen Kunst und Krieg.

Als mir klar wurde, von welchem Kaliber das Thema ist, das ich da übernommen hatte, suchte ich mir interpretatorische Hilfe, und da kam mir eine Neuerscheinung wie gerufen. Der mit leichter Feder schreibende Bernd Guggenberger, den ich über

---

[*] Bei der Sichtung und Erschließung des Materials, das diesem Kapitel zugrunde liegt, hat Angela Kühner einen besonderen Anteil. Gerade die männliche Dominanz in der Schönheitsliteratur hat für sie diese Arbeit zu einer harten Belastungsprobe werden lassen. Mit ihrer feministischen Sensibilität hat sie mir zu wichtigen Einsichten verholfen.

die Jahre schätzen gelernt habe, hat gerade im linken Rotbuch-Verlag das Buch *Einfach schön. Schönheit als soziale Macht* (1995) veröffentlicht. Die leichte Feder hat Guggenberger nicht verlernt, aber die Lektüre seines Buches hat mich immer wieder in das Wechselbad von Zustimmung und irritiertem Kopfschütteln getaucht. Da präsentiert sich offensichtlich ein Neo-Darwinist oder Soziobiologe, für den Schönheit weitgehend auf eine biologische Funktion reduziert wird: Schönheit ist für ihn ein „Stück unverfügbarer Natur" (S. 242); sie sei „kein ‚Phantom', sondern etwas geradezu urzeitlich Reales; eine der Säulen, auf denen diese Welt ruht" (S. 168); sie sei „ein Empfehlungsschreiben, das die Unterschrift der Natur trägt" (S. 21), gerade deshalb sei sie auch gesellschaftlichen Ideologien, vor allem der Gleichheitsideologie gegenüber „ein unaufhörliches Ärgernis" (S. 26), „das contra-egalitäre Ärgernis par excellence" (S. 41); sie ist „Urgewalt, und die Alten wußten schon, weshalb sie ihr in vielfältigen Formen Dämme errichteten: Traditionen und Gebote. Gebräuche und Sitten, Stand und Geburt, religiöse Institutionen und repressive Ideologie" (S. 225).

Gerade, weil der Schönheit so eine „Urgewalt" zukommt, liegt nach Auffassung von Guggenberger ihre Indienstnahme so nahe:

„Es gibt kaum etwas, das von der Schönheit nicht in Dienst genommen wird, und wenig, dem sie sich nicht fördernd und werbend zugesellt: ‚Mütter sind schönere Frauen'; ‚Sex macht erst richtig schön'; ‚Jung und schön durch Gartenarbeit'; ‚Schönheit: die Ernährung macht's'; ‚Schönheit, die aus dem Wasser kommt' – das sind, fast willkürlich gegriffen, einige der zu Verheißungszeilen geronnenen, verbalen Lebensköder für unser aller Schönheitsglück. Das Schönheitsstreben nimmt sie alle ein: das Eßbedürfnis und der Mutterwunsch, das Schnippeln an der Rosenhecke und die Partnersympathie" (S. 44).

Guggenberger fragt dann, ob dieser hohe Reizwert „ohne eine starke erotisch-sexuelle, im letzten also *biologische* Fixierung des ‚Schönheitssinnes' denkbar" wäre (S. 47). Die ästhetische Dimension, die Suche nach der schönen Gestalt ist wahrscheinlich ein wichtiger Teil unserer anthropologischen Basisausstattung. Muß sie aber funktionalistisch vereinnahmt werden? „Schönheit steht in genetischer Sicht im Dienste des Lebens", sagt der spätberufene Darwinist Guggenberger, sie dürfte „in noch höherem Maße, als wir dies bisher ahnten, als fundamentales Verhaltensprogramm in Diensten der biologischen Reproduktion stehen" (S. 153). Ich werde später auf die Gefahren einer solchen biologistischen Verkürzung des Schönheitsthemas zu sprechen kommen. Folgt denn aus der Annahme, daß etwas eine naturhafte „Urgewalt" hat, daß es zwangsläufig im Dienste irgendeines Programms steht? Wäre es nicht sinnvoller, die Attraktion eines Phänomens strikt von seiner Vereinnahmung zu trennen, um dann umso besser die Gefahren der Instrumentalisierung für externe Zwecke beim Namen nennen zu können? In diese Richtung will ich jedenfalls meine Fragen vorantreiben.

Der philosophische Bezugspunkt

Ich habe mich nach dem potentiellen Bestseller auf die Philosophie bezogen, der ich auch nicht reinen Herzens vertrauen kann, weil sie ja nicht ungefährdet ist gegenüber ideologischen Vereinnahmungen. Ein preiswerter und praktischer Sammelband bei dtv mit dem Titel *Was das Schöne sei. Klassische Texte von Platon bis Adorno* (hrsg. von Michael Hauskeller und Quelle der folgenden Zitate) ermöglicht einen schnellen Zugriff auf die einschlägigen Quellen.

Da finde ich die eindrückliche Formulierung eines unbekannten Sophisten: „Ich glaube, wenn jemand allen Menschen beföhle, alles Häßliche, was jeder dafür hält, auf einen Haufen zusammenzutragen, und wenn sie dann aufgefordert würden, von diesem Haufen das Schöne zu nehmen, was jedem gefalle – ich glaube, daß kein Stück zurückbliebe, sondern daß alles wieder einen Besitzer bekäme. Denn nicht alle meinen über alles dasselbe". „So bestritten die Sophisten die objektive Geltung der Schönheit. Allein die subjektive Wahrnehmung, der persönliche Geschmack des einzelnen, entscheide darüber, was jemand schön nenne. Schön sei schlicht das, was für Auge und Ohr angenehm sei" (S. 12).

Dieser Relativismus und Subjektivismus der Sophisten hat bei Platon keine Zustimmung gefunden. Ihm geht es um das Gemeinsame der schönen Dinge.

„Dieses Gemeinsame zu finden, ist bis heute das Hauptproblem der Schönheitsdiskussion geblieben. Platon selbst führte die Präzisierung der Fragestellung dazu, die Ebene der konkreten sinnlichen Erfahrung Erscheinungen zugunsten der sich in der erscheinenden Vielfalt äußernden und durch sie hindurchscheinenden *Idee* zu verlassen" (S. 13). „Die Schönheit der sinnlichen Erscheinung sei nur ein Abglanz jener wahren und einzigen Schönheit, die der Mensch einmal als körperlose Seele geschaut habe, bevor ihn seine Schwäche auf die Erde und in die Leiblichkeit hinein habe fallen lassen. Durch die Schau schöner Dinge werde der Mensch an die Schau jener Schönheit erinnert, so daß er sie aufs Neue ersehne und sich bemühe, von der sinnlichen Schönheit stufenweise hinaufzusteigen über die Schönheit der Seelen, die Schönheit eines aufrechten Lebenswandels, die Schönheit des Wissens, bis zu jener unwandelbaren und einen Erkenntnis, der Schau der höchsten Schönheit, die zugleich die höchste Wahrheit und die Idee des Guten sei" (S. 14).

Schönheit hat einen utopischen Gehalt, der vor allem in den philosophischen Begründungsversuchen bei Kant, Schiller oder Hegel sichtbar wird. Für Kant realisiert sich in der Schönheit – entsprechend der Analyse von Herbert Marcuse (1965, S. 176 f.) – das Grundprinzip der „Zweckmäßigkeit ohne Zweck", als „ein Wohlgefallen ohne alles Interesse", das ist

„die Form, in der der Gegenstand in der ästhetischen Vorstellung erscheint. Was immer der Gegenstand sei (Ding oder Blume, Tier oder Mensch), wird er nicht in Begriffen der Nützlichkeit, nicht entsprechend irgendeinem möglichen Zweck vorgestellt und auch nicht im Hinblick auf seine ‚innere' Endgültigkeit und Vollständigkeit. In der ästhetischen Phantasie wird der Gegenstand vielmehr als frei von all solchen Beziehungen und Eigenschaften vorgestellt, frei, er selbst zu sein."

Bei Hegel wird dieser Gedanke fortgeführt, wenn er schreibt:

„Im Kunstschönen ist der Gedanke verkörpert, und die Materie von ihm nicht äußerlich bestimmt, sondern existiert selber frei, indem das Natürliche, Sinnliche, Gemüt usf. in sich selbst Maß, Zweck und Übereinstimmung hat" („Vorlesungen über Ästhetik").

Ich möchte aus der Begegnung mit der Philosophie nur einen Grundgedanken als wichtigen Bezugspunkt mitnehmen: Schönheit als etwas, was in sich ruht, was um seiner selbst willen besteht, das entweder nur als subjektives Gefühl geäußert wird, das letztlich niemand bestreiten kann oder das in seiner überwältigenden Einmaligkeit als Ausdruck eines höheren Schöpfungsprinzips angesehen wird, das für uns auch nicht verfügbar und manipulierbar ist. Aber wie so oft mühen sich die Philosophen vergeblich. Schönheit ist offensichtlich ein Potential, eine Macht, die alle denkbaren Sonderinteressen auf ihre Seite zu ziehen versuchen. Der Schönheitsdiskurs ist real im Griff von Interessen (der Männer bei der Frauenschönheit, der Naturapostel, der Rasse- und Gesundheitsfanatiker) und selbst dort, wo er aus einem Schraubstock von Interessen befreit werden soll, steht schon ein neuer bereit.

Im weiteren möchte ich mir Schönheits- und Gesundheitsdiskurse und ihre Alltagspraxen als Produktionsstätten von Normalität und Identität genauer anschauen. Keine persönliche und gesellschaftliche Sphäre eignet sich so hervorragend als Prägeanstalt für erwünschtes und adäquates Verhalten wie die Bereiche der Schönheit und Gesundheit. In ihnen bündeln sich vielfältige Bedürfnisse, Wünsche und Interessen. Bei einer diesseitigen Weltorientierung stellen Schönheit und Gesundheit die conditio sine qua non dar. Unsere Lebensentwürfe und die an sie gebundenen Identitätsprojekte setzen in der Regel auf Gesundheit als basale Voraussetzung der Nutzung von Lebensmöglichkeiten.

Die Berufungsinstanz für Schönheit: das Antike Schönheitsideal

In meiner Literatur herrscht keine Einigkeit über die Universalität von Schönheitsvorstellungen. In einigen Werken werden die kulturellen und historischen Veränderungen ins Zentrum gerückt. In seinem Ratgeber *Des Weibes Gesundheit und Schönheit* sieht der Medizinprofessor und Polizeiarzt Carl Reclam eine riesige kulturelle Differenzierung: z.B.

„Die Damen der Hindu beizen ihre Zähne glänzend schwarz und vergleichen voll Abscheu die weißen Perlenreihen der Europäerinnen mit dem Gebisse der Hunde und Affen" (Reclam 1883, S.22).

Hochinteressant sind die Bemerkungen des Kunsthistorikers Heinrich Bulle (1922) in seinem Buch *Der schöne Mensch im Altertum. Eine Geschichte des Körperideals bei Ägyptern, Orientalen, Griechen*. Er sieht vor allem die Zwangsmechanismen, über die jeweils kulturelle Maßstäbe in den Menschen verankert wurden:

„Die organischen Formen der Natur sind wandelbar. (...) *Die menschliche Gemeinschaft stellt ein Ideal auf,* das sie allen ihren Mitgliedern aufzwingt, sei es durch Gewalt und Strafe, sei es auf dem milderen Weg der Erziehung und des Vorbildes. Der Wille des einzelnen wird durch dieses Ideal bewußt oder unbewußt von früh auf gelenkt. (...) Jede Zeit und jede Gemeinschaft hat ihre besondere Art des Empfindens, nicht nur weil die jeweiligen Lebensumstände gleich sind, sondern weil selbst für das scheinbar Persönlichste und Ursprünglichste sich Gemeinschaftsideale bilden, die von starken Persönlichkeiten geschaffen oder verkörpert werden."

„So tritt auch die rein physische Natur unter den Zwang eines Ideals. *Das Körpergefühl,* das bewußte, mehr noch unbewußte Innewerden unseres Leibes, ist die

Grundlage für unsere Orientierung in der Welt. Und mehr noch, es bildet den geheimen Unterton selbst bei den höchsten und zartesten Schwingungen der Seele. (...)
Aber das Körpergefühl schafft sich sein Ideal nicht nur durch das, was an den Körper herangebracht wird, um ihn zu bekleiden und reizvoll zu machen. Es will den Körper selbst nach seinem Willen gestalten. Die Völker und Weltanschauungen scheiden sich da weit. Am einen Ende steht die leidenschaftlichste Verherrlichung des Körpers, am anderen seine Knechtung und Verdammung als die Grundursache allen Uebels. Wie weit die Pflanze Mensch durch die Arbeit eines ganzen Volkes zur Vollkommenheit emporgezüchtet werden kann, zeigt die griechische Kunst; wie weit sie zum Verdorren zu bringen ist, die religiöse Askese. (...) Auf welcher Seite die größere Kraft und Gesundheit steht, braucht nicht gefragt zu werden" (S. 1).

Diese kulturkritische Perspektive ist eher selten. In den meisten Büchern wird nach dem Idealmaß, nach dem unveräußerlichen Maßstab gesucht. In seinem Werk *Streifzüge im Reiche der Frauenschönheit* will der Kulturhistoriker Friedrich Krauss (1924) die große Variationsbreite von Schönheitsidealen nicht als Hinweis auf die grundlegende Veränderung akzeptieren:

„In den Schönheitsbegriffen vollzog sich in nebensächlichen Geschmacksrichtungen unter dem Einfluss wirtschaftlicher Verhältnisse eine Verschiebung oder Verbreitung von Volk zu Volk, keine wahre Umwälzung oder Änderung von Grund aus, so dass man in Wahrheit von einer geschichtlichen Entwicklung des Schönheitsbegriffes nicht sprechen dürfte, wo es sich im wesentlichen nur um angelernte oder erlernbare Vorstellungreihen dreht. Um es einfach herauszusagen, wir sind heutigentags nicht um vieles weiter in der Beurteilung der Schönheit fortgeschritten als es die Griechen der klassischen Blütezeit ihrer Kunst waren" (S. XIV).

In dem Ratgeber *Wie bleibe ich gesund und schön?* wird das antike Schönheitsideal als unveränderliches Standardmaß hochgehalten: „Noch heute gilt als Schönheitsideal der griechische Körper, und man muß bekennen, daß die Gestalten der antiken Bildwerke von einem göttlichen Gleichklang sind" (v.d. Bergen o.J. S. 30 f.).

Der Arzt J. Schneider knüpft (1905) in seinem Ratgeber *Die Pflege der Gesundheit und Schönheit. Ein Familienbuch* ebenfalls am antiken Vorbild an und interpretiert es auf seine Weise:

„‚Ringe, Deutscher, nach römischer Kraft, nach griechischer Schönheit!' Diese Worte Schillers gelten nicht nur für das deutsche Volk, sondern haben für alle Kulturvölker ihre Berechtigung. Schönheit und Kraft sind das Ideal, welchem die Menschheit zustreben soll, Schönheit und Kraft zeichnet die Kulturvölker vor den Wilden aus, Schönheit und Kraft sind der äußere Ausdruck seelischer Vervollkommnung und geistiger Energie. Kraft ist aber gleichbedeutend mit völliger Gesundheit, und Schönheit ist ohne Gesundheit undenkbar; beide bedingen sich also, und wenn auch der Mann mehr das Prinzip der Kraft, die Frau mehr das der Schönheit zum Ausdruck bringt, so müssen beide doch zusammengehen. Wenn Schiller weiter sagt: ‚Beides gelang dir', so ist dieses cum grano salis zu verstehen. In der Gegenwart hat die Allgemeinheit das Ideal der Kraft und Schönheit noch nicht erreicht. Gesundheit, das höchste Gut auf Erden, ist selten, die Menschen sind körperlich schwächer als früher, sind nervös und entkräftet, müde von der Arbeit und entnervt vom Genusse" (S. 1).

Der ideale historische Bezugspunkt wird benötigt, um die aktuellen und hoch bedenklichen Zustände zu kritisieren. Schneider und viele seiner Kollegen sehen in den Griechen auch das Vorbild für eine systematische Schönheits-, Geistes- und Körperbildung. Das Ideal eines Gleichklanges von körperlicher und geistiger Harmonie wird durch eine systematische „Kultivationspädagogik" (Max Weber) für erreichbar erklärt. „Schönheit ist durch Charakter zu ergänzen und umgekehrt. Die ästhetische Auszeichnung erfährt eine charakterliche Begründung, während es zu charakterlichen Vollkommenheit gehört, daß sie sich auch äußerlich ausdrückt" (Plake 1992, S. 183).

Schneider bezieht sich auf den antiken Idealzustand, um ihn sogleich zur moralischen Waffe im Dienste der sozialen Konkurrenzkämpfe am Beginn dieses Jahrhunderts umzuschmieden:

„Der Idealzustand des menschlichen Körpers, Gesundheit, Schönheit und Kraft, kann Gemeingut aller Menschen werden. Und nötig ist Gesundheit, ganz besonders nötig in der heutigen Zeit, welche an geistige, seelische und körperliche Kräfte die grössten Anforderungen stellt. Wer da seinem Nächsten an Können nicht gleichkommt, bleibt zurück. Nur in einem gesunden Körper kann ein gesunder Geist wohnen, kann gesunder Verstand und gesunde Moral herrschen".

Wieder einmal ist das Schönheitsideal für eine sozialdarwinistische Weltsicht instrumentalisiert worden. Die Griechen und die steinernen Dokumente ihrer Schönheitsvorstellungen sind zur Verfügungsmasse für aktuelle Zwecke geworden.

Am eindrucksvollsten hat Leni Riefenstahl diese Instrumentalisierung in ihrer Präsentation der Olympischen Spiele von 1936 vorgenommen. Sie interessierte sich nach eigenen Aussagen immer nur für das, was „schön ist, stark und gesund" (zit. nach Reichel 1994, S. 269) und mit ihrem Olympiafilm und dem Bildband *Schönheit im olympischen Kampf* (1936) hat sie mit großer Raffinesse eine griechisch-germanische Synthese inszeniert.

„Aus Wolkenfetzen, Morgenlicht und Tempelruinen treten langsam Statuen hervor, hellenische Göttergestalten und Olympiakämpfer, die sich – als wollten sie aus jahrhundertelangem Schlaf erwachen – in germanische Diskus- und Speerwerfer verwandeln. ‚Wiederbelebte Antike' hat die Riefenstahl das genannt und zugleich das ‚wiederauferstandene Deutschland' gemeint" (Reichel 1994, S. 269).

Die NS-Ideologen haben es erfolgreich verstanden, ihr gesellschaftliches Projekt mit dem Schönheitsdiskurs zu verknüpfen (vgl. Dröge und Müller 1995; Reichel 1994). Das galt nicht nur für die klassischen Felder des Ästhetischen, sondern etwa auch für die Arbeitswelt. Sie schufen im Zuständigkeitsbereich von Albert Speer, dem NS-Oberarchtekten, ein Amt „Schönheit durch Arbeit". Es stand unter der Devise „Der deutsche Alltag soll schöner werden". Um dem Klassenkampf den Boden zu entziehen, sollte den Arbeitern „das Gefühl für die Würde und Bedeutung ihrer Arbeit" vermittelt werden. Die Wertschätzung von Arbeit wurde mit dem NS-Slogan „Arbeit adelt" erhöht. Der Volksmund reagierte auf diesen Slogan mit „Wir bleiben bürgerlich" (Zitate aus Reichel 1994, S. 235). Die Kantsche Schönheitsdefinition von der „Zweckmäßigkeit ohne Zweck" wird hier in ihr Gegenteil verkehrt.

Der Blick in den Spiegel ist der Männerblick

Der Schönheitsdiskurs läßt sich also hervorragend in aktuelle Machtprozesse integrieren. Das gilt in erster Linie auch für die Zementierung der Herrrschaftsverhältnisse zwischen den Geschlechtern. Mehr als 3/4 der Bücher über Schönheit handeln ausschließlich von der Frauenschönheit und die Autoren dieser Bücher sind fast ausschließlich männliche Experten für den weiblichen Körper. Sie zwingen den Frauen – offensichtlich erfolgreich – ihren Blick auf. Helga Bilden hat im Zusammenhang mit der Entfremdung vieler Frauen zu ihrem Körper festgestellt:

„*Frauen* können kaum umhin, sich selbst im Spiegel dieses männlichen Blicks auf den weiblichen Körper zu sehen; *sie nehmen ihn quasi von außen wahr*. Ihr Körper ist etwas von ihnen Getrenntes, das ‚von innen' wahrzunehmen die meisten verlernt haben" (1994, S. 170; vgl. auch Akashe-Böhme 1992).

Goetz und Stassburger (o.J., S. 176) empfehlen dies in ihrem *Lehrbuch der Schönheit* geradezu:

„Am besten sehen Sie sich in einem dreiteiligen Spiegel. Dann schauen Ihre Augen nicht immer wohlwollend, sondern Sie betrachten sich, als wären Sie sich selbst *eine Fremde*".

Carl Reclam (1883) weiß, was Männer an Frauen schätzen:

„Wann ist eine weibliche Gestalt ‚schön'? Wann ist eine Frau ‚schön'? – Männer würden diese Fragen dahin beantworten: daß Schönheit der Frauen gleichbedeutend sei mit Tugend und Geistesadel, – daß diejenige Körperschönheit ihnen am reizvollsten dünke, welche am nächsten käme dem von griechischem Meisel hinterlassenem Ideale..." (S. 21).

Die Frauen selbst hätten allerdings keine so hehren Ideale, für „die Frauenwelt" bestimme die Mode den Begriff der Schönheit. Reclams eigene Antwort auf die Schönheitsfrage schließlich lautet:

„... nathurgemäß zu bleiben und die eigene Eigenthümlichkeit nicht zu verlieren. Diejenige Frau, welche diese beiden Forderungen erkennt und erfüllt, – welche sie mit Herzensgüte, Tugend, Bescheidenheit und anmuthiger Einfachheit vereinigt, – wird uns als ein Beispiel ächter Weiblichkeit erscheinen und ein solches ist immer ‚schön'" (a.a.O. S.28)

Beim Thema Frauenschönheit ist unbestritten der Arzt C.H. Stratz der publizierende Großmogul. Seine Bücher *Die Schönheit des weiblichen Körpers* (1898), *Die Rassenschönheit des Weibes* (1901) oder *Die Frauenkleidung und ihre natürliche Entwicklung* (1904) bestimmten bis Mitte dieses Jahrhunderts den Markt. Er ist auch wesentlich dafür verantwortlich, daß Schönheit als etwas Meßbares, etwas Zweckmäßiges, als etwas Gestaltbares und letztlich als etwas, das der Veredelung bedarf, betrachtet wurde. Er hat durch seine Publikationsflut die Diskurse zu Schönheit und Gesundheit unauflöslich verknüpft. Als Grundgedanken in seinen Hauptwerk *Die Schönheit des weiblichen Körpers* heißen die ersten beiden Sätze: „Um lebende weibliche Schönheit objektiv zu beurteilen, muß man auf negativem Wege vorgehen: die Fehler ausmerzen. Dann findet man, daß Schönheit höchste Gesundheit ist". Die Bücher liefern Normalitätsstandards, teilweise in Meßtabellen. Gesundheit und Schönheit werden so gekoppelt, daß sie zur gemeinsamen Pflicht erhoben werden:

"Mit der Schönheit wird auch die Gesundheit verbessert und vervollkommnet und dadurch kommen alle derartigen Bestrebungen nicht nur dem Weibe selbst, sondern auch kommenden Geschlechtern zugute, weil sie es geeigneter machen, seine schweren Gattungspflichten zu erfüllen" (1898, S. 490).

Auf diesem Pflichthintergrund bekommt die ansonsten eher sympathisch klingende Formulierung eine hohe Doppeldeutigkeit: „*Jeder* Frau hat die Natur körperliche Vorzüge gegeben, welche bei richtiger Erkenntnis zu der ihr eigenen, individuellen Schönheit ausbilden kann" (ebd.).

Dieser merkwürdige Umschlag von ästhetisierenden Bemerkungen oder auch hymnischen Texten zur Frauenschönheit in den unmittelbaren rassistischen Zugriff ist typisch für Stratz. In seinem, auch heute noch in Antiquariaten hoch gehandelten Buch *Die Rassenschönheit des Weibes* fängt er mit folgenden Sätzen an:

"Wem Gott die Augen geöffnet hat, der sieht viel tausend Paradiese auf Erden; aus blauer Luft und glitzerndem Wasser, aus zackigen Felsen und zierlichen Pflanzen, aus Licht und Schatten hat die Natur die wunderbarsten Gebilde gewoben, die unsere Augen entzücken. (...) In dieser Welt von Wundern wandelt als schönste Zierde das menschliche Weib in tausenderlei Gestaltung" (S. 1).

Nun wandert sein Blick rund um den Globus und er findet die unterschiedlichsten Ausprägungen dieser „wunderbarsten Gebilde" und er konstatiert zunächst einmal die hohe Relativität von Schönheitsidealen, jedenfalls dann, wenn man Männer zur Frauenschönheit befragt:

"Wenn man die liebenden Männer frägt, so wird jeder seiner Auserkorenen den Preis der Schönheit zuerkennen (...) und darum ertheilt der Mohr der Mohrin, der Hottentott der Hottentottin, und der Sachse der Sächsin den höchsten Preis".

Der wissenschaftlich ambitionierte Schönheitsfachmann kann diesen Maßstab jedoch nicht akzeptieren, denn

"Liebe ist blind und deshalb kein gerechter Richter. Maassgebend kann allein ein Urtheil sein, das, unbeeinflusst durch persönliche Gefühle, nach einem festen Maasstab misst" (S. 2).

Alle Wissenschaftler berufen sich auf unstrittige Tatsachen, um ihren – verglichen mit dem Laienurteil – überlegenen Blick zu begründen. Für Stratz ist die Wissensbasis durch folgende „Thatsachen" bestimmt:

"Dasjenige Geschlecht, das im Kampf ums Dasein die meisten Erfolge errungen, sich zu einer herrschenden Stellung zwischen den anderen emporgeschwungen hat, darf auch als das höchstentwickelte angesehen werden. Und dieses Geschlecht ist unleugbar die *weisse Rasse*" (ebd.).

Stratz ist in der Welt herumgekommen und hat sich mit den Frauenkörpern allüberall beschäftigt. Aus dieser Erfahrung schöpft er die

"Berechtigung, die weisse Rasse als die höchststehende auch in Bezug auf weibliche Schönheit anzusehen, und als höchsten Maasstab zur Beurtheilung weiblicher Rasseschönheit die körperliche Bildung der bestentwickelten Individuen dieser Rasse aufstellen" (S. 3 f.).

Ist *Frauenschönheit* das non plus ultra der Schönheitshierarchie? Prof. Heyck (1902), der eine *Illustrierte Monographie* zum Thema veröffentlicht hat, sieht das nicht so. Er bedauert es, daß er sich nur an der „Schönheitsgeschichte des Weibes" und nicht

„des Menschen überhaupt" versuchen sollte. Die Erklärung für dieses Bedauern ist ganz einfach:
> „Denn die Krönung der Schöpfung ist nun einmal der Mann. (...) Dem Manne gab die Natur vielseitigere Aufgaben und vielseitigeres Können, sie bildete nach diesen auch seine Züge, seinen Körper. Selbständiger ist die Proportion seiner Glieder zum Rumpfe, und alle Teile sind ästhetisch aus sich selber, aus ihrer Thätigkeit begründet, haben je ihre Schönheit für sich" (S. 3).

Diese Stimme klingt im allgemeinen Chor der hymnischen Verklärung der Frauenschönheit etwas fremd. Dieser Männerchor konstruiert sich das „Objekt seiner Begierde" und prämiert es mit dem unbestrittenen Spitzenplatz in der Schönheits-Hitparade.

Die Sicht von Frauen – patriarchal kodiert

Unterscheidet sich die Frauenperspektive von der der männlichen Schönheitsexperten? Wie z.B. setzt sich eine emanzipatorisch gesonnene Frau mit dem Thema Schönheit auseinander? Begierig greife ich nach einem Aufsatz von Ellen Key, einer Gründungsfigur der Frauenbewegung, mit dem einschlägigen Titel *Schönheit* (1905). Überrascht bin ich davon, daß sie kein Wort über den männlichen Schönheitsterror gegenüber Frauen verliert und stattdessen ein idealistisches Schönheitsideal propagiert, das sie gegen die kalte industrielle Zweckmäßigkeitshaltung setzt, die sie mit Häßlichkeit gleichsetzt. Der graue Alltag der Philister sei dafür typisch: „In unserer Welt leben noch die meisten Menschen ehrsam und vergnügt, in der heimischen gewohnten Hässlichkeit" (S. 275). Hoffnungsvoll glaubt sie an eine baldige Umkehr: „Aber bald ist der Tag des Nutzens vorbei und der der Schönheit wieder angebrochen" (S. 271). Er sei durchdrungen von einem „ästhetischen Sittlichkeitsgefühl". Sie glaubt an „die Macht der Schönheit", „ein höheres Leben zu schaffen". Wird Diese Macht nicht „den Menschen zwingen, die jetzige Gesellschaft umzubilden? Wenn einmal Alle frisch, frei und fromm aufwachsen, dadurch, dass sie schon von der Kinderstube und von der Schule an von nackter Herrlichkeit und ehrlicher Nacktheit umgeben sind", dann ist Entfremdung überwunden. Irritiert lese ich diesen Text. Hätte er nicht auch von einem arischen Schönheitsapostel stammen können?

Ich greife dann auf einen 25 Jahre später verfaßten Beitrag von Margarete Edelheim „Das Schönheitsideal der modernen Frau" zurück, den sie zu dem von Ada Schmidt-Beil (1931) herausgegebenen Übersichtsband *Die Kultur der Frau* beigesteuert hat, der die Positionen der bürgerlichen Frauenbewegung transportiert. Da höre ich kritische Töne, wie ich sie erwartet hatte:
> „Aber gerade weil die sogenannte Schönheit heute mehr denn je eine Ware auf den Weltmarkt der Eitelkeit geworfen wird, tut es not, sich ernsthaft darauf zu besinnen, was Schönheit ist oder besser gesagt, was uns modernen Frauen die Schönheit sein soll und will, wie wir sie verstanden und gepflegt wissen wollen" (S. 437).

> „Zunächst ist es viel leichter zu sagen, was *nicht* wollen: Wir wollen nicht eine mit dem Zentimetermaß nach Hüftumfang, Nasenlänge, Mundbreite und weiß Gott welchen anderen mathematischen Formeln von Männern ‚geküfte' Miß Europa,

Miß Australia u. dgl.; solche Schönheitswahl dürfte sich keine Frau, die sich ihrer Menschenwürde bewußt ist, gefallen lassen; derartige Schaustellungen erinnern an die Prämierung von Rassehunden und Mastochsen" (S. 437).

„*Was also ist das Schönheitsideal der modernen Frau? Es kann nur sein die Persönlichkeit, die in ihrer Gesamterscheinung die Harmonie des Äußeren mit der Seele und dem Geiste ausdrückt.* Das heißt also: Es kommt nicht darauf an, ob das Profil griechisch oder römisch, der Mund groß oder klein, die Stirn breit oder hoch, die Hand kurz oder lang ist und dergleichen mehr. Das, worauf es ankommt, ist die *Durchdringung des Äußeren mit dem menschlichen Gehalt* und die *bewußte Pflege dieser Harmonie im Inneren und Äußeren*" (S. 438f.).

Hellhörig werde ich bei der Formulierung von der „bewußten Pflege". Das klingt nach einer Inszenierung und einem heimlichen Drehbuch für diese Inszenierung und das steht für mich eher im Widerspruch zu der Ermunterung sein „eigenes Maß" zu finden. Ich werde in meiner Skepsis bestätigt:

„Denn das gehört nun einmal zu dem Schönheitsideal der modernen Frau, daß sie diese zunächst unbewußte Formung des äußeren Menschen durch die inneren Werte auch bewußt durch äußere Pflege unterstützt. Es ist sehr bequem zu sagen: ‚Schönheit ist eine Gottesgabe' oder ‚ich bin zu häßlich bei mir hilft doch nichts.' Erstens erhält sich auch die Gottesgabe Schönheit nur durch deren Pflege, und zweitens hat auch der häßlichste Mensch sich selbst und der Umwelt gegenüber die Verpflichtung, so gut auszusehen wie nur möglich. Und das mindeste, was man von einer Frau verlangen kann, ist, daß sie einen gepflegten Eindruck macht" (S. 439).

Schönheit als Pflicht klingt hier unverhohlen an.

Die Annahme, daß das Jahr 1933 eine einschneidende Epochenschwelle darstellt, scheint mir bei unserem Thema, wie wohl auch generell, nur bedingt gerechtfertigt. Die überzeugten NationalsozialistInnen führen die meisten Diskurse fort. Es ist eher eine graduelle Veränderung als ein großer qualitativer Sprung. Auch die Annahme, daß sich jetzt mit einem Schlag der Schönheitsdiskurs in Richtung traditioneller Weiblichkeit verändert, ist schwer aufrechtzuerhalten. Eine spezifische Modernität wird verteidigt und problemlos mit Diskursen verknüpft, die zentrales Anliegen des Nationalsozialismus waren (z.B. den Rassediskurs).

1933 übernimmt Magda Goebbels das neugegründete „Deutsche Modeamt". In einem Interview wird sie zu ihrem Selbstverständnis als deutsche Frau gefragt. Zunächst bekennt sie, daß sie von „künstlichen Verschönerungsmitteln" nicht viel halte, aber besonders konsequent hält sie dieses Prinzip nicht durch:

„Aber wenn ich finde, daß ich blaß aussehe, nun, so helfe ich eben nach", denn: „Ich halte es für meine Pflicht, so schön auszusehen, wie ich kann". Und weiter heißt es: „Die Männer sind sehr männlich in Deutschland und daher müssen die Frauen so weiblich sein wie irgendmöglich. Die deutsche Frau der Zukunft soll schick sein, schön und klug. Der Gretchentyp ist endgültig überwunden. Hübsche Kleider und Aufmachung dürfen unsere Frauen nicht mehr mit Unmoralität verwechseln" (alle Zitate aus einem mit *sie* gezeichneten Kommentar in der SZ vom 22./23.Juli 1995).

Auf dieser Linie, die den NS-Puristen möglicherweise zu inkonsequent war, liegen auch die Ratgeber jener Zeit. Eine Bestsellerautorin zum Thema Schönheit war Lisbeth Ankenbrand. Ihre Bücher *Gesund und schön im Alter, Die tägliche Schönheitspflege der Frau, Schenk deinem Kinde Schönheit* oder *Der Wille zur Schönheit* (1929), auf das ich im weiteren eingehen werde, erzielte in den 20er, 30er und 40er Jahren hohe Auflagen. Die Autorin will Frauen dabei helfen, einen „harmonischen Dreiklang" von „Gesundheit, Schönheit und Freude" zu vermitteln. Sie möchte Frauen dazu ermutigen, ihrem eigenen unbewußten Wissen zu folgen. Dieses sagt ihnen, daß dieser Dreiklang durch „hunderterlei künstliche Mittelchen" nicht erzielt werden kann. Sie propagiert den Weg „Näher zu Natur!" (S. 9). Die Natur habe ihre unveränderlichen Grundgesetze für die Schönheit. Welches mag sie wohl meinen? „... die Rasse ist es, die ein überragendes Schönheitsgesetz aufgestellt hat" und „unsere arische Rasse" bildet den „vollkommensten Menschentyp". Nur hat uns eine zivilisatorische Entwicklung fast vergessen lassen, worauf es ankommt:

„Wir waren seit ein paar Jahrhunderten im Begriff, das Geistige zuungunsten des Körperlichen zu überschätzen, und das Resultat war der häßliche Mensch, der sich schämen mußte, seinen unvollkommenen, ärmlichen Körper zu enthüllen" (S. 11 f.).

Lisbeth Ankenbrand kann sich über diese Fehlentwicklung wirklich echauvieren. Ein „ungeheures Wissensgut (sei) angehäuft" worden

„und wir sitzen nun auf unseren Schätzen mit Körpern, deren sich unsere Vorfahren geschämt hätten. Mit dicken Bäuchen, X- und O-Beinen, mit eingefallenem Brustkorb, dünnen Armen, schwachen, im Sonnenlicht zwinkernden Augen haben wir unsere so hoch gepriesene Kultur bezahlt, und jeder Wilde kann uns mit seinem unverbildeten Körper beschämen" (S. 13).

Wir seien am „Scheideweg". Lisbeth Ankenbrand erinnert an die Ideale der Antike, die Vollkommenheit des Körpers und des Geistes, an die anzuknüpfen wäre und natürlich an unsere Vorfahren, die Germanen, die „eifrige Bewunderer der Schönheit" waren (S. 12):

„Es war der blonde, todesverachtende Recke, es war die goldhaarige, helläugige Frau mit dem hohen, schlanken Wuchs, denen ihr Schönheitssinn huldigte" (S. 12 f.).

Die dringende Empfehlung zurück oder näher zur Natur, „sich immer enger dem ewig neuen Jungborn der Natur anzuschließen" (S. 20), ist von Lisbeth Ankenbrand bewußt gegen die Schönheitsindustrie gerichtet, die uns Interventionen und technische Tricks anbietet. Schönheit könne man nicht kaufen. Das weiß die „neue deutsche Frau" und sie wendet sich von der „blaßgeschminkten Schönheit des Ballsaales" ab, von jenem entarteten Schönheitsideal, das sich durch

„hektisch gerötete Wangen und die Allabasterhaut der Schwindsüchtigen mit den von Todesfeuer durchleuchteten Augen".

„Die neue deutsche Frau macht es nicht mehr mit, in jedem Jahrzehnt ihren Körper der jeweils herrschenden Mode neu anzupassen. Sie nimmt ihn von der Natur als gegeben hin und sucht nur mit heißem Bemühen alle die Schönheitsmöglichkeiten, die in ihm enthalten sind, zu entwickeln. Es ist ihr gleich, ob er heute in seiner echt deutschen, schlanken Üppigkeit der jetzigen knabenhaften Mode nicht entspricht, morgen, wenn südländische Fülle gewünscht wird, zu schlank erscheint.

Nur eines ist ihr immer gleich wichtig, daß er beweglich bleibt und nicht fett wird" (S. 21).

Der Ratgeber von „Frau zu Frau", der zunächst zu Verhaltensweisen gegen Modediktate ermutigt und einen natürlichen Habitus gegen das Korsett der Zivilisation propagiert, erweist sich bei genauerem Hinsehen als Lockerung, die die Übernahme des neuen Herrschaftsdiskurses erleichtern soll. Schönheit ist für sie ohnehin nicht nur das „Recht der Frau", sondern auch ihre Pflicht (S. 14), nicht zuletzt eine Pflicht gegenüber der „arischen Rassen" und dem ihr zustehenden Aufstieg.

Auch Ilona Pataki (o.J.) verknüpft die unterschiedlichen Schönheitsideale mit Rasseunterschieden. Herausgehoben ist nur das griechische, es stellt vor allem für die „germanische Race" und die „arischen Stämme" die Meßlatte dar (S. 10). In ihrem Buch *Die Kunst schön zu bleiben* spricht sie ausschließlich ihre Geschlechtsgenossinnen an: „Sehr geehrte Damen" und erklärt die Schönheit der Frauen zu einem Mysterium, das nicht entschlüsselt werden darf:

„Freventliche Vermessenheit wäre es, wollte man das grosse Geheimnis von der Schönheit der Frauen ergründen" (S. 1). „Zu allen Zeiten verehrte man in dem Weibe die erhabenste Verkörperung des Schönheitsbegriffes, ein vollendetes Wunder der Schöpfung, und mit unauslöschlichen Zeichen grosser Leidenschaft" (S. 1 f.). „Es ist die Pflicht einer jeden Frau, schön zu sein. In der Gesellschaft sowie als Freundin und Gefährtin des Gatten ist es ihre Aufgabe, durch Anmuth und Schönheit erfreuend und beglückend zu wirken, das Dasein zu verklären, Liebe einzuflössen und durch die Liebe, diese edelste Triebfeder der Natur, zu begeistern zu allem Grossen und Schönen" (S. 3 f.).

„Zwei Ziele sind es besonders, die bei einer Erziehung zur Schönheit im Auge behalten werden müssen: Ausbildung und Pflege schöner Körperformen und Ausbildung der Bewegung dieser Formen durch geistige Cultur und Erziehung des Gemüthes. Nur in dieser Doppelschönheit liegt der vollständige Reiz einer Erscheinung. Die Erziehung muß stets eine physische und moralische sein" (S. 15 f.).

„Das erstere Ziel ist nur auf hygienischem Wege zu erreichen, denn Gesundheit ist die unvermeidliche Vorbedingung zur Schönheit, und alle Regeln, die uns lehren, wie wir uns ernähren, wie wir unseren Körper pflegen und selbst wie wir uns naturgemäss kleiden sollen, sind zugleich schon Regeln zur Erlangung der Schönheit" (S. 16).

„Die Schönheit der Seele zu erringen, ist die Aufgabe des weiblichen Geschlechtes. Mit dieser Schönheit, die sich nach Innen als Herzensgüte, nach Aussen als Wohlgefälligkeit, Tact und Geschmack zeigt, mildern die Frauen die Härte und Strenge der Männer".

Die im Berufs- und Lebenskampf hart und einseitig gewordenen Männer, sollen „auf das rechte Mass des ewig Schönen geführt" werden (S. 19).

Stimmen von Frauen waren das, die wenig Hoffnung in die Erwartung rechtfertigen, daß Frauen die männlich bestimmte Geschlechterordnung aushebeln würden. Sie sind offensichtlich längst durch den „fremden Spiegel" gegangen und zwingen ihn unter dem Verprechen der Frauensolidarität ihren Geschlechtsgenossinnen auf.

Ausbruch aus dem Zivilisationsgefängnis und hinein in das Rassediktat

Mit leichter Feder der erfahrenen Autorin von Ratgeberliteratur schiebt Lisbeth Ankenbrand den zivilisatorischen Müll beiseite. Zeitgenossen sehen diese Arbeit als sehr viel schwieriger an. Herkulesarbeit leistete hier Wilm Burghardt mit seiner Schriftenreihe *Geist und Schönheit*, in der 1939/40 acht Hefte erschienen sind, und weiteren Publikationen wie *Sieg der Körperfreude* und *Der schöne Mensch in der Natur*. In der zuletzt genannten Publikation taucht immer wieder die Formulierung auf „wir suchen Schönheit". Auch er wird bei den „Denkmälern Griechenlands und Roms" (1940, S. 17) fündig. Umso näher die Suche in die Gegenwart führt, sind Zivilisationsschichten abzutragen. Er sieht voller Verachtung die Aktbilder zeitgenössischer Künstler: Es „... genügt nicht, den Menschen – auch den schönen – ausgezogen auf einen Lederstuhl zu setzen, oder ihn ‚sehnsuchtsvoll' auf einen Diwan zu legen, Schönheit durch Schminktopfmanieren und ausradierte Augenbrauen zu betonen". Auch bei dem „sportlichen Menschen", wie er auf „Zigarettenbildchen" abgebildet wird, „millionenfach", kann die Suche nach dem schönen Menschen noch nicht zum Ziel kommen. Die richtige Haltung drückt sich für Burghardt in folgender Formulierung aus:

> „Gewiß, der Sport hilft Leistungen verbessern. Ich aber will mehr und will dazu helfen, wenn möglich noch mit Hilfe ärztlichen Wissens: ich will Schönheit, das heißt, ich will das rassisch Edle, das Stolze, Sieghafte freilegen von den Anschauungen alles Unnatürlichen. Denn wie viele Sportsmänner sprechen noch mit einer gewissen Verächtlichkeit über die Schönheit des Körpers, über eugenische Fragen, über Fragen von Rasse und Zucht. Wieviel Unnatürliches ist in die Rassenseele durch eine jahrhundertelange naturwidrige Erziehung hineingekliddert worden?" (S. 26).

Mich hat lange Zeit verwirrt, in welcher Weise in vielen Ratgebern Gesundheit und Schönheit eng aneinander gekoppelt werden. Bilden sie nicht zwei höchst unterschiedliche Diskurse? Die innere Logik und die Gefährlichkeit einer nahtlosen Verkoppelung von Schönheits- und Gesundheitsdiskurs wird durch die Brückenfunktion des Rassendiskurses sichtbar. Eine Formulierung wie die folgende stammt aus dem rassistisch aufgenordeten Diskurs einer Ratgeberautorin im Geiste des Nationalsozialismus:

> „Wahre Schönheit ... ist nichts anderes als leib-seelische Gesundheit. Schönheit ist Kraft, ist Anmut und Natürlichkeit, ist Reinheit, ist Sauberkeit des Körpers" (Elisabeth Bosch in den 30er Jahren, zit. nach Haug 1986, S. 147).

Schönheit ist in diesem Zusammenhang die Idealnorm, das neue Normalitätsprinzip und damit zugleich der Inbegriff der gelungenen Faschisierung des Subjekts. Es hat sich „mit Haut und Haaren" sowie Kopf und Herz einem Staats- und Lebensprinzip hingegeben bzw. unterworfen. Diese neue Normalität bestimmt zugleich ihr Gegenteil. Schönheit schafft ihr Gegenbild und alle Formen von Häßlichkeit, die im rassistischen Diskurs als Symptom von Entartung und Rassenmischung gedeutet wird. In diesem Sinne hat schon 1921 der Orthopäde Hans Würtz z.B. vom „Häßlichkeitskrüppeltum" gesprochen. Als Beispiele dafür nannte er Karl Marx, Rosa Luxemburg und auch Beethoven. Ein gutes Jahrzehnt später ist Häßlichkeit bereits mit dem Risiko der Ausrottung gekoppelt worden. Schönheit wird zum „Normbild des Menschen", wie es Arnold Gehlen (1940, S. 465) formuliert hat, zum Inbegriff all dessen, was einem die Zugehörigkeit zur Elite, zu der Volksgemeinschaft sichert. Man muß das aber auch wollen und alles dafür tun, dieser Norm zu entsprechen. Es war riskant, als davon abweichend wahrgenommen zu werden. Wie stark Schönheit und Rasse zusammengedacht werden, wird dort deutlich, wo Rassenreinheit mit einem sicheren Gefühl für Schönheit gekoppelt wird. Schultze-Naumburg war dafür der Vordenker. Er hatte sich schon immer für das Thema Schönheit, speziell der Frauenschönheit interessiert und anfangs – in seinem Buch *Die Kultur des weiblichen Körpers als Grundlage der Frauenkleidung* (1903) – war er ein Anhänger der Befreiung des weiblichen Körpers aus den Zivilisationszwängen vor allem des Korsetts. Aber wie bei vielen ist auch bei ihm die Philosophie des Natürlichen ein Einfallstor für den Rassismus und das wird vor allem in seinem Buch *Kunst und Rasse* (1927) überdeutlich. Hier reguliert das „Blut" als Metapher der Rasse die ästhetische Anmutung, letztlich wohl die sexuelle Attraktivität: „Nur wer diesem Leib der Erbanlage nach verwandt ist, wird sich zu ihm hingezogen fühlen" (S. 103). Erotische Badeszenen können einen Menschen von nordischem Geblüt deshalb auch ziemlich gleichgültig lassen: „Für einen, dessen Blut nach nordischer Leibesschönheit verlangt, bedeuten nun diese Körper ... nichts Reizvolles" (S. 110).

Der auch in der Bundesrepublik so hochgeschätzte Verhaltensforscher Konrad Lorenz hat sich am ideologischen Verknüpfungsdiskurs von Schönheit und Rasse intensiv beteiligt. Für ihn hat Schönheit eine biologische Auslesefunktion. Als angeborenes Auslesemuster steuert sie beispielsweise die Gattenwahl. Die Fundamente der arischen Rasse steuern die gemeinsame Wertschätzung von Merkmalen der Körperschönheit. Dies seien bei Männern „in völlig gleicher Weise die breiten Schultern und schmalen Hüften, die eines der wichtigsten Beziehungsmerkmale der männlichen Idealgestalt unserer Rasse sind" (1943, zit. nach Haug 1986, S. 151). Die aristokratisch führenden Schichten der nordischen Rasse zeigen das Ideal in besonders markanter Form auf: „Solche Wesen sind dann stets noch schlanker, sehniger, schneidiger" (ebd.). Auch der herausragende Rassetheoretiker der 20er und 30er Jahre, der *Rasse-Günther*, sieht in der

„wertschätzenden Betonung des hohen schlanken Wuchses, der hellen Hautfarbe, des leichten, hellen Haares, das ursprünglich von den Freien lang getragen wurde, und des scharfen Blicks eines hellen Auges mit entschlossenem Ausdruck"

den Kern der *Schönheitsvorstellungen* der „nordischen Rasse" (Günther 1935, S. 144). Schönheit wird also zum Zeichen der edelsten Anlagen und ist untrüglicher Hinweis auf die Zugehörigkeit zur Führungselite. Günther beruft sich in diesem Zusammenhang auf einen Bericht des mittelalterlichen Geschichtsschreibers Saxo Grammaticus, der eine frühgermanische Sage überliefert, nach der sich ein Edeling als unfreier Knecht ausgeben möchte, aber „geoutet" wird. Bei Saxo Grammaticus heißt es:

„Die Gestalt zeigt die Abkunft und in dem Blitzen der Augen leuchtet die edle Natur auf. Die Schärfe des Gesichts läßt schauen die hohe Geburt, und nicht ist minderen Standes geboren, wen die Schönheit, das sicherste Kennzeichen des

Adels, empfiehlt ... Die Gestalt läßt sicher auf die Abkunft schließen" (ebd., S. 144 f.).

Der „Rasse-Günther" und seine Gesinnungsgenossen projizieren aber nicht nur ideologische Bilder in den Frühnebel des Urgermanentums, sondern sie leiten aus ihren Konstrukten lebenspraktische Konsequenzen ab. In seinem Buch *Gattenwahl zu ehelichem Glück und erblicher Ertüchtigung* (1941) will er die Leibesschönheit als gut faßlichen Indikator für den rassischen Wert des potentiellen Partners oder der potentiellen Partnerin im Bewußtsein seiner Leserinnen und Leser verankern. Wieder wird der Anknüpfungspunkt des Hellenismus bemüht, der das Konzept der „Schöntüchtigkeit" entwickelt hätte. Nichts geringeres als „die Zukunft des Deutschtums wird davon abhängen, ob es der deutschen Jugend gelingen wird, einen völkischen Wert" wie die „Schöntüchtigkeit" zu verinnerlichen (S. 52). Gerade für die sogenannte „Erbgesundheitslehre" ist von größter Bedeutung, daß Ehen auf der Grundlage der „Schöntüchtigkeit" gebildet werden. „Zur Aufartung des deutschen Volkes" (S. 60) ist die erfolgreiche Vermittlung „eines *Auslesevorbildes vom tüchtigen, edlen und schönen Menschen*" (S. 63) erforderlich. „Bei der Weckung eines Sinnes für Leibesschönheit wird es" laut Günther, „am meisten darauf ankommen, diese Schönheit *als Ausdruck der Gesundheit und als Ausdruck von etwas Seelischem* begreifen zu lehren" (S. 60). Wie es einem Eheratgeber angemessen ist, werden die Ausführungen immer wieder sehr konkret. So erfährt man von Günther auch eine treffliche Begründung, warum Nacktheit oder jedenfalls ein Fallen der modischen Hüllen so wichtig ist:

„Manche unglückliche Ehe wäre vermieden worden, wenn er oder sie mehr auf die freien Bewegungen des anderen Menschen geachtet hätte, wenn beide Menschen einander leicht bekleidet sich im Freien hätten bewegen gesehen, wenn sie wenigstens vor gegenseitiger Annäherung auf den Gang des anderen Menschen geachtet hätten (...) Stört einen an einem Menschen anderen Geschlechts etwas am Gang, irgendeine Eigenheit, die nicht vorübergehend und vermeidbar, sondern wesensmäßig kennzeichnend ist, so soll man sich hierdurch warnen lassen, denn ererbte Antriebe (Instinkte) raten dem Menschen in solchen Dingen besser als der Verstand" (S. 61).

Diesen Höherwertigen entspricht eine Konstruktion des Minderwertigen, die diese bedrohen. Lorenz (zit. nach Haug) konstatiert eine „beträchtliche Verbreitung von Ausfalltypen innerhalb moderner Großstadtbevölkerungen", die nur „als Schmarotzer an vollwertigen Artgenossen lebensfähig sind". Die Minderwertigen müssen aus dem gesunden Volkskörper entfernt werden. Lorenz sieht hier die Parallele zum Chirurgen im Fall von Krebsgeschwulsten, „der bewußt lieber gesundes Gewebe mitentfernt als krankes stehen läßt". Der Schönheitsdiskurs ist mit einem Mal Teil einer Richterinstanz. Es wird eine Grenze gezogen, die in letzter Konsequenz eine Entscheidung zwischen Leben und Tod markiert. Hier zeigt sich die biologische Auslesefunktion des „Schönfindens" letztlich als Basis einer Ausmerzepolitik. Sie „ist also die eines Richters, der zwischen gut und böse, zwischen gesund und krank zu entscheiden hat" (ebd.). Von der zweckfreien ästhetischen Urteilsbildung, die Kant der Schönheit zugrundelegt, ist nichts mehr, aber auch gar nichts mehr geblieben. Das Gegenteil ist daraus geworden: Die „Pflicht zur Schönheit" ist der Inbegriff der Indienstnahme des Subjektes unter externe Zwecksetzungen!

Schönheit und Erotik: Die Moral zähmt den Eros

Wenn man Bücher zum Thema Schönheit erwirbt, deren Abbildungen ja zu 90 % Frauen zeigen und meist unbekleidete Frauen, dann steht man immer im Verdacht, pornographisches Bildmaterial sammeln zu wollen. Ich betone dann gerne mein wissenschaftliches Interesse am Thema. Man könnte zur Selbstrechtfertigung aus den meisten Büchern eindrucksvolle Zitate vorlesen. Die unterstellte Verknüpfung von Nacktheit und sexueller Stimulanz ist das Problem aller Anhänger von Freikörperkultur und Rasseschönheit. Ausführlich wird die Differenz zwischen einem unverkrampften, „natürlichen" Bezug zum eigenen Körper und einer geschlechtlichen Triebhaftigkeit diskutiert. „Zurück zur Natur" bedeute kein Verzicht auf Moralprinzipien – im Gegenteil: Sie soll geleitet sein von höchster Gesittung und Zucht. Das wird vor allem bei den nationalistischen Schönheitsbüchern in kräftigen Worten herausgestellt.

In dem 1905 erschienen Bildband (Daelen et al.) *Die Schönheit des menschlichen Körpers* wird mit Bildunterschriften gearbeitet, die den möglichen erotischen Stachel neutralisieren sollen. Die „Hundert Malerischen Aktstudien" haben z.T. eigentümlich verklärende Bildunterschriften (Andacht, Gebet), als ob der Betrachter unbedingt davon abgebracht werden müßte, nackte Körper mit Erotik oder Sexualität in Verbindung zu bringen.

In ihrer *Neuzeitlichen Körperschulung für Frauen und Mädchen*, die sie im Untertitel als „Führer zur Gesundheit und Schönheit" titulieren, betonen Annie Bock und Karl Eisenbock (1927), daß die „Körperarbeit" von Lust und Freude getragen werden soll. „Ohne Freude wird jede Betätigung zur drückenden Last". Freude darf aber nicht als Sinnliches mißverstanden werden:

„Wir möchten ... unter Freude nicht das überschäumende Gefühl des Sinnlichen und Materiellen verstanden wissen, sondern jenes Empfinden, das sich in Gehobenheit ausdrückt, das den innerlichen Menschen vor den Morästen des Alltags, wie vor den Untiefen des Nachtlebens der Großstädte bewahrt, das ihn behütet vor den auf gewisse Instinkte berechneten Darbietungen der Lichtspielbühnen, der modernen Literatur und der sogenannten neuen Kunstrichtung" (S. 6).

Wenn die *Körperschulung* richtig gelingen soll, dann bündelt sie „*Selbstbemeisterung, geistige Sammlung, Lebensfreude, rhythmische Gestaltungskraft und Willenseinordnung*". Auf dieser Basis machen die AutorInnen ihren Leserinnen Hoffnung auf einen *„gesunden, kraftvollen, an Ausdauer gewöhnten Körper in ebenmäßiger Schönheit"* (S. 6).

In seinem 1940 erschienen Buch *Von Leibeszucht und Leibesschönheit* versucht Kurt Reichert die Gefahren einer triebhaft besetzten Körperlichkeit zu bannen. Schon auf dem Deckblatt sucht er uns mit seiner Beschwörungsformel zu erreichen:

„Zum Leibe gehören
Mut, Glaube und Liebe,
sonst möchten die Triebe
den Leib dir entehren."

„Der menschliche Leib, wenn er nur Träger einer sauberen und anständigen Gesinnung ist, ist an sich sauber und rein..." (S. 12) – „Wir aber wollen unsere Nacktheit nicht verbergen, weil wir glauben, daß sich niemand seines wohlgeratenen Leibes zu schämen braucht, wohl aber seiner ungebildeten Seele und seiner lüsternen Begehrlichkeit, die auf Raub und Abenteuer ausgehen... Dann werden sich deutsche Menschen zu einer äußerlich freien, innerlich zuchtvollen Leibeshaltung bekennen und daran erkennen, wer von guter Art ist" (S. 13).

So erscheinen dann auch die folgenden Farbfotos gewollt unschuldiger schöner deutscher Menschen in schöner deutscher Natur: nur „äußerlich frei" und „innerlich zuchtvoll".

In hoher Auflage ist Hermann Wilkes (1939) *Dein „JA" zum Leibe! Sinn und Gestaltung deutscher Leibeszucht* erschienen. Er macht die undifferenzierte Leibfeindlichkeit des christlichen Abendlandes dafür verantwortlich, daß das Unterscheidungsvermögen für „Sinnlichkeit" und „Geschlechtlichkeit" verloren gegangen sei. Hier gibt er Nachhilfeunterricht:

„Freude am Leibe ist ein sinnliches Gefühl. Der Begriff Sinnlichkeit hat aber ebenso wie Nacktheit für die Mehrzahl der Volksgenossen noch ausschließlich Beziehung zur Sexualität. (...) Eine leibesfremde Erziehung durch Jahrhunderte hat die von den Vorfahren her körperfreudige Einstellung unterdrückt. Der Begriff Nacktheit ist den meisten Menschen nur in Verbindung mit Geschlechtlichem geläufig. Das brachte eine der nordischen Rasse fremde Übersteigerung der geschlechtsbetonten Momente mit sich, die sich in bezug auf die Sittlichkeit unheilvoll auswirkte" (S. 105 f.).

Das geforderte „Ja zum Leibe" wird zu einer Gratwanderung zwischen falscher Askese und ungehemmter Triebbefriedigung. Wilke formuliert sie so:

„Es ist ... nicht zu bezweifeln, daß natürliche Leibesanschauung keine Askese einschließt. Wie der Mensch den Leib bejaht, muß er auch die leiblichen Triebe bejahen. Natürliche Lebensgestaltung als notwendige Folge natürlicher Leibesanschauung erfordert aber, in zunehmendem Maße Herr der Triebe zu werden" (S. 110).

Wer gelernt hat, „den eigenen Leib nicht nur als Ausdruck des Geschlechtlichen zu sehen, wird den fremden Körper, auch den des anderen Geschlechtes, ebenso betrachten. Er gewinnt erst das, was wirkliche Freude am Leibe ist. Diese Haltung ist die Grundlage seelischer und geistiger Gemeinschaft, die Wege zu arteigener Sittlichkeit erfolgreich suchen und anderen zum Vorbild werden kann" (ebd.).

Welche Art von Gemeinschaft gemeint ist, wird durch die Quelle deutlich, aus der unmittelbar im Anschluß zitiert wird: „Das schwarze Korps", das Zentralorgan der SS. Dort heißt es:

„Die Schönheit ist unschuldig und unbarmherzig wie die Natur selbst; sie kennt kein anderes Gesetz als das der Natur, die immer auch die Gesetze der Sittlichkeit birgt" (ebd., S. 112).

Der unübertroffene Ratgeberguru Richard Gerling beläßt es nicht bei abgehobenen Sätzen. Für Heranwachsende gibt es besondere Vorschläge, um den „Teufel der Selbstbefriedigung" (1917, S. 57) auszutreiben:

„Wenn die Aufklärung unterstützt wird durch strenge Reinlichkeit, tägliche Waschungen, durch Baden und Schwimmen, ferner durch einfache, reizlose Ernährung, ermüdende geistige und körperliche Arbeit, Luft- und Lichtbäder", dann sollte es Jugendlichen gelingen, die „Herrschaft über ihre Begierden" zu erlangen (S. 58). Das Schönheitsideal ist damit vor jeder triebbestimmten Befleckung geschützt.

Schönheit wird vermessen und diktiert

Ende des 18. Jahrhunderts hat der holländische Arzt Peter Camper Maßeinheiten für die Schönheit von Gesichtern aufgestellt. Er
„zog an der Profilansicht des Kopfes eine Linie zu dem am stärksten hervortretenden Punkte der Stirnwölbung. Den zwischen diesen beiden Linien liegenden Winkel nannte er den Gesichts- oder Schönheitswinkel und suchte nachzuweisen, daß die geistige Bedeutung eines Menschen an der Stellung dieses Winkels zu erkennen ist. Während der Gesichtswinkel des zivilisierten Europäers 80 Grad und darüber erreicht, beträgt der des Negers selten über 70, der des Menschenaffen nur 42 Grad. An den Statuen der alten Griechen, so z.B. am Kopfe des *Appollo Pythius*, stellte er den Ausdruck des höchsten Geistesadels und einen Winkel von 100 Graden fest" (Gerling 1917, S. 21).

Immer wieder hat man das Geheimnis der Schönheit mathematisch zu entschlüsseln versucht und dabei häufig auf das Prinzip des „Goldenen Schnitts"* bezug genommen, die auch als „göttliche Proportionen" bezeichnet wurden. Dazu schreibt ein Autor die Diskussion seiner Zeit zusammenfassend:
„Beim schönen, normal gewachsenen Menschen ist die ganze Länge des Körpers in der Taille nach dem Goldenen Schnitt geteilt. Teilt man die Länge von der Taille bis zum Scheitel, so ist die Kopflänge der Minor (kleinere Teil). Die Taillenbreite, die beim weiblichen Körper der Kopfhöhe entspricht, verhält sich zur Schulterbreite wie der Minor zum Major (größere Teil) des Goldenen Schnitts. Das ist z.B. bei der Venus von Milo der Fall". Ein Dr. Goeringer hat „einen Zirkel konstruiert, der die Prüfung und Darstellung der Verhältnisse des schönen und gesunden Körpers ermöglicht."** „Nimmt man Nasenspitze und Kinn in den umgekehrten Zirkel, so ergibt sich der dritte Punkt, die Mundspalte. Ebenso ist die ganze Figur des normalen Menschen nach dem Goldenen Schnitt proportioniert. Faßt man in den Zirkel den ganzen Körper, so daß die Spitze des Major an der Ferse, diejenige des Minor am Scheitel steht, so gibt der dritte Punkt die Magengrube an usw., *so daß stets zwei wichtige Punkte des Körpers im Zirkel den Sitz eines dritten für die Harmonie wichtigen Punktes angeben*" (Gerling 1917, S. 22).

---

* Gesetz des „Goldenen Schnitts": Teilt man eine Linie so in zwei ungleiche Hälften, daß die kleinere sich zur größeren verhält wie die größere zur ganzen Linie, so nennt man diese Teilung den „Goldenen Schnitt".
** Diese Prüfung sollte der Empfehlung Gerlings (1917, S. 22) entsprechend „in Luftbädern vorgenommen werden, um danach festzustellen, welche Teile des Körpers besonderer Ausbildung bedürfen, um der ‚Vollendung', d.h. der harmonischen Entwicklung möglichst nahe zu kommen."

Der medizinische Schönheitsapostel Dr. Stratz perfektioniert die Meßmethoden und liefert Normtabellen, in denen teilweise Zahlenwerte und teilweise qualitative Urteile aufgelistet werden. Paris hätte sie bei seinem Jurorenamt in Troja sicher gerne genutzt, dann wäre sein Urteil nicht so anfechtbar ausgefallen. Stratz betont ausdrücklich, „daß der Begriff der weiblichen Schönheit nicht ausschließlich Geschmackssache ist, und daß es einzelne unumstößliche Regeln gibt, die diesen Begriff unabhängig von persönlicher Auffassung bestimmen". Er liefert „eine Reihe von Maßen, deren Größe und gegenseitiges Verhältnis durch die Natur unabänderlich vorgeschrieben sind. Ein Körper, der sie besitzt, ist normal; jedes Abweichen davon ist ein Fehler" (1898, S. 458).

Exemplarisch seien einige seiner Normmaße genannt: In die Körperhöhe passen 10 Gesichtshöhen, 9 Handlängen, 8 Kopfhöhen und 7 Fußlängen. Die Beinlänge entspricht 4 Kopfhöhen und die Schulterbreite 2 Kopfhöhen. Es wird noch genauer: Zwischen Schultern und Hüften ist ein Abstand von 4 cm normal, zwischen Hüften und Taille sind es 12 cm und zwischen den Brustwarzen ein Abstand von 20 cm.

Damit die Männer nicht zu kurz kommen, werden zunächst allgemeine Merkmale der Schönheit genannt und ihnen jeweils Fehlervarianten zugeordnet. Aus einer dreiseitigen Liste nur ein paar Beispiele (Stratz, 1989, S.461ff.):

Norm	*Fehler*
Symmetrie beider Körperhälften	Asymmetrie beider Körperhälften
Schmale, gerade Nase	breite Nase
Rundes Kinn und Grübchen	Doppelkinn, Hakenkinn, fliehendes Kinn
flacher, runder Leib	Spitzbauch, Hängebauch, Froschbauch, Schlotterbauch
längere zweite Zehe	längere erste Zehe

Dann kehrt Stratz zum Objekt seiner „wissenschaftlichen Begierde" zurück, dem weiblichen Körper. Auch hier einige Beispiele:

Norm	*Fehler*
runde Formen	eckige Formen
hochgestellte, runde pralle Brüste	tief angesetzte, sinkende, schlaffe Brüste, Hängebrüste, fehlende Brüste
breites Becken	schmales Becken
runder Schädel	eckiger Schädel
enges Handgelenk	plumpes Handgelenk
runde Hüften	schmale Hüften
vorstehende, gewölbte Hinterbacken	flache, kleine Hinterbacken

Wir befinden uns im Zeitalter der Rechenhaftigkeit und Meßbarkeit. Hier zeigt sich aber nicht nur eine rechnende, sondern auch eine instrumentelle Vernunft. Sie hält die Welt für gestaltbar und manipulierbar und natürlich auch Körper und Schönheit. Das bürgerliche Zeitalter ist angebrochen. Was machbar ist, kann auch gefordert werden. Die Anforderungen an den einzelnen werden höher. Das Zeitalter der Machbarkeit bedeutet einerseits, daß mehr Menschen an Gütern teilhaben können, die vorher den Herrschaftseliten vorbehalten waren und das gilt auch für die Erreichbarkeit von Schönheitsidealen, aber diese „Demokratisierung der Schönheit erhöht (auch) den Wettbewerbsdruck" (Plake 1992, S. 186).

Schönheit ist machbar und deshalb ist sie Pflicht

In konzertierten Aktionen von Medizin, Sport, Mode und Technik werden im 19. Jahrhundert Schönheit, Körper und Gesundheit zu Feldern, in denen mit verbissenem Aktionismus das Prinzip der technischen Gestaltbarkeit durchgesetzt wird. Ästhetische Beschaulichkeit wird abgelöst. Überall wird das Bestreben erkennbar,
„den Schönheitsmängeln technisch zu Leibe zu rücken. Der Schönheitsfehler hat nun keine so schicksalhafte Bedeutung mehr, daß man ihn einfach als Teil seiner Persönlichkeit zu ertragen hätte. Man vertraut auf die verblüffenden Wirkungen der Technik, den Erfindergeist und seine patentierten Produkte, die, obwohl neu auf dem Markt, angeblich schon millionenhaft bewährt sind" (Plake 1992, S. 189).

An dieser Stelle ist ein Pionier einzuführen, dessen Namen fast nur noch mit dem Schreber-Garten verbunden ist: Daniel Schreber. Er ist der eigentliche Erfinder des „bodyshaping". Als Erzieher hat er sich vor allem um die Gesundheitsförderung von Kindern gekümmert und das war für ihn immer auch Schönheitsbildung. Diese hat er „Kallipädie" genannt. Von klein auf sollen die Heranwachsenden mit speziell entwickelten Geräten arbeiten, die Bauch, Rücken, Brust und Schulter in die gewünschte Form bringen sollen. Kinder werden systematisch abgecheckt. Da, wo im Ansatz Mängel oder Fehler entdeckt werden, ist der Anspruch „nachzuhelfen, auszugleichen und zu bessern". Der menschliche Körper wird zum Schreber-Garten, mehr im Sinne der Zucht, als der „Hege und Pflege".

An Erzieher und Eltern wendet er sich mit diesen Worten:
„Laßt Euch ... die Mühe nicht verdrießen, solche falsche Gewohnheiten, wo sie sich an euren Kindern zeigen sollten, beharrlich und auf alle Weise zu bekämpfen. Das bloße Erinnern ist freilich in vielen Fällen nicht hinlänglich und für beide Teile endlich ermüdend. Wenn es nicht ausreicht, rathe ich euch als bestes Mittel, die strenge Regel einzuführen: daß das Kind, sowie es sich schlaff verhält, sielt oder lehnt, auf einem Fuß mit schiefer Hüfte steht, nicht gerade und straff sitzt (besonders beim Schreiben, aber auch beim Nähen, Stricken usw.), sich sogleich und stets auf ein paar Augenblicke glatt auf den Boden legen muß" (1861, S. 48).

Die Volksorthopädie von Schreber umfaßt ein Arsenal von Praktiken (Apparate, Fesseln, Übungen), die das Wachstum des Kindes in die richtigen Bahnen zwingen sollen. Sie ist im wörtlichen Sinne „repressiv". Es geht um die Unterdrückung des Häßlichen.

Wachstum muß unter die Kontrolle des Pädagogen-Gärtners* gebracht werden.

Die Methoden der Gesundheits- und Schönheitserziehung sind verfeinert worden. Aber das Schrebersche Grundprinzip der körperbezogenen Techniken bleibt erhalten. An Richard Gerling, einem Bestsellerautor im Ratgeberbereich in den ersten Jahrzehnten dieses Jahrhunderts, will ich dies exemplarisch aufzeigen. In hoher Auflage ist beispielsweise sein Traktat „Der vollendete Mensch und das Ideal der Persönlichkeit – Die Kunst, harmonische Leibesbildung, gesunden Organismus, sympathisches Äußeres und körperliche Kraft zu entwickeln und dauernd zu erhalten" am Ende des 1. Weltkriegs (1917) erschienen. Gerling schreitet das gesamte Spektrum körperlicher und psychischer Erscheinungen und Äußerungsformen ab und weist ihnen in einem wohlgeordneten Sinnganzen jeweils einen klaren Ort zu.

Gerling hangelt sich an fiktiven Fragen von Lesern und Leserinnen entlang und formuliert in den Antworten sein Programm. Eine dieser Fragen lautet:

„*Müssen* wir häßlich sein?

Keineswegs", antwortet Gerling. „Die Natur hat ‚das Ebenbild Gottes' schön erschaffen, sie will es, wie die Physiologie zeigt, auch in seiner Schönheit erhalten" (1917, S. 9). „*Jeder* Mensch kann ‚schön' werden, wenn er es will und mit den rechten Mitteln danach strebt: seine volle Eigentümlichkeit zu wahren und zu entwickeln, – wenn sein Verhalten und seine äußere Erscheinung allseitig naturgemäß sind" (S. 20).

Schönsein ist also letztlich eine Frage der „Willenskraft" und hat ein Gefühl naturgemäßer Gestaltung zur Voraussetzung. Sie wird bei Gerling dann verfehlt, wenn der Prozeß auf ein reines „bodyshaping" hinausläuft:

„Nicht Kraftmaier mit Eisenlenden und scheußlich eckigen Muskelbäuchen sollen wir heranbilden, sondern harmonische Gestalten; Edelmenschen, bei denen Wille und Körperkraft, innere und äußere Organe, willkürliche und unwillkürliche Muskeln in richtigem Verhältnis zueinander stehen und sich entsprechend entwickeln" (S. 7).

Warum erreichen so viele Menschen nicht das mögliche Ziel der Schönheit? Was sind „die Sargnägel der Schönheit", fragt Richard Gerling. Das „soziale Elend", wie viele behaupten, könne nicht „am allgemeinen Verfall der Schönheit" schuld sein, dazu gäbe es zu viele schöne Menschen, die arm seien und zu viele Häßliche, die „in den günstigsten Verhältnissen leben" (S. 40). „In uns selber haben wir unseren Vernichter zu suchen!" Es ist für unseren Autor völlig klar, „daß die Unkeuschheit die Schönheit und Jugendfrische der Menschen vernichtet bis ins dritte und vierte Glied". Dramatisch malt Richard Gerling die Gefahren unserer Triebnatur aus:

---

* Die Gärtnermetapher mag zunächst harmlos klingen und bezieht sich auf die Facette von Schrebers Image, das ihn als Namensgeber einer spezifischen kleinbürgerlichen Gartenkultur gemacht hat. Wie jedoch Zygmunt Bauman (1992) in seiner Modernedeutung aufzeigt, erweist sich die Gärtnermetapher als besonders geeignet, den spezifischen Gesellschaftsinterventionismus der Moderne zu symbolisieren. Der Gärtner hat eine Vorstellung von der künftigen Gestalt seines Gartens und er weiß sie durch Eingriffe in die Natur umzusetzen. Diese Eingriffsmentalität, die sehr genaue Vorstellungen hat von dem, was nützlich und schädlich ist, ist ein prägender Grundzug der Moderne bis hin zum Nationalsozialismus und darüber hinaus.

„Derjenige Teil unseres Körpers, der angeblich das Tier im Menschen repräsentiert, der Unterleib, ist unser Freudenbringer und Totengräber zugleich. Dem Teile des Menschen unterhalb der Taille bringen wir die schwersten Opfer. Und je mehr Aufmerksamkeit wir ihm widmen, um so mehr beherrscht er uns; je mehr wir uns seiner Herrschaft unterwerfen, je rascher vernichtet er uns, indem er dem Moloch gleich unsere besten Kräfte fordert und verzehrt" (S. 40).

Persönlichkeitsbildung und Gesundheit werden als Aufgaben verstanden, an denen jeder Mensch zu arbeiten, für die er Verantwortung zu übernehmen hätte. Es wird ein Persönlichkeitsideal konstruiert, das eine vollständige Einbindung des einzelnen die höheren Aufgaben von Staat, Nation und Gemeinschaft normativ unterstellt und darin die persönliche Erfüllung sieht. Aber es wird nicht nur eine über dem Alltag schwebende Idealkonstruktion vorgelegt, sondern die Subjekte werden zu Übungen angehalten: „Lieber Leser, wenn Sie gesund bleiben und Kraft wie auch harmonische Leibesbildung gewinnen wollen, müssen Sie gehorchen. – Sie müssen einfach!" (S. 87).

Gesundheit ist also bei Gerling und ähnlichen Autoren nicht nur ein Faktum oder ein Fatum,

„sondern eine Pflicht, die durch Übernahme und Übung im Prinzip von jedem erreicht werden kann – falls nicht die Vorfahren ihre Pflicht versäumt haben und man für ihre Sünden büßt" (Haug, S. 115).

Zwischen dem Subjekt und der Krankheit steht die „Widerstandskraft ... im gesteigerten Daseinskampf": Gerling dazu:

„Weiter sollten alle wissen, daß Krankheiten in erster Linie die Widerstandsunfähigen befallen, Widerstandsunfähigkeit aber tritt niemals ein bei entsprechender Körper- und Geistespflege" (S. 34). „Dieses Muß wird aufgespannt zwischen Werten des einzelnen und politischen Zielen, zwischen Schönheit/Gesundheit/ Harmonie und der ‚Wiedergeburt unseres Volkes'" (S. 75). „Übung, Selbsterziehung, Abhärtung werden als Praktiken der Selbstnormalisierung dem Individuum aufgetragen, allerlei Diäten und Disziplinen empfohlen" (Haug, S. 111).

Und Vorbilder werden geliefert, so etwa ein Foto des „bekannten Turnlehrers und Schriftstellers E.Sommer, der durch methodische Übungen seinen früher schwächlichen Körper zu vollendeter Formenschönheit entwickelt hat (Gerling, S. 94).

Aber die Gymnastik nackt und am offenen Fenster oder andere Formen der Körperbildung dürfen nicht im Sinne eines narzißtischen „bodybuilding" betrieben werden. Gerling zitiert seinen eigenen Experten, Dr. E. Reich:

„Ohne sorgfältige häusliche und öffentliche Erziehung, ohne geeignete Gesamtlebensweise, ohne gesunde Zustände in Gesellschaft, Staat und Kirche, ist ... gewöhnliche Gymnastik nur ein Mittel, die Muskeln kräftig zu machen und allen jenen Verhältnissen Raum zu geben, welche Ausfluß allgemeiner Muskelstärke sind" (S. 29).

Es geht um die Herstellung eines Habitus, einer Grundhaltung. Körperkultur ist kein Selbstzweck, sondern Körperübung steht im Dienste der Einordnung in eine spezifische Arbeitswelt: Es gilt

„alle Volksgenossen so zu erziehen, daß ihnen von Jugend auf körperliche Anstrengung zur Gewohnheit und durch diese zum Lebensbedürfnis werde ... Nicht zweckloses Spiel sollen körperliche Übungen sein" (S. 33).

In dieser eifrigen Übernahme von Übungsvorgaben „gewöhnen (sie) sich ... an Unter- und Einordnung" (S. 36).

Letztlich geht es um das Konditionieren einer Willenshaltung, um das „Wollen des Gesollten", die vor allem durch die Unterwerfungen der eigenen Körpernatur unter einer „höheren Willen" erfolgt. Gerling ist ein Perfektionist. Er geht penibel die „Leibesverhältnisse" unter dem Aspekt ihrer konditionierbaren Unterwerfung unter die „energische Willensanspannung" durch: Atmen, Essen, Trinken, Ausscheiden, Sich-Waschen, Lieben, Schlafen, Wohnung, Kleidung, Gang, Haltung, Tanz, Stimme, Gesang, Blicke, Gesichtsausdruck, Mundhaltung, Hautfarbe. Und er bietet ein breites Spektrum von Handlungsanleitungen: zur effektiven Zeiteinteilung, zur Stärkung des Willens und Abhärtung des Körpers; Anleitungen zur Gymnastik, Tiefatmung, Lichttherapie, Abreibungen; Pfeifen gegen Augenblinzeln, Zwerchfellatmung gegen „Erröten zur Unzeit", Nasenmodellierung, Hochbinden des Kinns gegen nächtliche Mundatmung usw.

Der Markt wurde überschwemmt von Ratgebern dieses Typs. Die bekanntesten Anleitungen stammten von dem dänischen Arzt I.P. Müller, das sog. Müller-System, das den Untertitel trägt *15 Minuten täglicher Arbeit für die Gesundheit* (1904). Es war zuerst vor allem an Männer adressiert und hat dann – mit dem gleichen Untertitel – einen Zwilling bekommen: *Mein System für Frauen* (1913). Große Resonanz fand Dora Menzlers Lernprogramm *Körperschulung der Frau* (1924). Weltspitze repräsentierte vor allem Bess Mensendieck, die schon um die Jahrhundertwende ihr erstes Buch unter dem Titel *Körperkultur der Frau* für die „denkende Frau" geschrieben hat, nach der das *System Mensendieck* (vgl. dazu Giese und Hagemann 1922) benannt wurde, eine *Internationale Mensendieck-Liga* mit Hauptsitz in Den Haag gegründet wurde und weltweit TrainerInnen ausgebildet wurden. 1929 hat Bess Mensendieck sich auf alltägliche Lebenssituationen bezogen und ihren Ratgeber *Anmut der Bewegung im täglichen Leben* veröffentlicht. Frauen werden beim Bügeln oder Telefonieren gezeigt und die ideale Körperhaltung, die dabei einzunehmen sei. Sie wendet sich scharf gegen die Vereinnahmungen ihres eigenen Systems. In einer „Bekanntgebung", die ihrem Buch voran gestellt ist, distanziert sie sich scharf von allen Versuchen, ihren Ansatz

„mit Zutaten aus allen möglichen und unmöglichen heute grassierenden Neu-Systemen (auszupolstern). (...) Ich protestiere hiermit allen Ernstes dagegen, daß meinem in einfachen Linien gehaltenen System derartig unkonstruktive Stukkaturverzierungen angehängt werden. Der Mechanismus des menschlichen Körpers hat nichts zu tun mit den Mode-Bewegungsnarrheiten der Neuzeit. Er wird konstruktiv derselbe bleiben in tausend Jahren, wie vor tausend Jahren. Meine Arbeit besteht in der Analyse und Synthese der menschlichen Bewegungen, wie das *Alltagsleben* sie erfordert und beschäftigt sich mit derjenigen Schönheit, die sich aus den mechano-physikalisch korrekt verrichteten Alltagsbewegungen von selbst ergibt."

Also zurück zur Natur!

Zum Abschluß dieser Reise durch die Welt der Schönheitsratgeber möchte ich auf den unvergleichlichen Hans Surén zu sprechen kommen, langjähriger Leiter der Heeresschule für Leibesübungen, Sonderbevöllmächtigter für die Leibeserziehung des Reichsnährstandes und Inspekteur für Leibeserziehung des Deutschen Arbeitsdienstes. Er ist Autor von Büchern wie *Deutsche Gymnastik* (1925), *Gymnastik der Deutschen. Rassebewußte Selbsterziehung* (1935). Sein Hauptwerk lautet *Mensch und Sonne. Arisch-olympischer Geist* (1936). Er bildet den personifizierten Kreuzungspunkt der unterschiedlichen Diskurse zur Schönheit: Körperkultur, zurück zur Natur in der Verschmelzung mit der Sonne, und Nacktheit, Gesundheit und Rasse. Seine Bücher hatten eine ungeheure Resonanz und seine narzißtischen Selbstinszenierungen in einer Flut von Fotografien, die nur ihn, Hans Surén*, präsentieren sollen. Die Militarisierung und Panzerung der Männerkörper hat bereits einen solchen Grad erreicht, daß sie sogar bei Körperhaltungen sofort auffällt, die etwas scheinbar Gegenteiliges ausdrücken sollen, z.B. Gelassenheit.

Surén verkörpert sinnfällig den Grundgedanken, den ich durch diesen Text als roten Faden durchzuhalten versucht habe: Schönheit als Potential, das sich alle Machtdiskurse einzuverleiben versucht. Die Sehnsucht nach Schönheit liefert eine mächtige Basis der Verführ- und Verfügbarkeit. Schönheit ist ein Prägestock für jeweils angesagte Normalitäten. Sie ist von ihrem Wesen her das, was Kant die „Zweckmäßigkeit ohne Zweck" oder als „ein Wohlgefallen ohne alles Interesse" bezeichnet hat, aber genau dieses Wesensmerkmal soll instrumentalisiert werden. Zu meiner eigenen Überraschung bin ich beim Thema Schönheit ein Kantianer, auch in der Annahme, daß Schönheit letztlich nur einen subjektiven Maßstab verträgt. Und da fällt mir dann auch noch ein zweiter Philosoph ein, der diese Einsicht verstärkt. Herder hat einmal formuliert: „Jeder Mensch hat ein eigenes Maß, gleichsam eine eigene Stimmung aller seiner sinnlichen Gefühle zu einander" (zit. nach Taylor 1995, S. 38). Auf diesem „Authentizitätsideal" in bezug auf Schönheit gilt es zu bestehen – gegen alle Standardisierungsversuche im Namen von Gott und Vaterland, Gesundheit und Rasse, Männlichkeit und Weiblichkeit oder Werbung und Status. Zugleich ist es beinahe unmöglich, sich den subtilen Normierungsmechanismen der Bilder und Diskurse zu entziehen, mit denen uns das Schönheitsthema tagtäglich umstellt.

Ausblick

Ein Blick auf die gesellschaftliche Umbrüche und die mit ihnen verbundenen Konsequenzen für die Subjekte läßt verständlich werden, warum wir die oben beschriebenen Schönheitsdiskurse unserer Großeltern- und Elterngeneration heute wohl nur mehr als Kabarettvorlagen gebrauchen können. Klar ist aber auch, daß „Freisetzung" nicht identisch ist mit Autonomie des Subjektes, wenn sie mit Autonomie, Selbstorganisation oder Emanzipation in einen Zusammenhang gebracht werden sollen, dann stellen sie allenfalls ein spezifisches Potential dar. Welche Bedeutung haben in diesem Zusammenhang die zeitgenössischen Schönheitsdiskurse? Gilt für sie auch noch, daß sie bevorzugte Medien sind, um gesellschaftlich angesagte Normalitäten paßförmig für den Alltag zurechtzuschleifen? Gilt für sie das, was Foucault (1984, S. 124) über die

---

* Der Exhibitionist Suren, so jedenfalls muß er jedem erscheinen, der seine Bücher durchblättert, ist tatsächlich als Exhibitionist auffällig geworden. Das hat zum Abbruch seiner steilen NS-Karriere 1942 geführt und seine Bücher sind aus allen Buchhandlungen verschwunden (vgl. Wedemeyer 1996).

allgegenwärtigen Normalisierungsmechanismen sagt: Es gibt „jene Agenten ideologischer Zirkulation, deren Trillerpfeife wir hören: nach rechts, nach links, hierher, weiter weg, auf der Stelle, jetzt nicht".

Die von Foucault so genannten „Agenten ideologischer Zirkulation", deren „Trillerpfeife" uns das maßgeschneiderte Identitätsgehäuse verpassen möchte, haben im Zuge der Verlagerung von Prozessen der „Fremd-Vergesellschaftung" in solche der „Selbst-Vergesellschaftung" zunehmend im Cockpit der Person selbst Platz genommen. Die Zwänge unserer Identität können wir nicht problemlos auf externe Kontrollen und Regulative attribuieren. Im Zweifelsfall werden wir immer wieder auf uns selbst gestoßen: Wir hätten prinzipiell auch andere Optionen gehabt! Im Zentrum dieses Prozesses der „Selbst-Vergesellschaftung" steht die Idee des „autonomen Subjekts".

Gernot Böhme entwirft in seiner „Anthropologie in pragmatischer Hinsicht" eine diskutierenswerte Alternative, die ich als mögliche Perspektive im Feld der Gesundheitsdiskurse sehe: Statt auf die Idee des „autonomen Menschen" setzt er auf diejenige des „souveränen Menschen".

„Der autonome Mensch zeigt ein angestrengtes Gesicht, gezeichnet von der ständigen Furcht, seines Selbstbesitzes verlustig zu gehen" (1985, S. 286). „Der souveräne Mensch ist der kompetente Mensch. Zwar wird auch er auf Dienstleistungen durch andere, wird auch er auf Expertenwissen angewiesen sein. Aber er wird sich dabei niemals ganz als Objekt in die Hände der anderen begeben. Er wird in Auseinandersetzung mit den Experten selbst herausfinden, welche Art von Hilfe er braucht, und er wird nicht unnütz und nicht vorschnell sich anderen überlassen. Das erfordert Mut und die Bereitschaft, ein Stück Unsicherheit zu ertragen (...).

Die Souveränität besteht vor allem in der Zulassung des Anderen. Der souveräne Mensch weiß, daß er nicht die ganze Wahrheit vertritt und daß seine Form des Daseins nur einen Teil der Menschheit ausmacht. Er wird nicht ängstlich um sein Ich bangen, weil er dahinter das Selbst spürt. Er wird seinen Leib nicht für ein körperliches Instrument seines Willens halten, seine Gefühle nicht für Attribute seiner Seele und seine Gedanken nicht für Produkte seines Bewußtseins. Er wird mit sich selbst leben als Teil eines größeren Zusammenhanges. (...) Der souveräne Mensch weiß, daß er nicht das Ganze ist, aber er lebt als Teil des Ganzen und weiß sich mit dem Ganzen in Verbindung zu setzen" (S. 288).

Ein kompletter Grundriß eines alternativen Schönheits- und Gesundheitsdiskurses ist das natürlich nicht. Aber es wird eine Perspektive für eine souveräne Verweigerung gegenüber den allgegenwärtigen Identitätszwängen der uns umstellenden Schönheits- und Gesundheitsdiskurse eröffnet. Diese Perspektive könnte die automatischen Konditionierungen gegenüber den ideologischen Trillerpfeifen reflexiv aufheben und das Potential einer Subjektbildung vergrößern, die es ermöglicht, „ohne Angst verschieden sein" zu können.

Werte in der Gesellschaft von morgen

Der Wertehorizont eines modernen Traditionalisten

Es ist wohl nicht nur die anstehende Jahrtausendwende, die zu solchen Bilanzierungsfragen Anlaß geben wie: Wo stehen wir und wo wollen wir hin? Befinden wir uns an einer Epochenschwelle und mit welcher Ausstattung können wir sie überschreiten? Was sind Traditionen noch wert oder müssen wir sie gerade jetzt erneuern? Wenn sich der SOS Kinderdorfverein mit der Frage nach tragfähigen Werten für die erwartbare Zukunft beschäftigt, dann heißt das für ihn, sich mit Grundüberzeugungen seines Gründervaters auseinanderzusetzen. In welcher Zeit sind diese geprägt? Auf welche Erfahrungen versuchen sie eine schlüssige Antwort zu geben und reichen sie für zukunftsfähige Projekte der Jugendhilfe noch aus? Also las ich Hermann Gmeiners (1995) Büchlein „Eindrücke – Gedanken – Bekenntnisse". Viele seiner Aussagen, vor allem über seine Herkunft, haben mich gerührt. Bei der Lektüre sind mir ständig meine eigenen Eltern und Großeltern eingefallen und das kleine fränkische Dorf, in dem ich aufgewachsen bin. Etwa bei folgender Formulierung:

„Meine Mutter hatte mir ein Gutsein vorgelebt, das seinen Ausdruck in unbeirrbarer Pflichterfüllung auf aufopfernder Fürsorge für ihre Familie fand. Mein Vater war gut, weil er Kummer und Leid ertrug, ohne Gott und die Welt anzuklagen. Gut war der Zusammenhalt meiner Geschwister und waren ihre Anstrengungen, uns allen Schwierigkeiten zum Trotz die Heimat, Haus und Hof zu erhalten" (S. 30).

Ich lasse mich berühren und zugleich lösen solche Formulierungen den Zweifel aus, ob das noch meine Vorstellungen von Gutsein sind oder gar diejenigen, die ich meinen Kindern zu vermitteln versucht habe. Bietet uns das Wertkostüm, das für eine ländlich-bäuerliche Lebenswelt geschneidert war, den Bewegungsspielraum und die Handlungsbasis, die wir heute brauchen?

Ich lese weiter. Mir gefällt der tatkräftige Optimismus von Hermann Gmeiner:

„Wir brauchen mehr und mehr Menschen in der Welt, die an das Gute glauben und, von diesem Glauben bestärkt, das Chaos überwinden und um Ordnung ringen. Denn wir benötigen seit eh und je nichts dringender als lebensfreundliche, dem Menschen adäquate Ordnungen, die sich unser nicht bemächtigen und uns in ihren Dienst zwingen, sondern dem Menschen helfen, Mensch zu sein. Mit Hilfe solcher Ordnungen werden wir auch einen Ausweg aus den Gefahren finden, die heute und immer die Existenz der Menschheit bedrohen" (S. 77).

Daß bestehende gesellschaftliche Ordnungen nicht von dem bestimmt sind, was Menschen für ein gutes Leben brauchen, findet meine volle Zustimmung, aber der Glaube an eine gesicherte Ordnung ist mir gründlich abhanden gekommen. Vor allem habe ich den Glauben an den Titanenkampf verloren: Das „Reich des Guten" ringt mit dem

„Reich des Bösen", und wir müssen uns entscheiden. Dieser Manichäismus ist sogar gefährlich. Er fördert Gut-Böse-, Schwarz-Weiß-Dichotomien und suggeriert die Möglichkeit, eine komplexe Welt nach eindeutigen Prinzipien zu ordnen. Alles hängt nur davon ab, uns dem richtigen Reich zuzuordnen. Gepaart ist diese Vorstellung auch meist mit einem Horrorgemälde von einer feindlichen Welt, gegenüber der man eine positive Gegenwelt errichten müsse, ein Bollwerk der Hilfe, Wärme und Geborgenheit für die „Kinder in Not". Auf die problematischen Nebenfolgen dieser Metapher von den „Kindern in Not", die unserem Helferverständnis oft so ideal zuarbeitet, komme ich noch zu sprechen.

Ich lese weiter bei Hermann Gmeiner und stoße auf Sätze, die ich voll unterschreiben kann:

„Der Mensch ist zwar unvollkommen. Er ist kein perfekter Idealist und von Natur aus keineswegs nur dazu geschaffen, hochgespannte Vorstellungen vom ‚wahren Menschlichsein' in die Tat umzusetzen. Aber er besitzt die Fähigkeit, seine Unzulänglichkeit Schritt für Schritt zu überwinden. Er kann aus Erfahrung lernen, daß nicht nur das gut ist, was ihm augenblicklich am meisten nützt. Er kann auf lange Sicht planen. Und er ist auch imstande, zu begreifen, daß zwischenmenschliche Bindungen und gegenseitige Verpflichtungen nicht nur ein unangenehmes, notwendiges Übel, sondern eine Chance sind, mehr für die Bewältigung des Daseins und unser gemeinsames Wohlergehen zu leisten, als es der einzelne vermag" (S. 87).

Im letzten Teil seiner Schrift wendet sich Hermann Gmeiner unmittelbar unserem Thema zu. Er sieht die Anzeichen tiefer gesellschaftlicher Umbrüche und einer wachsenden Unklarheit, wohin sich unsere Welt entwickeln wird:

„Unsere Welt ist von großer Unruhe erfüllt. (...) Die Unzufriedenheit mit unseren Denk- und Lebensgewohnheiten scheint von Tag zu Tag zu wachsen. Vertrautes und Althergebrachtes werden als längst überholt, als unzureichend, als Hemmnis des Fortschritts und der unaufhaltsamen Entwicklung angeprangert.

Das Atomzeitalter, das Raketenzeitalter, das Computerzeitalter schickt sich an, eine Neuordnung der Gesellschaft, der Wertbegriffe und unserer gesamten Einstellung zum Dasein zu erzwingen. Wohin wird dieser Prozeß führen? Es gibt Prognosen, die uns ängstigen, andere machen uns Mut. (...). Ich weiß nur, daß wir morgen und allzeit vor eine große Aufgabe gestellt sein werden, vor die Aufgabe, uns als Menschen zu bewähren." (S. 89 ff.).

In dieser Allgemeinheit kann man dem letzten Satz nur zustimmen, aber ist die Botschaft konkret genug? Ist vor allem die Andeutung veränderter Werthaltungen ausreichend? Natürlich nicht. Machen wir uns auf die Suche nach präziseren Einschätzungen.

Das Geschäft der Trendforschung: Zukunftsprognosen gegen Cash

Zunächst habe ich einen einfachen Weg gewählt, um diese Suche abzukürzen. Es gibt einen expandierenden Büchermarkt der sogenannten „Trendforschung" (Rust 1995), der uns und allen Menschen, die wirklich durchblicken wollen, eine Fülle von Prognosen anbietet, die eine Orientierung im bald beginnenden 21. Jahrhundert versprechen. Sie richten sich vor allem an jene, die dieses Jahrhundert auf der „winner"-Seite betreten wollen. Namen wie John Naisbitt, der seit den frühen 80er Jahren immer neue „Megatrends" anbietet, Faith Popcorn, Gertrud Höhler, Matthias Horx oder Gerd Gerken sind die GroßverdienerInnen dieser Trendforschung und sie haben als Zielgruppe vor allem die Wirtschaftselite.

Was also können uns diese Trendgurus über Werte in der Gesellschaft von morgen sagen? Zunächst zieht mich Matthias Horx (1995) vom Hamburger Trendbüro mit einem Titel „Das Comeback der Werte" an. Er liefert eine passable Definition der Rolle von Werten, die zum Ende eine bitterböse Zuspitzung erfährt:

„Werte sind nichts Ewiges. Auch wenn jeder von uns eine bestimmte romantische, bisweilen auch pathetische Vorstellung mit ihnen verbindet, sind Werte in erster Linie nichts anderes als Regulatorien, die verhindern, daß bestimmte gesellschaftliche Konflikte sich zerstörend zuspitzen. Man benutzt sie. Sie dienen einem. Auch wenn man noch so altruistische, idealistische Vorstellungen mit ihnen verbindet, so dienen sie doch zuallererst denjenigen, die sie im Munde tragen, als Mittel zum Zweck der Durchsetzung der eigenen Ziele" (S. 46 f.).

Die Spürnase des Trendforschers wird dann bei folgenden Werten fündig, die auf den ersten Blick uralt erscheinen, die Horx aber als „Rekombinationswerte" diskutiert, in denen sich „Elemente des Alten mit ‚Neuentwicklungen'" verknüpfen:

1. *Freundschaft*: In einer Gesellschaft hoher „Beziehungsmobilität" ist nicht die Partnerschaft das stabile Element, sondern es sind die Freundschaftscliquen. „Wo früher Autoritäten für Geborgenheit und Halt sorgten, sind es heute die selbstgewählten Freunde" (S. 48). Bei wem da noch „der alte, der eher idealistische Freundschaftsbegriff" (S. 49) mitschwingt, der hat noch nicht verstanden, worauf es jetzt ankommt. Es ist auch besser dafür einen zeitgemäßen Begriff zu prägen: „Networking-Kultur" zum Beispiel.

„Der einzelne definiert sich über diverse und ineinander übergreifende Freundeskreise. Er versucht, ein Netz aus sozialen Beziehungen zu knüpfen, das wie eine soziale Hängematte – und wie ein Trampolin – funktioniert". Der einzelne braucht in diesem Netz „enorme Freiheitsgrade". Es ist ein Typus von Bindung, der – paradoxerweise – „wie ein sanfter Schutzschild gegen das (wirkt), was der moderne Individualist eher fürchtet: Bindung auf lange Sicht, Verpflichtung und Entscheidung für eine Person" (S. 49).

2. *Ehrlichkeit*: Auf dem Hintergrund einer zunehmenden Virtualisierung, also eine „Verkünstlichung", sieht Horx den Trend zur „Echtheit". Das schier unaussprechliche Fremdwort dafür heißt „Authentizität" und dieses kann man heute als Aufdruck auf Klamotten und vielen Waren als Ausdruck des Bedürfnisses nach „real values" sehen. „Gerade das Unansehnliche, Häßliche, Marginale kann einen Echtheits-Hautgout ausstrahlen" (S. 51). Das neue „Kultmarketing" knüpft hier an. Natürlich glauben die postmodernen Marketingstrategen selbst an keine Wahrheit. Aber sie bedienen skrupellos den „Hunger" nach Echtheit und Wahrheit.

3. *Bildung*: Die Informationsflut einer digitalisierten Welt führt zur „Wichtigkeit ‚Neuer Bildung' im Sinne von Verknüpfungsfähigkeit, Interdisziplinarität, Komplexitätswissen" (S. 54). Die hyperspezialisierten „Fachidioten" sind „out".

4. *Glaube*: Auch hier sollten sich die RepräsentantInnen der alten Glaubensinstanzen keine Hoffnungen machen. Vom neuen Glaubenstrend werden sie nicht profitieren. Das neue Glaubensbekenntnis klingt nach Horx anders:

„Wir glauben nicht mehr an einen fremden, starren Gott, Katechismen und Exegesen sind uns egal, wir wollen Spiritualität im *Hier und Jetzt*. Erleuchtung und Ekstase sollen, bitte schön, unser Leben jetzt schon verändern; nicht erst im nächsten Leben oder im Himmelreich ... Wichtig ist nicht, was *wahr* ist, sondern was *nutzt*" (S. 54f.).

Das beste Beispiel für die Beobachtung von Horx, daß „die Firma zur verschworenen Gemeinschaft, zur Glaubensbruderschaft, zur ‚Gemeinde' wird", hat uns der VW-Guru Lopez geliefert, der seine eingeschworene Crew der „Krieger" wie Gralsritter auf ihr Ziel fixiert hat.

Abschließend prognostiziert Matthias Horx einen Trend zu „*größtmöglicher Freiheit bei größtmöglicher Bindung*", „diese Zauberformel" sei „das Mandala der modernen Werte-Entwicklung". Die „Rekombinationswerte" folgen aus der Einsicht, „daß radikale Individualisierung ins Nichts führt und uns am Ende einsam und allein in Einzimmerwohnungen dahinsiechen läßt". Deshalb

„versuchen wir alle, ob bewußt oder unbewußt, an einer ‚Rekonstruktion des Gesellschaftlichen' mitzuarbeiten. Das ‚morphische Feld' dieser Rekonstruktion sind Werte; gewissermaßen die feinen Kapillaren, an denen entlang sich die ‚gesellschaftlichen Muskeln' entwickeln" (S. 57).

Für einen Gemeindepsychologen wie mich klingen solche Prognosen verführerisch. Im Grunde heißt die Botschaft: Es läuft irgendwie alles richtig. Kommunitarismus kommt von selbst:

„die ‚Community' kehrt in moderner Gestalt zurück, soziale Experimente der siebziger Jahre erleben eine Renaissance. Ein ‚Patchwork'-Lebensstil entsteht, in dem Freundschaftsnetze und Nachbarschaft verlorengegangene Elemente des familiären Zusammenhangs ersetzen" (S. 61);

es kommt zu einer nachhaltigen Veränderung der Lebensstile im Sinne von „Weniger ist mehr" und neue „Bindungswerte" werden sich auch durchsetzen (S. 61). Beim Lesen solcher Botschaften komme ich mir vor, als hätte ich einen Joint geraucht. Der letzte Satz von Horx nüchtert mich allerdings brutal aus: „... wenn diese ‚Rekombination' nicht gelingt, geht es geradewegs in Richtung einer ‚Barbarisierung' unserer Gesellschaft" (S. 62).

Wenn man die Lektüre Horxscher Zukunftsprognosen wie einen Joint empfindet, dann liefert Gerd Gerken eher einen Cocktail synthetischer Drogen. Da werden uns Begriffe wie „Leading Edge", „Multi-Mind", „Multiphrenie" oder „Rhizom" eingeworfen. Alle bisherigen Werte und Begriffe werden abserviert. Ich gebe diesen Weg der Abkürzung zur Beantwortung der Frage nach Werten in der Gesellschaft von morgen auf und wende mich der seriösen Forschung über Werte und Wertewandel zu.

Werte und Wertewandel:
Auf dem Weg zu einem neuen kulturellen Modell

Werte gehören zu dem Grundbestand der alltäglichen Orientierung und Lebensbewältigung. Sie ordnen die Routinen unseres Alltags, die Peter Berger und Thomas Luckmann (1995) als Typisierungen bezeichnen:
„Auf der Grundlage dieser Typisierungen werden Handlungsschemata entwickelt; diese sind über Handlungsmaximen auf darüberstehende Werte gerichtet. Übergeordnete ‚Wertkonfigurationen' wurden seit den alten Hochkulturen von religiösen, später auch von philosophischen Experten zu Wertesystemen ausgebaut. Diese erheben den Anspruch, die Lebensführung des einzelnen im Verhältnis zur Gemeinschaft sowohl in den Routinen des Alltags wie in der Überwindung seiner Krisen im Blick auf alltagstranszendente Wirklichkeiten sinnhaft zu erklären (‚Theodizeen') und zu regeln.
Am deutlichsten tritt der Anspruch übergeordneter Wertkonfigurationen bzw. Wertesysteme, die gesamte Lebensführung mit Sinn zu erfüllen, in einem Schema auf, das Handlungsmuster aus den verschiedensten Bereichen zusammenfügt und in einen Sinnentwurf, der von der Geburt bis zum Tod reicht, einpaßt. Dieses Sinnschema bezieht den Gesamtverlauf des Lebens auf eine Zeit, die das Einzelleben transzendiert (z.B. die ‚Ewigkeit'). Biographische Sinnkategorien, wie wir sie nennen können, versehen den Sinn von Handlungen kurzer Reichweite mit übergreifender Bedeutung. Der Sinn alltäglicher Routinen verschwindet zwar dabei nicht ganz, er ist aber dem ‚Lebenssinn' unterworfen" (S. 17).
„Institutionen sollen Sinn sowohl für das Handeln des einzelnen in verschiedenen Handlungsbereichen wie auch für seine gesamte Lebensführung bewahren und zur Verfügung stellen. Diese Funktion von Institutionen steht jedoch in einem wesensmäßigen Verhältnis zur Rolle des einzelnen als Konsumenten, aber auch, von Fall zu Fall, als Produzenten von Sinn. Dieses Verhältnis kann in archaischen Gesellschaften und in den meisten traditionellen Hochkulturen relativ einfach sein. Dort ist der Handlungssinn einzelner Handlungsbereiche ohne große Brüche in den Gesamtsinn der Lebensführung eingefügt, und dieser ist auf ein einigermaßen stimmiges Wertesystem bezogen" (S. 18).
„Anders liegen die Verhältnisse in modernen Gesellschaften. Natürlich gibt es weiterhin Institutionen, die für ihre Handlungsbereiche Handlungssinn vermitteln; es gibt weiterhin Wertesysteme, die von manchen Institutionen auch als Sinnkategorien der Lebensführung verwaltet werden" (S. 19).
Im Fall traditionaler Gesellschaften kann man davon ausgehen, daß sie für Sinn- und Wertekrisen nicht besonders anfällig sind:
„Von den Erfahrungs- und Handlungsschemata des täglichen Lebens bis hin zu den übergeordneten und auf außeralltägliche Wirklichkeiten gerichteten Kategorien der Lebensbewältigung und Krisenbewältigung. Der gesamte Sinnbestand wird von gesellschaftlichen Institutionen bewahrt und verwaltet" (S. 26). „Anders verhält es sich in Gesellschaften, in denen gemeinsame und verbindliche Werte für alle nicht (mehr) vorgegeben und strukturell verankert sind, und in denen diese Werte auch

nicht mehr alle Lebensbereiche gleichermaßen erreichen und miteinander in Übereinstimmung bringen" (S. 27).

Seit den 70er Jahren hat sich eine wertvolle Forschungsrichtung um die empirische Erhebung von grundlegenden Werten in unserer Kultur und deren Veränderungsdynamik entwickelt. Ende der 70er Jahre hatte sich Ronald Inglehart (1977) mit seinem Buch „The silent revolution" zu Wort gemeldet, dessen zentrale Aussage ein kultureller Umbruch von „materiellen" zu „postmateriellen Werten" war. Danach hat sich auch in der Bundesrepublik eine intensive Diskussion und Forschungsaktivität zum Thema Wertewandel entwickelt, in der sich vor allem Helmut Klages (1988), Burkhard Strümpel (v.Klipstein & Strümpel 1985) und Rainer Zoll (1993) mit ihren Forschungsteams profiliert haben.

Der Schweizer Sozialwissenschaftler Christian Lalive d'Epinay (1992) hat mir für einen eigenen Suchprozeß sehr hilfreiche Systematisierungshilfen angeboten und ich habe sie gerne genutzt*. Im Titel seiner Arbeit kommt die grundlegende Wandlung des vorherrschenden Werteparadigmas gut zum Ausdruck: „Vom Ethos der Arbeit zum Ethos der Selbstverwirklichung". Er unterteilt zunächst das 20. Jahrhundert in zwei ziemlich gleich große Hälften, für die jeweils grundverschiedene Formen des Ethos, also ein wegweisendes Wertebündel, typisch seien. In der ersten Hälfte dieses Jahrhunderts herrschte das „Ethos der Pflicht und der Arbeit", in der zweiten Hälfte entwickelte sich dann das „Ethos der Selbstverwirklichung".

Das *Ethos der Arbeit und der Pflicht*, das bis in die Mitte dieses Jahrhunderts dominierte, war in folgendes kulturelle Modell eingebettet:

a) Der Mensch ist einerseits ein *Arbeitswesen*: Die Arbeit ist die oberste Pflicht des Menschen und das eigentliche Mittel zur Erfüllung der anderen Pflichten, die den Menschen andererseits als Pflichtwesen kennzeichnen. Es besteht die Pflicht gegenüber sich selbst und den Seinen sowie gegenüber der Gesellschaft.

b) Aus der Pflicht gegenüber sich selbst und den Seinen leitet sich wiederum ab, daß das Individuum für sich selbst und die Seinen gegenwärtig und zukünftig verantwortlich ist und das bezieht sich auch auf die Verantwortung für die eigene Selbstverwirklichung.

c) Die individuelle Rationalität fokussiert auf eine maßvoll-vernünftige Lebensweise. Sie zeigt sich vor allem in der Arbeit, in der Vorsorge und einem sparsamen Umgang mit Geld.

d) Selbstverwirklichung wird vor allem darin gesehen, seinen Platz in der Gesellschaft zu finden, eine soziale Funktion, also seinen Anteil an kollektiven Pflichten zu übernehmen. Beruf und Arbeit sind der sichtbare Indikator dafür. Der soziale Status und die Identität einer Person sind daran gebunden.

e) Die Gesellschaft stellt gegenüber den einzelnen das höhere Prinzip dar. Das Aufgehen der einzelnen in der Gemeinschaft oder Kollektivität erfolgt über die Pflichterfüllung. Selbstverwirklichung muß der Gemeinschaft nicht abgerungen werden, sondern erfolgt in ihr.

---

* Ich habe in einzelnen Punkten weitere Befunde der Wertewandelforschung (vgl. vor allem Klages et al. (1987), Klages (1988), Klages & Gensicke (1993), Gensicke (1995) und der aktuellen Soziologie (vor allem Beck, Giddens & Lash (1996) und Giddens (1995) hinzugenommen.

f) Letztlich hat die tiefe Bindung an die Arbeit eine religiöse Wurzel. Im unermüdlich tätig sein, erweist sich die gottgefällige Lebensweise. Aber es gibt keine Meßlatte dafür, ob ich genug getan habe, und aus dieser Unsicherheit erfolgt ein weiterer Motivationsschub, der die Arbeitsbereitschaft anspornt. Sinn- und Seinsbasis des Menschen, der vom Ethos der Pflicht und Arbeit durchdrungen ist, sind Beruf und Arbeit.

Dieses Ethos wird ab den 50er Jahren, mit dem Beginn der „Goldenen Jahre" abgelöst vom *Ethos der Selbstverwirklichung*. Es wird ermöglicht durch zwei bis drei Jahrzehnte eines unerwarteten Wachstums. Das Bruttosozialprodukt verdreifacht sich, die Reallöhne der ArbeiternehmerInnen nehmen um das 4 1/2fache zu. Die frei verfügbare Zeit (Montags bis Samstags) erhöht sich um 40%. Die Urlaubsansprüche stiegen von 1960 bis 1991 von 16 auf 30 Tage. Die Haushaltsausgaben erfahren eine strukturelle Veränderung. Noch 1921 und auch noch in den frühen 50er Jahren werden zwei Drittel des Einkommens zur Abdeckung der Grundbedürfnisse (wie Nahrung, Wohnung, Kleidung oder Heizung) benötigt. Etwa 1/5 geht in Steuern, Versicherungen, Bildung, Verkehr und Freizeit. 30 Jahre später reduzieren sich die Ausgaben für die Grundbedürfnisse auf ein Drittel; Sicherheit (also Steuern und Versicherungen) benötigt ein weiteres Viertel und ebenso viel gehen in Freizeit, Bildung und Verkehr. In diesen Zahlen steckt eine Revolution des alltäglichen Lebens.

Auf dem Hintergrund einer solchen Entwicklung haben sich Gesellschaft, Individuum und das Verhältnis zwischen beiden in markanter Weise verändert. In den aktuellen Gesellschaftsanalysen rückt immer deutlicher der Begriff der „Individualisierung" ins Zentrum. Er formuliert einen wichtigen Trend gesellschaftlicher Veränderung.

Die beschriebene Revolution in den Alltagswelten findet ihren Ausdruck in einer „kopernikanischen Wende" grundlegender Werthaltungen. „Dieser Wertewandel mußte sich in Form der *Abwertung* des Wertekorsetts einer (von der Entwicklung längst ad acta gelegten) religiös gestützten, traditionellen *Gehorsams- und Verzichtsgesellschaft* vollziehen: Abgewertet und fast bedeutungslos geworden sind ‚Tugenden' wie ‚Gehorsam und Unterordnung', ‚Bescheidenheit und Zurückhaltung', ‚Einfühlung und Anpassung' und ‚Fester Glauben an Gott'" (Gensicke 1995, S. 47).

Das neue Ethos läßt sich so skizzieren:
a) Der „Wille zum Glück" wird zum Leitwert. Authentizität wird zum Schlüsselbegriff in der „Erlebnisgesellschaft", die manchmal nur noch als „Spaßgesellschaft" verstanden oder auch diskreditiert wird.
b) Die einzelne definiert sich über ihre Rechte und besteht darauf, sie in Anspruch nehmen zu dürfen.
c) Die Gesellschaft hat nun die Verantwortung dafür zu übernehmen, daß die persönliche Entwicklung und ihre physische, materielle und psychische Sicherheit optimal gefördert werden.
d) Vernunft, die sich auf eine rationale Lebensführung reduziert hat, wird um nichtrationale Existenzbedingungen erweitert: Emotionen, Sexualität, Phantasie. Es entstehen Konzepte wie die „Vernunft der Gefühle" (Mitscherlich) oder neuerdings „emotionale Intelligenz" (Daniel Goleman).
e) Es kommt zu einer Umkehrung der Rechte-Pflichten-Relation zwischen dem Ein-

zelnem und der Gesellschaft. Im alten kulturellen Modell war der Einzelne Mittel, das soziale Ganze war der Zweck. Jetzt wird das Individuum Zweck und Norm und die Gesellschaft Mittel zur Selbstverwirklichung des Einzelnen. Die Gesellschaft wird als eine Ressource gesehen, die zur Förderung der individuellen Potentiale eingesetzt werden sollen.

Wir haben die Goldenen Jahre hinter uns gelassen. Ungewisse Zeiten haben begonnen, das Wirtschaftswachstum verlangsamt sich und schlägt immer wieder den negativen Pfad ein. Die internationale Konkurrenz verschärft sich, die Globalisierung der Märkte verringert die nationalen Steuerungsmöglichkeiten, eine technologische Revolution läßt eine negative Utopie zur Wirklichkeit werden: Das Ziel der gesellschaftlichen Integration der Menschen durch Erwerbsarbeit wird kaum mehr gelingen. Auf diesem Hintergrund erfährt der Arbeitsplatz als kostbarer werdendes Gut eine Aufwertung. Gleichwohl zeichnet sich keine Rückkehr zum alten Ethos von Arbeit und Pflicht ab. Die freie Zeit und ihre Nutzung für selbstbestimmte Freizeitaktivitäten sind unveränderte Topwerte. Es entsteht eine Multizentrierung, in der Arbeit weiterhin einen nicht unwichtigen Stellenwert hat, aber sie bildet nicht mehr den Zentralwert. Vor allem hat Arbeit nicht mehr den Charakter einer „heiligen Mission". Die Einstellung zur Arbeit wird vom neuen Ethos der Selbstverwirklichung bestimmt: Arbeit ist nicht so sehr ein Ort der asketischen Pflichterfüllung, sondern wird an seinem Potential der persönlichen Sinnstiftung gemessen. Dies gilt nach den Ergebnissen unserer eigenen Studien auch und besonders für die benachteiligten Jugendlichen.

Die Wertewandelforschung hat zwar einerseits zur Formulierung solcher allgemeiner säkularer Trends geführt und sie hat andererseits jenen Gedanken aufgenommen, der schon in den Formulierungen von Berger und Luckmann zur Pluralisierung angeklungen ist. Pluralisierung heißt, daß der Entwicklungsgang spätmoderner Gesellschaften nicht mehr in einfach linearen Trends beschrieben werden kann. Pluralistische Entwicklungen sind ja gerade über ihren Effekt der Dekonstruktion von Einheitlichkeit und Eindeutigkeit bestimmt. In die gleiche Richtung wirkt sich der Faktor der „Ungleichzeitigkeit" aus. Die Entwicklung in Stadt und Land, zwischen den unterschiedlichen Milieus verläuft nicht synchronisiert und gleichsinnig.

Im Rahmen der sog. Milieuforschung ist diese Pluralisierung in bezug auf die unterschiedlichen kulturellen Lebensmodelle sehr genau untersucht worden (hierzu vor allem Schulze 1992; Vester et al. 1993 und Ueltzhöffer und Flaig 1993). In diesen Lebensmilieus gelten höchst unterschiedliche Normen, Werte, Rollen. Sie haben kaum Berührung und Schnittmengen und in ihnen haben sich jeweils eigene Normalitätsstandards und Erlebnisansprüche ausgebildet. Hier nur stichwortartig Beispiele aus der Typologie von Ueltzhöffer und Flaig für Westdeutschland: Konservatives gehobenes Milieu, kleinbürgerliches Milieu, traditionelles und traditionsloses Arbeitermilieu, aufstiegsorientiertes Milieu, technokratisch-liberales Milieu, hedonistisches Milieu und alternatives Milieu. Im Zeitvergleich wird deutlich, daß sich die Gewichte zwischen diesen Milieus verändern: So nehmen die traditionellen Arbeitermilieus ab und die traditionslosen zu. Die aufstiegsorientierten und hedonistischen Milieus nehmen zu, die konservativ-gehobenen Milieus schmelzen langsam ab.

Wenn wir die Vereinigung Deutschlands unter dem Aspekt der Wertepluralität untersuchen, wird unser Bild noch differenzierter und komplexer.

Auf der Basis einer solchen Komplexität ist es natürlich ziemlich riskant, Prognosen zur weiteren gesellschaftlichen Entwicklung abzugeben. Ermutigt durch den Schweizer Kollegen Christian Lalive D'Epinay und auf ihm aufbauend wage ich dann doch einige Entwicklungstrends ins 21. Jahrhundert hinein hypothetisch zu formulieren:

1. Eine baldige Rückkehr zu regelmäßigem und dauerhaftem Wachstum und Vollbeschäftigung ist unwahrscheinlich. Gleichzeitig ist weiterhin von einem bisher nie erreichten Reichtum auszugehen.
2. Es wird zu einem neuen Vertrag zwischen Gesellschaft und Staat einerseits und den Einzelnen andererseits kommen. Eine wachsende Bedeutung werden die kommunalen Gemeinschaften gewinnen. In ihnen wird sich einerseits soziale Mitverantwortung und -gestaltung realisieren und zugleich der Anspruch auf Selbstverwirklichung ausdrücken.
3. Es kommt zu einer Wiederaufwertung wirtschaftlicher Tätigkeit und zu einer Glorifizierung des unternehmerischen Pioniergeistes.
4. Leitprinzipien wie Selbstverwirklichung, persönliches Glück oder Authentizität werden ihre Spitzenposition halten. In ihnen drücken sich die zentralen Grundorientierungen der neuzeitlichen Zivilisation aus.
5. Verunsicherung und Kommunikation werden die zwei Schlüsselkonzepte der voraussehbaren Zukunft sein. Aus der radikalen Infragestellung überkommener Normen und Werte folgt eine immer wieder auftretende Verunsicherung. Erforderlich sind deshalb eine *„aktive Vertrauensarbeit"* (A.Giddens) im Medium der Kommunikation.
6. Es entwickelt sich zunehmend eine „Moral der Oikumene" (der bewohnten Erde) oder eine ökologische Moral. Sie betont die Werte der Toleranz und des Respekts vor dem Andersseins. Andererseits ist auch das Gegenstück zu erwarten: Xenophobie und ethnozentrischer Fanatismus sowie fundamentalistische Regressionen.
7. Aus dem aktuellen hedonistischen Individualismus wird sich eine „Sozialmoral des ‚eigenen Lebens'" (Beck) entwickeln. Diese geht von der Gewißheit und dem Anspruch aus: „Ich lebe und möchte glücklich sein!" und darin ist die Quelle einer universellen Moral enthalten: Das Leben. Mein individuelles Leben hat notwendigerweise einen universellen Tragegrund.
8. Es kommt zu einer weiteren Desakralisierung von Arbeit im Sinne von Erwerbsarbeit und zu einer Betonung des vielfältigen Tätigseins als Basis des Anspruchs auf Selbstverwirklichung.

Die Avantgarde neuer Werte: Heranwachsende und Frauen

Eine besondere Schieflage bekommt der aktuelle Wertediskurs, wenn die Älteren über die Jugend klagen: Da wird das eigene Wertekorsett in der Entwertung der Heranwachsenden zu retten versucht. Es wird zur Meßlatte schlechthin und sieht nur Verfall. Rainer Zoll (1993) hat diese Haltung so zusammengefaßt:

„Am bekanntesten ist das negative Urteil über die Arbeitslust vieler Jugendlicher: sie hätten keine Lust zu arbeiten, sie seien faul. Ein anderer Vorwurf bezieht sich auf das Verantwortungsgefühl: manche Jugendliche würden für nichts mehr Verantwortung übernehmen, sie seien verantwortungslos in ihrem Denken und Handeln. Weitere Kritikpunkte sind Disziplinlosigkeit, Unbescheidenheit, Unstetigkeit. Auch wird gesagt, die Jugendlichen seien nicht in der Lage, eine Sache zu Ende zu führen, einer Idee oder einer Entscheidung treu zu bleiben oder zu ihr zu stehen, sie würden vieles anfangen, aber wenig vollenden, sie wären nicht fähig, auch einmal etwas hinzunehmen, sich unterzuordnen, zu gehorchen.

Es wird deutlich, daß hinter dieser Kritik die eigenen Wertvorstellungen der älteren Generation stehen: Ideale wie Fleiß, Arbeitslust, Pflichterfüllung, Treue, Bescheidenheit, Verantwortungsbewußtsein, Selbstlosigkeit" (S. 17).

Kürzlich konnte man dieses Thema als Kontroverse zwischen Bischof Franz Kamphausen, Ulrich Beck und Kurt Sontheimer in der Süddeutschen Zeitung verfolgen. In der SZ vom 05.11.1996 hatte Ulrich Beck „Die Kinder der Freiheit" gegenüber ihren VerächterInnen verteidigt und den Bischof von Limburg als einen solchen geoutet:

„Sind wir eine Gesellschaft von Ichlingen? Fast möchte man dies bejahen, wenn man die populären Schlagworte Entsolidarisierung, Werteverfall, Kultur des Narzißmus, Egoismus-Falle, Anspruchsdenken oder Hedonismus Revue passieren läßt. Franz Kamphausen, Bischof von Limburg, schreibt etwa: ‚Mit jeder Bewegung auf dem unendlichen Spielfeld der Freiheit gehen Krisen von Beziehungen einher, Aufkündigung von Loyalitäten, Risse in Traditionsketten ... Lebt der Mensch, der seine Freiheit ausleben will, am Ende sich selber aus? Gehen moderne Gesellschaften an ihrer Atomisierung zugrunde, an Solidaritätserschöpfung?'

Das also ist die Diagnose des Neospenglerismus: Solidaritätsauszehrung."

In einem Leserbrief vom 26.11.1996 verteidigt sich Franz Kamphausen souverän und weist die Zuordnung als Nachfolger des Propheten vom „Untergang des Abendlandes", Oswald Spengler, zurück. Unter der treffenden Überschrift „Kinder der Freiheit sind wir alle" betont er, daß

„wir in unserer Gesellschaft derzeit einen Prozeß der Integration von Moral in die Selbstverwirklichungsvorstellungen (erleben)" (...) „Immer mehr Menschen in unserer Gesellschaft sehen Moral als Teil ihres persönlichen Lebensentwurfs, weniger als Beachtung eines Pflichtenkatalogs".

Mit diesen Sätzen erweist sich der Bischof als guter Kenner der Forschung zum neuen kulturellen Modell. Er setzt sich allerdings dort kritisch von Beck ab, wo er dessen naive Hoffnung, daß aus dem Hedonismus („Spaß haben") die neue Sozialmoral folgen würde, in Frage stellt. Er sei zwar nicht im Widerspruch zu einem wertegeleiteten Handeln, hätte aber auch noch keine ausreichende Antwort auf die anstehenden Probleme. Ich teile die Position des Kirchenmannes. Mir scheint es ohnehin eine außerordentlich verkürzte Sicht auf Heranwachsende zu sein, sie nur an ihren positiven Erlebnisansprüchen zu messen.

Im Unterschied zu manchen Klageliedern zum Werteverfall, der dann auch noch bevorzugt in moralisch abwertender Form an Heranwachsenden festgemacht wird, sehe ich zwar gerade bei ihnen eine Veränderung von Lebensformen und sie begleitenden Werteorientierungen, aber diese sich neu und manchmal als experimentelle Suchbewegungen manifestierenden Werthaltungen lassen sich auch als Boten und Potential zukunftsfähiger Lebensstile lesen. Viel ist ja schon gewonnen, wenn wir die

Lebensprobleme von Kindern und Jugendlichen als Seismograph für den gesellschaftlichen Umbruch zu deuten gelernt haben und nicht nur als individuelle Defizite, die wir möglichst schnell zum Verschwinden bringen wollen. Aber noch mehr ist gewonnen, wenn wir diese Haltung auch in bezug auf Lösungsversuche einnehmen und sie nicht nur als Abweichung uns gewohnter und wichtiger Werte ansehen, sondern als Keime und Potentiale zukunftsfähiger Wertprofile. Die Werteschöpfung in das nächste Jahrhundert hinein wird wohl nicht mit den Vorräten auskommen, die die hinter uns liegenden Jahrhunderte akkumuliert haben.

Als Keime solcher zukunftsfähigen Werthaltungen sehe ich vor allem Tendenzen zu einer hohen „Alltagssolidarität" bei Heranwachsenden, die neue Jugendstudien herausgearbeitet haben (v.a. Zoll 1993). Sie lebt von einer neuen kommunikativen Kultur, in der sich alles und jedes bewähren muß. In ihr

„wird alles hinterfragt. Jede Aussage, jede Entscheidung muß sich in einem kommunikativen Prozeß legitimieren. Bloß hierarchische Autorität wird strikt abgelehnt; gefordert werden Glaubwürdigkeit und Authentizität. Die menschlichen Eigenschaften einer Person werden viel höher bewertet als die Rollen, deren Träger sie sein mag" (Zoll 1993, S. 142).

Diese kommunikative Kultur kommt auch in Untersuchungen von Werthaltungen Jugendlicher zum Ausdruck. Bei west- und ostdeutschen Jugendlichen hat die Shell-Studie 1992 (Jugendwerk der Deutschen Shell 1992) ermittelt, daß in ihrer Wertehierarchie „Wahre Freundschaft (enge unterstützende Freunde)" gleich nach dem Wunsch nach Frieden rangiert (68% der West- und 73% der Ostjugendlichen wünschen sich das). Auch die Untersuchung realer Formen von Alltagssolidarität im Freundes-, Familien- und KollegInnenkreis ergab (vgl. Diewald 1991), daß sich Heranwachsende in hohem Maße in Situationen der Hilfsbedürftigkeit engagieren. Die „Egotripler" oder „Ichlinge" wird man in unserer Gesellschaft durchaus finden, nicht aber bevorzugt in der Generation der Heranwachsenden. Wenn in einer Gesellschaft, die ja ökonomisch und zunehmend auch ideologisch (das ist die „Westerwelle") auf der optimalen Entfaltung des „Eigennutzes" aufbaut, Jugendliche in einem so hohen Maße kommunikative Werte besetzen, dann sehe ich hier ein wichtiges Potential eines Wertekorrektivs.

Eine zweite wichtige Quelle zukunftsfähiger Wertehaltungen kommt für mich aus der Frauenbewegung. Angestoßen durch Gilligan, Chodorow und Benjamin ist eine Wertediskussion in Gang gekommen, in der vor allem die einseitige Betonung von Werten wie Autonomie oder Gerechtigkeit korrigiert und die Ethik der Sorge oder Fürsorge als gleichwertige andere Wertakzentuierungen herausgearbeitet wurde. Die Aufmerksamkeit ist von Feministinnen auf die Dimension der Beziehung und auf die prinzipielle Bezogenheit auf andere Menschen gerichtet worden (vgl. Giesecke 1994; Nagl-Docekal & Pauer-Studer 1993). Traditionell-männliche Wertprinzipien, die sich um die Autonomie als obersten Leitwert gruppieren, wurden kritisch untersucht und als Ausdruck einer patriarchalischen Moral aufgezeigt. Eine adäquate Werteordnung muß im Spannungsfeld von Autonomie und Bezogenheit bzw. von Fairneß- bzw. Gerechtigkeitsmoral und Care-Moral entfaltet werden.

Von der Notwendigkeit universeller Werte

Ich habe bislang Überlegungen zusammengetragen, die in Richtung neuartiger Wertepräferenzen weisen und die als eine „Sozialmoral des eigenen Lebens" bezeichnet wurde. Hier gibt es Hinweise, die gegen eine moralingesäuerte Werteverfallsthese sprechen. Gleichwohl wäre es verkehrt, einen naiven Optimismus zu entwickeln. Die positiven Entwicklungen hin zu einer kommunikativen Kultur, zu Alltagssolidarität und einem Authentizitätsanspruch bilden wichtige Potentiale, aber sie stellen noch nicht die Überwindung jener Problemkomplexe dar, die in den fortgeschrittenen Gesellschaften des Westens in unterschiedlichen Formen artikuliert werden. Mit Charles Taylor (1995) fasse ich sie in den folgenden drei großen Unbehagenskomplexen stichwortartig zusammen:

1. Individualismus
Einerseits: Höchste Errungenschaft der modernen Zivilisation: Die Einzelnen entscheiden autonom über ihr Leben; Selbstbestimmung statt Fremdbestimmung durch Tradition oder Macht. Andererseits: Verlust von Ordnung und Sinnbezügen; Ich muß den Sinn selbst finden; Narzißmus: Der Einzelne wird „gänzlich in die Einsamkeit seines eigenen Herzens eingesperrt" (Tocqueville)

2. Vorrang der instrumentellen Vernunft
Als vernünftig und wertvoll gilt das, was Effektivität und einen schnellen Nutzen verspricht, der wiederum durch technische und ökonomische Standards definiert ist. Dieses Denkmodell oder auch Menschenbild bildet ein „Stahlhartes Gehäuse der Hörigkeit", in das uns die Moderne eingesperrt hat.

3. Die Dominanz von Indvidualismus und instrumenteller Vernunft prägen auch das politische Leben nachhaltig:
Sie behindern politisches Engagement; führen zu dem Gefühl, von Sachzwängen bestimmt zu sein; Tocqueville sprach vor 150 Jahren vom „milden Despotismus" und einer „gewaltigen Vormundschaftsgewalt".

Charles Taylor ist der wichtigste philosophische Kopf der sog. Kommunitaristen, die von der zentralen Prämisse ausgehen, daß sich weder aus der bloßen Addition von Einzelinteressen noch durch den marktförmigen Wettbewerb von Einzelinteressen das Gemeinwohl als Resultante ergibt. Werte, die das Gemeinwohl als schützenswerten Bereich moralischer Grundlagen des individuellen und gesellschaftlichen Lebens sichern, bedürfen einer spezifischen Absicherung.

Taylor ist letztlich ein sozialistisch inspirierter Basisdemokrat und er macht sich vor allem immer wieder Gedanken darüber, durch welche Bedingungen Demokratie abzusichern sei. Er formuliert identifikatorische Prozesse, die man auch als kommunitäre Werte definieren kann, für die sich demokratisch gesonnene Bürgerinnen und Bürger voll einsetzen würden und die als Ergebnis eines liberalistischen Modells keine Chance hätten:

1. *Solidarität* ist unteilbar und insofern ein einheitsstiftender Wert. Die Gesellschaftsmitglieder definieren sich als „Beteiligte am gemeinsamen Unternehmen der Wahrung ihrer Bürgerrechte". Der Antrieb dafür „kann nur aus einem Gefühl von Solidarität kommen, das die allgemeine Verpflichtung zur Demokratie übersteigt und mich mit jenen anderen, meinen Mitbürgern, verbindet" (Taylor, a.a.O., S. 14).
2. *Partizipation* ist die zweite Grundbedingung für Demokratie. Wichtig sind hier soziale „Bewegungen, in denen sich Bürger selbst organisieren, um auf den politischen Prozeß einzuwirken. (...) Diese Bewegungen erzeugen einen Sinn für zivile Macht, ein Gemeinschaftsgefühl bei der Verfolgung von Zielen" (a.a.O., S. 16). Taylor plädiert für eine „weitgespannte Vielfalt von Formen direkter Partizipation" und für die Schaffung dezentraler politischer Einheiten, die „eine Beziehung zu lebendigen Identifikationsgemeinschaften haben (müssen)" (a.a.O., S. 17).
3. *Sinn für gegenseitigen Respekt* ist die dritte zentrale Bedingung. „Ohne diesen Respekt bliebe es unverständlich, warum das Gemeinwesen die Bürgerrechte gemeinschaftlich verteidigt. Wenn auch nur eine regional, ethnisch, sprachlich oder wie immer bestimmte Gruppe von BürgerInnen Anlaß zu der Annahme hat, daß ihre Interessen übergangen werden oder daß sie diskriminiert wird, ist die Demokratie in Frage gestellt." Besonders die Erfahrungen sozialer Ungleichheit bedrohen die demokratischen Grundwerte und deshalb kommt den „Einrichtungen des Wohlfahrtsstaates" eine so zentrale Bedeutung zu: „Er hat entscheidend dazu beigetragen, daß die BürgerInnen sich gegenseitig eine gewisse Achtung bezeugen" (S. 18).

Die Empowermentperspektive als Werterahmen für die psychosoziale Arbeit

In meinem nächsten Schritt möchte ich jetzt unmittelbar in das Ideen- und Anregungsfeld unserer eigenen Professionen zurückkehren und dabei folgende These formulieren: Bei der aktuellen Wertesuche sind die eigenen professionellen Erfahrungen ernst zu nehmen, vor allem solche, von denen wir die Förderung von Gesundheit, Lebensbewältigung und -souveränität erwarten können. Ins Zentrum rücken dabei Einsichten in die Grundhaltungen, die wir entwickeln müssen, um Menschen bei der Verfolgung und Erreichung dieser Ziele nachhaltig unterstützen zu können. Vor allem im Empowermentdiskurs geht es um diese Grundhaltungen. Sehr eindrücklich wird diese Perspektive in der Ottawa-Charta der Weltgesundheitsorganisation zur Gesundheitsförderung aus dem Jahre 1986 und der darauf aufbauenden Initiative „Gesunde Städte" formuliert. In der Ottawa-Charta heißt es: Gesundheitsförderung

„zielt auf einen Prozeß, allen Menschen ein höheres Maß an Selbstbestimmung über ihre Lebensumstände und Umwelt zu ermöglichen und sie damit zur Stärkung ihrer Gesundheit zu befähigen". Und etwas später: „Gesundheit wird von Menschen in ihrer alltäglichen Umwelt geschaffen und gelebt: dort, wo sie spielen, lernen, arbeiten und lieben. Gesundheit entsteht dadurch, daß man sich um sich selbst und für andere sorgt, daß man in die Lage versetzt ist, selber Entscheidungen zu fällen und eine Kontrolle über die eigenen Lebensumstände auszuüben sowie dadurch, daß die Gesellschaft, in der man lebt, Bedingungen herstellt, die allen ihren Bürgern Gesundheit ermöglichen".

Die Arbeitsdefinition für eine „Gesunde Stadt" sieht bei der WHO so aus: Sie „verbessert kontinuierlich die physischen und sozialen Lebensbedingungen und fördert die Entfaltung gemeinschaftlicher Aktions- und Unterstützungsformen, beides mit dem Ziel, die Menschen zur wechselseitigen Unterstützung in allen Lebenslagen zu befähigen und ihnen damit die maximale Entfaltung ihrer Anlagen zu ermöglichen" (zit. in Trojan und Stumm 1992).

Bemerkenswert ist die WHO-Position deshalb, weil sie ihr Aufmerksamkeitszentrum auf die Lebensbedingungen richtet und die von ihnen ausgehenden Konsequenzen der subjektiven Lebensbewältigung. Hiermit wird der Blick auf die Ressourcen der Menschen in bezug auf ihre produktive und souveräne Lebensgestaltung gelenkt. Hier knüpft die Ottawa-Charta an den inzwischen empirisch gut abgesicherten Belastungs-Bewältigungs-Modellen an, die die Aufmerksamkeit auf das aktiv-handelnde Individuum in seiner gesellschaftlichen Alltagswelt richten. Sie eröffnen für eine Praxis und Politik der Gesundheitsförderung andere Perspektiven, als wenn Krankheit und Gesundheit als mechanisch ablaufende Prozesse wären, denen der einzelne ausgeliefert ist und die letztlich nur durch die kundigen ExpertInnen von außen beeinflußt werden können. Die professionelle Alternativperspektive sehe ich im „Empowerment"-Konzept.

Der Begriff „Empowerment" wird von einem gewissen Etwas, einem Flair umgeben. Das vermittelt vor allem die „Power"-Komponente im Begriff. Wir kennen sie in Verbindung mit „black power" oder „women power" oder neuerdings „power book". Diese emanzipative Bedeutung steckt natürlich in diesem Begriff. Aber auf ihre Reißerqualitäten will ich zunächst einmal überhaupt nicht setzen. Zumal der Begriff ja nicht nur von der „Power"-Komponente lebt, sondern auch von der Vorsilbe „Em-", die den Sinn von Geben, Abgeben, Weggeben transportiert. Und das ist gerade der zentrale neue Aspekt: Nicht für sich Macht fordern oder erobern, sondern sie weitergeben, sie bei anderen wecken, ihnen dabei helfen, sie zu entdecken. „Empowerment" meint nicht einfach Veränderung der Machtverhältnisse – obwohl es auch darum geht – sondern die Gewinnung oder Wiedergewinnung von Kontrolle über die eigenen Lebensbedingungen.

Die Empowerment-Perspektive bündelt wichtige Lernprozesse des letzten Jahrzehnts. Sie knüpft ein Netz von Ideen zu einer neuen Orientierung psychosozialen Handelns. Es sind vor allem die folgenden Lernprozesse:

1. Von der Defizit- oder Krankheitsperspektive zur Ressourcen- oder Kompetenzperspektive. Das Wissen um die Stärken der Menschen und der Glaube an ihre Fähigkeiten, in eigener Regie eine lebenswerte Lebenswelt und einen gelingenden Alltag herzustellen, führt mit Notwendigkeit zu einer anderen beruflichen Perspektive als im Falle eines professionellen Szenarios der Hilfebedürftigkeit.
2. Nur jene Art von professionellem Angebot kann letztlich wirksam werden, das in das System des Selbst- und Weltverständnisses der KlientInnen integrierbar ist und das persönlich glaubwürdig und überzeugend vermittelt wird. Solche Einsichten erfordern die Überwindung einer einseitigen Betonung professioneller Lösungskompetenzen und der Orientierung an der Allmacht der ExpertInnen zu einer part-

nerschaftlichen Kooperation von Betroffenen und Fachleuten. Von Dauer können nur Veränderungen sein, die den Grundsatz „Hilfe zur Selbsthilfe" realisieren.
3. Jede professionelle Aktivität, der es nicht gelingt, zur Überwindung des Erfahrungskomplexes der „gelernten Hilflosigkeit" oder „Demoralisierung" beizutragen, wird wirkungslos bleiben. Die Wirksamkeit professioneller Hilfe wird davon abhängen, ob das Gefühl gefördert werden kann, mehr Kontrolle über die eigenen Lebensbedingungen zu erlangen.
4. Soziale Unterstützung im eigenen sozialen Beziehungsgefüge ist von großer Bedeutung bei der Bewältigung von Krisen, Krankheiten und Behinderungen sowie bei der Formulierung und Realisierung selbstbestimmter Lebensentwürfe. Gerade die Kräfte, die durch die Vernetzung von gleich Betroffenen entstehen können, sind von besonderer Qualität.
5. Psychosoziale Praxis läßt sich nicht in Kategorien von Widerspruchsfreiheit oder im Funktionskreis instrumentellen Denkens adäquat erfassen. Anstelle eines Diskurses, der von der Unterstellung eines hehren Allgemeinwohl ausgeht, ist es notwendig, Widersprüche, Interessenunterschiede und unterschiedliche Bedürfnisse zum Thema zu machen. Hierzu gehören auch Themen wie die Janusköpfigkeit von Hilfe und Kontrolle in allen Formen psychosozialen Handelns; die Analyse unerwünschter Nebenfolgen „fürsorglicher Belagerung" und ihrer institutionellen Eigenlogiken und schließlich auch die Anerkennung unterschiedlicher und teilweise widersprüchlicher Interessen von KlientInnen und Professionellen.
6. Die wichtigste Erkenntnis, die auf solchen Pfaden divergenten Denkens zu gewinnen ist, ist die Einsicht in die Dialektik von Rechten und Bedürftigkeiten. Die klassische wohlfahrtsstaatliche Philosophie war ausschließlich von einer Definition von Bedürftigkeiten und auf sie bezogener sozialstaatlicher Hilfe- oder Präventionsprogramme bestimmt. Die meisten Therapie- und Präventionsprogramme gehen – in aller Regel mit guten und nachvollziehbaren Gründen – von einer Annahme spezifischer Defizite und Bedürftigkeiten aus, die im wohlverstandenen Interesse der Betroffenen verhindert, kompensiert oder verändert werden sollen. Erst in den 70er Jahren wurde – nicht zuletzt in Folge heftiger Konflikte zwischen wohlwollenden HelferInnen und zunehmend eigene Ansprüche formulierender KlientInnen – die Ebene der Rechte als unabhängiger Begründungsinstanz für Handeln oder dessen Unterlassung „entdeckt".

Es war sicher kein Zufall, daß diese Entdeckung in die Zeit der sich abzeichnenden Krise des Wohlfahrtsstaates fiel. In Zeiten wachsender Sozialbudgets ist eher die Vorstellung gewachsen, daß bei uns Professionellen die Angelegenheiten der Betroffenen in guten Händen seien. Die Segnungen immer neuer Spezialprogramme und -einrichtungen ließen sich beweiskräftig so verstehen. Die von uns so bereitgestellte „fürsorgliche Belagerung" hatte eine Qualität der tendenziellen Rund-um-Versorgung, bei der der Gedanke der Einschränkung von KlientInnen-Rechten und der Kontrolle von Lebenssouveränität weniger Nahrung erhielt. Die Krise des Sozialstaats hat auch für viele Betroffene sichtbar gemacht, daß ihre Rechte keineswegs in Wohlfahrtsleistungen gesichert sind und mit deren Abbau auch gefährdet sind und eigenständig vertreten und abgesichert werden müssen. Rappaport (1985) bringt die beiden Sichtweisen auf die Formel von „Kinder in Not" oder „Bürger mit Rechten". Es handelt sich nicht um Entweder-oder-Perspektiven, sie müssen in dem Spannungsverhältnis, in dem sie zueinanderstehen, erhalten bleiben. Gerade an der Reaganschen Kahlschlagpolitik im Sozialbereich kann das aufgezeigt werden. Sie hat sich gerne mit Schlagworten wie Bürgerrechte oder „Freiheit" vom Staat drapiert und gleichzeitig wohlfahrtsstaatliche Leistungen abgebaut. Dazu bemerkt Rappaport treffend: „Rechte ohne Ressourcen zu besitzen, ist ein grausamer Scherz" (S. 268).

Förderung von „aufrechtem Gang" als Bezugspunkt für eine Werteposition

Abschließend soll nun der Versuch unternommen werden, soziale und psychische Bedingungen und Voraussetzungen zu formulieren, die mir für eine produktive Nutzung der riskanten Chancen der gegenwärtigen Lebenssituation wichtig erscheinen und die für die psychosoziale Arbeit zu spezifischen Ziel- und Wertorientierungen werden könnten:

Ökologische Moral

Für die Gewinnung von Lebenssouveränität ist ein Gefühl des Vertrauens in die Kontinuität des Lebens eine Voraussetzung, *ein Urvertrauen zum Leben* und seinen natürlichen Voraussetzungen. Das Gegenbild dazu ist die Demoralisierung, der Verlust der Hoffnung, in der eigenen Lebenswelt etwas sinnvoll gestalten zu können. Die Welt wird als nicht mehr lenkbar erlebt, als ein sich hochtourig bewegendes Rennauto, in dem die Insassen nicht wissen, ob es eine Lenkung besitzt und wie diese zu betätigen wäre. Die gewaltigen ökologischen Bedrohungen tragen sicherlich erheblich zu dem wachsenden Demoralisierungspegel bei, sie setzen fatale Bedingungen für „gelernte Hilf-" und „Hoffnungslosigkeit". Eine psychosoziale Perspektive, die für sich einen „ganzheitlichen" oder „lebensweltlichen Ansatz" in Anspruch nimmt, muß die basalen ökologischen Lebensbedingungen als zentralen Rahmen für die Entwicklung psychosozialer Ressourcen sehen lernen.

Werte, die aus dieser Perspektive folgen, lassen sich als *„ökologische Moral"* bezeichnen. Die Standortdebatte überlagert gegenwärtig in gefährlicher Weise das Bewußtsein für die ökologischen Gefahren und Notwendigkeiten. Die Umwelt müßte auch für den Standort Deutschland Opfer bringen, kann man im öffentlichen Diskurs vernehmen. Dagegen stehen Projekte wie Agenda 21 und die Formulierung „ökologischer Kinderrechte".

Materielle Ressourcen

Ein offenes Identitätsprojekt, in dem neue Lebensformen erprobt und eigener Lebenssinn entwickelt werden, bedarf *materieller Ressourcen*. Hier liegt das zentrale und höchst aktuelle sozial- und gesellschaftspolitische Problem. Eine Gesellschaft die sich ideologisch, politisch und ökonomisch fast ausschließlich auf die Regulationskraft des Marktes verläßt, vertieft die gesellschaftliche Spaltung und führt auch zu einer wachsenden Ungleichheit der Chancen an Lebensgestaltung. Hier holt uns immer wieder die klassische soziale Frage ein. Die Fähigkeit zu und die Erprobung von Projekten der Selbstorganisation sind ohne ausreichende materielle Absicherung nicht möglich. Ohne Teilhabe am gesellschaftlichen Lebensprozeß in Form von sinnvoller Tätigkeit und angemessener Bezahlung wird Identitätsbildung zu einem zynischen Schwebezustand, den auch ein „postmodernes Credo" nicht zu einem Reich der Freiheit aufwerten kann.

Dieser Punkt ist von besonderer sozialpolitischer Bedeutung. In allen Wohlfahrtsstaaten beginnen starke Kräfte die konsensuellen Grundlagen der Prinzipien der Solidargemeinschaft zu demontieren. Das spricht Zygmunt Bauman in seiner Analyse an:

„Der Sozialstaat war darauf ausgerichtet, eine Schicksalsgemeinschaft dadurch zu institutionalisieren, daß seine Regeln für jeden Beteiligten (jeden Bürger) gleichermaßen gelten sollten, so daß die Bedürftigkeit des einen verrechnet würde mit dem Gewinn des anderen".

Wie Bauman aufzeigt, gefährdet gegenwärtig der universalisierte Kapitalismus und seine ökonomische Logik pur das Solidarprinzip:

„War der Aufbau des Sozialstaates der Versuch, im Dienste der moralischen Verantwortung ökonomisches Interesse zu mobilisieren, so decouvriert die Demontage des Sozialstaates das ökonomische Interesse als Instrument zur Befreiung des politischen Kalküls von moralischen Zwängen" (ebd.).

Dramatische Worte wählt Bauman für das erkennbare Resultat dieses „Paradigmenwechsels":

„Die gnadenlose Pulverisierung der kollektiven Solidarität durch Verbannung kommunaler Leistungen hinter die Grenzen des politischen Prozesses, die massive Freigabe der Preisbindung bei lebenswichtigen Gütern und die politisch geförderte Institutionalisierung individueller Egoismen zum letzten Bollwerk sozialer Rationalität zu haben, ..., (hat) ein veritables ‚soziales München' bewirkt" (1993).

Die intensive Suche nach zukunftsfähigen Modellen *„materieller Grundsicherung"* sind von höchster Wertepriorität. Die Koppelung sozialstaatlicher Leistungen an die Erwerbsarbeit erfüllt dieses Kriterium immer weniger.

Soziale Ressourcen

Wenn wir die sozialen BaumeisterInnen unserer eigenen sozialen Lebenswelten und Netze sind, dann ist eine spezifische Beziehungs- und Verknüpfungsfähigkeit erforderlich, nennen wir sie *soziale Ressourcen*. Der Bestand immer schon vorhandener sozialer

Bezüge wird geringer und der Teil unseres sozialen Beziehungsnetzes, den wir uns selbst schaffen und den wir durch Eigenaktivität aufrechterhalten (müssen), wird größer. Nun zeigen die entsprechenden Studien, daß das moderne Subjekt keineswegs ein „Einsiedlerkrebs" geworden ist, sondern im Durchschnitt ein größeres Netz eigeninitiierter sozialer Beziehungen aufweist, als es seine Vorläufergenerationen hatte: Freundeskreise, Nachbarschaftsaktivitäten, Interessengemeinschaften, Vereine, Selbsthilfegruppen, Initiativen. Es zeigt sich aber auch zunehmend, daß sozioökonomisch unterprivilegierte und gesellschaftlich marginalisierte Gruppen offensichtlich besondere Defizite aufweisen bei dieser gesellschaftlich zunehmend geforderten eigeninitiativen Beziehungsarbeit. Die sozialen Netzwerke von ArbeiterInnen z.B. sind in den Nachkriegsjahrzehnten immer kleiner geworden. Von den engmaschigen und solidarischen Netzwerken der Arbeiterfamilien, wie sie noch in den 50er Jahren in einer Reihe klassischer Studien aufgezeigt und in der Studentenbewegung teilweise romantisch überhöht wurden, ist nicht mehr viel übrig geblieben. Das „Eremitenklima" ist am ehesten hier zur Realität geworden. Unser „soziales Kapital", die sozialen Ressourcen, sind ganz offensichtlich wesentlich mitbestimmt von unserem Zugang zu „ökonomischem Kapital".

Als Konsequenz für die Formulierung zukunftsfähiger Werte folgt die hohe Priorität für die Förderung von *„Kontexten sozialer Anerkennung"*. Für offene, experimentelle, auf Autonomie zielende Identitätsentwürfe ist die Frage nach sozialen Beziehungsnetzen von allergrößter Bedeutung, in denen Menschen dazu ermutigt werden. Da gerade Menschen aus sozial benachteiligten Schichten besonders viele Belastungen zu verarbeiten haben und die dafür erforderlichen Unterstützungsressourcen in ihren Lebenswelten eher unterentwickelt sind, halte ich die gezielte professionelle und sozialstaatliche Förderung der Netzwerkbildung bei diesen Bevölkerungsgruppen für besonders relevant.

Fähigkeit zum Aushandeln

Nicht mehr die Bereitschaft zur Übernahme von fertigen Paketen des „richtigen Lebens", sondern die *Fähigkeit zum Aushandeln* ist notwendig: Wenn es in unserer Alltagswelt keine unverrückbaren allgemein akzeptierten Normen mehr gibt, außer einigen Grundwerten, wenn wir keinen Knigge mehr haben, der uns für alle wichtigen Lebenslagen das angemessene Verhalten vorgeben kann, dann müssen wir die Regeln, Normen, Ziele und Wege beständig neu aushandeln. Das kann nicht in Gestalt von Kommandosystemen erfolgen, sondern erfordert demokratische Willensbildung im Alltag, in den Familien, in der Schule, Universität, in der Arbeitswelt und in Initiativ- und Selbsthilfegruppen. Dazu gehört natürlich auch eine gehörige Portion von Konfliktfähigkeit. Die „demokratische Frage" ist durch die Etablierung des Parlamentarismus noch längst nicht abgehakt, sondern muß im Alltag verankert werden.

Wie die Analyse von Taylor gezeigt hat, lebt die demokratische Zivilgesellschaft von *„Partizipationsrechten"*. Gegenwärtig gibt es eine widersprüchliche Entwicklung: Die Wünsche von immer mehr Menschen gehen in Richtung einer Mitbeteiligung bei Angelegenheiten, die sie selbst betreffen. Das ist ein hohes demokratisches

Potential. In der Wirtschaft wird es teilweise als produktionsfördernder Faktor genutzt. Volks- und Bürgerbegehren gehen in die gleiche Richtung. In anderen gesellschaftlichen Bereichen setzt man eher auf napoleonische Lösungen: Die Stärkung der Führungsebene auf Kosten der Mitbestimmungschancen. Hier gilt es klar zugunsten von Partizipationsrechten zu votieren.

Förderung des Möglichkeitssinns

Gesellschaftliche Freisetzungsprozesse bedeuten einen objektiven *Zugewinn individueller Gestaltungskompetenz*, aber auch deren Notwendigkeit. Sie erfordern vom Subjekt vermehrt die eigenwillige Verknüpfung und Kombination multipler Realitäten. Hier eröffnet sich ein subjektiver und gesellschaftlicher Raum für die Entwicklung jenes „Möglichkeitssinns", den Robert Musil im „Mann ohne Eigenschaften" entworfen hat. Er ermöglicht den Auszug aus dem „Gehäuse der Hörigkeit" (Max Weber) und führt uns an den Punkt, den Christa Wolff (1983) in ihrer Frankfurter Vorlesung zur Poetik so treffend formuliert hat: „Freude aus Verunsicherung ziehen". Aber sie verknüpft dieses positive Ziel gleich mit der skeptischen Frage: „Wer hat uns das je beigebracht?" (1983). Als hätte sie hellseherisch die Situation in der DDR im Frühjahr 1990 beschrieben!
Aber so verschieden sind vermutlich auch wir BürgerInnen in der BRD nicht, als daß diese Frage nicht auch für uns gelten würde. Die *psychische Voraussetzung für eine positive Verunsicherung ist „Ambiguitätstoleranz"*. Sie meint die Fähigkeit, sich auf Menschen und Situationen offen einzulassen, sie zu erkunden, sie nicht nach einem „Alles-oder-nichts"-Prinzip als nur gut oder nur böse zu beurteilen. Es geht also um die Überwindung des „Eindeutigkeitszwanges" und die Ermöglichung von neugieriger Exploration von Realitätsschichten, die einer verkürzenden instrumentellen Logik unzugänglich sind. In diesem Zusammenhang ist auch die Frage nach Therapiezielen wichtig. In einem Aufsatz unter dem Titel „Positive Verunsicherung" schreibt der amerikanische Psychologe Gelatt:

„Vor einem Vierteljahrhundert war die Vergangenheit bekannt, die Zukunft vorhersagbar und die Gegenwart veränderte sich in einem Schrittmaß, das verstanden werden konnte. (...) Heute ist die Vergangenheit nicht immer das, was man von ihr angenommen hatte, die Zukunft ist nicht mehr vorhersehbar und die Gegenwart ändert sich wie nie zuvor. (Gelatt 1989, S. 252).

„Deshalb schlage ich eine neue Entscheidungsstrategie vor, die *positive Unsicherheit* genannt wird. Was jetzt angemessen ist, ist ein Entscheidungs- und Beratungsrahmen, der Klienten hilft, mit Wandel und Ambiguität umzugehen, Unsicherheit und Inkonsistenz zu akzeptieren, und die nicht-rationalen und intuitiven Seiten des Denkens und Auswählens zu nutzen. Die neue Strategie fördert positive Haltungen und paradoxe Methoden in der Gegenwart wachsender Unsicherheit" (1989, S. 252).

Solche Strategien fasse ich unter der Wertepriorität „*Förderung des Möglichkeitssinns*" zusammen. Das Hinausdenken und -fühlen über die Grenzen des geltenden Realitätsprinzips wird immer wichtiger. Hierzu lassen sich in der psychosozialen Arbeit vielfältige Kompetenzen einsetzen (von Zukunftswerkstätten bis zu kunsttherapeutischen Projekten tut sich ein breites Spektrum auf).

Förderung von kommunitärer Individualität

Für Personen „vom alten Schlag", den „innengeleiteten Prinzipienmenschen", sind Personen mit einer bunt-kreativen Patchwork-Identität eine Provokation. Sie werden als diffus, chamäleonhaft und „ohne Tiefe" erlebt, als modische Varianten der Anpassung an die bestehenden Verhältnisse. Wer wollte die Existenz solcher Menschentypen bestreiten. Zugleich sollten man halt auch nicht übersehen, daß die Differenz zwischen dem „innengeleiteten Habitus" und dem „autoritären Charakter" oft so gering ist, daß sie gar nicht mehr ausgemacht werden kann. Die Grenze zwischen kritischer Eigenständigkeit und williger Anpassung und Unterwürfigkeit besteht meines Erachtens nicht zwischen dem „klassischen" und dem „postmodernen" Sozialcharakter, sondern läuft quer zu ihnen. *„Aufrechter Gang" und kritisch-prüfende Distanz* zu allem, was sich als Autorität gibt und Unterwerfung unter die eigene Macht einfordert, bilden für mich diese Grenze. Ich sehe in den zeitgenössischen Identitätsmustern ein bedeutsames Potential für eine kritische Eigenständigkeit. Ich sehe in ihnen durchaus auch ein hoffnungsvolles Potential der sozialen Erneuerung. Der klassische Sozialcharakter, der „Prinzipienmensch" hat seine Autonomie ganz wesentlich aus der Konkurrenz zu anderen entwickelt, zum eigenen Vater, zu anderen im Leistungskampf um die Plätze an der Sonne. Es ist das „männliche Modell der Autonomie". In den neuen Identitätsentwürfen ist dieser Konkurrenzgesichtspunkt wesentlich weniger dominant und die kommunikative Verbindung mit anderen hat einen deutlich höheren Stellenwert.

Im Zuge der Psychotherapeutisierung der sozialen und psychosozialen Arbeit hat sich ein sehr individualistischer Fokus ausgebildet. Förderung von Selbstorganisation und Autonomie sind hier von überragender Bedeutung. In der Wertigkeit muß sich hier noch das dialektische Pendant entwickeln: Das Bewußtsein für die Bedeutung der Anderen als Basis für die eigenen Ansprüche an Selbstentfaltung. Ich fasse dies in der Wertepriorität *„Förderung von kommunitärer Individualität"* zusammen.

Alltagssolidarität in einer Stammesgesellschaft: Potentiale für einen bundesrepublikanischen Kommunitarismus

Eine besorgte Debatte wird in allen westlichen Gesellschaften geführt. In ihrem Zentrum stehen die Begriffe Egoismus und Solidarität bzw. Gemeinsinn. Sie bezeichnen gefährdete Güter. Der Egoismus-Diagnose begegnet man ständig. So hat beispielsweise ein spezifisch Münchner Thema eine einschlägige Kommentierung erfahren. In der WELT am SONNTAG hat Alexander Schuller jenen Konflikt aufgegriffen, der im Frühsommer 1995 die bayerische Seele aufgewühlt hat: Der Streit um die Schließung der Biergärten bereits um 21 Uhr. Biergärten werden als der Ort für „zwangloses und problemloses Zusammensein" beschrieben, „wo alle miteinander reden können", also ein Ort, an dem „Gemeinsinn" gestiftet wird, und dann heißt es weiter:

„Gegen diese fröhliche Volkstümlichkeit aber tritt in unserer Gesellschaft immer häufiger jener hochgestochene, anmaßende Individualismus auf, der gespeist wird aus der Mentalität des Egoismus. Ich habe mein Haus, ich habe meine Wohnung, ich habe meinen Schrebergarten, und wer dazwischenkommt, der ist ein Störenfried. Cocooning, das Verpuppen, haben die Amerikaner dieses genannt. Viele Menschen haben offenbar verlernt, miteinander zu leben, sie können nur noch für sich selber leben, in einer Kultur der abgeschotteten Kleinfamilie und der Singles" (Schuller 1995, S. 5).

Am meisten erfahren die LeserInnen der Fußballberichterstattung zum Thema Egoismus und Solidarität. Jürgen Klinsmann bringt in fast jedem Interview, in dem er zur Krise des FC Bayern München befragt wird, die Diagnose, daß die hochbezahlten Spieler überwiegend Selbstdarsteller und Egotripler wären, die sich nicht durch ein gemeinsames Projekt verbunden fühlen würden. Die Erfolgsgeschichten des Jahres 1996 zeichnen sich dadurch aus, daß dem Egoismus der Boden entzogen wird: „Die Mannschaft ist der Star" war die Erfolgsparole des Europameisters Deutschland 1996 und das „magische Dreieck" des zeitweiligen Spitzenreiters der Bundesliga, des VfB Stuttgart, verbreitet in einem SPIEGEL-Interview eine ähnliche Philosophie: „Alleine kommst du nicht weit. Starkult ist bei uns verboten". Keine Rede von der altbackenen Empfehlung eines Sepp Herbergers: „Elf Freunde sollt ihr sein"! Eher die Verarbeitung der Erfahrungen aus der letzten Saison, in der das „magische" zum „tragischen Dreieck" wurde, weil die drei Stars von der übrigen Mannschaft nicht mehr unterstützt wurden. „Inszenierte Solidarität" aus einer nüchternen Erfolgskalkulation heraus? Wir werden die Tragfähigkeit und den Erfolg dieser Inszenierung überprüfen können.

In der Arena der Fußballdiskurse begegnet uns eine Debatte, die mal in ironischen Formulierungen wie „jeder denkt an sich, nur ich denke an mich" und dann wieder aus einer Haltung tiefer Besorgnis formuliert wird: Zerfällt unsere Gesellschaft in Bruchstücke von isolierten Interessengruppen oder gar in atomisierte Einzelne, die jeweils ihr eigenes Interesse im Auge haben, aber kein Gespür mehr für gemeinsame

Aufgaben und Verantwortungen entwickeln? Wenn es so ist, dann müssen zwangsläufig Solidarität und Gemeinsinn auf der Strecke bleiben. Solche Diagnosen erhalten dadurch noch eine weitere Dramatik, daß die Leistungsfähigkeit des Sozialstaates als erschöpft gilt. Seine Aufgabe besteht ja unter anderem darin, Hilfe in den unterschiedlichsten Notlagen zu garantieren, in denen die Alltagssolidarität nicht vorhanden oder aufgebraucht ist. Wenn also auch das vorhandene staatliche Ersatzprogramm für alltägliche Hilfe nicht mehr aufrechterhalten werden kann, wird der Zerfall unseres Gemeinwesens noch dramatischer sichtbar.

In der Reaktion auf diese Krisendiagnose gibt es unterschiedliche Reaktionen. Eine Variante erprobt Wolfgang Schäuble in immer neuen Anläufen. Für ihn ist die Solidargemeinschaft ein gefährdetes Gut. Auf dem letzten CDU-Parteitag hat Wolfgang Schäuble kritisch den Sozialstaat Deutschland durchleuchtet und bei seiner Analyse konnte er sein eigenes Schaudern nicht verbergen. Die BürgerInnen würden ihren Staat wie eine „Art Sozialagentur" gebrauchen, als eine „Serviceeinrichtung, zu der man sich wie ein Verbraucher verhält", als Automaten, „in den man oben Münzen einwirft, um unten Berechtigungsscheine aller Art in Empfang zu nehmen". Schäuble vermißt die Solidarität im Lande und appelliert mit verbissener und drohender Moralität an die sozialen Pflichten der einzelnen StaatsbürgerIn für die „Gemeinschaft". Ja er geht noch weiter und beschwört schließlich die „Schutz- und Schicksalsgemeinschaft der Deutschen". Nur in ihr wären jene „Bindekräfte" enthalten, die benötigt würden. Wir bräuchten Identitäts- und Wir-Gefühle, „gemeinsame Werte", „nationale Zusammengehörigkeit" und „Rückbesinnung auf unsere nationale Identität". Das vereinigte Deutschland dürfe nicht einfach eine erweiterte Bundesrepublik sein, sondern müßte etwas Neues werden. Das Neue scheint bei genauerer Prüfung eher das Alte zu sein. Schäuble beschwört „Autorität" und „überlieferte Werte", die im Zuge „kulturrevolutionärer Umbrüche" geschwächt und abgebaut worden seien. Andererseits ist er wohl doch nicht so pessimistisch: Beim Stiftungsfest einer Studentenverbindung spricht er von den „Veränderungen und Instabilitäten", die Menschen „verunsichern und ängstigen" und „beinahe instinktiv den Rückhalt in der nationalen Gemeinschaft" suchen lassen. Kehren die WohlstandsbürgerInnen in Zeiten der Krise doch wieder in den Schoß der „Volksgemeinschaft" zurück?

Mir scheinen Analyse und Konsequenz in hohem Maße fragwürdig. Notwendig ist eine genauere Analyse der gesellschaftlichen Veränderungen, die uns das Solidaritätsthema beschert haben. Erst wenn diese Analyse einigermaßen stimmig ist, kann die Frage aufgeworfen werden, welche Konsequenzen daraus für das Thema Solidarität oder Gemeinsinn folgen. Bei der Entfaltung dieser Schritte sollen zugleich zentrale Fragen und Anliegen des Kommunitarismus vermittelt werden.

Ich bleibe noch eine Weile bei den Erträgen meiner morgendlichen Zeitungslektüre. Kürzlich konnte man zu unserem Thema eine Kontroverse zwischen Bischof Franz Kamphausen, Ulrich Beck und Kurt Sontheimer in der *Süddeutschen Zeitung* verfolgen. In der SZ vom 05.11.1996 hatte Ulrich Beck „Die Kinder der Freiheit" gegenüber ihren VerächterInnen verteidigt und den Bischof von Limburg als einen solchen geoutet:

„Sind wir eine Gesellschaft von Ichlingen? Fast möchte man dies bejahen, wenn man die populären Schlagworte Entsolidarisierung, Werteverfall, Kultur des Nar-

zißmus, Egoismus-Falle, Anspruchsdenken oder Hedonismus Revue passieren läßt. Franz Kamphausen, Bischof von Limburg, schreibt etwa: ‚Mit jeder Bewegung auf dem unendlichen Spielfeld der Freiheit gehen Krisen von Beziehungen einher, Aufkündigung von Loyalitäten, Risse in Traditionsketten ... Lebt der Mensch, der seine Freiheit ausleben will, am Ende sich selber aus? Gehen moderne Gesellschaften an ihrer Atomisierung zugrunde, an Solidaritätserschöpfung?'
Das also ist die Diagnose des Neospenglerismus: Solidaritätsauszehrung" (zit. nach Beck 1997, S. 9).
In einem Leserbrief vom 26.11.1996 verteidigt sich Franz Kamphausen souverän und weist die Zuordnung als Nachfolger des Propheten vom „Untergang des Abendlandes", Oswald Spengler, zurück. Unter der treffenden Überschrift „Kinder der Freiheit sind wir alle" betont er, daß

„wir in unserer Gesellschaft derzeit einen Prozeß der Integration von Moral in die Selbstverwirklichungsvorstellungen (erleben) (...) Immer mehr Menschen in unserer Gesellschaft sehen Moral als Teil ihres persönlichen Lebensentwurfs, weniger als Beachtung eines Pflichtenkatalogs".

Mit diesen Sätzen erweist sich der Bischof als guter Kenner der Forschung zum neuen kulturellen Modell. Er setzt sich allerdings dort kritisch von Beck ab, wo er dessen naive Hoffnung, daß aus dem Hedonismus („Spaß haben") die neue Sozialmoral folgen würde, in Frage stellt. Er sei zwar nicht im Widerspruch zu einem wertegeleiteten Handeln, aber auch noch keine ausreichende Antwort auf die anstehenden Probleme. Ich teile die Position des Kirchenmannes. Mir scheint es ohnehin eine außerordentlich verkürzte Sicht auf Heranwachsende zu sein, sie nur an ihren positiven Erlebnisansprüchen zu messen.

Gesellschaftliche Hintergründe zunehmender Individualisierung

In den aktuellen Gesellschaftsanalysen rückt immer deutlicher der Begriff der „Individualisierung" ins Zentrum. Er formuliert einen wichtigen Trend gesellschaftlicher Veränderung. Gleichzeitig wird er oft vollständig mißverstanden. Er trifft auf spezifische Formen von Vorverständnis, die zugleich Mißverständnismöglichkeiten einschließen. Kürzlich erläuterte Ulrich Beck, was der Begriff *nicht* meint: „*nicht* Atomisierung, Vereinzelung, *nicht* Beziehungslosigkeit des freischwebenden Individuums, auch *nicht* (was oft unterstellt wird) Individuation, Emanzipation, Autonomie" (1995a, S. 304). Wenn er dies alles *nicht* meint, was meint der Begriff „Individualisierung" sonst? Beck unterscheidet drei Dimensionen eines gesellschaftlichen Prozesses, der die Moderne wie kein anderer prägt: 1. die „Freisetzungsdimension", die die „*Herauslösung* aus historisch vorgegebenen Sozialformen und -bindungen im Sinne traditionaler Herrschafts- und Versorgungszusammenhänge thematisiert; 2. die „Entzauberungsdimension", also den „*Verlust von traditionalen Sicherheiten* im Hinblick auf Handlungswissen, Glauben und leitende Normen" und 3. die „Kontroll- bzw. Reintegrationsdimension", die sich auf eine „neue Art der sozialen Einbindung" bezieht (Beck 1986, S. 206).
Individualität und solidarische Bezogenheit sind nicht Alternativen, sondern ver-

weisen aufeinander. Ihr Verhältnis gewinnt historisch jeweils eine eigene Gestalt, aber wohl nie die polarer Alternativen. Diesen Grundgedanken entwickelt auch Ralf Dahrendorf (1979) in seinem Konzept der Lebenschancen. Lebenschancen sind danach als Funktion von zwei grundlegenden Elementen zu begreifen, die er Optionen und Ligaturen nennt. Sie können unabhängig voneinander variieren und bestimmen in ihrer je spezifischen Verbindung die Entfaltungschancen, die Subjekte jeweils haben. Unter „Optionen" versteht Dahrendorf die Wahlmöglichkeiten und Handlungsalternativen, über die eine Person in seiner jeweiligen gesellschaftlichen Position und Situation verfügt. Ligaturen bezeichnen gesicherte Bezüge, Verankerungen, Einbindungen und Bindungen. Sie benennen Sinn-, Sozial- und Ortsbezüge einer Person. Sie stellen die fixen Handlungskoordinaten dar, während die Optionen die entscheidungsmöglichen und -notwendigen offenen Situationen thematisieren. Vormoderne Gesellschaften mit ihren statisch-hierarchisch geordenten Sozialstrukturen, die zugleich die religiöse „Weihe" gottgewollter und -gestifteter Ordnungen für sich in Anspruch nehmen konnten, hatten keinen Spielraum für selbstbestimmte Optionen des Subjekts. Die Ordnung der Dinge bestand in einem Korsett von Ligaturen. Der Prozeß der Modernisierung, der im Zuge der Durchsetzung der kapitalistisch verfaßten industriellen Gesellschaften in Gang kam, setzte eine dramatische Entwicklung der „Freisetzung" aus orts- und sozialstabilen Bindungen in Bewegung.

Dahrendorf zeigt, daß Modernisierung unweigerlich eine Ausweitung von Wahlmöglichkeiten bedeutet hat. Aber die kapitalistische Modernisierung schuf solche Wahlmöglichkeiten durch das Aufbrechen von Ligaturen. In den industriegesellschaftlichen Völkerwanderungen sind die traditionalen Einbindungen aufgebrochen und unwiederbringlich aufgelöst worden. Aber dieses Abschmelzen traditioneller Orts- und Sinnbezüge kann kein linearer Prozeß sein, an dessen Ende ein Individuum steht, das sich nur noch über den Reichtum seiner Optionen beschreiben läßt. Aus der Destruktion von Ligaturen gewonnene Wahlmöglichkeiten verlieren ab einem spezifischen Punkt ihren Sinn, „weil sie" – so Dahrendorf – „in einem sozialen Vakuum stattfinden, oder vielmehr in einer sozialen Wüste, in der keine bekannten Koordinaten irgendeine Richtung einer anderen vorziehbar machen". In der industriegesellschaftlichen Modernisierungsgeschichte war es die nackte Not, die eine ins Absurde laufende Vermehrung von Optionen verhinderte. Es haben sich neue Ligaturen in Gestalt von Solidargemeinschaften des Proletariats herausgebildet, die zur Überwindung der gemeinsam erfahrenen Lebensnot gesetzt wurden und zentrale Pfeiler, auf denen der moderne Sozialstaat aufruht, eingerammt haben.

Im aktuellen gesellschaftlichen Freisetzungsprozeß sind diese Ligaturen in typischer Weise betroffen, sie lösen sich auf einem relativ hohen wohlfahrtsstaatlichen Niveau zunehmend auf. Damit verbunden ist eine gewachsene individuelle Planungs- und Gestaltungshoheit für das eigene Leben, es erhöhen sich die Chancen, Vorstellungen von einem Stück eigenem Leben zu realisieren. Das sind die veränderten Optionen. Aber dieser Prozeß verändert auch den Typus von Ligaturen, in den sich das Subjekt einbindet. Die aktive Sprachform ist hier mit Bedacht gewählt. Die zeitgemäßen Webmuster der sozialen Beziehungen setzen ein aktives Subjekt voraus. JedeR von uns wird BaumeisterIn ihres eigenen Beziehungsnetzwerkes. Aber das ist nicht nur eine Freiheit, sondern eine unabdingbare Notwendigkeit. Wir müssen uns unsere eigenen Ligaturen bauen und wenn wir das nicht tun oder nicht können, dann erfahren wir die Lebensfeindlichkeit sozialer Wüsten.

Für Michael Walzer (1993) sind es vier Typen von Mobilität, die für die fortgeschrittenen kapitalistischen Gesellschaften typisch seien und die z.B. die USA zu einer „zutiefst unsteten Gesellschaft" machen würden: Es ist

1. die geographische Mobilität, die vor allem als Folge berufsbedingter Ortswechsel anzusehen ist.

„Das Wohn- oder auch Heimatgefühl müßte durch diese extensive geographische Mobilität eigentlich eine enorme Schwächung erfahren, wiewohl ich nicht zu entscheiden wage, ob es die schiere Empfindungslosigkeit ist, die an seine Stelle tritt, oder ob es ein neues multiples Heimatgefühl ist" (S. 165).

2. Die soziale Mobilität verstärkt diesen Trend. Die Anzahl der Menschen, die genau den gesellschaftlichen Platz einnehmen, den ihre Eltern hatten oder den gleichen Beruf ausüben, den ihre Eltern ausübten, wird immer geringer. Dies hat zur Folge, „daß das Erbe der Gemeinschaft, d.h. die Weitergabe von Überzeugungen und Gebräuchen, bestenfalls unsicher ist. Ob die Kinder dabei ihres Erzählvermögens verlustig gehen oder nicht, die Geschichten, die sie erzählen, dürften in jedem Fall andere sein als die Geschichten, die ihre Eltern erzählt haben" (a.a.O.).

3. Als dritten Typus nennt Walzer die Beziehungsmobilität, die er vor allem an den Trennungs-, Scheidungs- und Wiederverheiratungsraten festmacht und deren Konsequenzen er so beschreibt:

„Insofern das Zuhause die erste Gemeinschaft und die erste Schule ist, in denen ein junger Mensch seine ethnische Identität und religiöse Überzeugung ausbildet, muß ein solcher Bruch zwangsläufig gemeinschaftszerstörende Konsequenzen haben. Das bedeutet, daß Kinder in vielen Fällen keine fortlaufenden oder identischen Geschichten von Erwachsenen zu hören bekommen, mit denen sie zusammenleben" (a.a.O.).

4. Schließlich konstatiert Walzer noch eine politische Mobilität, die immer weniger von Loyalitäten gegenüber Führerpersönlichkeiten, Parteien, Verbänden und kommunalen Institutionen bestimmt sei. Die Folge seien Menschen, „die frei fluktuieren" und es ergäbe sich eine „unbeständige Wählerschaft" und eine „institutionelle Instabilität" (a.a.O., S. 166).

Diese Mobilitäten und ihre psychosozialen Konsequenzen erfahren laut Walzer eine höchst ambivalente Einschätzung: „Aus liberaler Sicht stehen die vier Mobilitäten für den Vollzug von Freiheit und das Streben nach (privatem oder persönlichem Glück)". Aber es wird auch die „Kehrseite" erlebt und artikuliert, sie besteht „aus Kummer und Unzufriedenheit" mit der wachsenden Unbehaustheit und Wurzellosigkeit. Sie sind die Reaktion auf die permanenten „Freisetzungsschübe", die für die Entwicklung der kapitalistischen Gesellschaft so typisch und offensichtlich unaufhaltsam sind. Im „kommunistischen Manifest" sind sie 1848 klassisch beschrieben worden:

„Die fortwährende Umwälzung der Produktion, die ununterbrochene Erschütterung aller gesellschaftlichen Zustände, die ewige Unsicherheit und Bewegung zeichnet die Bourgeosieepoche vor allen anderen aus. Alle festen eingerosteten Verhältnisse mit ihrem Gefolge von altehrwürdigen Vorstellungen und Anschauungen werden aufgelöst, alle neugebildeten veralten, ehe sie verknöchern können.

Alles Ständische und Stehende verdampft, alles Heilige wird entweiht, und die Menschen sind endlich gezwungen, ihre Lebensstellung, ihre gegenseitigen Beziehungen mit nüchternen Augen anzusehen" (Marx und Engels 1966, S. 29).

An diesem Text, der vor 150 Jahren entstand, sehen wir, daß die Auflösung von Traditionen und der Prozeß der Individualisierung sich durch die Geschichte der Moderne als Dauerbrenner durchzieht. Aber manchmal lodern die Flammen weniger auf und manchmal mehr und gegenwärtig haben wir es eindeutig mit einer „heißen Periode" zu tun. Vor allem die technischen Veränderungen, die die Entwicklung des Computers zur Folge hatten, die Globalisierung der Märkte und der Zusammenbruch des „realen Sozialismus" haben für Veränderungsdynamik gesorgt, die niemanden unberührt läßt.

Es sind vor allem zwei aktuelle Problemfelder, die auf diesen Umbruch zu beziehen sind:

Arbeit

Die vorhandene Arbeit wird weniger und damit wird es auch immer mehr zu einer Illusion, alle Menschen in die Erwerbsarbeit zu integrieren. Die psychologischen Folgen dieses Prozesses sind enorm, gerade in einer Gesellschaft, in der die Teilhabe an der Erwerbsarbeit über Ansehen, Zukunftssicherung und persönliche Identität entscheidet.

Richard Sennett (1996), der amerikanische Stadtforscher und Experte für die Psychokultur, hat kürzlich folgendes Bild der aktuellen gesellschaftlichen Veränderungen gezeichnet. Für ihn hat nach einer Periode, die wir als „Spätkapitalismus" oder „voll entwickelten Kapitalismus" zu bezeichnen gewohnt sind

„ein neues Kapitel begonnen: Elefantenhaft angeschwollene Regierungen und Firmenverwaltungen gewinnen an Flexibilität und verlieren an Sicherheit; sie bedienen sich neuer Technologien, um global miteinander in Kontakt zu treten, und entledigen sich intern immer neuer Schichten von Managern und qualifizierten Beschäftigten. Arbeit hat sich von festgelegten Funktionen und klaren Karrierepfaden auf beschränktere und wechselnde Aufgaben verlagert. Die Arbeit liefert dem Arbeitenden keine stabile Identität mehr" (S. 47).

„Diese großen Veränderungen im modernen Kapitalismus haben ebenso weitreichende kulturelle Konsequenzen. Zum Beispiel wird bereits jetzt deutlich, daß mitten im materiellen Wachstum viele arbeitende Menschen verstärkt eine Empfindung persönlichen Scheiterns erfahren, daß sie sich für nutzlos halten, für randständig, relativ früh schon für verbraucht. Die neue ökonomische Ordnung höhlt das Selbstwertgefühl nicht nur auf dem Markt aus, sie untergräbt auch die Institutionen, die Menschen traditionell vor dem Markt schützten" (S. 47).

„Die Beseitigung der institutionellen Stützen, am Arbeitsplatz wie im Wohlfahrtsstaat, beläßt den Individuen nur ihr Verantwortungsgefühl; das viktorianische Erbe umgreift heute oft eine negative Flugbahn enttäuschten Willens, des gescheiterten Versuchs, seinem Leben mittels der Arbeit einen Zusammenhang zu geben. (...) Diese Hinterlassenschaft des persönlichen Verantwortungsgefühls lenkt den Zorn von den wirtschaftlichen Institutionen ab. Die Rhetorik des modernen Managements versucht tatsächlich die Machtverhältnisse in der neuen Wirtschaft zu tarnen, indem sie den Beschäftigten das Gefühl zu vermitteln sucht, sie seien selbstbestimmte Subjekte (...) In der Moderne übernehmen die Menschen die Verantwortung für ihr Leben, weil sie den Eindruck haben, es hänge von ihnen ab. Aber wenn die Kultur der Moderne mit ihren Prinzipien persönlicher Verantwortung und zielgerichteten Lebens in eine Gesellschaft ohne institutionelle Schutzräume mitgeschleppt wird, ist nicht Stolz oder Selbstwertgefühl die Folge, sondern eine Dialektik des Scheiterns mitten im Wachstum".

Ein Umdenken und Umsteuern ist hier unabdingbar. Die Neuverteilung von Arbeit so, daß mehr an ihr beteiligt sein können, ist die eine Variante, die schon seit Jahren mit besten Argumenten vertreten wird. Aber gibt es nicht für den einzelnen sinnvolle und für die Gesellschaft notwendige Tätigkeiten, die jenseits der Erwerbsarbeit liegen? Welche sozialen Stützsysteme und Identitätsangebote könnten an die Stelle jener treten, die an die Erwerbsarbeit gekoppelt sind und nur über dieses Nadelöhr erreichbar sind? Wie könnten soziale Einbindungen aussehen, in denen soziale Anerkennung erfahren werden kann, die nicht durch den beruflichen Status vermittelt ist? Hier ist an gemeinwesenorientierte und gemeinnützige Tätigkeiten zu denken, die dann aber nicht nur als freiwillig-ehrenamtliche Tätigkeiten begriffen werden dürfen, die „für Gottes Lohn" erbracht werden. Sie müssen für den einzelnen auch die Möglichkeit enthalten, seinen Unterhalt zu bestreiten und seine Wünsche nach sozialer Sicherheit zu befriedigen. Solche „posttraditionalen Ligaturen" führen zu dem zweiten drängenden Problemfeld der gegenwärtigen gesellschaftlichen Verhältnisse.

Ligaturen

Die Internationalisierung des Kapitalismus und sein erfolgreicher Siegeszug bis in den letzten Winkel der Welt und die damit verbundene Wandlungsdynamik macht nicht vor den sozialen Bedingungen halt, die er selber nutzt, ohne sie zu schaffen: Lebensbedingungen, die wir brauchen, um überhaupt arbeitsfähig zu sein. Seit dem Zusammenbruch des „realen Sozialismus" sind wir zunehmend mit der Tatsache konfrontiert, daß

„die kapitalistische Gesellschaft den Trend zur Radikalisierung des Individualismus selbst erzeugt (hat) – und damit auch jene Widersprüche, die sich daraus ergeben. Von herausragender Bedeutung sind dabei die gesteigerten Mobilitätsanforderungen, welche die Reste der traditionalen Vergemeinschaftungsstrukturen nach und nach zerstört haben, und die Entwicklung zur Massenkonsumgesellschaft, die ohne den ständigen Appell an den Hedonismus des einzelnen nicht bestehen kann" (Strasser 1994a, S. 119 f.).

Traditionelle Gemeinschaftsformen wie Verwandtschaftsnetze, Nachbarschaften, Kirchengemeinden oder auch Gewerkschaften sind von diesem Prozeß betroffen.

In immer neuen Metaphern wird in der gegenwärtigen öffentlichen und fachlichen Diskussion die „Erosion des Sozialen" umkreist. Metaphorisch soll das eingekreist werden, was zunehmend zu fehlen scheint. Der „100. Bergedorfer Gesprächskreis" (Körber-Stiftung 1993) zum Thema „Wieviel Gemeinsinn braucht die liberale Gesellschaft?" war außerordentlich produktiv in dem Angebot immer neuer Bilder: „Innere Kohäsion" (Kurt Biedenkopf), „soziales Gewebe" (Kurt Biedenkopf), „gesellschaftlicher Klebstoff" (Albert O. Hirschmann), „Gemeinsinn als Festiger" (Theo Sommer), „Unterfutter der Gemeinschaftlichkeit" (Theo Sommer), „Sozialenergie" (Helmut Klages). In meiner einschlägigen Sammlung sind noch folgende Begriffsbildungen enthalten: „Soziale Bindekraft" (Wolfgang Schäuble 1994), „soziale Ozonschicht" (Klaus Hurrelmann 1994), „sozialer Zement" (Jon Elster 1989).

Es sind also die „Ligaturen", die gefährdet scheinen. Ligaturen, also Bindungen, Einbindungen, Zugehörigkeiten, Koordinaten für richtig und falsch, Bezugspunkte für unsere Lebensführung oder Anerkennung brauchen wir. Die Frage ist nur, ob die Wahrnehmung stimmt, daß die traditionellen Ligaturen abgebaut werden und soziale Wüsten hinterlassen, in denen sich lauter bindungslose Egomenschen ziel- und orientierungslos herumtreiben? Oder gibt es vielleicht Potentiale „posttraditionaler Ligaturen", die gefördert und aktiviert werden könnten?

Der Kampf für Gemeinschaft und gegen den Egoismus: Die kulturelle Imprägnierung einer falschen Alternative

In den öffentlichen Diskursen über den Zustand der Gegenwartsgesellschaft wird immer wieder darüber geklagt, daß uns moralische Prinzipien verloren gehen würden, die den uns Menschen innewohnenden Egoismus zähmen könnten. Jetzt da sich eine gemeinschaftsverpflichtende Moral auflösen würde, könnte sich dieser eigensüchtige „innere Schweinehund" ungehemmt entfalten. Achtsamkeit für andere und die Verfolgung eigener Interessen und Wünsche werden als Gegensätze konstruiert.

Wie Richard Rorty (1995) in seinem neuesten Buch herausgearbeitet hat, holt uns hier die traditionelle abendländische Moralphilosophie immer wieder ein. Deren „Hauptfehler" sieht Rorty in dem Mythos begründet,

„daß das Ich etwas Nichtrelationales und dazu imstande (sei), frei von jeglicher Sorge um andere als kalter Psychopath zu existieren, der dazu gezwungen werden muß, die Bedürfnisse anderer in Betracht zu ziehen" (S. 73).

„Die religiöse, die platonische und die kantianische Tradition haben uns ... eine Unterscheidung zwischen dem wahren Ich und dem falschen Ich aufgehalst: zwischen dem Ich, das den Ruf des Gewissens vernimmt, und dem Ich, das sich rein ‚ichbezogen' verhält" (S. 74).

Diesen Widerspruch zwischen einer moralischen und „eigennützigen" Haltung kann ich vielleicht am besten an einem autobiographischen Beispiel erklären. Aufgewachsen in einem kleinen oberfränkischen Dorf war ich Teil von zwei Gemeinschaften: Der Großfamilie in einem Pfarrhaus und dem abendlichen Gemeinschaftsprogramm unseres Sportvereins. Nach den langen Abenden in unserem Vereinsheim fragte mich meine Mutter oft am nächsten Morgen: „Haben *sie* sich gefreut, daß Du da warst?" Diese harmlose Frage hat mich jedesmal geärgert. Wenn ich nicht muffig geschwiegen habe, habe ich gekontert: „*Ich* habe mich gefreut!" Für meine Mutter war der Aufenthalt in einem Dorfwirtshaus unvereinbar mit ihren Vorstellungen sinnvoller Lebensführung, die Frage nach meinem Spaß und meiner Freude kam ihr gar nicht in den Sinn. Meinen Besuch im Wirtshaus konnte sie sich nur als Ausdruck eines tiefen altruistischen Motivs vorstellen.

Über diese Verständigungsschwierigkeit zwischen meiner Mutter und mir habe ich noch oft nachgedacht und sie später mit meinem fachlichen Hand- und Denkwerkzeug besser zu begreifen versucht. Zunächst wurde mir klar, daß in der Haltung meiner Mutter ein Stück pietistische Prägung sichtbar wird: Diese Erde ist ein sündhaftes Jammertal, durch das man nur mit der Ausrüstung tätiger Nächstenliebe wandern dürfe, die einem zugleich den Weg zu einem besseren Leben nach dem Leben erleichtern könnte. Die Betonung eigener Wünsche, Bedürfnisse oder gar Triebe waren nicht gerade Belege eines gottgefälligen Lebens. Sie mußten sorgsam in einem Diskurs der Sorge um andere verhüllt werden.

Solche Haltungen sind zu einer tiefen kulturellen Imprägnierung in unserer Gesellschaft geworden. Wir haben schon einige Sätze von Wolfgang Schäuble vernommen, der es sehr gut versteht, auf der Tastatur dieser Imprägnierung Stimmung zu machen. Er formuliert immer wieder die Überzeugung, daß unser Land nur „gesunden" könne, wenn wieder Opferbereitschaft und Gemeinschaftsverpflichtung entstehen würden. Er steht damit nicht allein. Ulrich Beck bringt diesen Diskurs auf die ironische Frage: Handelt es sich um „eine Art Egoismus-Epidemie, ein Ich-Fieber, dem man durch Ethik-Tropfen, heiße Wir-Umschläge und tägliche Einredungen auf das Gemeinwohl beikommen kann?" (1995b, S. 10).

Vor einiger Zeit habe ich eine Initiative kennengelernt, die mir sehr eingängig vermittelt hat, welcher Weg kaum die adäquate Lösung für die gesellschaftlichen Solidaritätsprobleme der Gegenwart eröffnen kann. Die Initiative ging von einem freundlichen alten Herrn aus, der ein Vierteljahrhundert im Sekretariat der CDU Rheinland gearbeitet hat. Dr. Horst Rheinfelder schlägt ein „Gesetz zur Einrichtung von Nachbarschaften" vor. In seiner Initiative knüpft er an einer für ihn prägenden Erfahrung an: „Die Frontkameradschaft führte Menschen aller Stände zusammen". Das Gefühl von Geborgenheit und Sicherheit in der Gemeinschaft braucht seiner Meinung nach jeder Mensch. Er bezieht sich dabei auf die Dorfgemeinschaft des letzten Jahrhunderts und sagt dazu: „Die räumliche Nähe erleichtert das regelmäßige Beisammensein und fördert die Häufigkeit der Kontakte. Sie 'verdichtet' die Gesamtheit aller Bindungen zu dem Netz einer Gemeinschaft", aus dem heraus praktische Nächstenliebe geleistet werden kann. Herr Rheinfelder sieht die Menschen in den Großstädten isoliert und in anonymen Zusammenhängen: „*Einsamkeit* ist die besondere Not der Großstadtmenschen". Deren Existenzangst wächst, weil sie nicht mehr damit rechnen können, daß sie in Notsituationen die Hilfe anderer Menschen erhalten werden. „Die organisatorische Zusammenführung der Menschen in Nachbarschaften würde die Entwicklung neuer Gemeinschaften bewirken" und das soll eine Nachbarschaftsgesetz gewährleisten: „Ganz Deutschland müßte von einem Nachbarschaftsnetz umspannt sein" (alle Zitate aus einem Exposé zu einer Sendung des Deutschlandfunks zum Thema „Gibt es noch die gute Nachbarschaft?" vom 3.8.1988). Die Bundesrepublik sollte in Quartiere aufgeteilt werden, in denen jeweils eine Nachbarschaft zu gründen wäre. Diese Nachbarschaften hätten die Aufgabe, „Nächstenliebe" im Sinne von Besuchsdiensten, Krankenpflege und Haushaltshilfen zu organisieren und Geld für solche karitativen Aufgaben zu sammeln. Die Finanzierung dieser Nachbarschaften soll „autark" erfolgen, also aus den Ressourcen der beteiligten BürgerInnen aufgebracht werden. Von einem ähnlichen Zuschnitt ist auch die Vorstellung von der Einführung eines sozialen Pflichtjahres oder gar eines Arbeitsdienstes, der in regelmäßigen Abständen durch die Gazetten geistert.

Der „Webfehler" solcher Vorstellungen besteht meiner Ansicht nach in der Negation jenes Freiheitsgewinns, den der gesellschaftliche Freisetzungsprozeß in den städtischen Lebenswelten ermöglicht hat. Und sie negiert die empirisch gut belegte Tatsache, daß Menschen auch ohne gesellschaftliche Zwangsregulationen sich gemeinschaftlich betätigen, allerdings zunehmend weniger aus einer moralistisch-altruistischen Haltung der Aufopferung für andere, sondern aus dem Bedürfnis heraus, dabei etwas für sich zu tun, „Selbstsorge" oder „Selbsterfüllung" als Leitlinien zu betonen. Der eher konservative Soziologe Helmut Klages spricht von dem immer deutlicher ausgeprägten „Grundbedürfnis, Subjekt des eigenen Handelns zu sein, das keineswegs mit dem Gemeinsinn in Widerspruch steht". Er diagnostiziert „ein frei flottierendes Potential an Gemeinsinn in der Gesellschaft" (in Körber-Stiftung 1993, S. 40).

Dieses „frei flottierende Potential" ist durchaus faßbar und frei ist es wohl nur in bezug auf seine institutionelle Unabhängigkeit von traditionellen Verdichtungs- und Einbindungsformen wie Kirchen, Parteien, Gewerkschaften. Es ist gebunden an kleinräumige Solidarnetze wie Freundschaften, Interessengruppierungen, Verwandtschaft und Familien. Für die USA hat Robert Wuthnow (1991; 1994) dies in großangelegten Studien nachgewiesen. Er belegt, daß 45 % der über 18-jährigen AmerikanerInnen

„sich Woche für Woche fünf Stunden und mehr für freiwillige Hilfsleistungen und Wohltätigkeitszwecke zur Verfügung stellen, sich in Krisenzentren, Bürgerrechtsbewegungen engagieren, Nachbarschaftshilfen organisieren, soziale Netzwerke der Altenpflege aufbauen, Frauenhäuser unterhalten, Antidrogeninitiativen ergreifen und unentgeltliche Leistungen erbringen, die, würde man sie in ihrem Geldwert beziffern, weit über 150 Milliarden Dollar (pro Jahr) entsprechen?"

Wuthnow zeigt auch auf, daß

„für über 75 Prozent der amerikanischen Bevölkerung Solidarität, Hilfsbereitschaft und Gemeinwohlorientierungen den gleichen prominenten Rang einnehmen wie Motive der Selbstverwirklichung, berufliche Erfolgsorientierung und die Ausweitung der persönlichen Freiheitsspielräume" (Beck 1995a).

Auch für die Bundesrepublik gibt es genügend Indikatoren dafür, daß die Entwicklung hier nicht wesentlich anders verlaufen ist. Z.B. hat die repräsentativ angelegte Geislingen-Studie ermittelt (ähnlich auch Prokop et al. 1996), daß 38 % aller Befragten

„grundsätzlich Engagementbereitschaft für gemeinwesenorientierte Projekte (zeigten), so z.B. für das Bürgerbüro ‚Bürger im Kontakt', wo freiwillige Dienstleistungen von Bürgern für Bürger vermittelt werden, z.B. Besuchsdienste, kleine Reparaturen, Hausaufgabenhilfe usw." (Ueltzhöffer 1996, S. 121).

Diese Bereitschaft gilt für alle Altersgruppen, also auch für Jugendliche und junge Erwachsene, an denen der Egoismus-Trend gerne prototypisch festgemacht wird. Das zeigen auch Ergebnisse der Netzwerkforschung: Heranwachsende leisten in hohem Maße alltägliche HIlfe, wenn in ihren Familien oder Freundeskreisen Hilfe benötigt wird. Die Geislingen-Studie bestätigt auch die Beobachtung, daß gemeinsinnorientierte Aktivitäten und Engagements zunehmend weniger von den Motivationen des klassischen Ehrenamtes, der (Bürger-)Pflicht und dem religiös unterlegtem Altruismus, leben. In den Motivationen verknüpfen sich vielmehr Stränge, die oft als unvereinbar hingestellt werden: Etwas für andere und zugleich etwas für sich zu tun, aber von großer Bedeutung ist auch der Gestaltungswille: Einfluß zu nehmen auf das Geschehen in seiner Gemeinde. Wichtig ist den Befragten, daß sie ihr zeitliches Engagement selbst steuern können und von keiner staatlichen oder kirchlichen Großorganisation vereinnahmt werden. Es bestehen jedenfalls gute Gründe dafür, mit der gängigen moralinsauer angereicherten Polarität aufzuräumen: Selbstverwirklichungsinteressen gegen Gemeinwohlorientierung.

„In vielen Fällen schließt sich ein, was sich auszuschließen scheint, nämlich das Verfechten des eigenen Lebens und das sozialmoralische Engagement für andere. An sich denken ist sogar die Voraussetzung eines Denkens für andere" (Beck a.a.O.).

Über Gemeinsinn, Solidarität und Engagement sollten wir also nicht moralisch und auch nicht zu fundamentalistisch reden („der" Mensch als geborener Egoist oder als „Wolf"). Eine Gegenwartsdiagnose hat die Chance, sich auch empirisch zu fundieren. Eine wichtige Quelle dafür ist die empirische Netzwerkforschung.

Die sozialen Baustellen

Die empirische Netzwerkforschung (zum Überblick: Keupp & Röhrle 1987; Diewald 1991; Röhrle 1994) ergibt für die soziale Bautätigkeit zeitgenössischer Subjekte vor allem in den großstädtischen Ballungsräumen folgendes Bild:
1. Beim Vergleich von StädterInnen und Nicht-StädterInnen zeigt sich, daß *urbane Lebensformen nicht aus sich heraus isolationsfördernd* sind wie häufig unterstellt. Im Gegenteil: BewohnerInnen großer Städte haben im Durchschnitt vielfältigere Kontakte zu FreundInnen, ArbeitskollegInnen oder anderen Angehörigen von Subkulturen oder Vereinen.
2. Netzwerke in urbanen Ballungsräumen ergeben nicht mehr das Bild traditionaler Beziehungsmuster, sie sind keine lokal fest und dicht verbundenen Solidargemeinschaften. Nachbarschaften bilden nicht mehr den verdichteten Kern sozialer Netzwerke. Diese sind eher *strukturell offen und nur lose miteinander verknüpfte Beziehungsmuster*. Gleichwohl vermitteln sie persönliche Nähe und Intimität.
3. Gegenüber traditionellen Beziehungsmustern, die über Familie, Verwandtschaft und Nachbarschaft vermittelt waren, in die man hineingeboren war und die mit hohen Integrationsnormen zugleich persönliche Veränderungswünsche einschränkten, beinhalten die großstädtischen Netzwerke *ein höheres Maß an Eigenentscheidung, an „Wahlfreiheit"*. Dies führt zu einer persönlich zu treffenden Auswahl von FreundInnen und Bekannten, die sich an der Ähnlichkeit von Interessen orientiert und zu einer starken Homogenisierung sozio-ökonomischer Merkmale im Netzwerk beiträgt. Die sich so konstituierenden Beziehungsmuster besitzen häufig den Charakter von „Subkulturen".
4. Der beschriebene allgemeine Trend städtischer Netzwerkbildung kann durch *spezifische Besonderheiten des Lebenslaufs und der Lebenslage* entscheidend verän-

dert sein. Für Kinder und alte Menschen hat der soziale Nahraum, der lokale, nachbarschaftliche Bezug einen hohen positiven Wert. Für Frauen mit kleinen Kindern andererseits bedeutet die relativ enge Ortsbezogenheit eher eine als Belastung erlebte Restriktion von Handlungsmöglichkeiten.

5. Der Urbanisierungsprozeß führt *nicht zur Erosion alltäglicher informeller Hilfeleistungen*. In Alltagsangelegenheiten erfolgt in der Regel Hilfe durch die NachbarInnen oder ArbeitskollegInnen. Bei schwerwiegenderen Problemen (z.B. schwere Krankheit oder Tod eines Familienmitgliedes) suchen Menschen Hilfe vornehmlich im engeren Familien- und Verwandtschaftskreis. Da deren räumliche Erreichbarkeit durch die durchschnittlich hohe regionale Segregation häufig nicht gegeben ist, suchen StädterInnen einerseits vermehrt bei formellen Institutionen des Gesundheits- und Sozialwesens Unterstützung. Andererseits haben sich im letzten Jahrzehnt eine Fülle von Selbsthilfeinitiativen entwickelt, in denen solidarische wechselseitige Hilfe und Unterstützungspotentiale für selbstbestimmte Lebens- und Identitätsentwürfe gesucht und gegeben werden. Frauen sind die mit Abstand aktiveren Beziehungsarbeiterinnen und Netzwerkerinnen. Sie haben höhere Beziehungskompetenzen und sie schaffen sich durch eigeninitiierte soziale Netze die Basis für die Realisierung neuer Lebensoptionen.

6. In den realen Möglichkeiten und konkreten Formen der Netzwerkbildung lassen sich *die Grundmuster gesellschaftlicher Ungleichheit* nachweisen. Der Entscheidungsspielraum einer Person für die Aufnahme spezifischer sozialer Beziehungen hängt entscheidend von ihrem Status ab. Je höher der sozioökonomische Status einer Person ist, desto mehr Ressourcen hat sie für die aktive Beziehungsarbeit, desto weiter ist der soziale Möglichkeitsrahmen gespannt, aus dem persönliche Beziehungen realisiert werden können und umso seltener beschränken sie sich auf Verwandtschaft und NachbarInnen. Das bedeutet andererseits, daß die Zerstörung lokaler Sozialstrukturen (etwa durch städtebauliche Modernisierungsprogramme) für sozial benachteiligte Personen in spezifischer Weise den kaum kompensierbaren Verlust von Gemeinschaft und Solidarität mit sich bringt.

7. Zunehmende gesellschaftliche Individualisierung baut nicht in pauschaler Weise Solidarbeziehungen ab, sondern sie schafft eher *einen neuen Typus von Solidarität*. Sie wird freiwillig erbracht und weniger aus einem Gefühl der Verpflichtung, das aus traditionalen Gemeinschaftsbindungen folgt. Es gibt keinen empirischen Beleg dafür, daß religiös gebundene Menschen mehr soziales Engagement zeigen. Der neue Typus von Sozialbeziehung ist im Vergleich zu der traditionalen Form zwangloser, vielseitiger, zeitlich und sachlich eingegrenzter und beweglicher. Er ist weniger von einem moralisch aufgeladenen Helferpathos geprägt.

8. Viele BewohnerInnen von Großstädten teilen die emotional negativ getönte Haltung von der „verlorenen Gemeinschaft", obwohl sie in multiplen Netzwerken leben, die ihnen vielfältige soziale Zugangsmöglichkeiten und Unterstützung vermitteln. In diesem Sinne haben sie einen hohen persönlichen Freiheitsspielraum, einen Raum für „strukturelle Manöver", die zur Gestaltung individueller Lebenswege genutzt werden können. Die andere Seite der gleichen Medaille zeigt das Individuum, das trotz vielfältiger loser Assoziationen zu verschiedenen Gruppen, Subkulturen und Institutionen in keine Solidargemeinschaft mit hoher Integrations-

kraft eingebunden ist. So scheint *der Preis hoher Selbstbestimmung und Chancenvielfalt ein Orientierungsverlust* zu sein, der die wachsende Nachfrage nach neuen sinnvermittelnden psychosozialen Dienstleistungen oder auch nach verbindlichen neuen sozialen Netzwerken, die Zugehörigkeit und Lebenssinn herstellen könnten, auslöst.

Die Netzwerkforschung ermöglicht uns also einen nüchternen Blick auf zentrale Veränderungsprozesse alltäglicher sozialer Beziehungen. Eindeutig ist der Erosionsprozeß jener traditionellen Beziehungsmuster, die ein Individuum wie ein gutgeschnürtes Paket mit dem Hineingeborenwerden in spezifische familiäre, verwandtschaftliche und nachbarschaftliche Konstellationen mit auf seinen Lebensweg genommen hat. Das heißt nun aber keineswegs, daß das moderne Individuum zum Einsiedlerkrebs wurde. Das Gegenteil scheint der Fall zu sein. Die zeitgenössischen Großstadtbewohner haben im Durchschnitt vielfältigere Kontakte zu FreundInnen, ArbeitskollegInnen oder anderen Angehörigen spezifischer Vereine und Subkulturen als ihre Vorläufer-Generationen. Das ist ja auch kein Widerspruch zur Single-Lebensform. Die entscheidenden Merkmale dieser neuen Beziehungsmuster sind ihre „strukturelle Offenheit", die lockere Verknüpfung und die „Wahlfreiheit" (in der sozialpsychologischen Stadtforschung taucht in diesem Zusammenhang das Konzept von der „befreiten Gemeinschaft" auf). Gegenüber traditionellen Gesellschaften hat sich die Entscheidungsfreiheit in bezug auf die gewählten Beziehungen, aber auch die Entscheidungsnotwendigkeit in der Moderne qualitativ verändert. Das ist eine durchaus ambivalente Situation. Sie eröffnet einerseits die Chance, den eigenen sozialen Lebenszusammenhang wesentlich mitzugestalten (entsprechend sind zeitgenössische Netzwerke auch weniger vom Statusmerkmalen, als vielmehr von gemeinsamen Interessen bestimmt). Sie enthält aber auch die Notwendigkeit, InitiatorIn und ManagerIn des eigenen Beziehungsnetzes zu sein. Diese strukturelle Notwendigkeit erfordert bei den Subjekten entsprechende Ressourcen an Beziehungsfähigkeit und wohl auch materiellen Ressourcen. Ein immer wieder nachgewiesener Befund zeigt, daß sozioökonomisch unterprivilegierte und gesellschaftlich marginalisierte Gruppen offensichtlich besondere Defizite aufweisen bei dieser gesellschaftlich zunehmend geforderten eigeninitiativen Beziehungsarbeit. Die sozialen Netzwerke von ArbeiterInnen z.B. sind in den Nachkriegsjahrzehnten immer kleiner geworden. Von den engmaschigen und solidarischen Netzwerken der Arbeiterfamilien, wie sie noch in den 50er Jahren in einer Reihe klassischer Studien aufgezeigt wurden und in der Studentenbewegung teilweise romantisch überhöht wurden, ist nicht mehr viel übrig geblieben. Das „Eremitenklima" ist am ehesten hier zur Realität geworden. Die empirische Netzwerkforschung bestätigt den berühmten „Matthäus-Effekt", benannt nach dem Jesuszitat im Matthäus-Evangelium: „Denn wer da hat, dem wird gegeben werden, daß er die Fülle habe; wer aber nicht hat, von dem wird auch genommen, was er hat" (Matthäus 13, 12). Wer also „einer höheren Schicht angehört, d.h. über mehr Einkommen und Bildung verfügt, hat sowohl mehr HelferInnen als auch mehr KontaktpartnerInnen. Wer also mehr materielle Mittel und Wissen hat – und daher für die ‚Pflege' seiner Beziehungen mehr einsetzen kann –, hat auch mehr HelferInnen in der Not und Kontakte im Alltag" (Marbach und Mayr-Kleffel, 1988, S. 286).

Die gelegentlich immer noch zu hörende Auffassung, „materielle Armut werde vielfach durch Reichtum an zwischenmenschlichen Beziehungen aufgewogen, hat mit der Realität nichts gemein" (ebd.). Unser „soziales Kapital", die sozialen Ressourcen, sind ganz offensichtlich wesentlich mitbestimmt von unserem Zugang zu „ökonomischem Kapital".

Was bedeuten solche Analysen für die Frage nach den Solidaritätsressourcen in der postmodernen Gesellschaft vom Typus der Bundesrepublik? Ich möchte drei Thesen daraus ableiten:

1. Eine sich zunehmend individualisierende Gesellschaft erzeugt nicht notwendigerweise isolierte und vereinsamte Ego-Menschen. Es existieren in dieser Gesellschaft ganz im Gegenteil hohe Potentiale für solidaritätsfördernde Netze. Aber diese Netze haben zugleich die Tendenz zu „Stammeskulturen": Unterstützt wird, wer zu uns gehört, zu meiner Familie, zu meinem Clan, zu meiner Szene oder zu meiner Selbsthilfegruppe.
2. Diese Netze und die mit ihnen assoziierten Solidaritätspotentiale reproduzieren die grundlegenden Formen gesellschaftlicher Ungleichheit. Eine Sozialpolitik, die sich allein auf sie verläßt, wird gesellschaftliche Spaltungen vertiefen und nicht nur die vorhandene Ungleichheit in der Verteilung materieller Ressourcen reproduzieren, sondern auch die ungleichen Zugänge zu sozialen und psychosozialen Ressourcen verschärfen.
3. Aber die erforderliche Sozialpolitik, die auf Chancenungleichheit reagiert, muß von den noch immer vorherrschenden kompensatorischen und befriedenden Strategien Abschied nehmen. Sie muß alle Personen im Sinne des Empowerment-Ansatzes als Menschen sehen und behandeln, die den Wunsch haben, Subjekt des eigenen Handelns zu sein.

Die Gefahr des Tribalismus

Die aktuellen gesellschaftlichen Umbrüche, die die Lebensbedingungen und Konzepte vom richtigen Leben grundlegend verändern, bilden eine brisante Mischung „riskanter Chancen" und zunehmend zeigt sich, daß sich in spezifischen gesellschaftlichen Segmenten oder Milieus eher die Chancenseite der Postmoderne akkumuliert und in anderen sich die Risikoseite geballt auffinden läßt. Aber diese Milieus wissen kaum etwas voneinander. Die soziale Wahrnehmung für die Verschiedenheit ist nicht entwickelt und will wohl auch nicht entwickelt sein, vor allem nicht der Blick von der „Sonnen-" auf die „Schattenseite". Gerhard Schulze hat dies eingängig beschrieben:

„In der Kultur des Reichtums ist Armutswissen zum größten Teil professionell hergestelltes Wissen, nicht etwa Erfahrungsbestand des Alltagslebens. Wohlversorgt mit Informationen, Sozialreportagen, moralischen Kommentaren und Talkshows mit Betroffenen, wissen wir doch nur gerade so viel über Armut, wie man auf diesen Wegen erfahren kann. (...). Es gibt kein deutlich sichtbares Milieu der Armut mehr, keine jedermann bekannten Armenviertel, keine zerlumpte Kleidung und zerrissenes Schuhwerk als Erkennungszeichen. An die Stelle einer ehemals klar erkennbaren Subkultur der Armut ist eine Vielzahl von Typen und Szenarien getreten, deren Gemeinsamkeit sich auf das Merkmal des Mangels beschränkt" (1995, S. 56).

Aber nicht nur die geringere Sichtbarkeit von Armut und Lebensrisiken beeinträchtigt die soziale Wahrnehmung, sondern auch die Abwehrstrukturen von erlebnisorientierten Normen der postmodernen Lebensführung. Sie befördern Stammeskulturen in hohem Maße.

„Mitten im Globalisierungsschub der neunziger Jahre ist nichts populärer als der Versuch, Enklaven des Glücks einzuzäunen. (...) Das für die Kultur des Reichtums grundlegende Denkmuster tritt in der gegenwärtigen Krise noch einmal besonders deutlich hervor, fast als leuchtete es ein letztes Mal auf, bevor es ausgebrannt ist" (Schulze, S. 53).

Die tiefsitzende, aber natürlich cool geleugnete Angst, die eigene Fun-Kultur könnte implodieren, wird zu einer Wahrnehmungsabwehr für Realitäten außerhalb des eigenen homogen zusammengesetzten Stammes.

Zygmunt Bauman (1992a), ein vorsichtig-reflektierter Anhänger postmoderner Lebensformen, sieht sehr deutlich die Gefahren dieses Neotribalismus:

„Die postmoderne Welt des fröhlichen Durcheinander wird an den Grenzen sorgfältig von Söldnertruppen bewacht, die nicht weniger grausam sind als die, die von den Verwaltern der jetzt aufgegebenen Globalordnung angeheuert waren. Lächelnde Banken strahlen nur ihre jetzigen und zukünftigen Kunden an. Die Spielplätze der glücklichen Käufer sind von dicken Mauern, elektronischen Spionen und bissigen Wachhunden umgeben. Höfliche Toleranz gilt nur für diejenigen, die hereingelassen werden. Und also scheint die Grenzziehung zwischen dem Drinnen und dem Draußen nichts von ihrer Gewalttätigkeit und genozidalen Kraft verloren zu haben" (S. 317).

Meine ersten Assoziationen bei diesen Formulierungen waren die Abschottungsversuche der deutschen Politik gegenüber Asylsuchenden durch die entsprechenden Gesetze. Aber diese Analyse gibt natürlich auch innergesellschaftlich einen Sinn. Die postmoderne Gesellschaft setzt weniger repressive Formen gesellschaftlicher Ordnungspolitik ein und deshalb entsteht leicht die Illusion von Toleranz für Verschiedenheit, aber die Regeln von Dazugehörigkeit und Beteiligung an den Ressourcen sind in ihrer Anwendung brutal:

„In der postmodernen Praxis kocht die Freiheit auf die Entscheidungsfreiheit der Konsumenten herunter. Um sie zu genießen, muß man erst einmal Konsument sein. Diese Ausgangsbedingung läßt Millionen im Abseits. Wie die ganze moderne Ära hindurch, disqualifiziert Armut auch in der postmodernen Welt. Freiheit in ihrer neuen Lesart, der Markt-Interpretation, ist ebensosehr ein Privileg wie sie es in ihren älteren Versionen war. (...) Die Verschiedenheit gedeiht; und der Markt gedeiht mit. Genauer, nur solche Verschiedenheit darf gedeihen, die dem Markt nützt. Wie schon vorher der humorlose, machtgierige und eifersüchtige Nationalstaat, lehnt der Markt Selbstverwaltung und Autonomie ab – die Wildnis, die er nicht kontrollieren kann. Wie vorher, muß für Autonomie gekämpft werden, wenn Verschiedenheit etwas anderes bedeuten soll als Vielfalt marktgängiger Lebensstile – eine dünne Lackschicht veränderlicher Moden, die die gleichförmig marktabhängige Lage verbergen soll" (Bauman 1992, S. 334f.).

So entsteht eine paradoxe Situation. Für die Erlebnissituation des postmodernen Subjekts werden gerne Metaphern wie „Nomadentum", „Nicht-Seßhaftigkeit" oder „Unbehaustheit" herangezogen, aber es darf bitte nicht wörtlich gemeint sein: Gerade die Menschen, die kein gesichertes Dach über dem Kopf haben, fallen aus dieser Welt heraus und wenn sie darin auftauchen, dann kommt es zu einer Haltung, die kürzlich zum Titel eines Buches über „Solidarität in der Krise" wurde: „Eure Armut kotzt uns an!" (Hengsbach und Möhring-Hesse 1995). In einer fränkischen Verordnung aus dem 6. Jahrhundert hieß es über nichtseßhafte Menschen:

> „Schlecht ist ein Mensch, der im Gau lebt, aber nichts hat, wovon er sein Leben fristet und womit er wirkt, sondern nur durch die Wälder streift" (zit. nach Polligkeit 1938, S. 17).

Sind die Menschen der postmodernen Erlebnisgesellschaft, die ihre auf Permanenz angelegte Inszenierung von Glück für ein Privileg ihres Stammes betrachten, sehr weit von dieser Einstellung entfernt?

Empowerment und seine ethischen Grundprämissen: Verteilungsgerechtigkeit und gleiche Zugangschancen

Gegenwärtige Lebensverhältnisse werden von zeitgenössischen SozialwissenschaftlerInnen immer wieder in ihrem spezifischen ambivalenten Grundmuster charakterisiert: Soziale Traditionsbestände lösen sich zunehmend auf, das einzelne Subjekt erhält in dieser „Freisetzung" zwangsläufig einen größeren Gestaltungsraum. Gleichzeitig erhöht dieser Individualisierungsschub auch die Risikolagen der einzelnen. Auch in den Gesundheits- und Sozialwissenschaften haben sich stammesspezifische Wahrnehmungsverengungen vollzogen. So richtet die aktuelle Gesundheitspsychologie ihre Analyse und Empfehlungen ausschließlich auf die ohne Zweifel gegebene neue Chancenstruktur für Selbstgestaltung. Sie reduziert damit den widersprüchlichen gesellschaftlichen Entwicklungsprozeß unter einer positiven Perspektive einseitig und klammert die Risikoseite des Prozesses aus. Sie klammert damit eben auch die Frage nach den strukturell ungleichen Chancen für die individuelle Nutzung von Ressourcen für Gesundheit und Wohlbefinden aus. Insofern reproduziert sich in dieser Aufmerksamkeitsverengung eine dramatische Veränderung im Verhältnis individueller Rechte und kollektiver Verantwortlichkeiten, die weitreichende ethische Konsequenzen hat.

In der hinter uns liegenden „sozialdemokratischen Ära" hatte sich ein Sozialstaatsprinzip herausgebildet, das gegenwärtig zur Disposition steht. Zygmunt Bauman (1993, S. 17) hat das moralische Argumentationsmuster herausgearbeitet, das das Sozialstaatsprinzip begründet:

> „Der Sozialstaat war darauf ausgerichtet, eine Schicksalsgemeinschaft dadurch zu institutionalisieren, daß seine Regeln für jeden Beteiligten (jeden Bürger) gleichermaßen gelten sollten, so daß die Bedürftigkeit des einen verrechnet würde mit dem Gewinn des anderen".

Wie Bauman aufzeigt, gefährdet gegenwärtig der universalisierte Kapitalismus und seine ökonomische Logik pur das Solidarprinzip:

„War der Aufbau des Sozialstaates der Versuch, im Dienste der moralischen Verantwortung ökonomisches Interesse zu mobilisieren, so decouvriert die Demontage des Sozialstaates das ökonomische Interesse als Instrument zur Befreiung des politischen Kalküls von moralischen Zwängen" (ebd.).

Dramatische Worte wählt Bauman für das erkennbare Resultat dieses „Paradigmenwechsels":

„Die gnadenlose Pulverisierung der kollektiven Solidarität durch Verbannung kommunaler Leistungen hinter die Grenzen des politischen Prozesses, die massive Freigabe der Preisbindung bei lebenswichtigen Gütern und die politisch geförderte Institutionalisierung individueller Egoismen zum letzten Bollwerk sozialer Rationalität zu haben, (hat) ein veritables ‚soziales München' bewirkt" (ebd.).

In Verbindung mit einer unaufhaltsamen gesellschaftlichen Individualisierungsdynamik beginnt sich zunehmend eine liberalistisch-individualistische Ethik herauszubilden, die als einziges Konstitutionsprinzip die individuellen Rechte heranzieht. Verloren zu gehen droht ein Denken, das nach den strukturellen Differenzen im Zugang zu gesellschaftlichen Chancen und Ressourcen fragt.

In den sozialen Bewegungen der 60er, 70er und 80er Jahren (der Bürgerrechtsbewegung, der Studentenbewegung und der Frauenbewegung) war es ein zentrales Reformziel, die durch ethnische, soziale und geschlechtsspezifische Benachteiligungen bedingten ungleichen Chancen der gesellschaftlichen Teilhabe und der persönlichen Entfaltung durch sozial- und gesellschaftspolitische Maßnahmen zu überwinden. Reformkonzepte der psychosozialen Versorgung sind in ihren Grundprinzipien von diesem Ziel bestimmt gewesen. Sie gingen von der sozialepidemiologisch solide abgestützten Einschätzung aus, daß psychosoziale Hilfen sich ohne sozialpolitische Gegensteuerung entsprechend den sozialökonomisch ungleichen Zugangschancen zu marktvermittelten Dienstleistungen verteilen. Der eigentliche Skandal, der darin gesehen wurde, wird erst dann voll erkennbar, wenn man die Tatsache hinzunimmt, daß Menschen in sozioökonomisch unterprivilegierten Lebenslagen auch eine unverhältnismäßig höhere Last mit schweren psychosozialen Problemen zu tragen haben. Die gemeindepsychiatrischen Reformkonzepte, die in den 60er und 70er Jahren entwickelt wurden, versuchten, die Logik eines Verteilungsprozesses zu durchbrechen, der nur nach den Teilhabechancen des Marktes abläuft. Es wurde das Prinzip einer bedürfnisgerechten psychosozialen Versorgung entwickelt, das bürgerInnen- und lebensweltnah angeboten wird und allen Menschen die Chance auf fachgerechte Hilfe einräumen sollte – unabhängig von ihrer finanziellen Leistungsfähigkeit.

Auch wenn die Argumentation für den Auf- und Ausbau gemeindenaher psychosozialer Hilfen in sozialpolitischen und fachspezifischen Begriffen vorgetragen wurde, war sie in ihrem Kern eine ethische Argumentation. Es gibt für mich keinen überzeugenden Grund, auf dieses ethische Prinzip zu verzichten. Im Gegenteil.

Charles Taylor (1993a), einer der herausragenden Kommunitarier, hat folgende notwendigen Grundwerte für einen demokratische Wohlfahrtsgesellschaft formuliert:
1. *Solidarität* ist unteilbar und insofern ein einheitsstiftender Wert. Die Gesellschaftsmitglieder definieren sich als „Beteiligte am gemeinsamen Unternehmen der Wahrung ihrer Bürgerrechte". Der Antrieb dafür „kann nur aus einem Gefühl von Solidarität kommen, das die allgemeine Verpflichtung zur Demokratie über-

steigt und mich mit jenen anderen, meinen Mitbürgern, verbindet" (Taylor, a.a.O., S. 14).

2. *Partizipation* ist die zweite Grundbedingung für Demokratie. Wichtig sind hier soziale

„Bewegungen, in den sich Bürger selbst organisieren, um auf den politischen Prozeß einzuwirken. (...) Diese Bewegungen erzeugen einen Sinn für zivile Macht, ein Gemeinschaftsgefühl bei der Verfolgung von Zielen" (a.a.O., S. 16).

Taylor plädiert für eine „weitgespannte Vielfalt von Formen direkter Partizipation" und für die Schaffung dezentraler politischer Einheiten, die „eine Beziehung zu lebendigen Identifikationsgemeinschaften haben (müssen)" (a.a.O., S. 17).

3. Sinn für *gegenseitigen Respekt* ist die dritte zentrale Bedingung.

„Ohne diesen Respekt bliebe es unverständlich, warum das Gemeinwesen die Bürgerrechte gemeinschaftlich verteidigt. Wenn auch nur eine regional, ethnisch, sprachlich oder wie immer bestimmte Gruppe von Bürgern Anlaß zu der Annahme hat, daß ihre Interessen übergangen werden oder daß sie diskriminiert wird, ist die Demokratie in Frage gestellt." Besonders die Erfahrungen sozialer Ungleichheit bedrohen die demokratischen Grundwerte und deshalb kommt den „Einrichtungen des Wohlfahrtsstaates" eine so zentrale Bedeutung zu: „Er hat entscheidend dazu beigetragen, daß die Bürger sich gegenseitig eine gewisse Achtung bezeugen" (S. 18).

Diese unteilbaren Grundwerte sind in bezug auf die psychosoziale Arbeit mit den gesellschaftlichen Gruppen in den Schattenzonen unserer Gesellschaft noch nicht voll realisiert und durch die gegenwärtigen Umbauprozesse unseres Sozialsystems noch mehr gefährdet. Gerade für die professionelle psychosoziale Arbeit in diesen Bereichen ist eine Zielperspektive notwendig, die in den privilegierten Bereichen unserer Gesellschaft längst gesichert gelten kann, nämlich die Anerkennung des Rechtes auf ein Menschsein, in dem man sich als Subjekt seiner Geschicke erleben möchte.

Vor allem der Empowerment-Diskurs hat schon seit Jahren die wichtige Dialektik von Rechten und Bedürfnissen thematisiert. Die klassische wohlfahrtsstaatliche Philosophie war ausschließlich von einer Definition von Bedürftigkeiten und auf sie bezogener sozialstaatlicher Hilfe- oder Präventionsprogramme bestimmt. Dazu Julian Rappaport, dem wichtigsten Programmatiker der Empowerment-Idee:

„Während der ersten zwei Drittel dieses Jahrhunderts errichteten die ... Sozialpolitiker einen Apparat, um Dienste für Bedürftige bereitzustellen, ohne dabei die Gefahr der Möglichkeit des Mißbrauchs und des Verlustes von Rechten zu bedenken. In diesem Kontext standen die helfenden Berufe in vorderster Front ‚selbstloser' Versorgung der Armen, Behinderten und psychisch Kranken. Wer sich in Not befand, wurde mehr oder weniger wie ein Kind behandelt, dem geholfen werden und das von der Straße ferngehalten werden mußte" (1985, S. 265).

Die meisten Therapie- und Präventionsprogramme gehen – in aller Regel mit guten und nachvollziehbaren Gründen – von einer Annahme spezifischer Defizite und Bedürftigkeiten aus, die im wohlverstandenen Interesse der Betroffenen verhindert, kompensiert oder verändert werden sollen. Erst in den 70er Jahren wurde – nicht zuletzt in Folge heftiger Konflikte zwischen wohlwollenden HelferInnen und zunehmend eigene Ansprüche formulierender KlientInnen – die Ebene der Rechte als unabhängiger Begründungsinstanz für Handeln oder dessen Unterlassung „entdeckt". Es war sicher kein Zufall, daß diese Entdeckung in die Zeit der sich abzeichnenden Krise des Wohlfahrtsstaates fiel. In Zeiten wachsender Sozialbudgets ist eher die Vorstellung gewachsen, daß bei uns Professionellen die Angelegenheiten der Betroffenen in guten Händen seien. Die Segnungen immer neuer Spezialprogramme und -einrichtungen ließen sich beweiskräftig so verstehen. Die von uns so bereitgestellte „fürsorgliche Belagerung" hatte eine Qualität der tendenziellen Rundum-Versorgung, bei der der Gedanke der Einschränkung von KlientInnen-Rechten und der Kontrolle von Lebenssouveränität weniger Nahrung erhielt. Die Krise des Sozialstaates hat auch für viele Betroffene sichtbar gemacht, daß ihre Rechte keineswegs in Wohlfahrtsleistungen gesichert, sondern mit deren Abbau auch gefährdet sind. Aus diesem Grund müssen sie eigenständig vertreten und abgesichert werden. Rappaport bringt die beiden Sichtweisen auf die Formel von „Kinder in Not" oder „Bürger mit Rechten". Es handelt sich nicht um Entweder-oder-Perspektiven, sie müssen in dem Spannungsverhältnis, in dem sie zueinander stehen, erhalten bleiben. Gerade an der Kahlschlagpolitik im Sozialbereich, wie in den USA und England kann das aufgezeigt werden. Sie hat sich gerne mit Schlagworten wie Bürgerrechte oder „Freiheit" vom Staat drapiert und gleichzeitig wohlfahrtsstaatliche Leistungen abgebaut. Dazu bemerkt Rappaport treffend: „Rechte ohne Ressourcen zu besitzen, ist ein grausamer Scherz" (S. 268).

Einen bundesrepublikanischen Kommunitarismus gibt es bereits in Ansätzen

Im Kern hat sich in der Bundesrepublik längst eine Fülle von exemplarischen Initiativen und Lösungsansätzen für bürgerschaftliches Engagement entwickelt, die mit Vorstellungen vom klassischen Ehrenamt nicht mehr begriffen werden können. Ein wachsender Selbsthilfebereich bekommt interessante Gesellschaft: Freiwilligenagenturen und Initiativen bürgerschaftlichen Engagements existieren und pflanzen sich in neuen Initiativen fort.

Ich will als Beispiel, ehe ich dann einige Verallgemeinerungen riskiere, eine Initiative schildern, von der mein Bild dieser neuen Kultur von Alltagsolidarität wesentlich geprägt wurde:

Als wieder einmal im Münchner Stadtrat eine kontroverse Debatte über Selbsthilfe stattfand, hat eine Initiative besondere Aufmerksamkeit auf sich gezogen, der Bürgertreffpunkt „Treff + Tee". An ihr versuchte die CSU ein Exempel zu statuieren (vgl. Bericht in der SZ vom 28. April 1995, S. 46). Da ich diese Fürstenrieder Initiative von ihren ersten Anfängen her kenne, will ich an ihr ein ganz anderes Exempel statuieren. Ich möchte an ihr aufzeigen, unter welchen Bedingungen in München Gemeinsinn produziert wird. „Treff + Tee" hat mir von meiner ersten Begegnung an Eindruck gemacht. Als Mitglied des ersten Selbsthilfebeirates der Stadt München habe ich die Initiative an einem langen Sitzungsabend im Herbst 1986 kennengelernt, oberflächlich, als eine Antrag stellende Gruppe neben vielen anderen. Eine Mütterinitiative, bei der mir vor allem das Engagement und der Ernst in Erinnerung geblieben sind, mit der sie ihr Anliegen vortrug.

Ein Jahr später kam sie erneut mit einem Antrag, der einen bemerkenswerten Prozeß des Wachstums und der Differenzierung des eigenen Vorhabens zum Ausdruck brachte: Eine Initiative hatte sich offensichtlich stabilisiert, ihr Konzept weiterentwickelt und daraus Konsequenzen für ihren Finanzierungsantrag gezogen. Aus einem Mütterselbsthilfezentrum war die Idee und der Anspruch eines Bürgerzentrums entstanden. Frauen vor allem, aber auch Männer, hatten in einem infrastrukturell unterversorgten Gebiet ein beeindruckendes Angebot an sozialen, kulturellen und Selbsthilfeaktivitäten entwickelt; sie investierten viel Energie und Lebenszeit; sie schufen ein dringend erforderliches stadtteilbezogenes Dienstleistungsangebot, das im Stadtteil ankam; und nun beantragten sie für ihre Dienstleistungsarbeit auch ein – durchaus bescheidenes – Stundenhonorar. In der Verwaltung und im Selbsthilfebeirat hat das an eine Prinzipienfrage gerührt: Ist das noch Selbsthilfe?

Wir wollten nicht am grünen Tisch entscheiden, es ging schließlich auch um einen Präzedenzfall. Eine Vertreterin des Sozialreferats und ich besuchten „Treff + Tee" an einem eiskalten Wintertag in ihren alten Räumen. Wir wurden umfassend über die laufenden Aktivitäten und die weiteren Pläne informiert. Ich wurde zunehmend in meiner Überzeugung gefestigt, daß hier aus einer Selbsthilfegruppe zunehmend ein „Bürgerhaus von unten" entsteht. Alles, was ich aufnehmen konnte, schien mir dies zu bestätigen. Jede Stadt, in der solche Aktivitäten von Bürgerinnen und Bürgern ergriffen werden, kann stolz sein. Sie braucht keine künstlichen Implantate in die unbeackerte soziale und kulturelle Landschaft zu setzen. In meiner optimistischen Naivität habe ich damals überhaupt nicht verstanden, warum die öffentliche Förderung von „Treff + Tee" zunächst erhebliche Schwierigkeiten bereitete. War man mißtrauisch gegenüber Initiativen von unten? Stand hier eine Initiative quer zu einer politischen Bürgerhausidee, die damals propagandistisch durch die Stadt getragen wurde? Bei mir jedenfalls hat sich „Treff + Tee" als Paradebeispiel für eine lebendige Initiativenszene in München ins Bewußtsein eingegraben. Oft fiel sie mir ein, wenn ich über Möglichkeiten und Grenzen von Initiativen nachdachte. Für mich ist sie vor allem auch ein Beispiel dafür, welche Innovationen die Initiativen- und Selbsthilfebewegung in die politische Landschaft der Bundesrepublik gebracht hat. Sie stellen eine bürgerschaftliche Antwort auf die spezifischen Anforderungen der „Risikogesellschaft" dar.

Was den Bürgertreff München Süd kennzeichnet, kommt in Äußerungen einiger ihrer interviewten Mitglieder am besten zum Ausdruck (Wolfgang Kraus und Waltraud Knaier (1989) haben für ihre Untersuchung im Auftrag der „Anstiftung" ein Interview durchgeführt, auf das ich freundlicherweise zurückgreifen durfte). Die Tragfähigkeit des selbstgespannten Netzes lebt davon, daß alle Beteiligten aus ihm etwas beziehen können, was für sie wichtig ist, ihren Interessen und Bedürfnissen entspricht. Das kommt sehr schön im folgenden Interviewausschnitt zum Ausdruck:

„Es macht mir unheimlich Spaß in der Teestube mit den Frauen zu reden. Der Umgang mit den vielen verschiedenen Menschen; zu schauen, wo kann man was machen, was vermitteln, einfach zuhören, miteinander reden. Gestern war eine Frau da mit einem Baby, die ist hier neu zugezogen. Ich hatte das Gefühl, das tut ihr gut und mir tat es auch gut. Und auch so, wenn so Gruppen zusammen sind, zu sehen, daß Ideen da sind, die andere haben und die ich auch habe. Also, daß es so ein Verband, ein Netz ist. (...) Es entstehen wahnsinnig viele Ideen auch von anderen. Man braucht das praktisch nur antippen".

Kommunikative Angebote in einem solchen selbstorganisierten Treffpunkt zu machen sind Dienstleistung und Selbsthilfe zugleich. Das Dienstleistungsangebot in einem Neubaugebiet wird in folgendem Interviewausschnitt formuliert:

„Wir haben hier einen Treffpunkt errichtet, der Anlaufstelle ist für viele, die hier neuzugezogen sind, die eigentlich auf der Suche sind einmal nach Kommunikation, aber auch ein bißchen was tun dabei. Die sich ein bißchen verloren oder einsam vorkommen. Wenn ich so die jungen Mütter anschaue".

Und der Selbsthilfeaspekt kommt im nächsten Satz: „Ich habe soviel davon gehabt. Und der Kleine auch. Was gemeinsam zu machen". Eine andere Frau spricht in eindrucksvoller Weise an, was sie durch ihre Mitarbeit im Zentrum gewonnen hat:

„Eine Zeit lang habe ich das Gefühl gehabt, ich bin abgestorben. Jeden Tag sitzt man da vorm Fernseher. Ich hab' gedacht, ich bin tot irgendwie. Da war kein Leben, nichts. Jetzt ist das Leben da, ich kann das auch weitergeben an die Familie. Da spielt sich jetzt auch wieder mehr ab. Da bin ich schon wirklich froh drüber".

Geben und Nehmen finden zusammen. Die Bilanz muß stimmen. Und weil ich schon bei einem betriebswirtschaftlichen Begriff bin: Eine für die Gemeinschaft erbrachte Dienstleistung muß auch honoriert werden. Die „Ressource Liebe", vor allem eine weibliche Ressource in der traditionellen Arbeitsteilung zwischen den Geschlechtern, darf nicht länger unentgeltlich von der Gemeinschaft in Anspruch genommen und kassiert werden.

Diese und andere Initiativen, die ich als Kern eines bundesrepublikanischen Kommunitarismus bezeichnet habe, haben folgende Grundprinzipien gemeinsam:
1. Solche Initiativen sind Ergebnis und Antwort auf die „Risikogesellschaft". Traditionelle Bindungen werden von einem sich beschleunigenden gesellschaftlichen Prozeß immer mehr aufgerieben. Initiativen stellen eine neuartige Form der sozialen Vernetzung im Alltag dar. Sie sind nicht das einfach sozial immer schon Vorgefundene. Sie sind eine spezifische soziale Leistung, in die Bedürfnisse und Wünsche der einzelnen eingehen. Hier ist nicht eine Gemeinschaft da, in die sich die einzelnen Subjekte integrieren müssen, sondern hier schaffen sich diese ihre Gemeinschaft nach ihren eigenen Vorstellungen und sie leben von den Wünschen nach Selbstverwirklichung.
2. In diesen neuen sozialen Netzwerken entstehen wichtige Quellen alltäglicher sozialer Unterstützung, die beim Umgang mit Krisen und Krankheiten, bei der praktischen Alltagsbewältigung und bei dem kontinuierlichen Prozeß der Identitätsarbeit von zentraler Bedeutung sind. Gemeinsinn ist hier kein abstraktes kulturell-moralisch definiertes Projekt, sondern er realisiert sich in dem Gebrauchswert für Einzelne. Wer in seiner Kommune etwas für die Gesundheitsförderung tun will, der investiere in solche Initiativen.
3. In solchen Initiativen werden zugleich Dienstleistungen und Selbsthilfe erbracht. Beides hat Anspruch auf öffentliche Förderung. Gerade die alltägliche Beziehungsarbeit von Frauen, ist eine fundamentale Dienstleistungsarbeit in unserer Gesellschaft, die nicht länger als kostenlose Ressource betrachtet werden darf. Initiativen

zur Förderung von Gemeinsinn dürfen nicht als aktueller Versuch mißbraucht werden, erneut die Quelle anzuzapfen, aus der die Ressource Liebe sprudelt.
4. Im Sinne von „Empowerment" sollen durch professionelle soziale Arbeit vor allem solche Initiativen angestoßen und unterstützt werden, die nicht aus einem eigenen Reservoir von Kompetenzen und Ressourcen der Selbstorganisation schöpfen können.
5. Das Entscheidende für mich ist die gesellschaftliche Förderung von Selbstorganisation und „aufrechtem Gang". Bürgerhäuser sollen dafür Handlungszentren werden. „Bürgerhäuser von unten" haben meines Erachtens die beste Chance, solche Orte zu werden und zu sein. In ihnen kann sich Demokratie „zum Anfassen" entwickeln.
6. Initiativen dürfen mit Funktionen und Erwartungen nicht überlastet werden. Sie sind vor allem völlig ungeeignet, ein billigeres soziales Netz zu bilden, das den Sozialstaat aus der Verantwortung entließe. Sie sollen aber ein Ferment bilden, das kommunale Wirtschafts-, Sozial-, Gesundheits- Wohnungs- und Kulturpolitik zunehmend mit der Idee der Selbstorganisation durchwirken soll.

Wenn diese Einschätzung stimmig ist, dann lassen sich daraus noch allgemeinere Leitlinien für Gesellschaft und Politik ableiten:
1. Eine demokratische Wohlfahrtsgesellschaft braucht neue Leitbilder für politisches Handeln: Bürgerinnen und Bürger sind in ihren Wünschen nach Mitgestaltung ihrer eigenen Angelegenheiten ernst zu nehmen. Sie wollen weder als „Kinder in Not", als Objekte staatlicher Kontrolle, noch als bloße KonsumentInnen öffentlicher Dienstleistungen angesehen werden. Staatliche Aktivitäten sollen soziale Dienste und Leistungen nicht einfach zur Verfügung zu stellen, sondern sich darum bemühen, „die gesellschaftlichen Kräfte und Ressourcen zu mobilisieren. *Aufgabe der Politik ist es nicht, die Gesellschaft zu bedienen, sondern sie zu aktivieren*". (...)
„Dazu bedarf es eines neuen Ansatzes in der (kommunalen) Sozialpolitik, der sich an den *Ressourcen* (der Menschen, der Gesellschaft) orientiert und *nicht an ihren Defiziten*. Menschen, auch die in Randgruppen, haben nicht nur Mängel und Probleme, sondern immer auch Fähigkeiten. Ob diese brachliegen oder ob sie zu ihrem eigenen und zum sozialen Wohl mobilisiert werden, hängt immer auch von den Rahmenbedingungen ab, die politisch verändert werden können".
„Nur wer Menschen etwas zutraut, kann ihnen helfen, kann soziale Probleme lösen und die soziale Qualität des Gemeinwesens verbessern" (Dettling 1995, S. 21 ff.).
2. Die gegenwärtige Standortdebatte darf nicht auf ökonomische Prozesse reduziert werden. Eine demokratische Wohlfahrtsgesellschaft braucht neben dem ökonomischen auch kulturelles und *soziales Kapital*. Gemeint sind damit soziale Lebenszusammenhänge oder Lebenswelten, in denen jede Bürgerin und jeder Bürger die Chance hat, „Subjekt des eigenen Handelns" zu werden und in diesem Handeln seine Identität entwerfen, entwickeln und verändern zu können. Identität braucht Anerkennung, und Anerkennung ist an soziale Zugehörigkeiten gebunden. Identität in diesem Sinne war in den Industriegesellschaften vor allem durch Erwerbsarbeit abgesichert. In dramatischer Weise lösen sich gegenwärtig arbeitsvermittelte Anerkennungsverhältnisse auf und bilden zunehmend weniger Identitätsgaranten. Soziale Zugehörigkeit, Lebenssinn und Identitätsarbeit in einer Zivilgesellschaft be-

darf der Einbindung in „posttraditionale Gemeinschaften", deren aktive Förderung zu einem zentralen Anliegen staatlichen Handelns werden muß.

3. Woher soll dieses „soziale Kapital" in Zeiten der zunehmenden Individualisierung kommen? Verbraucht nicht der Individualisierungsprozeß alle Gemeinsinnressourcen? Sie werden verbraucht und zugleich auf „wundersame" Weise erneuert! Verbraucht scheinen die klassischen Ressourcen aus dem Quell der Pflicht, der asketischen Selbstverleugnung, von Dienen und sich darin das „Himmelreich" verdienen. Aus dem oft so gnadenlos verteufelten Quell der Selbstentfaltung und -gestaltung scheinen am ehesten die neuen Gemeinschaftsressourcen zu sprudeln. Menschen tun etwas für sich und überraschenderweise entsteht dabei nicht nur der „Tanz um das goldene Selbst", was von antihedonistischen Moralisten prophezeiht worden ist und wird, sondern die Motivquellen werden vielfach in Gemeinschaftsinitiativen investiert. Den vielfach vorhergesagten „Egotripler", „Einsiedlerkrebs" oder „Großstadteremiten" gibt es, aber er beherrscht nicht die Städte, sondern dort entdecken wir eher die Bürgerinnen und Bürger, die multipel sozial vernetzt sind und sich sogar gelegentlich sozial übersättigt fühlen.

4. Im Widerspruch zu öffentlichen Klagen ist soziales Engagement – verglichen mit den 50er und 60er Jahren – in allen Kommunen ein Wachstumsbereich. Klage geführt wird meist von VertreterInnen klassischer karitativer Verbände, bei denen real ein Einbruch an ehrenamtlichem Engagement zu registrieren ist. Der kirchlich verbandlich ungebundene Bereich bürgerschaftlichen Engagements nimmt zu und ist zu einem eigenständigen, pluralen und oft unbequemen Teil der sozialen Infrastruktur geworden. Kommunen und übergeordnete staatliche Instanzen haben unterschiedlich viel zur Förderung diese Wurzelwerkes bürgerschaftlichen Engagements getan. Häufig hatte es den Charakter einer „Schönwetter"-Förderung, die bei gefüllten Kassen gewährt wird und die bei knappen Ressourcen auch wieder gestrichen werden kann (Beispiel: Streichung des § 20 SGB IV zur Gesundheitsförderung). Es wird geschätzt, daß sich in der BRD mehr als 2 Millionen Menschen in Selbsthilfeinitiativen betätigen. Das sind rund 3 % der Erwachsenenbevölkerung. Das Potential ist sicher größer, wenn man diverse Vereine und die entstehenden Freiwilligenagenturen dazu rechnet. Verglichen mit anderen europäischen Ländern ist das trotzdem immer noch sehr wenig. In den Niederlanden sind nach Expertenschätzungen fast die Hälfte der Erwachsenen bürgerschaftlich aktiv. 25 % betätigen sich im Durchschnitt 15,5 Stunden pro Monat. Der Gesamtwert dieser Aktivitäten entspricht ca. 8 % des Bruttosozialproduktes. Bei etwa einem vergleichbaren Anteil der bundesdeutschen Bevölkerung ist eine Bereitschaft zu einem solchen sozialen Engagement ermittelt worden. Es kommt darauf an, Gelegenheitsstrukturen dafür zu schaffen und einen verläßlichen Anteil der staatlichen Budgets dafür festzulegen.

5. Aktivitäten zur Schaffung sozialen Kapitals bedürfen nicht nur der öffentlichen Anerkennung und Wertschätzung, sondern sie müssen als Wertschöpfung begriffen werden: Nicht nur die Erwerbsarbeit, sondern auch soziale Gemeinschaftsinitiativen schaffen Werte, ohne die eine postindustrielle Gesellschaft gar nicht existieren könnte. Wenn soziale Tätigkeiten so begriffen werden, dann müssen sie unserer Gesellschaft auch etwas „wert" sein. Die klassischen unverbindlichen und oft sogar

zynisch wirkenden Anerkennungsformen für ehrenamtliche Tätigkeiten reichen nicht aus. Modelle monetärer Anerkennung, die gegenwärtig zur Diskussion gestellt werden, müssen ernsthaft aufgegriffen und umgesetzt werden: z.B. Anrechnung sozialen Engagements auf Steuer und Alterssicherung; steuerfinanzierte Grundsicherung oder „Bürgergeld für alle"; „öffentliche Stipendien" für die Beteiligung an gemeinschaftsorientierten Aktivitäten. Gestaltende Sozialpolitik muß Abschied nehmen von der Idee einer „Notversorgung" der Armen und Schwachen, sondern sollte von der Idee der Förderung und Schaffung der Ressourcen sozialer Selbstgestaltung bestimmt sein.

Handlungsperspektiven der Gemeindepsychologie: Geschichte und Kernideen eines Projekts

Geschichte ist nie eine bloße Ereignisabfolge, die allenfalls in bezug auf die „grauen Vorzeiten" auf Vermutungen und Schlußfolgerungen angewiesen ist, weil die Quellenlage die Rekonstruktion der objektiven Ereignisse erschwert oder verunmöglicht. Geschichte ist Narration und folgt einer spezifischen Erzähllogik (White 1990). So läßt sich auch die Geschichte der Psychologie höchst unterschiedlich erzählen. Wenn nach der Jahrtausendwende eine Geschichte der Psychologie der letzten Jahrzehnte des 20. Jahrhunderts verfaßt würde, könnten sicherlich unterschiedliche Versionen vorgelegt werden. Zwei mögliche will ich skizzieren. Eine könnte so lauten:

In den ersten Jahrzehnten nach dem 2. Weltkrieg waren die westlichen Industriegesellschaften durch eine hohe wirtschaftliche Prosperität gekennzeichnet. Auf einem solchen gesellschaftlichen Niveau wurden differenzierte und umfassende Wohlfahrtsprogramme entwickelt. Es wurden gewaltige sozialpolitische Reformprojekte entworfen und umgesetzt, vor allem auch im Bereich der psychosozialen Versorgung. Im Zuge dieser Entwicklung erlebte nicht nur die Psychologie als Berufsstand einen gewaltigen Zunahmeschub und vermehrte ihren Bestand um mehrere 100 Prozent, sondern sie beteiligte sich in Form der sogenannten Gemeindepsychologie auch an der aktiven Gestaltung der Wohlfahrtsprogramme, vor allem durch den Aufbau von gemeindenahen Einrichtungen. GemeindepsychologInnen identifizierten sich mit Programmen der Deinstitutionalisierung und engagierten sich beim Aufbau von Alternativen zu ausgrenzenden Institutionen in Psychiatrie und Sonderpädagogik. Der Höhepunkt dieser gemeindepsychologischen Reformprozesse lag in den 70er Jahren. GemeindepsychologInnen arbeiteten vor allem in den neuen Institutionen dieser Reformära und sie verstanden sich als Alternative zu den psychologischen Praxisformen, die sich auf dem freien Markt psychologischer Warenangebote etabliert hatten. Anfang der 80er Jahre stand der große Kongreß für Klinische Psychologie und Psychotherapie in Berlin unter dem Titel „Gemeindepsychologische Perspektiven". Auf ihn fiel bereits der Schatten der zunehmenden ökonomischen Krise der westlichen Industriestaaten, er war bereits von Begriffen wie „Sozialabbau", „Arbeitslosigkeit" und „Krise des Sozialstaats" geprägt. In vielen dieser Länder sind die sozialdemokratischen Regierungen abgelöst worden (in der Bundesrepublik kam es zur sog. „Wende"). Man sprach vom Ende des „sozialdemokratischen Zeitalters".

In den letzten 1 1/2 Jahrzehnten des 20. Jahrhunderts wurden die wohlfahrtsstaatlichen Programme in allen westlich-kapitalistischen Gesellschaften schrittweise abgebaut. Viele „Errungenschaften" der Reformära konnten nicht erhalten werden. Im Zuge dieses gesellschaftlichen Strukturwandels ist auch die Stimme der Gemeindepsychologie allmählich verstummt.

Die Geschichte könnte jedoch auch anders erzählt werden. Der erste Teil wäre identisch, aber die Entwicklung ab den 80er Jahren würde anders rekonstruiert werden.

Im Zentrum dieser Narration würde die gemeindepsychologische Bedeutung über die Vitalität ihrer Konzepte wie Netzwerkförderung, Selbstorganisation, Empowerment, Recht auf Diversität, Kommunität und bürgerschaftliches Engagement bestimmt werden. Die Relevanz der Gemeindepsychologie würde weniger am Aus- und Abbau wohlfahrtsstaatlicher Systeme, also durch externe staatliche Sozialpolitik gemessen, als vielmehr an ihrem Ideenreichtum, der für die aktuellen gesellschaftlichen Problemlagen Deutungs- und Lösungskompetenz ermöglicht hat. Sie definiert ihre internen Erfolgskriterien nicht durch die Erringung institutioneller Machtpositionen, sondern durch spezifische inhaltliche Ziele. Allerdings hat sie sich auch selbst einen institutionellen Rahmen geschaffen. Aus einer Folge jährlicher Treffen an einem schönen Ort der Bundesrepublik ist im Jahr 1995 dann auch eine *Gesellschaft für Gemeindepsychologische Forschung und Praxis* entstanden. Aber der Erfolg der Gemeindepsychologie bestand in ihrer wirksamen Verbreitung gemeindepsychologischer Kernideen.

So kann folgende Erfolgsbilanz aufgemacht werden:

Gemeindepsychologische Ziele
- wie Lebensweltorientierung und ganzheitliche Hilfsangebote stehen etwa im Zentrum des neuen Kinder- und Jugendhilfegesetzes (KJHG);
- haben den 8. Jugendbericht der Bundesregierung (1988) stark geprägt;
- haben im Programmspektrum der Erziehungsberatungsstellen einen hohen Stellenwert;
- wie Gemeindenähe und Multiprofessionalität sind integraler Bestandteil sozialpsychiatrischer Arbeit geworden;
- sind im Bereich der Selbsthilfeförderung und -bewegung ein integraler Bestandteil;
- sind als psychologischer Beitrag in der Gesundheitsförderung und Public-Health-Forschung von herausragender Bedeutung.
- Nicht zuletzt in der kommunitaristischen Diskussion, die seit den 90er Jahren in den von Individualisierung geprägten westlichen Gesellschaften geführt wurde, hat die gemeindepsychologische Stimme Gewicht.

Gemeindepsychologische Gedanken wirken offensichtlich als „programmatischer Sauerteig" erfolgreich in unterschiedlichen Gesellschaftsbereichen.

Zwischen diesen beiden Narrationen dürfte eine nüchterne Geschichte der Gemeindepsychologie in der Bundesrepublik plaziert werden und das werde ich im weiteren versuchen.

Geschichte der Gemeindepsychologie

Die Entwicklung der gemeindepsychologischen Szene in der Bundesrepublik Deutschland zeigt keine vergleichbar intensive Institutionalisierung und eine nicht unerhebliche Zeitverzögerung gegenüber der Entwicklung in den USA. Die 60er und 70er Jahre waren von einem wohlfahrtsstaatlichen Reformierungsanspruch geprägt, der vor allem für den Bereich der psychosozialen Versorgung einen starken Modernisierungsdruck mit sich brachte. Nach der faschistischen Periode, in der mehr als 100 000 psychisch Kranke ermordet wurden, versuchte die westdeutsche Psychiatrie an der präfaschistischen Ära anzuknüpfen und bis in die 60er Jahre hinein war das auch weitgehend gelungen. Verglichen mit den internationalen Veränderungstendenzen in den Gestaltungsformen psychosozialer Versorgung geriet die Psychiatrie in der BRD dadurch allerdings gehörig in Verzug. Ein großangelegtes staatliches Modernisierungsprogramm sollte dann in den 70er Jahren den Anschluß an internationale Standards ermöglichen. In dieser Zeit bekam das amerikanische Vorbild eines umfassenden gemeindepsychiatrischen Systems eine spezifische Vorbildfunktion. Für die in dieser Zeit in der BRD entstehende Gemeindepsychologie war der Bezug auf die amerikanische Entwicklung vor allem auch deshalb zentral, weil sie das eigene Projekt als seriöses professionelles Unternehmen auswies, das wie andere Importe aus dem angloamerikanischen professionellen Raum (wie die diversen therapeutischen Verfahren) dort längst einen fachlich voll akzeptierten Status hatte. Auch in der Bundesrepublik war die Psychiatriereform ein wichtiger förderlicher Rahmen für die Kristallisierung gemeindepsychologischer Aktivitäten und Identitäten. Erst Anfang der 70er Jahre kam die staatliche Psychiatriereform durch die Einsetzung einer Expertenkommission in Gang. In dieser Periode kam es auch zu einem ungeahnten Professionalisierungsschub der Psychologie und dessen Motor bildete im wesentlichen das Interesse an klinisch-psychologischen Methoden. Im Rahmen dieses Prozesses suchte eine Gruppe von PsychologInnen ein berufliches Selbstverständnis, das sich durch aktive Beteiligung an sozialpolitischen Initiativen zur Überwindung traditioneller und repressiver psychiatrischer Versorgungsformen und durch das Engagement für bürgernahe psychosoziale Angebote auszeichnete. In dieser Zeit begann die Rezeption von Erfahrungen der Gemeindepsychiatrie und -psychologie in den USA und verstärkt auch der „demokratischen Psychiatrie" in Italien. Den institutionellen Rahmen für die Konstituierung einer gemeindepsychologischen Szene gaben die reformorientierten psychologischen Therapieverbände, insbesondere die Deutsche Gesellschaft für Verhaltenstherapie (DGVT) und die berufsübergreifend angelegte „Deutsche Gesellschaft für Soziale Psychiatrie" ab.

Für die gemeindepsychologisch orientierten PsychologInnen in der Bundesrepublik hatte der Verhaltenstherapieverband eine besondere Relevanz und deshalb ist ein kurzer Rückblick auf dessen Entstehung erforderlich. In ihrem verbandlichen Rahmen hatte sich die bundesrepublikanische Gemeindepsychologieszene ursprünglich etabliert. Die DGVT hat in ihren gesundheitspolitischen Zielen die Verpflichtung auf eine „gemeindepsychologische Perspektive" bis heute verankert. Viele, die die Geschichte des gemeindepsychologischen Projekts nicht so genau kennen, werden sich fragen, was eigentlich Verhaltenstherapie und Gemeindepsychologie verbindet. Zunächst war die sich in Deutschland entwickelnde Verhaltenstherapie ein institutionell offenes Projekt und bot vor allem der sich expansiv entwickelnden Klinischen Psychologie ein gewaltiges Professionalisierungsterrain. Darin unterschied sie sich von den elitär verschanzten und von starken Medikalisierungstendenzen entpolitisierten psychoanalytischen Ausbildungsinstitutionen. Ein Teil der für die Verhaltenstherapie missionierend tätigen jungen HochschulassistentInnen war selbst von den Ideen der Studentenbewegung beeinflußt oder zumindest berührt. Sie stellten den milieutheoretischen Zuschnitt der Verhaltensanalyse heraus und sahen darin anschlußfähige Ansatzpunkte für gesellschaftskritische Überlegungen, Theorien und entsprechend nutzbare sozialepidemiologische Fakten. Offensiv griff die Verhaltenstherapie die Fundamentalkritik am „medizinischen Modell" auf, das als theoretisch-ideologischer Statthalter der alten medizinisch dominierten Hegemonie im klinischen Bereich betrachtet wurde. Dieses Denkmodell wurde als zentrale Begründungsfolie für eine klinisch-therapeutische Praxis gesehen, die gesellschaftliche Ursachen für psychisches Leid vollkommen ausklammert und durch Veränderungen der einzelnen KlientInnen diese gesellschaftlicher Kontrolle durch Anpassung unterwarf. Bis auf wenige Ausnahmen hatte sich auch der Hauptstrom der Psychoanalyse im Zuge seiner zunehmenden Medikalisierung diesem „medizinischen Modell" und seiner individualisierenden Krankheitsperspektive angenähert und das eigene kultur- und sozialkritische Erbe abgestreift. Für die große Gruppe der StudentInnen von Psychologie, Medizin und Sozialpädagogik sowie der AbsolventInnen dieser Fächer, die von der Studentenbewegung geprägt waren, bot diese Psychoanalyse – trotz ihrer Affinität zu vielen psychoanalytischen Konstrukten – keinen Ort der offenen Auseinandersetzung und der Entwicklung neuer beruflicher Handlungsfelder und Identitäten.

Die professionelle Komplizenschaft mit dem spätkapitalistischen System von Ausbeutung und Herrschaft sollte radikal aufgekündigt werden. Es bestand die gemeinsame Überzeugung, daß eine repressive und auf Klassenunterschieden beruhende Gesellschaft Menschen psychisch und gesundheitlich verkrüppeln muß. Die klassischen sozialepidemiologischen Befunde über die schichtspezifische Verteilung psychischer Störungen und die schichtspezifisch unterschiedlichen Chancen auf eine gute psychotherapeutische Behandlung schienen dafür beweisfähig zu sein. Sie zeigten in harten Zahlen das auf, was Christian von Ferber (1971) die „gesundheitspolitische Hypothek der Klassengesellschaft" genannt hat.

Gesucht waren Orte der professionellen Selbstverständigung, an denen diese Themen ins Zentrum gerückt werden konnten. Da blieben in der Bundesrepublik im wesentlichen zwei: Die Psychiatriereformbewegung, aus der sich die Deutsche Gesellschaft für Soziale Psychiatrie (DGSP) entwickelte, und für die PsychologInnen als Alternative oder parallel die Verhaltenstherapie, die die Kritik am „medizinischen Modell" teilte, einen gesellschaftskritisch auslegbaren Umweltbezug hatte und die institutionell noch ein offenes und damit gestaltbares berufspolitisches Handlungsfeld darstellte. Zwar gab es in dem jungen Verhaltenstherapieverband – 1968 als GVT (Gesellschaft zur Förderung der Verhaltenstherapie) gegründeten und 1976 zur DGVT (Deutsche Gesellschaft für Verhaltenstherapie) mutiert – starke Tendenzen, den klassischen berufsständischen Vorbildern zu folgen und qualifikatorisch definierte Hierarchien einzuführen, über Zertifikate den Status des „Erleuchteten" von denjenigen abzugrenzen, die bei diesen „Meistern" ihre Ausbildung zu absolvieren hatten, um schließlich genau in diesen Abstufungen privatwirtschaftlich nutzbare Pfründe zu schaffen. Aber andererseits war es eine Zeit der Forderung und Erprobung basisdemokratischer Modelle. So gab es dann auch in der GVT studentische Mitglieder im Vorstand, die für Transparenz und Interessenvertretung für die in den Verband strömenden studentischen Mitglieder sorgten. Spätestens nach dem heftigen innerverbandlichen Konflikt, der zu einer gerichtlichen Amtsenthebung des damaligen GVT-Vorstandes führte, einen Notvorstand brachte und schließlich zu einem Neubeginn der GVT führte, war diese der Therapieverband mit dem radikalsten gesundheitspolitischen Profil geworden. Er wollte für den sich entwickelnden ambulanten psychosozialen Bereich eine Strukturlösung, die endgültig das ärztliche ambulante Behandlungsmonopol und das Prinzip der freien Niederlassung überwinden sollte. Die GVT suchte ein Bündnis mit der DGSP und eine gewerkschaftliche anstelle einer berufsständischen Orientierung. Privatwirtschaftlich organisierte Weiterbildungsprogramme wurden prinzipiell abgelehnt. Für die notwendigen Qualifizierungsprozesse der eigenen Mitglieder wurde – entsprechend dem basisdemokratischen Selbstverständnis – ein Selbstorganisationsmodell erdacht und realisiert.

Nur auf dem Hintergrund dieser Entwicklung kann begriffen werden, wie sich die beiden Linien in der DGVT entwickeln und halten konnten: Einerseits ein Therapieverband, der sich um eine therapeutische Methodik herum entwickelte und andererseits ein gesellschaftskritisches Selbstverständnis, das seine wesentlichen Quellen in der Studentenbewegung und ihren nachfolgenden Bewegungen (Friedens-, Frauen-, ökologische und Alternativbewegung) hatte. Diese beiden Linien konnten natürlich nie in einem endgültigen historischen Kompromiß und in einer friedlichen Koexistenz verbandlich eingebunden werden, auch wenn die Verbandssatzung dies beinhaltet. Die Spannungen zwischen einem Therapieverständnis, das auf einem behavioristischen Menschenbild und einem positivistischen Wissenschaftsverständnis aufbaut, mußte notwendigerweise zur Reibung mit einem sozial- und wissenschaftskritischem Anliegen geraten. Aber die (D)GVT sicherte den Rahmen, in dem diese Kontroversen beheimatet werden konnten.

Entscheidendes Kriterium für die Beurteilung psychosozialer Praxis war die Parteilichkeit des Handelns. Diese konnte dadurch garantiert werden, daß die professionellen Aktivitäten „im Dienste des Volkes" stehen mußten (das war die maoistische Formulierung, aber sie traf das ganze linke Spektrum). Für den psychosozialen Bereich sollte sich diese Zielsetzung in Versorgungsangebote für die Bevölkerungsschichten umsetzen, die entsprechend den sozialepidemiologischen Befunden am stärksten an den gesellschaftlichen Lebensbedingungen leiden. Das Programm der „Gemeindepsychiatrie" in den USA gewann an Interesse, weil hier genau diese Prioritätensetzung erkennbar war. Ganz oben in der Zielhierarchie standen präventive Programme. Sie sollten die gesellschaftlichen Veränderungen voranbringen, die zu einer Verminderung psychosozialen Leids führen.

1982 stand der DGVT-Kongreß dann unter dem Titel „Gemeindepsychologische Perspektiven". Er sollte eine Überwindung eines oberflächlich-politisierten psychologischen Habitus einleiten, der mit einem gesundheitspolitischen Lippenbekenntnis und mit seiner Zustimmungen zu Zielen der Friedens- und Umweltbewegungen zur fachlichen, therapeutisch-technischen Tagesordnung übergeht und auf diese Weise eine geläufige Spaltung zwischen fachlichen und politischen Optionen vornimmt. Stattdessen war beabsichtigt, die „Mikropolitik" der eigenen fachlichen Alltagstätigkeit zu reflektieren. In einer Nachbetrachtung dieses Kongresses hat eine Münchner TeilnehmerInnengruppe diesen Kongreß folgendermaßen einzuschätzen versucht:

„Das Thema ‚gemeindepsychologische Perspektiven' ... signalisiert den Bruch mit einem therapeutischen Technizismus, der in dem kompetenten Experten die Garantie für eine richtige und verantwortliche Praxis sieht. Es steht für die Bereitschaft, sich über den Zusammenhang von persönlichen Krisen und Leidenszuständen und gesellschaftlichen Entwicklungen mehr Klarheit zu verschaffen" (Keupp, Cramer, Giese, Stark und Wolff, 1982, S. 139).

Beobachtet wurde eine „offener Suchprozeß" und der Beginn eines Weges, der als „innere Politisierung" bezeichnet wurde. Er setzte sich vorsichtig ab von dem, was weithin gängige Praxis war: „Eine äußerliche Verbindung von Politik und Psychologie war lange Zeit die Linie programmatischer Fortschrittlichkeit, die von Psychologenverbänden auch standhaft gehalten wurde" (S. 143).

Wenn auch dieser Kongreß eine gemeindepsychologische Flagge hißte, so blieb er in seiner zweiten – und quantitativ überwiegenden – Linie ein Supermarkt der therapeutisch-technischen Forschung und Praxis. Die in der Geschichte der (D)GVT immer vorhandenen beiden Linien hielten sich durch und berührten sich wohl intensiver als je zuvor. Diese Entwicklung setzte sich zwei Jahre später fort. Das Ende der Reformära war mit der politischen „Wende" in Bonn endgültig vollzogen. Krisenmanagement stand überall auf der Tagesordnung. Das Kongreßthema „Wege aus der Krise" nahm darauf bezug. Die großen Themen dieses Kongresses waren die Angst um den Frieden in einer Phase erhitzter atomarer Hochrüstung, wachsende Arbeitslosigkeit, von der nach einem expansiven Professionalisierungsschub zunehmend auch die PsychologInnen spürbar betroffen waren, die motivationalen Krisen der HelferInnen, die Fortführung der gefährdeten Psychiatriereform und erstmals wurde ein Block mit „Frauenthemen" angeboten, die Geburtsstunde der aktiven DGVT-Frauen-AG, die in den darauf folgenden Jahren zunehmend die immer noch vorhandenen politischen Ansprüche des Verbandes zum Ausdruck brachten. In einer Münchner Kongreßnachlese hieß es:

„Der Kongreß ... bot einen Rahmen für die Analyse und Reflexion psychologisch-praktischer Tätigkeit in einer tiefgreifenden gesellschaftlichen Krisensituation. In überraschend konzentrierter und gründlicher Form ist dieser Rahmen genutzt worden. (...) der Berliner Kongreß (zeichnete) sich dadurch aus, daß die meisten brisanten fachlichen und politischen Problemstellungen rund um die psychosoziale Praxis offen, kontrovers und oft genug ohne Lösungsrezepte thematisiert wurden, dazu häufig in persönlich engagierter Form und mit einem geringen Maß akademischer Gestelztheit. Es käme ihr wie ein Stück Studentenbewegung vor, sagte eine psychoanalytisch orientierte Teilnehmerin, von dessen Existenz sie gar nichts gewußt hätte. Daß in den frühen 70er Jahren gesundheitspolitisch fortschrittlich und antiständisch denkende Kollegen die Vorstandsarbeit der DGVT übernahmen, die wesentlich von der Studentenbewegung geprägt waren, hat in dem Verband bis heute sichtbare Spuren hinterlassen. Das hat zu dem merkwürdigen Paradox geführt, daß ein Verband zum wichtigsten Kristallisationskern fortschrittlicher psychosozialer Berufspolitik geworden ist, der seinen Namen von einer Therapieform hat, die in großen Teilen der kritischen Intelligenz ein reaktionäres Image hat. Nur wenige Elemente des Berliner Kongreßgeschehens lassen sich überhaupt noch mit Verhaltenstherapie direkt in Verbindung bringen" (Faltermaier et al. 1985, S. 201). In dieser Periode wurde auch aus dem gemeindepsychologischen Lager wiederholt der Vorschlag gemacht, sich vom V im Vereinsnamen zu verabschieden und einen therapieschulen-übergreifenden fortschrittlichen Verband für psychosoziale Praxis daraus entstehen zu lassen. Die Mehrheitsverhältnisse bei entsprechenden Anträgen in Mitgliederversammlungen waren jedoch eindeutig gegen diesen Vorschlag und sie haben deutlich gemacht, daß die beiden Linien sich wechselseitig zu akzeptieren haben und ihre Spannung progressiv zu nutzen hätten. Natürlich ist das Festhalten am V auch durch die berufspolitische Situation begünstigt worden. Die lange und unglückliche Geschichte um das Psychotherapeutengesetz, die seit 1978 ein Schwanken zwischen Hoffnungen, Resignation und Verzweiflung brachte, hatte neben der Psychoanalyse nur noch die Verhaltenstherapie als unstrittiges Therapieverfahren, das auf gesetzliche Anerkennung hoffen konnte, übrig gelassen. Wer würde in einer solchen Situation freiwillig auf ein Markenzeichen verzichten wollen, das den Zugang zu den Pfründen sichern könnte? Es haben ja eine Reihe von eindeutig nicht-verhaltenstherapeutisch orientierten Trägervereinen von Fort- und Weiterbildung den Etikettenschwindel mit dem V nicht gescheut!

Das Herz des Gemeindepsychologen schlug schneller, als er erfuhr, daß die DGVT ihren nächsten Kongreß 1986 unter das Thema „Veränderter Alltag und Klinische Psychologie" stellen wollte. Das war genau die Linie, die mit der Forderung nach konsequenten Lebensweltanalysen schon früh angeklungen war. In diesem Titel klingt die gebündelte Erfahrung an, daß sich der gelebte Alltag in einem dynamischen Umgestaltungsprozeß befindet, der für die Subjekte und ihre Lebensgestaltung weitreichende Konsequenzen haben muß und längst hat. Es ist das Jahr, in dem Ulrich Beck sein folgenreiches Buch „Risikogesellschaft" publiziert hat, und von ihm habe ich in meinem damaligen Kongreßvortrag damals folgende Formulierung aufgegriffen: „Wir schlittern in eine *neue* Gesellschaft, in ein neuartiges gesellschaftliches Gefüge, für das wir noch keinen Begriff und damit auch keinen Blick haben". Mit einer solchen Formulierung wird klar, daß wir mit unseren bewährten Kategorien längst nicht mehr alles begreifen können, was unseren Alltag prägt, was seine Risikolagen und Chancen ausmachen. Für Vertreter der Linken werden Kategorien wie Klassenlagen oder Klassensolidarität nicht hinfällig, aber sie verlieren an Erklärungskraft in einer sich individualisierenden Gesellschaft. Und wie gehen wir mit den wachsenden ökologischen Problemen um, die vor allem auch im noch existierenden „realen Sozialismus" im wörtlichen Sinne „zum Himmel stinken"? Gerade mit unserer anfänglich beschriebenen unreflektierten Haltung zu Technik und instrumenteller Vernunft! Es ist eine Zeit des Umdenkens auf fast allen Ebenen. Die Computer-Revolution ist mitten im Gange (und sie wurde uns von Joseph Weizenbaum bei diesem Kongreß radikal-skeptisch reflektiert), Familie ist schon lange nicht mehr und zunehmend weniger das, was die idyllischen Familienbilder vorgaukeln und vor allem ist das Aufbrechen traditioneller Geschlechterrollen ein Veränderungsmotor im Alltag von ungeheurer

Dynamik. Dieser Umbruch in seinen Folgen für das „psychosoziale Projekt" ist mein Kongreßthema. Es ist der vorsichtige Versuch, aus den vielfältigen neuen gesellschaftlichen Brüchen und Widersprüchen die veränderten Signaturen der bundesdeutschen Lebenswelten zu rekonstruieren. Aber es ist auch der Versuch, die tiefgreifenden Individualisierungsprozesse in ihrer ambivalenten Gestalt als Chancen für die Gestaltung eigener Lebenswege und als Bedrohung von gesicherten Lebenskoordinaten zu sehen. Etwas später habe ich das dann als „riskante Chancen" bezeichnet (Keupp 1988). Auf diesem Kongreß ist auch die Suche nach „zukünftigen Lebenswelten" von zentraler Bedeutung gewesen. Wenn es denn richtig ist, daß die traditionellen Lebensformen, aber auch die an sie gebundenen psychosozialen Praxisformen und die Muster politischer Gestaltung fragwürdig werden und ihre Paßform verlieren, dann wird es immer dringlicher, sich eigene Utopien und Zukunftsentwürfe zuzutrauen, die die Basis für Handlungsfähigkeit werden.

Die Krise der westlichen Wohlfahrtsstaaten, die auch die Bundesrepublik ab Beginn der 80er Jahre nicht verschonte und sich im Scheitern der erhofften strukturellen Psychiatriereform ausdrückte, mußte die gemeindepsychologische Szene stark verunsichern. Erst Ende der 80er Jahre gab es einen wichtigen neuen Anlauf, sich über den Stand der Entwicklung und über neue Perspektiven zu verständigen. Es entstand der „Gemeindepsychologische Gesprächskreis", der mit seinem „Werkstattbuch" (Böhm et al. 1992) ein erstes Produkt vorgelegt hat und ein stabiles Unterstützungsnetzwerk für gemeindepsychologisch orientierte PraktikerInnen und ForscherInnen geworden ist. Vor allem hat diese Initiative in Form und Inhalt eine neue Qualität des Dialogs von Praxis und Forschung angestrebt.

Thesen zur Geschichte und Funktion der Gemeindepsychologie

I. Gesellschaftliche Zielbestimmung

Im Projekt Gemeindepsychologie spiegeln sich in charakteristischer Weise soziokulturelle Umbrüche der Nachkriegsperiode, ihre Verarbeitung durch soziale Bewegungen und dem Anspruch von PsychologInnen, sich daran zu beteiligen. Ausgangspunkt für die ersten gemeindepsychologischen Identitätskerne war die Skandalisierung der inhumanen Zustände in den „totalen Institutionen" und der Beteiligung von PsychologInnen an der Herstellung und Aufrechterhaltung solcher Zustände. Als Alternative entstand eine kompensatorische Kampagne, die von einem anwaltschaftlichen Professionsmodell getragen wurde. Daraus entwickelte sich zunehmend die Haltung einer „Emanzipation des Subjekts", also die Befreiung von Menschen aus kollektiven oder institutionellen Zuschreibungen und Sonderbehandlungen. Obwohl die kompensatorische und die emanzipatorische Position nach wie vor existieren und auch notwendig sind, geht es heute um die Frage nach Kontexten, Gemeinden, Gemeinschaften, sozialen Netzen, die verhindern sollen, daß einzelne herausfallen und „kontextfrei" werden. War also zunächst die Übermacht der Normalität der Fokus, der gegenüber das Recht auf Differenz zu erstreiten war, geht es heute um soziale Anerkennungsverhältnisse für die Differenz. In diesem Entwicklungsprozeß sind auch die basalen Perspektiven der Gemeindepsychologie entwickelt worden, die auch die weiteren Schwerpunktsetzungen tragen:

II. Gemeindepsychologische Perspektiven

1. Es wird bei psychischen Störungen oder Wohlbefinden nach den sozialökologischen Ressourcen gefragt, die eine Person hat oder die ihr nicht in dem erforderlichen Umfang verfügbar sind, um eigene positive Lebensentwürfe zu verwirklichen. Objektive Lebensbedingungen bedeuten einen unterschiedlichen Zugang zu den gesundheitsförderlichen Ressourcen. Notwendig ist die Einsicht, daß gesellschaftliche Fremdbestimmung, Enteignung von Alltagskompetenzen, die Zerstörung menschlicher Gestaltungsräume und die wachsenden ökologischen Risiken durch individuelle Bewältigungsstrategien letztlich nicht überwunden werden können und geeignete gesellschaftliche Strukturreformen erforderlich sind.
2. Die konkrete Gemeinde einer Person oder Gruppe bildet das rekonstruierbare Netzwerk, innerhalb dessen Identitäten verhandelt, konkrete Projekte realisiert, emotionale, soziale und materielle Unterstützung gegeben, aber auch soziale Kontrolle ausgeübt wird. Den „sense of community" bildet das, was eine Gemeinde zu einem positiven und förderlichen Lebenszusammenhang macht, in dem Zugehörigkeit, Vertrautheit und Solidarität erlebt werden. Das „Gefühl" und die Erfahrung in eine schützende, unterstützende oder ermutigende Lebenswelt eingebunden zu sein, ist ein zentraler salutogenetischer Faktor.
3. Wie kann psychosoziale Praxis Lebenswelten im Sinne dieser salutogenetischen Perspektive fördern? Diese Frage wird innerhalb des gemeindepsychologischen Diskurses mit großem innovativem Gewinn mit dem Zielkonzept „Empowerment" verbunden. Der Empowerment-Diskurs orientiert das professionelle Handeln auf die Frage, wie dieses einen Beitrag dazu leisten könnte, daß Individuen, Gruppen oder Institutionen effektiver und mit neuen Ressourcen ihre Situation verändern und mehr Kompetenz zur Selbstgestaltung der eigenen Lebenswelten gewinnen können.
4. Der Empowerment-Gedanke und das Ziel der professionellen Förderung von Selbstorganisation wäre ohne eine Partizipation der Gemeindepsychologie an den vergangenen und aktuellen sozialen Bewegungen kaum so zentral geworden. Das waren in ihrer Startphase die Psychiatriereformbewegung, in den 60er Jahren kam die Bürgerrechtsbewegung mit ihrem Ziel der Chancengleichheit für alle BürgerInnen, im weiteren die Selbsthilfebewegung und von besonderer Bedeutung die bis heute wichtigste und folgenreichste soziale Bewegung, die Emanzipationsbewegung der Frauen. Sie hat nicht nur zu den lebendigsten Beispielen von Empowerment-Prozessen geführt, sondern auch zur Entwicklung frauenspezifischer Psychotherapieangebote, in denen auch ein zentrales Anliegen der Gemeindepsychologie realisiert wird: Die Ausrichtung unserer professionellen Angebote an den spezifischen Problem- und Bedürfnislagen der jeweiligen Gruppe.
5. Es ist nicht blinder Aktionismus, der die Gemeindepsychologie zu jeder neuen sozialen Bewegung zieht. Es ist vielmehr Ausdruck ihres Grundanliegens, aktiv an

der Verbesserung der sozialen Bedingungen individueller Lebensgestaltung zu arbeiten. Die sozialen Bewegungen sind am ehesten die Indikatoren für die gesellschaftlichen Bereiche, in denen von den Betroffenen am dringendsten Veränderungsnotwendigkeiten in den öffentlichen Raum getragen werden.

6. In den vielfältigen sozialen Bewegungen drücken sich auch tiefgreifende gesellschaftliche Wandlungsprozesse aus, die für die Subjekte selber und vor allem auch für die Psychologie die Entwicklung neuer Lebenskonzepte erfordern. Die gegenwärtige soziokulturelle Situation läßt sich als hochambivalente Konfiguration kennzeichnen: Eine radikale Enttraditionalisierung von Lebensformen schafft einerseits ein ungeahntes Potential an Selbstorganisation, auf der anderen Seite aber wachsen auch die Risiken des Scheiterns. Gesicherte Leitfäden der Lebensführung gibt es kaum mehr; Lebenssinn muß aktiv gesucht werden. In der Gemeindepsychologie hat diese Reflexion begonnen. Im Zentrum postmoderner Gesellschaftsverhältnisse steht das neue Verhältnis von einzelnen Subjekten zu ihrer jeweiligen „Gemeinde". Der Einzelne löst sich zunehmend aus vorgegebenen Vergesellschaftungsmustern und muß sich sozial selbst verorten. Das scheint die „neue soziale Frage" zu sein und sie beschäftigt gegenwärtig viele Geister.

7. Die Gemeindepsychologie leitet ihre Handlungsprinzipien nicht aus Wissensformen ab, die die Forschung erarbeitet und die dann nach dem Modell des „Nürnberger Trichters" von der Praxis aufgenommen und umgesetzt werden müssen. Gute gemeindepsychologische Praxis und Forschung setzen einen herrschaftsfreien Dialog zwischen beiden voraus. Erforderlich ist deshalb eine Fachkultur, in der die Bedingungen für diesen Dialog entstehen und gemeinsame Lernprozesse ermöglicht werden.

Exkurs: Zur Gesellschaftsblindheit aktueller Psychotherapiediskurse

Die aktuellen fachlichen und öffentlichen Diskurse zur Psychotherapie weisen zwei miteinander verbundene typische Vereinseitigungen auf. Einerseits ist fast nur von der Anbieterseite die Rede und sie wirkt schulenspezifisch oder berufsständisch verkürzt. Andererseits wird Psychotherapie auf seine therapeutisch-technische Seite reduziert. Natürlich konstruiert jeder psychotherapeutische Diskurs auch ein Bild von den Klientinnen und Klienten der therapeutischen Dienstleistungen. Das gegenwärtig vorherrschende Bild von Nutzerinnen und Nutzern psychotherapeutischer Angebote ist ein individualisiertes Subjekt, von dessen realem Lebenskontext kaum mehr die Rede ist. Diese Subjekte suchen psychotherapeutische Unterstützung zur Bewältigung konkreter Lebensschwierigkeiten. Dieses sind Ängste, Selbstwertprobleme oder lebens- und erlebnishinderliche Symptome. Auf sie bezogen, werden psychotherapeutische Angebote gemacht. Die alltäglichen Lebensbedingungen in spezifischen soziokulturellen Kontexten scheinen keine Rolle zu spielen. Jedenfalls kommen sie nicht vor.

Dies läßt sich in exemplarischer Weise an zwei Neuerscheinungen aufzeigen. Wolfgang Schmidbauer (1994), der erfolgreiche Sachbuchautor und Psychoanalytiker, hat einen Psychotherapieführer vorgelegt, der sicherlich weite Verbreitung finden wird;

Klaus Grawe, Ruth Donati und Friederike Bernauer (1994) haben eine umfangreiche Studie über die Wirksamkeit der wichtigsten psychotherapeutischen Behandlungsmethoden publiziert, die gerade im Zusammenhang mit der Psychotherapiegesetzgebung höchste Aufmerksamkeit auf sich gezogen hat.

In beiden Büchern wird im jeweiligen Einleitungsteil von den soziokulturellen Prozessen gesprochen, auf deren Hintergrund die Entstehung von und Nachfrage nach Psychotherapie überhaupt nur verstanden werden können. Dazu Schmidbauer:

„Die Auflösung überlieferter Bindungen und die im Entwurf des eigenen Lebens enthaltene Chance, ‚ganz anders' zu sein als Vater und Mutter, vervielfachen auch die Möglichkeiten des Konflikts. Die Realität der Berufsarbeit erfüllt nicht die hohen Glückserwartungen, der Liebespartner erfüllt die Sehnsucht nicht, es ‚ganz anders' (implizit: ‚viel besser') zu haben als die Eltern in ihrer Ehe. Jeder einzelne muß um sein eigenes Gleichgewicht zwischen Gefühls- und Triebwünschen, wirtschaftlicher Anpassung und persönlichen Idealen ringen. Neue Dienstleistungsberufe versprechen angesichts dieser schwierigen Situation, zu beraten und zu unterstützen" (1994, S. 9).

Mit dieser soziokulturellen Verortung der Psychotherapie sind die Aussagen zum gesellschaftlichen Kontext auch schon abgeschlossen und im weiteren werden einzelne psychotherapeutische Verfahren skizziert.

Was Wolfgang Schmidbauer mit dem Blick auf „Interessierte und Betroffene" – so im Untertitel des Buches – zusammenträgt, findet in dem voluminösen Werk von Grawe et al. seine Entsprechung. Dieses richtet sich an die klinisch-psychologische Fachwelt. Auch in diesem Werk wird der Prozeß der Modernisierung als Bedingung für die Entstehung von Psychotherapie angesprochen. Er habe eine Bewußtseinsentwicklung ermöglicht und gefördert, die zu einer reflektierend-distanzierenden Betrachtung der eigenen psychischen und äußeren Existenzbedingungen führt. In diesem Zusammenhang kann man folgende programmatischen Sätze lesen:

„Die realen gesellschaftlichen Lebensbedingungen prägen das Bewußtsein und die psychische Verfassung der Individuen, die in dieser Gesellschaft leben, und dieses Bewußtsein ist gleichzeitig Träger der realen Lebensformen".

Die Rede ist weiterhin von einem

„engen Zusammenhang zwischen den jeweiligen sozioökonomischen Lebensbedingungen und dem vorherrschenden Bewußtsein des Menschen von sich selbst in Beziehung zu seiner Um- und Mitwelt sowie den kulturellen Produkten dieser Gesellschaft" (1994, S. 5).

Solche Sätze wecken die Erwartung, daß psychotherapeutisches Handeln und seine Effizienz – zumindest auch – im Hinblick auf sozioökonomische Herkunfts- und Lebensbedingungen evaluiert werden. Auch wenn diese Erwartung beim Weiterlesen zunächst nicht erfüllt wird, erhält sie bei der Exposition des Auswertungskatalogs für die vorhandenen Therapiestudien doch wieder ein bißchen Nahrung. Bei den fast eintausend Einzelmerkmalen, die mit dem Auswertungskatalog erfaßt werden sollen, tauchen sozialstrukturelle Merkmale wie „Schichtzugehörigkeit" und „Berufsgruppenzugehörigkeit" (S. 62) auf, um dann damit endgültig abgehakt zu werden. Bei der Bewertung einzelner psychotherapeutischer Verfahren und ihrer vergleichenden Evaluation spielt die Frage, ob Menschen mit unterschiedlichen sozioökonomischen Hintergründen das psychotherapeutische Angebot unterschiedlich nutzen und möglicherweise auch in unterschiedlicher Weise daraus Nutzen ziehen, keine Rolle mehr.

Es ist kaum mehr als 20 Jahre her, da wurde im deutschsprachigen Raum die große Bedeutung sozialstruktureller Lebensbedingungen für die Entstehung und Bewältigung psychischen Leids herausgearbeitet. Reformüberlegungen und -maßnahmen für das System psychosozialer Versorgung waren von dem Reformanspruch bestimmt, durch spezifische Angebote von Psychotherapie die Chancen für benachteiligte gesellschaftliche Schichten zu verbessern, Hilfe bei der Lebensbewältigung zu erhalten. In dieser Zeit wurde die klassische sozialepidemiologische Studie von Hollingshead und Redlich (1958) „entdeckt" und übersetzt. Sie hatte ja so eindrucksvoll die Schere zwischen Bedarf und Nutzung aufgezeigt: Je gravierender die Zustände psychischen Leids sind, desto geringer ist offensichtlich die Chance auf eine gezielte Psychotherapie. Und genau in dieser Schere reproduziert sich das System gesellschaftlicher Ungleichheit: Je niedriger der sozioökonomische Status ist, desto größer ist das Störungsrisiko und desto geringer ist die Chance auf psychotherapeutische Hilfe. Die bewußte Wahrnehmung dieser Schere hat zu einer Reihe von schulenspezifischen Initiativen geführt, die die schichtspezifischen Benachteiligungen im Zugang zu psychotherapeutischen Angeboten reduzieren sollten. Nicht nur die Reichen und Mächtigen, sondern insbesondere auch den Armen und Machtlosen sollten die unterstellten emanzipatorischen Potentiale von Psychotherapie zugänglich gemacht werden. Diese Themen scheinen heute erledigt zu sein. Sind sie es von der Gegenstands- oder der Bewußtseinsseite? Ist das Thema soziale Ungleichheit aus dem fachlichen Aufmerksamkeitszentrum verschwunden, weil soziale Unterschiede an Bedeutung verloren haben und allmählich die „nivellierte Mittelstandsgesellschaft" entstanden ist, die schon von einigen konservativen Ideologen in den 50er Jahren verkündet worden war? Empirisch spricht für diese Deutung nichts.

Plausibler dürfte die Erklärung sein, daß die Psychotherapie in ihrem Aufmerksamkeitsverlust für kollektive Lebenslagen in besonderem Maße an der Erosion kollektiver Erfahrungs-, Wahrnehmungs- und Erlebnisweisen teil hat, die auf die weitreichenden gesellschaftlichen Individualisierungs- und Pluralisierungsprozesse zurückzuführen sind. In diesen Prozessen wird nicht der objektiv ungleiche Zugang zu gesellschaftlichen Ressourcen aufgehoben, aber das gesellschaftliche Bewußtsein für diese Ungleichheit verändert sich. Ulrich Beck hat dazu folgende These vorgelegt:
„Auf der einen Seite sind die Relationen sozialer Ungleichheit in der Nachkriegsentwicklung der Bundesrepublik weitgehend konstant geblieben. Auf der anderen Seite haben sich die Lebensbedingungen der Bevölkerung radikal verändert. Die Besonderheit der sozialstrukturellen Entwicklung in der Bundesrepublik ist der ‚Fahrstuhl-Effekt': die ‚Klassengesellschaft' wird *insgesamt* eine Etage höher gefahren" (1986, S. 122).
Die aus der Not geborenen sozialen Netzwerke von Alltagssolidarität, die die schlimmsten Auswirkungen der gemeinsamen Klassensituation auffingen, sind in einem ausgebauten Wohlfahrtsstaat nicht mehr von absoluter Notwendigkeit. Hinzu kommen die vom Arbeitsmarkt geforderte hohe Mobilität und Flexibilität des einzelnen, die weitere wichtige Gründe für die zunehmende Individualisierung liefern.

„Es entstehen der Tendenz nach individualisierte Existenzformen und Existenzla-

gen, die die Menschen dazu zwingen, sich selbst – um des eigenen materiellen Überlebens willen – zum Zentrum ihrer eigenen Lebensplanung und Lebensführung zu machen" (Beck 1986, S. 116 f.).
Gerade für Disziplinen und Professionen, die sich mit dem Subjektiven beschäftigen, hat dieser Entwicklungsprozeß besondere Bedeutung. Subjektive Prozesse, Freud und Leid, lösen sich aus dem „Schicksals-" und „Bewältigungszusammenhang" einer kollektiven Lebenslage:

> „In den enttraditionalisierten Lebensformen entsteht eine *neue Unmittelbarkeit von Individuum und Gesellschaft*, die Unmittelbarkeit von Krise und Krankheit in dem Sinne, daß gesellschaftliche Krisen als individuelle erscheinen und in ihrer Gesellschaftlichkeit nur noch sehr bedingt und vermittelt wahrgenommen werden können" (ebd., S. 118).

Wenn sich Psychotherapie diese Zusammenhänge nicht vergegenwärtigt, ist sie in Gefahr, die gesellschaftlichen Erfahrungen der Subjekte ideologisch zu verdoppeln. Denn die gesellschaftlich ungleichen Zugänge zu gesellschaftlichen Ressourcen sind geblieben und damit die ungleichen Bedingungen für die Auseinandersetzung mit und Bewältigung von Krisen und Belastungen.

Die Sozialepidemiologie mit ihren klassischen und aktuellen Befunden scheint mir geeignet, die individualistischen Fehlschlüsse der Psychotherapie zu korrigieren.

III. Gemeindepsychologische Wertprinzipien

In der Krise moderner Gesellschaften stehen bisherige Werteprinzipien zur Disposition. Dazu gehört auch der soziale Konsens über Prinzipien sozialer Sicherung angesichts typischer Existenzrisiken. Die Diskussion und Praxis zur Entwicklung von Qualitätsstandards psychosozialer Praxis muß sich mit einer Wertediskussion für „gute Praxis" und mit der Formulierung politischer Optionen verknüpfen. Die Gemeindepsychologie bietet hierfür u.a. folgende Prinzipien an:

Förderung und Unterstützung von

a. „aufrechtem Gang" und Selbstbestimmung;
b. gesellschaftlicher Chancengleichheit;
c. Vielfalt von Lebensformen und das Recht auf Differenz;
d. kommunitären Netzwerken in Selbstorganisation;
e. soziale und materielle Grundsicherung;
f. mehr finanziellen Gestaltungsspielräumen in der Praxis;
g. partizipativen Formen der Politikgestaltung.

Gemeindepsychologischer Kerngedanke:
Aufrechter Gang braucht Ressourcen!

Gegenwärtige Lebensverhältnisse werden von zeitgenössischen SozialwissenschaftlerInnen immer wieder in ihrem spezifischen ambivalenten Grundmuster charakterisiert: Soziale Traditionsbestände lösen sich zunehmend auf, das einzelne Subjekt erhält in dieser „Freisetzung" zwangsläufig einen größeren Gestaltungsraum. Gleichzeitig erhöht dieser Individualisierungsschub auch die Risikolagen der einzelnen. Meine oben formulierte Kritik an einer Gesundheitspsychologie, die ihre Analyse und Empfehlungen ausschließlich auf die ohne Zweifel gegebene neue Chancenstruktur für Selbstgestaltung richtet, speist sich vor allem aus der Einsicht, daß sie den widersprüchlichen gesellschaftlichen Entwicklungsprozeß unter einer positiven Perspektive einseitig reduziert und damit die Risikoseite des Prozesses ausklammert. Sie klammert damit eben auch die Frage nach den strukturell ungleichen Chancen für die individuelle Nutzung von Ressourcen für Gesundheit und Wohlbefinden aus. Insofern reproduziert sich in dieser Aufmerksamkeitsverengung eine dramatische Veränderung im Verhältnis individueller Rechte und kollektiver Verantwortlichkeiten, die weitreichende ethische Konsequenzen hat.

In Verbindung mit einer unaufhaltsamen gesellschaftlichen Individualisierungsdynamik beginnt sich zunehmend eine liberalistisch-individualistische Ethik herauszubilden, die als einziges Konstitutionsprinzip die individuellen Rechte heranzieht. Verloren zu gehen droht ein Denken, das nach den strukturellen Differenzen im Zugang zu gesellschaftlichen Chancen und Ressourcen fragt. In den sozialen Bewegungen der 60er, 70er und 80er Jahren (der Bürgerrechtsbewegung, der Studentenbewegung und der Frauenbewegung) war es ein zentrales Reformziel, die durch ethnische, soziale und geschlechtsspezifische Benachteiligungen bedingten ungleichen Chancen der gesellschaftlichen Teilhabe und der persönlichen Entfaltung durch sozial- und gesellschaftspolitische Maßnahmen zu überwinden. Reformkonzepte der psychosozialen Versorgung sind in ihren Grundprinzipien von diesem Ziel bestimmt gewesen. Sie gingen von der sozialepidemiologisch solide abgestützten Einschätzung aus, daß ohne sozialpolitische Gegensteuerung sich psychosoziale Hilfen entsprechend den sozialökonomisch ungleichen Zugangschancen zu marktvermittelten Dienstleistungen verteilen. Der eigentliche Skandal, der darin gesehen wurde, wird erst dann voll erkennbar, wenn man die Tatsache hinzunimmt, daß Menschen in sozioökonomisch unterprivilegierten Lebenslagen auch eine unverhältnismäßig höhere Last mit schweren psychosozialen Problemen zu tragen haben. Die gemeindepsychiatrischen Reformkonzepte, die in den 60er und 70er Jahren entwickelt wurden, versuchten, die Logik eines Verteilungsprozesses zu durchbrechen, der nur nach den Teilhabechancen des Marktes abläuft. Es wurde das Prinzip einer bedürfnisgerechten psychosozialen Versorgung entwickelt, das bürgerInnen- und lebensweltnah angeboten wird und allen Menschen die Chance auf fachgerechte Hilfe einräumen sollte – unabhängig von ihrer finanziellen Leistungsfähigkeit.

Auch wenn die Argumentation für den Auf- und Ausbau gemeindenaher psychosozialer Hilfen in sozialpolitischen und fachspezifischen Begriffen vorgetragen wurde, war sie in ihrem Kern eine ethische Argumentation. Es gibt für mich keinen überzeugenden Grund, auf dieses ethische Prinzip zu verzichten. Im Gegenteil. Die Psychotherapiegesetzgebung hat sich vollständig von einer solchen Haltung verabschiedet und in der öffentlichen Diskussion um diese Gesetzgebung wird sie kaum mehr sichtbar. Diese Diskussion bestätigt die kritische Analyse von Bauman.

Die sich verstärkende ethische Diskussion in Psychologie und Psychotherapie sollte nicht nur die Mißbrauchsgefahren und die individuelle Verantwortung von PsychologInnen und PsychotherapeutInnen zum Thema machen, sondern auch eine „Ethik der Gerechtigkeit" und eine „Ethik der Fürsorge" thematisieren, wie sie im sogenannten „Kommunitarismus" (vgl. Honneth 1993 und Zahlmann 1992) und in der „feministischen Ethik" (vgl. Nagl-Docekal & Pauer-Studer 1993 und Okin 1993) diskutiert werden. In diesen Diskussionen geht es um die Frage, ob eine Philosophie der Selbstverwirklichung als Zielorientierung für eine solidarische Gesellschaft ausreicht und ob nicht materielle sowie soziale Teilhabechancen für alle Angehörigen eines sozialen Systems hinzu kommen müssen.

Vor allem der Empowerment-Diskurs hat schon seit Jahren die wichtige Dialektik von Rechten und Bedürfnissen thematisiert. Die klassische wohlfahrtsstaatliche Philosophie war ausschließlich von einer Definition von Bedürftigkeiten und auf sie bezogener sozialstaatlicher Hilfe- oder Präventionsprogramme bestimmt. Dazu Julian Rappaport, der wichtigste Programmatiker der Empowerment-Idee:

„Während der ersten zwei Drittel dieses Jahrhunderts errichteten die ... Sozialpolitiker einen Apparat, um Dienste für Bedürftige bereitzustellen, ohne dabei die Gefahr der Möglichkeit des Mißbrauchs und des Verlustes von Rechten zu bedenken. In diesem Kontext standen die helfenden Berufe in vorderster Front ‚selbstloser' Versorgung der Armen, Behinderten und psychisch Kranken. Wer sich in Not befand, wurde mehr oder weniger wie ein Kind behandelt, dem geholfen werden und das von der Straße ferngehalten werden mußte" (1985, S. 265).

Die meisten Therapie- und Präventionsprogramme gehen – in aller Regel mit guten und nachvollziehbaren Gründen – von einer Annahme spezifischer Defizite und Bedürftigkeiten aus, die im wohlverstandenen Interesse der Betroffenen verhindert, kompensiert oder verändert werden sollen. Erst in den 70er Jahren wurde – nicht zuletzt in Folge heftiger Konflikte zwischen wohlwollenden HelferInnen und zunehmend eigene Ansprüche formulierenden KlientInnen – die Ebene der Rechte als unabhängiger Begründungsinstanz für Handeln oder dessen Unterlassung „entdeckt". Es war sicher kein Zufall, daß diese Entdeckung in die Zeit der sich abzeichnenden Krise des Wohlfahrtsstaates fiel. In Zeiten wachsender Sozialbudgets ist eher die Vorstellung gewachsen, daß bei uns Professionellen die Angelegenheiten der Betroffenen in guten Händen seien. Die Segnungen immer neuer Spezialprogramme und -einrichtungen ließen sich beweiskräftig so verstehen. Die von uns so bereitgestellte „fürsorgliche Belagerung" hatte eine Qualität der tendenziellen Rundum-Versorgung, bei der der Gedanke der Einschränkung von KlientInnen-Rechten und der Kontrolle von Lebenssouveränität weniger Nahrung erhielt. Die Krise des Sozialstaates hat auch für viele Betroffene sichtbar gemacht, daß ihre Rechte keineswegs in Wohlfahrtsleistungen gesichert sind, sondern mit deren Abbau auch gefährdet sind. Aus diesem Grund müssen sie eigenständig vertreten und abgesichert werden. Rappaport bringt die beiden Sichtweisen auf die Formel von „Kinder in Not" oder „Bürger mit Rechten". Es handelt sich nicht um Entweder-oder-Perspektiven, sie müssen in dem Spannungsverhältnis, in dem sie zueinander stehen, erhalten bleiben. Gerade an der Reaganschen Kahlschlagpolitik im Sozialbereich kann das aufgezeigt werden. Sie hat sich gerne mit Schlagworten wie Bürgerrechte oder „Freiheit" vom Staat drapiert und gleichzeitig wohlfahrtsstaatliche Leistungen abgebaut. Dazu bemerkt Rappaport treffend: „Rechte ohne Ressourcen zu besitzen, ist ein grausamer Scherz" (S. 268).

Psychosoziales Handeln in der postmodernen Gesellschaft: von den schicksalsmächtigen Meta-Erzählungen zu den eigenwilligen Geschichten vom „aufrechten Gang"

Ich habe lange gebraucht, bis ich die Bemerkung von Sigmund Freud wirklich begriffen habe, daß Kultur und Zivilisation uns Lebensformen anbietet, eher aufnötigt, die wir dann sogar als „Leidensschutz" (Freud, 1930, S. 30) bezeichnen können. Die gesellschaftlichen Lebensformen sperren die vitalen Triebregungen in gesellschaftlich akzeptable Normalitätsmuster ein und oft so perfekt, daß sie uns wie unsere „zweite Natur" erscheinen. Gleichzeitig schaffen sie damit aber auch den Schutz vor drängenden Triebimpulsen unserer eigenen inneren Natur, deren Befriedigung in den geltenden Normalitätsmustern keine Akzeptanz finden können. Durch diese disziplinierende Funktion ist unser ambivalentes Verhältnis zu Kultur und Gesellschaft begründet. Sie schränken Lebensmöglichkeiten auf das Maß akzeptabler Normalitäten ein und sie liefern damit aber zugleich die Verläßlichkeit des Alltags. An unserem ambivalenten Verhältnis zur Arbeit wird das deutlich. Wie mühsam muß eine Biographie geformt werden, bis die Bereitschaft und Fähigkeit entsteht, Arbeit in der gesellschaftlichen geforderten Arbeit zu erbringen. Wenn sie aber fehlt und das gilt auch für Arbeitsplätze und Arbeitsformen, die kaum libidinös zu besetzen sind, fehlt uns die alltagsstrukturierende Qualität von Arbeit, der „Leidensschutz", zu dem sie auch wird. Freud (1930, S. 31) formuliert diesen Gedanke auf seine unnachahmliche Weise so:
„Keine andere Technik der Lebensführung bindet den einzelnen so fest an die Realität als die Betonung der Arbeit, die ihn wenigstens in ein Stück der Realität, in die menschliche Gemeinschaft sicher einfügt. Die Möglichkeit, ein starkes Ausmaß libidinöser Komponenten, narzißtische, aggressive und selbst erotische, auf die Berufsarbeit und auf die mit ihr verknüpften menschlichen Beziehungen zu verschieben, leiht ihr einen Wert, der hinter ihrer Unerläßlichkeit zur Behauptung und Rechtfertigung der Existenz in der Gesellschaft nicht zurücksteht. (...) Und dennoch wird Arbeit als Weg zum Glück von den Menschen wenig geschätzt".
Unsere „alltägliche Lebensführung" (vgl. zu diesem Konzept vor allem die Arbeiten aus dem Münchner SFB 333: Voß (1991) und Jurczyk und Rerrich (1993), auf die sich Klaus Holzkamp (1995) in seiner posthum publizierten letzten Veröffentlichung bezieht) verdient unter diesem Aspekt besondere Beachtung: Wie gelingt es ihr, einen verläßlichen Alltag zu erzeugen, jenen Leidensschutz zu gewährleisten, den Menschen auf Grund ihrer mangelhaften anthropologischen Basisausstattung benötigen? Und wie gelingt es ihr für die Beantwortung der Frage: Wer bin ich? also für die Identitätsfindung einen Rahmen zu konfigurieren. Im Grundriß der modernen Lebensführung nimmt die Arbeit in Gestalt der Berufsarbeit einen zentralen Stellenwert für die Lebensbewältigung und die Selbstdeutungen ein. Max Weber hat der Psychologie gezeigt, wie in einer Zangenbewegung von Ökonomie und Religion jenes Personen-

gehäuse entstanden ist, das dem Kapitalismus die subjektive Basis verschaffte und die er bei den Subjekten immer wieder reproduziert. Normalitäten, Normalbiographien und Identitätskonzepte haben bis in die jüngste Zeit hinein von diesem „stahlharten Gehäuse der Hörigkeit" gezehrt. „Lebenskunst" oder „Lebensveredelung" waren Ziele der alltäglichen Lebensführung und sie zielten auf eine geordnete Welt, die einfachen Prinzipien unterliegt. Es sollte Normalitätsrahmen für ein Leben „aus einem Guß" sein.

Und jetzt scheint dieser Personengrundriß seinen Normalitätswert zu verlieren. Mit der Moderne scheint auch deren Subjektverständnis in eine tiefe Krise zu geraten.

Der nordamerikanische Psychotherapeut H.B. Gelatt, der in der 60er und 70er Jahren sich mit seinem kognitiv-behavioralen Handlungskonzept auf einem sicheren Boden wähnte, beschreibt, wie wenig von dieser Sicherheit für ihn heute übrig geblieben ist:

„Vor einem Vierteljahrhundert war die Vergangenheit bekannt, die Zukunft vorhersagbar und die Gegenwart veränderte sich in einem Schrittmaß, das verstanden werden konnte. (...) Heute ist die Vergangenheit nicht immer das, was man von ihr angenommen hatte, die Zukunft ist nicht mehr vorhersehbar und die Gegenwart ändert sich wie nie zuvor" (Gelatt, 1989, S. 252).

Die Entscheidung darüber, ob wir uns an einer Epochenschwelle befinden, wie wir von manchen Zeitdiagnostikern hören, oder nicht, scheint mir nur für Esoteriker wichtig. Überlassen wir diese Entscheidung späteren Historikergenerationen. Daß wir in einer ausgesprochen „heißen Kultur" im Sinne von Lévy-Strauss (1968) leben, die in ihrer Veränderungsdynamik gegenwärtig noch einige Hitzegrade zulegt, dürfte kaum bestritten werden.

Richard Sennett (1996), der amerikanische Stadtforscher und Experte für die Psychokultur, hat kürzlich folgendes Bild der aktuellen gesellschaftlichen Veränderungen gezeichnet. Für ihn hat nach einer Periode, die wir als „Spätkapitalismus" oder „voll entwickelten Kapitalismus" zu bezeichnen gewohnt sind,

„ein neues Kapitel begonnen: Elefantenhaft angeschwollene Regierungen und Firmenverwaltungen gewinnen an Flexibilität und verlieren an Sicherheit; sie bedienen sich neuer Technologien, um global miteinander in Kontakt zu treten, und entledigen sich intern immer neuer Schichten von Managern und qualifizierten Beschäftigten. Arbeit hat sich von festgelegten Funktionen und klaren Karrierepfaden auf beschränktere und wechselnde Aufgaben verlagert. Die Arbeit liefert dem Arbeitenden keine stabile Identität mehr" (S. 47).

„Diese großen Veränderungen im modernen Kapitalismus haben ebenso weitreichende kulturelle Konsequenzen. Zum Beispiel wird bereits jetzt deutlich, daß mitten im materiellen Wachstum viele arbeitende Menschen verstärkt eine Empfindung persönlichen Scheiterns erfahren, daß sie sich für nutzlos halten, für randständig, relativ früh schon für verbraucht. Die neue ökonomische Ordnung höhlt das Selbstwertgefühl nicht nur auf dem Markt aus, sie untergräbt auch die Institutionen, die Menschen traditionell vor dem Markt schützten" (S. 47).

Das Spezifikum der gegenwärtigen Situation ist eine doppelte Erosion. Technologisch-ökonomische Prozesse führen zu realen Umbauten im gesellschaftlichen Gefüge, die dramatische Einschnitte in Normalbiographien von Frauen und Männern zur Folge haben. Gleichzeitig erodieren aber auch die Deutungsmuster, die soziale Umbrüche zu normalisieren in der Lage wären. Der immer wieder krisenträchtige Kapitalismus war ja im hinter uns liegenden Jahrhundert immer wieder mit wirtschaftlichen und politischen Krisen verbunden, für die aber sehr viel eher als heute gesellschaftliche Deutungsmuster verfügbar waren. Christian v. Ferber betont dies:

„Für die Folgen von Kriegen, politischen Systemwechseln, für wirtschaftliche Massenarbeitslosigkeit ist ein Zusammenhang zwischen gesellschaftlichen Umbrüchen und individuellen Krisen hergestellt und in kollektiven Deutungsmustern aufgearbeitet" (S. 19).

Solche Deutungsmuster liefern Normalitätsstandards und die Frage ist, ob es für aktuelle Veränderungen bereits solche Normalitätsmuster gibt, die es erlauben, eine persönliche Krise soziokulturell zu deuten und damit ihre individuelle Dramatik zu nehmen.

Für Michael Walzer (1993) sind es vier Typen von Mobilität, die für die fortgeschrittenen kapitalistischen Gesellschaften typisch seien und die z.B. die USA zu einer „zutiefst unsteten Gesellschaft" machen würde:

1. Da ist zunächst die *geographische Mobilität*, die vor allem als Folge berufsbedingter Ortswechsel anzusehen ist.

   „Das Wohn- oder auch Heimatgefühl müßte durch diese extensive geographische Mobilität eigentlich eine enorme Schwächung erfahren, wiewohl ich nicht zu entscheiden wage, ob es die schiere Empfindungslosigkeit ist, die an seine Stelle tritt, oder ob es ein neues multiples Heimatgefühl ist" (S. 165).

2. Die *soziale Mobilität* verstärkt diesen Trend. Die Anzahl der Menschen, die genau den gesellschaftlichen Platz einnehmen, den ihre Eltern hatten oder den gleichen Beruf ausüben, den ihre Eltern ausübten, wird immer geringer. Dies hat zur Folge, „daß das Erbe der Gemeinschaft, d.h. die Weitergabe von Überzeugungen und Gebräuchen, bestenfalls unsicher ist. Ob die Kinder dabei ihres Erzählvermögens verlustig gehen oder nicht, die Geschichten, die sie erzählen, dürften in jedem Fall andere sein als die Geschichten, die ihre Eltern erzählt haben" (a.a.O.).

3. Als dritten Typus nennt Walzer die *Beziehungsmobilität*, die er vor allem an den Trennungs-, Scheidungs- und Wiederverheiratungsraten festmacht und deren Konsequenzen er so beschreibt:

   „Insofern das Zuhause die erste Gemeinschaft und die erste Schule ist, in denen ein junger Mensch seine ethnische Identität und religiöse Überzeugung ausbildet, muß ein solcher Bruch zwangsläufig gemeinschaftszerstörende Konsequenzen haben. Das bedeutet, daß Kinder in vielen Fällen keine fortlaufenden oder identischen Geschichten von Erwachsenen zu hören bekommen, mit denen sie zusammenleben" (a.a.O.).

4. Schließlich konstatiert Walzer noch eine *politische Mobilität*, die immer weniger von Loyalitäten gegenüber Führerpersönlichkeiten, Parteien, Verbänden und kommunalen Institutionen bestimmt sei. Die Folge seien Menschen, „die frei fluktuieren" und es ergäbe sich eine „unbeständige Wählerschaft" und eine „institutionelle Instabilität" (a.a.O., S. 166).

Erzählmuster oder Identitätsfigurationen nach dem Ende der Meta-Erzählungen

Die unterschiedlichen Mobilitätstypen, die Michael Walzer konstruiert hat, beziehen sich auf veränderte Geschichten, die Menschen in ihrem Gefolge erzählen. Diese Begriffe der „Erzählung" oder „Narration" stehen für eine der interessantesten theoretischen Entwicklungen in den Sozialwissenschaften und der Philosophie der letzten Jahre und thematisieren die Muster, in denen sich Menschen darstellen und begreifen. Vor allem unsere Identität läßt sich sinnvollerweise als ein Erzählmuster verstehen. Von „narrativer Identität" (Meuter, 1995; Kraus, 1996) ist immer häufiger die Rede und inzwischen gibt es den durchaus gehaltvollen Ansatz zu einer „Narrativen Psychologie" (vgl. Sarbin, 1986; Howard, 1991; Vaassen, 1994; Mancuso, 1996).

Deren Grundgedanken hat Heiko Ernst so zusammengefaßt:

„Erzählungen und Geschichten waren und bleiben die einzigartige menschliche Form, das eigene Erleben zu ordnen, zu bearbeiten und zu begreifen. Erst in einer Geschichte, in einer geordneten Sequenz von Ereignissen und deren Interpretation gewinnt das Chaos von Eindrücken und Erfahrungen, dem jeder Mensch täglich unterworfen ist, eine gewisse Struktur, vielleicht sogar einen Sinn" (Ernst, 1996, S. 202).

Identität könnte man als erzählende Antworten auf die Frage „Wer bin ich?" verstehen. In diesen Antworten wird subjektiver Sinn in bezug auf die eigene Person konstruiert. Doch wir sind nicht nur AutorInnen unserer Erzählungen, sondern wir finden kulturelle Texte immer schon vor, Lebensskripte, in die wir unsere persönlichen Erzählungen unterbringen.

Paul Mecheril und Stefan Bales haben kürzlich die Situation des zeitgenössischen Individuums so charakterisiert:

„Der Bedeutungsverlust allgemein verbindlicher Weltbilder spiegelt sich auf der Ebene der einzelnen Personen wider als die individuelle Aufgabe, die eigene Wirklichkeit aus den Fragmenten erodierender gesellschaftlicher Vorgaben zu konstituieren" (1994, S. 40f.).

Ich stimme dem zu und ergänze die These, daß der „gesellschaftliche Baumarkt" eine Reihe von vorgefertigten „Identitätsbausätzen" enthält, die diese individuelle Aufgabe „erleichtern". Ich möchte sie – im Anschluß an Peter Lohauß (1995) – „Identitätsfigurationen" nennen. Mein Streifzug durch die aktuellen kulturellen Produktionen hat zu zehn solcher Figurationen geführt und das sind sicherlich nicht alle. Ich möchte sie drei Haupttypen zuordnen:

I. Das „proteische Selbst";
II. das „fundamentalistische Selbst";
III. das „reflexiv-kommunitäre Selbst"

Die unterschiedlichen Figurationen erreichen uns als spezifische Diskurse und Erzählungen und sie bieten jeweils eine spezifische „Subjektposition". In ihnen vollzieht sich auch der Kampf um die Köpfe und Herzen der Menschen, um kulturelle Hegemonie und um Unterwerfung und Emanzipation. An einigen sind PsychologInnen in der Produktion maßgeblich beteiligt und anderer bedienen sie sich. Sie bilden heimliche oder auch offene „Lehrpläne" auch für psychosoziales Handeln.

Im Anschluß an diese Erzählungen, die ein Modell gelingenden Lebens im Rahmen der jeweils gesetzten Prämissen anbieten, soll ein Gegendiskurs eingeführt werden, der den prinzipiellen Zweifel an der Vorstellungen eines gelingenden Lebens in einer lebensfeindlichen Gesellschaft formuliert. Ich nenne diesen Typus:
    IV. Den Diskurs vom „beschädigten Leben".

I. Die Erzählungen vom „proteischen Selbst"

1. Die Erzählung von der „allseits fiten Person" und ihrem „lean Management"

Die flinken Chefideologen der „schönen neuen Welt" konstruieren das Subjekt, das die Wirtschaft der Zukunft braucht. David Bosshart (1995) vom Gottlieb Duttweiler Institut in Rüschlikon bei Zürich meldete sich kürzlich mit einem Artikel *Die Neuerfindung des Menschen* zu Wort, in dem er sich auf die aktuelle Identitätsforschung bezieht. Von dem alteuropäischen Personideal des durch „persönliche Tiefe" gekennzeichneten stabilen Charakters, das sich wohl noch immer in manchen Chefetagen hält, setzt er sich polemisch ab:

„Sich persönlich fit zu machen wird nicht mehr heißen, ein starkes Ich zu entwickeln, sondern in virtuellen Beziehungen zu leben und multiple Identitäten zu pflegen. Das heißt: Ich setze nicht mehr auf einen persönlichen ‚Kern' und suche ihn, sondern ich trainiere mir die Fähigkeit an, mich nicht mehr definitiv auf etwas festzulegen. Damit bleibe ich fit für neue Wege. Metaphorisch gesprochen: *Statt in die Tiefe gehe ich in die Breite*. Ich werde zum Oberflächengestalter, ich gestalte mit meinen Stilen, torsohaften Charakteren und Identitäten Oberflächen. (...) Dreh- und Angelpunkt der persönlichen Fitness ist nicht mehr der Aufbau einer eigenen, stabilen Identität, sondern das Vermeiden des Festgelegtwerdens" (S. 147 f.).

„*Fitness* ist der große Trend", auf den wir uns in allen Lebensbereichen einzustellen haben und diese Haltung ist sowohl für den „Wirtschaftsstandort" wie für die persönlichen Lebenschancen ausschlaggebend: „In gesättigten, enger werdenden Märkten entscheidet die Corporate Fitness, der ‚fitte' Umgang mit schnell wechselnden Strukturen, Werten und Kontexten" (S. 140). Neben „mentaler Fitness" kommt es natürlich auf ein „Body Management" an, das die Störanfälligkeit des Körpers möglichst ausschaltet. Er wird als „Wetware" („menschliche Körper aus Fleisch, Knochen und Flüssigkeiten) bezeichnet, die keinesfalls vernachlässigt werden darf, aber nur um sie als „ärgerliches Randphänomen, das Kosten verursacht" zu „eliminieren" (S. 149). Es gibt auch eine „Fitness der Geschlechter". Darunter versteht er unter Bezug auf Judith Butler u.a. das „Ende des Geschlechterzwangs". Nun sei „es möglich, eine optimale Mischung des Weiblichen und Männlichen jenseits einer auf ein bestimmtes Geschlecht bezogenen Ableitung von Ressourcen und Fähigkeiten zu erreichen" (S. 153).

Das gesamte menschliche Handeln wird von einer *diffus-universellen Leistungs-*

bereitschaft bestimmt. Zygmunt Bauman (1995c) hat sich kürzlich Gedanken zum gegenwärtigen Fitness-Kult gemacht:

> „Fitneß – die Fähigkeit, sich schnell und behende dorthin zu bewegen, wo etwas los ist und jede sich bietende Möglichkeit für neue Erfahrungen zu ergreifen – hat Vorrang vor *Gesundheit* – der Vorstellung, daß es so etwas wie Normalität gibt, die man stabil und unversehrt hält" (S. 10).

> „Nicht mehr das Streben nach Normerfüllung und Konformität macht also die Anstrengung unseres Lebens aus; vielmehr handelt es sich um eine Art Meta-Anstrengung, die Anstrengung, fit – gut in Form – zu bleiben, um sich anzustrengen. Die Anstrengung, nicht alt und rostig und verbraucht zu werden; an keinem Ort zu lange zu bleiben; sich die Zukunft nicht zu verbauen" (S. 12).

In den Etagen der neuen verschlankten Führungseliten und vor allem bei denen, die dort hin wollen, werden viele Narrationen von diesem Typus erzählt und die Psychologie liefert teils gewollt, teils ungewollt die zentralen Erzählbausteine.

2. Die Erzählung von der „allseits konsumierenden Person" oder vom „leeren Selbst", das sich füllen läßt

Der allseits fite Mensch ist natürlich auch Konsument, aber er darf es nicht so sehr sein, weil das ja wiederum zuviel Energien absorbieren könnte. Der postmoderne *homo consumens* teilt mit ihm die gleiche Ausgangskonstellation: Die Fähigkeit zur „Multiphrenie". Ein Teil seiner „Multiphrenie" besteht vielleicht in der Vereinbarkeit von scheinbar Unvereinbarem. Die Multiphrenie scheint eine Schlüsselkategorie postmoderner Zeitdiagnostik zu sein und er kommt aus der Psychologie: In einer Titelgeschichte des SPIEGEL (22/1994) wird für die Erfahrung von „Chaos und beziehungslosem Nebeneinander von verschiedenen Teil-Identitäten in einer Person" der Begriff „Multiphrenie" eingeführt (S. 71). Er stammt von dem renommierten nordamerikanischen Sozialpsychologen Kenneth Gergen, der mit ihm die „postmoderne" Grunderfahrung zu formulieren versuchte.

Dieses Konzept der Multiphrenie habe ich dann an einem ganz unerwarteten Ort wieder entdeckt. In einem jener Hochglanzjournale, die in den ICEs herumliegen. Gerd Gerken schreibt hier regelmäßig seine Kolumnen. Er ist der intellektuelle opinion leader der deutschen Marketingfachleute. Er hat eine unglaubliche Resorptionsfähigkeit für zeitgeistige Strömungen und kulturelle Veränderungen. Er beobachtet, daß sich „jetzt das Ich des westlichen Menschen vermehrt" und darin läge

> „eine große Chance für eine neue Bewußtseins-Offensive der europäischen Unternehmen: Je mehr Ichs es gibt, um so mehr Bewußtsein kann repräsentiert werden. Je mehr Bewußtsein existiert, um so mehr Komplexität kann bewältigt werden" (1994, S. 95).

Und dann fährt Gerken fort: „Es entstehen also viele Ichs in einer Person. Das ist der neue Trend. Und es gibt auch schon einen Fachausdruck dafür: Multiphrenie" (ebd.). Unter Bezug auf die Jugend-Szene stellt er mentale Dissoziationsphänomene fest, die eine Destabilisierung erzeugen, ohne daß deshalb ein pathologischer Zustand entstehen müsse:

„Um diese bewußte Destabilisierung mental organisieren zu können, gehen sie an die Grenze der Ich-Festigkeit. Das wird in Fachkreisen ‚Borderline-Syndrom' genannt. Dadurch entsteht in unserer Kultur die Pluralisierung des Ichs und die Pluralisierung des Bewußtseins".

Diese Entwicklung hält Gerken für eine „evolutionäre Notwendigkeit" (S. 96). Deshalb sei „die Multiphrenie also nichts Krankes oder Kaputtes. Dieser neue Ich-Trend ist vielmehr genau das Gegenteil". Sie sei sogar die „Wiederherstellung der Überlegenheit" (S. 97). An anderer Stelle formuliert er die Multiphrenie „sowohl als Herausforderung als auch Chance" für das „kommende Markt-Management" und prognostiziert, daß das „multiphrene Ich immer mehr in den Sektor des Konsums eindringen (wird). In den USA spricht man schon heute vom hybriden und ‚schizophrenen Konsumenten'. Morgen werden wir den multiphrenen Konsumenten haben" (S. 101).

Die Erzählung vom allseits konsumbereiten Individuum gibt es in verschiedenen Versionen. Seit sich einige führende postmoderne Philosophen wie Norbert Bolz oder Wolfgang Welsch als Ratgeber zukunftsweisender Marketingkonzepte betätigen, werden Varianten für die gehobenen Kreise und für emanzipierte Frauen ersonnen. Norbert Bolz und der schon vorgestellte David Bosshart haben etwa das Konzept des „Kult-Marketing" ersonnen. Eloquent und zynisch wird mit der alteuropäischen Verpflichtung auf ewige und tief in die Person internalisierte Werte aufgeräumt, aber ganz abgeräumt darf auch nicht werden. Der Religionsphilosoph Norbert Bolz sieht das Bedürfnis der Menschen nach einer quasi-religiösen, kultischen Verehrung der Dinge, für die sie sich letztlich entscheiden. Besonders an den *Beatles* oder den *Rolling Stones* zeigt er auf, wie Kult-Marketing funktioniert und er empfiehlt den postmodernen Marketingstrategien, sich deren Erfolgsrezept zu eigen zu machen.

Im Rahmen des Forschungsprojektes „Frauen-Welten", das die Zeitschrift *freundin* in Auftrag gab und das die „neue Frau" als Konsumentin in den Blick nahm, beteiligte sich auch Wolfgang Welsch (1993). Er gibt keine unmittelbaren Marketingtips, bleibt mehr bei seinem philosophischen Leisten und liefert eine seriöse Analyse der Entwicklung zu einer wachsenden Pluralitätskompetenz, die sich in der Postmoderne mit einer zwingenden Logik entwickeln würde. Vielleicht war es seine Idee, ein Gedicht Nietzsches als Testvorlage zu nutzen, das im „Vorspiel" zur *Fröhlichen Wissenschaft* des „Vielheitstheoretikers des Subjekts" steht, als den Welsch Nietzsche vorstellt. Die Zustimmung zu diesem Gedicht wird als Indikator von Pluralitätskompetenz genommen:

„Scharf und milde, grob und fein,
vertraut und seltsam, schmutzig und rein,
der Narren und Weisen Stelldichein:
dies Alles bin ich, will ich sein,
Taube zugleich, Schlange und Schwein!"

Den Philosophen überrascht nicht, daß die Frauen, die sich mit der Aussage dieses Gedichts identifizieren, noch sehr wenige sind, aber ein erheblicher Anteil der befragten Frauen dieses Muster akzeptiert und hält es für wahrscheinlich, daß es in Zukunft an Relevanz gewinnen wird. Das ist die Gruppe der „anspruchsvollen Postmodernen" (Gimmler & Sandbothe, 1993, S. 265), die sich durch eine hohe Rollenflexibilität

auszeichnet und dem Ideal der „Androgynie" anhängt. Der Marketing-Experte im Forschungsteam sieht bei dieser Gruppe „am deutlichsten die Verquickung von Vielfaltseinstellung und Konsum" und erklärt sie erfreut zu den „multioptionalen Konsumenten" (Reigber, 1993, S. 321).
Damit sind wir bereits bei dem nächsten Narrationstyp:

3. Die Erzählung von der Person mit „multioptionalen" Lebenschancen

> „Die Idee erlebnisorientierter Möglichkeitssteigerung ist zur
> Ultima ratio aller ökonomischen Entwicklung geworden"
> (Schulze, 1995, S. 55).

Eine Erzählung transportiert eine besonders euphorische Sicht der Postmoderne: „Anything goes", wir lassen eine Gesellschaft hinter uns, die unserer Lebensgestaltung nur minimale Spielräume eingeräumt hat, eben dieses „stahlharte Gehäuse der Hörigkeit", das von den Menschen Einordnungs- und Unterordnungsbereitschaft gefordert hat. Mit Blick auf die generationsspezifische Gestalt heutiger Heranwachsender und im Vergleich zu der Generation ihrer Eltern und Großeltern spricht Helmut Fend (1988, S. 295) von den gewachsenen „Freiheitsgraden des Handelns" und ebenso von den „Erweiterungen von Möglichkeitsräumen".

> „Erweiterte Möglichkeiten bedeuten aber auch geringere Notwendigkeiten der Einordnung in gegebene Verhältnisse. (...) Damit werden aber Tugenden, mit (unveränderlichen) Umständen leben zu können, weniger funktional und weniger eintrainiert als Tugenden, sich klug entscheiden zu können und Beziehungsverhältnisse aktiv befriedigend zu gestalten" (ebd., S.296).

Paul Watzlawick formuliert den „Freiheitsgewinn" der gegenwärtigen Lebensverhältnisse so: „Es liegt in unserer Hand, das Leben aus einer Unzahl von Möglichkeiten zu gestalten, wie der Künstler sein Kunstwerk" (nach Ernst, 1996, S. 175). Und der philosophische Chefdenker der Systemiker, Heinz von Foerster, macht daraus folgenden „ethischen Imperativ der Multioptionsgesellschaft" (Gross, 1994, S. 70): „Handle stets so, daß weitere Möglichkeiten entstehen" (v. Foerster, 1985, S. 60).

Die „Multioptionsgesellschaft" ist aus der Sicht einiger sozialwissenschaftlicher Zeitdiagnostiker längst entstanden und führt etwa nach Rolf Schieder zu einer Situation,

> „in der die Subjekte ständig mit inneren und äußeren Möglichkeitsüberschüssen konfrontiert sind. (...) Die Vielfalt der Möglichkeiten ermöglicht *und* erzwingt auszuwählen und sich zu entscheiden – und genau das wird immer schwieriger. Aufgrund der Überfülle des Möglichen sind wir ständig zur Wahl gezwungen – dies aber nicht nur bei Automarken und Modefirmen, sondern auch im Blick auf unsere Lebensorientierung. Wir leiden nicht unter Sinnverlust, sondern am Sinnüberschuß und Sinnüberfluß" (1994, S. 35 f.).

Den gesellschaftlichen Veränderungsprozeß, der zu einer gewaltigen Vermehrung von Lebensoptionen geführt haben soll, charakterisiert Peter L. Berger so:

> „... die Modernisierung hat in der Pluralisierung wie in der Individuierung für einen Quantensprung gesorgt. Die Pluralisierung reicht von der materiellen Ebene bis tief

in die Sphäre der Ideen und Werte hinein. Die Technologie hat die Auswahl der Instrumente, mittels derer die Welt verändert werden kann, ins Unermeßliche gesteigert. Die Marktwirtschaft vervielfacht die Optionen der Lebensstile so, wie die Demokratie die politischen Wahlmöglichkeiten vermehrt, und die Urbanisierung erzeugt ein Milieu, indem sich eine Vielzahl moralischer und religiöser Alternativen eröffnen. *Die Moderne bedeutet für das Leben des Menschen einen riesigen Schritt weg vom Schicksal hin zur freien Entscheidung.* (...) Aufs Ganze gesehen gilt ..., daß das Individuum unter den Bedingungen des modernen Pluralismus nicht nur auswählen kann, sondern das es auswählen *muß*. Da es immer weniger Selbstverständlichkeiten gibt, kann der Einzelne nicht mehr auf fest etablierte Verhaltens- und Denkmuster zurückgreifen, sondern muß sich nolens volens für die eine oder andere Möglichkeit entscheiden. (...) Sein Leben wird ebenso zu *einem Projekt* – genauer, zu einer Serie von Projekten – wie seine Weltanschauung und seine Identität" (1994, S. 95).

Den Blick auf erweiterte Gestaltungschancen gerichtet, betont auch Ralf Dahrendorf in seinem Konzept der „Lebenschancen" die Zunahme von Optionen. Für ihn sind

„Lebenschancen eine Funktion von zwei Elementen, Optionen und Ligaturen, die unabhängig voneinander variieren können und in ihrer je spezifischen Verbindung die Chancen konstituieren, die das Leben der Menschen in der Gesellschaft prägen" (1979, S.50).

Unter „Optionen" versteht Dahrendorf die Wahlmöglichkeiten und Handlungsalternativen, über die eine Person in seiner jeweiligen gesellschaftlichen Position und Situation verfügt. „Ligaturen", ein eher fremder Begriff,

„sind Zugehörigkeiten; man könnte sie auch Bindungen nennen. Der einzelne wird kraft seiner sozialen Positionen und (...) Rollen in Bindungen oder Ligaturen hineingestellt. Diese sind für ihn oft mit emotionalen Gewichten beladen, was schon in den Bezeichnungen deutlich wird: die Ahnen, die Heimat, die Gemeinde, die Kirche. Vom Standpunkt des einzelnen stellen sich Ligaturen als Bezüge dar. Sie geben dem Ort, den er innehat, Bedeutung. Überhaupt kennzeichnen Ligaturen das Element des Sinns und der Verankerung, während Optionen das Ziel und den Horizont des Handelns betonen. Ligaturen stiften Bezüge und damit die Fundamente des Handelns; Optionen verlangen Wahlentscheidungen und sind damit offen in die Zukunft" (ebd., S. 51).

Dieser Dahrendorfsche Begriffsrahmen ermöglicht es, die Chancen und Risiken aktueller gesellschaftlicher Veränderungsprozesse genauer zu erfassen.

„Vormoderne Gesellschaften mit ihren übermächtigen Kräften der Familie, des Standes oder der Kaste, des Stammes, der Kirche, der Sklaverei oder feudalen Abhängigkeit waren in mancher Hinsicht nur Bezug ohne Wahl. Die sozialen Bindungen des unausweichlichen Status beherrschten das Leben vieler Menschen. Modernisierung hat unweigerlich eine Ausweitung von Wahlmöglichkeiten bedeutet. Aber Modernisierung schafft solche Wahlmöglichkeiten häufig genug durch das Aufbrechen von Ligaturen. (...) Hier ist vor allem wichtig, daß die Reduktion und am Ende Destruktion von Bindungen Wahlmöglichkeiten bis zu einem gewissen Grade steigert; aber von diesem Punkt an verlieren Wahlentscheidungen ihren Sinn, weil sie in einem sozialen Vakuum stattfinden, oder vielmehr in einer sozialen Wüste, in der keine bekannten Koordinaten irgendeine Richtung einer anderen vorziehbar machen" (ebd., S. 52).

Und noch eine letzte bildhafte Charakterisierung der Hauptfunktion von Ligaturen: „Sie sind die (oft bizarren) Muster, durch die soziale Positionen an anderen festgezurrt sind, um so ihren Trägern Bindungen zu vermitteln. Solche Muster sind wie Leitseile, an denen Menschen sich festhalten können, wenn sie durch den Nebel ihres sozialen Lebens laufen, wenngleich sie auch zu Barrieren werden können, auf die sie im Nebel stoßen" (ebd., S. 53).

Von dem gesellschaftlichen Freisetzungsprozeß sind Optionen und Ligaturen in typischer Weise betroffen. Er ermöglicht eine erhöhte Autonomie der Lebensplanung und -gestaltung, er erhöht die Chancen, Vorstellungen von einem Stück eigenem Leben zu realisieren. Das sind die veränderten Optionen. Aber dieser Prozeß verändert auch den Typus von Ligaturen, in den sich das Subjekt einbindet. Die aktive Sprachform ist hier mit Bedacht gewählt. Die zeitgemäßen Webmuster der sozialen Beziehungen setzen offenbar ein aktives Subjekt voraus. Claude Fischer (1982, S. 4) charakterisiert dieses so:

„Im allgemeinen konstruiert jeder von uns seine eigenen Netzwerke. Die ursprünglichen Beziehungen finden wir vor – Eltern und nahe Verwandte und andere Beziehungen werden uns aufgebürdet – Arbeitskollegen, angeheiratete Verwandte usw. Aber mit der Zeit werden wir verantwortlich; wir entscheiden, welchen Umgang wir fortsetzen, wen wir ignorieren oder zu Gelegenheitsbekanntschaften werden lassen, wen wir vernachlässigen oder von wem wir uns lossagen. Sogar Beziehungen in der Verwandtschaft werden eine Frage der Auswahl; einige Menschen sind eng verbunden mit ihren Eltern und Geschwistern und andere haben sich ihnen entfremdet. Als Erwachsene haben Menschen ihre Netzwerke auszuwählen. (...) Jeden Tag entscheiden wir uns, Menschen zu sehen oder sie zu vermeiden, zu helfen oder nicht, zu fragen oder nicht; wir modulieren die Nuancen unserer Beziehungen; wir planen, antizipieren und sorgen uns um die Zukunft solcher Beziehungen. Jeder von uns ist der Baumeister eines Netzwerkes – das ist ein Teil davon, ein Leben aufzubauen".

Fischers Beschreibung des „persönlichen Voluntarismus", also der prinzipiellen Wahlfreiheit des Subjektes bei der Entscheidung, mit wem es sich assoziieren will, in welchen Netzwerken es integriert sein will, würde sich wie ein ideologisches Statement anhören, wenn er nicht im gleichen Textzusammenhang betonen würde, daß es faktisch keine beliebige Wahlfreiheit bei der Auswahl von Netzwerkmitgliedern gäbe. Es handele sich „kaum um freie Wahlen; sie unterliegen Zwängen" (ebd.). In seinen empirischen Analysen zeigt Fischer, wie sich bei dem „freigesetzten" Individuum der Moderne, das sich kaum noch in Kategorien von Klassenzugehörigkeit zu definieren vermag, die soziokulturelle Unterschiedlichkeit im Zugang zu gesellschaftlichen Ressourcen als unverändert wirksam erweist. Auf dem Hintergrund der gesellschaftlichen Individualisierungsdynamik, die das Potential kollektiver Lebenszusammenhänge und Solidaritätsformen abgebaut hat, wird die Frage des Zugangs zu sozialen Ressourcen, den eine Person hat, besonders relevant. Die Handlungsmöglichkeiten einer Person hängen von ihrer Fähigkeit ab, für sich spezifische Ressourcen zu mobilisieren. Neben dem ökonomisch-materiellen Ressourcen gehören dazu die sozialen, die zugleich nicht ganz unabhängig von den ökonomischen Möglichkeiten zu begreifen sind. Pierre Bourdieu (1983) hat den Kapitalbegriff nicht nur auf den ökonomischen Bereich bezogen, sondern berücksichtigt bei seiner Analyse gesellschaftlicher Ungleichheit auch das „kulturelle" und „soziale Kapital".

Diese strukturell unterschiedlichen Zugänge zu Lebenschancen und -optionen, aber auch die Abhängigkeit der Optionen von stützenden und unterstützenden Ligaturen für die Wahrnehmung optionaler Angebote wird in der Erzählung von der „Multioptionengesellschaft" meist verschwiegen. Das gilt auch für den nächsten Narrationstyp. Er steht für einen weiteren angeblichen Quantensprung optionaler Valenzen:

4. Die Erzählung von den unbegrenzten Möglichkeiten virtueller Realitäten und Gemeinschaften

Die Geschichtenerzähler mit den vollmundigsten und visionärsten Versprechungen kommen gegenwärtig aus der Computerszene. Bill Gates und andere versprechen uns eine „schöne neue Welt" im Zeichen von weltweiten Netzen und Multimediamöglichkeiten. „Die Digitale Revolution verursacht den größten gesellschaftlichen Umbruch seit der Erfindung des Feuers", sagt John Perry Barlow, einer der Cyberspace-Vordenker. Für ihn eröffnen sich ungeheure kommunikative Chancen, die alte Wissenshierarchien aufbrechen und Herrschaftseliten entmachten werden. Auf der anderen Seite hören wir die besorgten Stimmen, die den technisch hochgradig vernetzten, aber total isolierten postmodernen „Einsiedlerkrebs" in atomisierter Masse auf uns zukommen sehen.

Im kürzlich erschienen Buch *TopTrends. Die wichtigsten Trends für die nächsten Jahre* finde ich den Artikel von Michael-A. Konitzer (1995): „Schöne digitale Welt." Er greift auf den schon gängigen Erzähltypus zurück, daß eine gesellschaftliche Veränderung für die Cleveren ungeheure Chancen eröffnet, daß damit aber auch Risiken verbunden sind. Er entwickelt unterschiedliche Szenarios. Zunächst einmal lädt er in die neue elektronische Welt ein, die mit unserem traditionellen Realitätsverständnis schwer zu erfassen ist:

„Willkommen in der digitalen Welt! Willkommen in einer neuen, virtuellen, aber dennoch real erlebbaren Welt. In einer neuen Welt mit völlig neuen Qualitäten, mit völlig neuen Optionen und neuen Freiräumen. Eine Welt ohne Grenzen, (noch) ohne Zensur und ohne Limits. Willkommen in einer neuen medialen Welt mit neuen Chancen, mit neuen Phänomenen, mit neuen Gesetzmäßigkeiten – und neuen Problemen. Sicher auch neuen Risiken" (S. 167).

Zunächst zum „Negativ-Szenario". Es zeigt

„junge Byteabhängige, die ihre gesamte Zeit vor dem Computerbildschirm verbringen, dort vereinsamen, jeden Kontakt zur Wirklichkeit verlieren, psychisch degenerieren und schließlich der Paranoia anheimfallen" (S. 168).

Konitzer schätzt dieses Szenario für unrealistisch ein und hängt sein Herz ganz an das „Positiv-Szenario":

„Cybernauten lieben es, sich global mit Gleichgesinnten auszutauschen. Sie wollen per Netzwerk mit anderen zusammen aktiv werden, zugunsten der Welt (Ökolo-

gie), der Gesellschaft (Welt-Demokratie) oder auch zum eigenen, auch kommerziellen Nutzen. Dieses Best-Case-Szenario spielt vorzugsweise mit solch positiven und angenehmen Begriffen und Assoziationen wie (virtuelle) Gemeinschaft, Solidarität, Pluralität, Demokratisierung, Weltbürgertum, Globalität, Aktivität, Engagement, freie Kommunikation, neue Freiheit, Aufbruchstimmung" (S. 168).
Für alle, die das Netzwerkkonzept in ihrem psychosozialen Baukasten haben, werden dann ungeheure Möglichkeiten einer elektronisch gestifteten „Netzwerk-Welt" aufgezeigt:
„Positive Kernthese der Netzwerk-Welt und ihrer Kultur ist: Netzwerke bilden eine ganz neue Art von Verwandtschaft, Engagement und Anteilnahme. Sie bilden ganz neue Stämme von Gleichgesinnten und Gleichinteressierten. Die Netzwerke schaffen neue thematische oder interessebedingte soziale Systeme, und zwar über alle Grenzen und Kontinente hinweg. Es entsteht eine Art Network-Tribalismus.
Immer öfter treffen sich Gruppen von Menschen spontan – oder regelmäßig – in den Gesprächs- oder Aktionsformen der Computernetzwerke und tauschen sich dort aus. Über Alltagsthemen, Probleme, Ideen, wissenschaftliche Fragen, Beziehungen etc. Der soziale (und politische) Diskurs und soziales Engagement haben sich teilweise aus der etablierten Medienwelt in die Computernetzwerke verlagert" (S. 186).
Auch die Erzählung von den „virtuellen Realitäten" und „virtuellen Gemeinschaften" (Rheingold, 1994), die aus der Science Fiction-Sphäre in die Realität technischer Machbarkeit gewandert ist, vermittelt ein Bild der ungeheuren neuen Chancen für den einzelnen. Allerdings taucht auch die Chance neuer kommunitärer Muster auf, die nicht mehr an Raum und Zeit gebunden sind.

5. Die Erzählung vom „monologischen und sich selbst kontrollierenden Subjekt":
„psychological man"

In das aktuelle zeitdiagnostische Repertoire hat zunehmend auch die Erzählung vom „psychologisch befreiten Menschen" Eingang gefunden. Diese Narration wird von zentralen Entwicklungen in der Psychologie direkt oder indirekt gespeist, von vielen Psychogurus mit Emphase vertreten und als „Psychokultur" ist sie längst zu einem allgemeinen Bestandteil der kulturellen Selbstdeutung vieler Menschen in den westlichen Gesellschaften geworden.
Die Botschaft der PSY-Narrationen ist sicherlich nicht einheitlich, aber in ihrem Zentrum steht die Ermutigung, sich selbst zu finden und letztlich nur sich selbst zu vertrauen. Für beide Aspekte möchte ich Beispiele zitieren. Ein Hauptvertreter der Humanistischen Psychologie, James Bugental, formuliert als seine psychotherapeutische Maxime das Ziel, den Menschen dabei zu helfen, Zugang zum eigenen „wahren Selbst" zu finden. Wo Freud noch kulturpessimistische Skepsis verbreitet hatte, entwirft Bugental (1985) die positive Vision, „Herr im eigenen Haus" werden zu können. Unsere seelischen Probleme führt er darauf zurück, „daß wir als Verbannte leben, verbannt aus unserer Heimat, der inneren Welt unserer subjektiven Erfahrung". Psychotherapie hat für ihn die Aufgabe,
„die soziale Konditionierung zu überwinden, die uns Argwohn und Schuldgefühl

gegenüber einem aus der Mitte heraus geführten Leben empfinden läßt, die nicht zuläßt, daß wir der inneren Ganzheit höchste Priorität einräumen und unsere Entscheidungen nach dem richten, was wir als unsere wahren Bedürfnisse und Wünsche in uns spüren. (...) Unsere Heimat liegt innen, und dort sind wir souverän" (1985, S. 216f.).

Wer für seine Lebensreise diesen klaren Bezugspunkt gefunden hat und alle Zweifel überwunden hat, wo sie oder er „zu Hause" sind, für den ist möglichst leichtes Gepäck angesagt. Ein Bestseller der 70er Jahre von Gail Sheehy (1976) gab hier folgenden Rat:

„Wer aufbricht, um sich auf die Reise der Lebensmitte zu begeben, kann nicht alles mitschleppen. Man reist ja weg. Weg von institutionellen Ansprüchen und den Plänen der anderen. Weg von äußeren Wertsetzungen und Beglaubigungen, so macht man sich auf die Suche nach etwas Stichhaltigem im Inneren. Man steigt aus den Rollen aus und verfügt sich ins Selbst. Könnte ich jedem zum Abschied ein Geschenk auf die Reise mitgeben, es wäre ein Zelt. Ein Zelt für unbehaustes Sondieren. Das Geschenk der tragbaren Wurzeln. (...) die Freuden der Selbstfindung stehen immer zu Gebote. Auch wenn die geliebten Menschen im Leben wechseln, die Fähigkeit zur Liebe bleibt erhalten" (S. 30).

„Psychoman" hat sich idealerweise von allen gesellschaftlichen Zwängen und „Ausreden" befreit und er hat letztlich die Verantwortung für sich und sein Wohlbefinden voll übernommen. Vor allem der psychologische Kognitivismus propagiert ein Modell der perfektionierten Welt- durch Selbstkontrolle. Roy Baumeister und KollegInnen (1994) haben kürzlich folgende psychologische Gegenwartsdiagnose gestellt:

„Der Mangel an Selbstregulierungsfähigkeiten ist die Hauptursache für die sozialen Pathologien der Gegenwart. Viele individuelle Probleme drehen sich um die Unfähigkeit, sich selbst unter Kontrolle zu behalten. Überall fühlen sich Menschen schlecht, weil sie die Kontrolle verlieren – über ihr Geld, ihr Körpergewicht, ihre Gefühle, ihr Trinken, ihre Feinfühligkeit, ihr Verlangen nach Drogen, ihre Kaufwut, ihr Verhalten gegenüber Familienmitgliedern, über ihre sexuellen Impulse und so weiter" (zit. nach Ernst 1996, S. 163).

Woher nimmt aber dieser „Psychoman" die Sicherheit, daß er die „innere Wahrheit" oder den Maßstab für seine Selbstregulationsbemühungen gefunden hat? Einer letzten göttlichen Instanz hat er seine Loyalität ja ebenso aufgekündigt wie einer traditionellen Idee „des Guten". Der Kompaß, auf den er sich allein zu verlassen glaubt, ist das Gefühl der „Echtheit" oder „Authentizität". Dieser Kompaß ist übrigens keine Erfindung von Carl Rogers, sondern eine Konstruktion des bürgerlichen Individualismus und der Aufklärung, der sich gegen Fremdbestimmung richtete. Herder etwa formulierte das „Authentizitätsideal" in klassischer Weise: „jeder Mensch hat ein eigenes Maß, gleichsam eine eigene innere Stimmung aller seiner sinnlichen Gefühle zu einander" (zit. nach Taylor, 1993b, S. 19). Dieses Ideal sagt mir: „Ich bin aufgerufen, mein Leben in dieser Art zu leben und nicht das Leben eines anderen nachzuahmen" (Taylor, ebd.).

Der „Psychoman" erzählt seine Identitätsgeschichte „monologisch" und je nach psychologischer Bezugsidee gibt er seiner Erzählung mehr oder weniger Tiefe.

Diese ersten fünf Narrationstypen gehören zu jenen Identitätsfigurationen, die Peter Lohauß als „liberalistische Interpretation" von Identität bezeichnet. Sie

„betrachtet die freie Entfaltung der individuellen Kräfte als einzige Bedingung für das persönliche Glück und zur Steigerung der allgemeinen Wohlfahrt. (...) Die gemeinschaftlichen sozialen Beziehungen, insbesondere staatliche Garantien oder Bemühungen um soziale Gleichheit gelten als prinzipiell freiheitseinschränkend. Diese Interpretation gibt den sozial Privilegierten und Stärkeren durchaus Möglichkeiten zum Aufbau einer starken Ich-Identität" (1995, S. 222).

Man könnte im Sinne von Robert Lifton (1993) auch von einem „proteischen Selbst" sprechen. Lifton greift dabei auf die griechische Mythologie zurück, die den Gott Proteus kennt, der in sich zwar nicht die wahre Bestimmung findet, Authentizität würden wir das heute nennen, der aber von einer fluiden Offenheit ist und jede beliebige Gestalt annehmen kann. Die postmodernen Narrationen betonen die grenzenlose Plastizität der menschlichen Psyche. Allerdings sieht Lifton auch die dazu kontrastierende Bewegung, die sich in einem „fundamentalistischen Selbst" kristallisiert:

„Die partikulare Interpretation greift auf die ‚natürlichen' sozialen Beziehungen der Geschlechter, der Familien und der Nationen zurück. Sie aktiviert Wir-Gefühle durch den Appell an ethnisch-nationale oder konfessionell-fundamentalistische Identitätskonstruktionen, an patriarchalische Geschlechtsordnungen und den Ausschluß und die Feindschaft gegenüber ‚fremden' Identitäten. Sie definiert einen Katalog von Werten und Eigenschaften, die sie selbst für traditionell ausgibt und/oder projiziert deren negative Bilder auf vermeintlich fremde Menschengruppen. Die gesellschaftliche Integrationskraft innerhalb der privilegierten Menschengruppe ist hoch, individuelle Freiheitsspielräume werden den kollektiven Werten mehr oder weniger stark untergeordnet" (Lohauß, 1995, S. 223).

II. Erzählungen vom „fundamentalistischen Selbst"

6. Die Erzählung von den „ewigen Wahrheiten menschlicher Existenz":
das „fundamentalistische Selbst"

Was treibt Tausende von Psychofachleuten in die großen Hörsäle von Universitäten, um einem 70jährigen ehemaligen katholischen Ordenspriester bei seinen familientherapeutischen Schnellschüssen von 10 bis 20 Minuten zu lauschen und zuzusehen? Welche faszinierende Erzählung hat Bert Hellinger zu bieten? Es ist die von unerschütterlicher Gewißheit getragene Erzählung von der unverrückbaren Ordnung der Dinge. Da gibt jemand eindeutige Antworten und er strahlt in unbeirrbarer Sicherheit einen Habitus aus, den man in einem einfachen und klaren Satz unterbringt: „Ich weiß, daß es so ist". Er spricht* von der „Wahrheit" und dem „Richtigen" und immer wieder davon, daß er Wahrheit „herausgefunden" hätte. Er sieht „Ordnungen, die heilend in der Seele wirken". Eine dieser Ordnungen ist die Ehre und Liebe, die Kinder ihren Eltern entgegenzubringen haben, auch wenn sie von ihnen mißhandelt und mißbraucht worden sein sollten. „Wenn man den Eltern Ehre erweist, kommt etwas tief in der

---

* In einem Interview mit *Psychologie heute* vom Juni 1995, S. 22-26, aus dem im weiteren Text Formulierungen aufgenommen werden.

Seele in Ordnung". Die „Ursprungsordnung" in den Familien muß anerkannt werden: „Wer oder was zuerst in einem System da war, hat Vorrang vor allem, was später kommt" und natürlich hat auch das Geschlechterverhältnis seine Urform: „Der Mann muß Mann bleiben, die Frau muß Frau bleiben. Denn wenn der Mann das Weibliche in sich zu entwickeln sucht, dann ist das nicht richtig und umgekehrt". Was für eine Botschaft in einer Welt, in der in den letzten Jahren traditionelle Geschlechterrollen „dekonstruiert" werden: Strampelt Euch an dieser Front nicht ab, die Ordnung der Dinge könnt Ihr doch nicht verändern und laßt Euch keine Emanzipationsflausen einreden, sie machen Euch nur unglücklich. Hellinger sieht auch gar keinen Grund für grundlegende Revisionen der bestehenden Welt: „Ich stimme der Welt zu, wie sie ist. Ich bin ganz zufrieden damit. Ich denke, daß in der Welt Kräfte am Werk sind, die lassen sich nicht steuern."

Leid tun Bert Hellinger alle, die die Welt verändern wollen. Widerstand gegen diese Kräfte ist sinnlos. Das exemplifiziert er am antifaschistischen Widerstand:

„Was war das Ergebnis des Widerstandes? Er war gleich Null. Das zeigt, daß Widerstandskämpfer nicht im Einklang waren. Das waren Leute, die gemeint haben, sie könnten das Rad der Geschichte aufhalten. Das geht nicht".

Bert Hellinger ist für mich der C.G. Jung der Postmoderne. Wie dieser formuliert er unhintergehbare Wahrheiten, die durch keine historischen Dynamiken relativiert werden können. Doch er liefert sie in einer schnell konsumierbaren Nescafé-Version: In weniger als einer halben Stunden ist das Lösungsmuster entwickelt. Bei C.G. Jung ist das alles viel aufwendiger. Die Gefährlichkeit der Unterstellung solcher ewigen „Wahrheiten" hat schon sehr früh John Rittmeister (1968) kritisiert. Er war Mitglied der Widerstandsgruppe „Rote Kapelle", stand als einziger Psychoanalytiker im aktiven Widerstand gegen das NS-Regime und verlor dabei sein Leben. Zunächst war er Schüler von C.G. Jung. Doch in seinem politischen Engagement gegen ein menschenfeindliches Regime sah er die gefährliche Mystizismen des Jungschen Ideenhimmels immer deutlicher. 1936 spricht er von „dem Hochmut ... esoterischer Ideenschau" (S. 952) auf die „eigenmächtig-präexistenten, idealen Wesenheiten" (S. 940). Der Patient der Jungschen Therapie sei nach Rittmeister

„gewöhnlich ganz vollgesaugt und aufgebläht mit mythologischen Fantasiegestalten, aber am Ende (wird er) doch ganz klein vor den Allgewalten der kollektiv-unbewußten Sphäre, um schließlich vor der Archäologie ganzer Jahrtausende auf die Knie zu sinken" (S. 938).

Bei Jung wie bei Hellinger wird das „leere Selbst" mit „Wahrheiten", mit zeitlos gültigen Geschichten abgefüllt. Sie brauchen sich nicht in der komplizierten realen Welt bewähren und ermutigen nicht, sich mit ihr auseinanderzusetzen und seine eigene Geschichte zu erzählen.

7. Die Erzählung vom „nationalen Größenselbst"

Tiefe Zweifel an der Zukunftsfähigkeit der liberal-kapitalistischen Gesellschaften werden zunehmend aus dem konservativen Lager geäußert und von der Neuen Rechten aufgenommen und beantwortet. Spätestens seit der klar fixierbare äußere Feind keine Stabilitätsgarantie für das eigene Lager bietet, artikulieren sich tiefe Ängste angesichts postmoderner gesellschaftlicher Auflösungsprozesse. Joachim Fest, Herausgeber der FAZ, hat diese Ängste in seinem Essay „Die schwierige Freiheit" (1993) eloquent geäußert: Es sei

„der große, gleichsam angeborene Mangel liberaler Gesellschaften, daß sie keinen greifbaren, die Leiden und Ängste der Menschen rechtfertigenden Lebenssinn vermitteln. Auch halten sie keinen mobilisierenden Zukunftsprospekt bereit und werfen den Einzelnen auf lediglich das zurück, was er als individuelle Erfüllung begreift". Das sich durchsetzende Lebensgefühl in der Postmoderne kommentiert Fest mit Abscheu: „eine Welt, in der auch die moralischen Horizonte offen sind, wo alles geht und das heißt zugleich, nichts wirklich wichtig ist; in der die Laune über die Norm triumphiert und eine Generation von Erben mit dem Vermächtnis mühsam erworbener Prinzipien ein fröhlich-verzweifeltes Feuerwerk veranstaltet, dessen Glut die Reichtümer wie die Wahrheiten dahinschmelzen läßt" (1993, S. 31).

In dieser oder anderen Formen haben konservative Zeitdiagnosen Konjunktur. Sie werden im Ton giftiger und in den Konsequenzen radikaler, wenn wir uns im Lager der Neuen Rechten umschauen. Jürgen Hatzenbichler (1994), Redakteur bei der *Jungen Freiheit*, macht vor allem das linksintellektuelle Lager für die Zerstörung von stabilen kollektiven Leitprinzipien, wie etwa dem „Heimatbezug", verantwortlich. Dieser

„stört viele, die zwar vielleicht oft das Wort vom ‚Nachbarn in Not' im Munde führen, die aber nicht realisieren wollen, daß vor einer diffizilen Form der Fernstenliebe die Nächstenliebe steht. Zuneigung zur Heimat ist aber schon eine konkrete Form von Nächstenliebe, ist doch nicht nur die Landschaft Heimat, sondern vor allem die Menschen, jene, mit denen wir uns im Kollektiv als ‚Wir' definieren. Wie soll die Solidarität im Größeren funktionieren, wenn sie hier, im Kleinsten, nicht funktioniert? Heimat ist aber konstitutiv für Solidarität, und umgekehrt. (...) Vielleicht sollte man sich auch die zerfallenden Gesellschaften in West- und Mitteleuropa anschauen, jene Ansammlungen von Entwurzelten, Versammlungen heimatloser Egoisten, in denen einige Tendenzen ‚positiv' boomen: nämlich Kriminalität, Gewalttätigkeit, Wertezerfall ... Die liberale Gesellschaft ist heimatlos, dafür aber auch auf einem Selbstzerstörungstrip. Freiheit und Selbstverwirklichung, so nennen sich heute meist die Entwurzelung, der Verlust von Sinn und die Entsolidarisierung".

Eine spezifische Erzählung knüpft an den typischen Fragmentierungs- und Entfremdungserfahrungen an und versucht eine Heilung in der Wiederentdeckung der fast verschütteten, aber doch noch vorhandenen Quellen nationaler Gemeinschaft und Größe. Botho Strauß (1994) versucht in seinem „Anschwellenden Bocksgesang", jener paradigmatischen Selbstentäußerung der intellektuellen Rechten, an die uralte Erzählung deutscher Größe anzudocken. Er „sucht den Wiederanschluß an die lange Zeit, die unbewegte" und er begreift sie „ihrem Wesen nach (als) Tiefenerinnerung" (S. 25). Botho Strauß bedient sich als sprachmächtiger Literat nicht der simplen Kopien rechtsradikaler-völkischer Textvorlagen. Dem Raunen aus der deutschen Tiefe und der Vision einer drohenden Apokalypse vermag er eine eigene Stimme zu verleihen:

„Daß ein Volk sein Sittengesetz gegen andere behaupten will und dafür bereit ist, Blutopfer zu bringen, das verstehen wir nicht mehr und halten es in unserer liberal-libertären Selbstbezogenheit für falsch und verwerflich. Es ziehen Konflikte herauf, die sich nicht mehr ökonomisch befrieden lassen; bei denen es eine nachteilige Rolle spielen könnte, daß der reiche Westeuropäer sozusagen auch sittlich über seine Verhältnisse gelebt hat, da hier das ‚Machbare' am wenigsten an seine Grenze stieß. Es ist gleichgültig, wie wir es bewerten, es wird schwer zu bekämpfen sein: daß die alten Dinge nicht einfach überlebt und tot sind, daß der Mensch, der Einzelne wie der Volkszugehörige, nicht einfach nur von heute ist. Zwischen den Kräften des Hergebrachten und denen des ständigen Fortbringens, Abservierens und Auslöschens wird es Krieg geben" (S. 21 f.).

Roland Bubik (1994), Leiter des Ressorts „Zeitgeist und Lebensart" der „Jungen Freiheit", sieht die Gefahr vor allem in der wachsenden Macht der Medien, die zu einer „Vaporisierung gemeinschaftlicher Substanz" (S. 182) oder zum „Verhauchen gemeinschaftlich-nationaler Solidaritätspotentiale" (S. 183) beitragen würden:

„Mit geballter Macht greifen die ökonomischen und technologischen ‚driving forces' der Geschichte immer tiefer in die menschliche Lebenswirklichkeit ein, Schein und Sein vermengen sich in der Bilder- und Zeichenflut einer vernetzten Medienwelt zu permanenten Virtual Reality. Im atomisierten kulturellen Nichts legt die ‚moderne Massengesellschaft' den homogenisierenden Kern dessen frei, was jeder Existenz ‚als Mensch' zu eigen ist: die Lust am grenzenlosen Konsum. Ein Volk verändert nicht nur sein Gesicht, es verliert seine Seele" (S. 182).

Es seien vor allem Heranwachsenden, die auf der Suche nach einem „dionysischem Lebensgefühl" seien, nach einem Lebensgefühl, das von einem „vitalistischen Wunsch nach ekstatischer Auflösung" bestimmt sei. Sie seien auf der Suche nach „gemeinschaftlichen kulturellen Band". Die „hohlen Utopien ihrer linken Väter" würden sie ablehnen. Die „demokratische Rechte" muß um diese Seele kämpfen und zur „Partei des echten Lebens" werden.

Hier begegnet uns nicht einfach die alte rechte Sehnsucht nach einer nationalen Gemeinschaft, die Stärke, Lebendigkeit und Harmonie vermittelt, sondern es ist eine post-postmoderne Erzählung, die die Erlebniswünsche postmoderner Jugendkulturen aufnimmt und sie in die Figuration eines „gemeinschaftlichen kulturellen Bandes" einbaut.

In der bisherigen Übersicht von typischen Identitätsfigurationen in der Krise der Moderne und ihnen zugeordneten Narrationen habe ich zwei große Gruppen unterschieden. Die eine Gruppe sieht in der Erosion moderner Lebensgehäuse die große Chance für den einzelnen, der sich proteisch in immer neuen Gestalten verwirklichen könne. Sie setzt auf die individualistisch-liberalistische Option. Gesellschaftliche Einbindungen werden Objekte der Distanzierung, denen gegenüber das Individuum seine autonome Besonderheit und Innerlichkeit betont, die dann auch als Befreiung von „sozialen Konditionierungen" konstruiert werden, von denen sich das „emanzipierte Subjekt" zu befreien hat. Soziale Verantwortung oder Bezogenheit findet seine Grenze an der individuellen Befindlichkeit. „Unreflektierte Einzigartigkeit" (Heller, 1995, S. 80) wird kultiviert und es resultiert daraus das, was Agnes Heller (ebd., S. 81) den „narzißtischen Konformisten" genannt hat. Die zweite Gruppe lehnt all das ab, was

für die erste Gruppe als „Freiheitsgewinn" des Subjekts verbucht wird und verspricht die unverrückbaren Behausungen, in dem man sein gesichertes Fundament finden könne. Hier wird ein „fundamentalistisches Selbst" konstruiert, das
„Wir-Gefühle aktiviert durch den Appell an ethnisch-nationale oder konfessionell-fundamentalistische Identitätskonstruktionen, an patriarchalische Geschlechtsordnungen und den Ausschluß und die Feindschaft gegenüber ‚fremden' Identitäten" (Lohauß, 1995, S. 223).
Die hierüber versprochene Orientierungssicherheit erkauft sich das Individuum durch den Verlust reflexiver Individualität.

Damit ist auch die dritte Gruppe von Identitätsnarrationen vorbereitet, die sich durch den Anspruch der reflexiven Vermittlung von individuellen Entscheidungsoptionen und der sozialen Anerkennung in selbstgewählten Gemeinschaftsbindungen, also die gelungene Balance von Autonomie und Bezogenheit oder Anerkennung im Sinne von Jessica Benjamin kennzeichnen läßt.

III. Erzählungen vom „reflexiv-kommunitären Selbst"

8. Die kommunitaristische Erzählung:
die Dialektik von Emanzipation und sozialer Anerkennung

Die „kommunitaristische Erzählung" (vgl. zusammenfassend Reese-Schäfer, 1994) versteht sich als klare Alternative zum liberalistischen Selbst- und Weltbild. Sie kritisiert an ihm die Fiktion eines „ungebundenen Selbst" oder „sich-selbst-genügenden Selbst", das aus einer uneingeschränkten autonomen Sphäre seine Lebenssouveränität schöpft. Sie dekonstruiert diese grandiose Selbsttäuschung oder dieses Selbstmißverständnis und zeigt auf, daß die „monologische Selbstnarration" der modernen Identität den „dialogischen Charakter menschlicher Existenz" (Taylor, 1993b, S. 21) ideologisch verfehlt. Sich als autonomes Subjekt definieren zu können, setzt eine dialogische oder noch besser „kommunitäre Matrix" voraus. Charles Taylor formuliert diese basale Einsicht so:

„Von der Entdeckung meiner Identität zu sprechen bedeutet also nicht, daß ich Identität in der Isolation entwickele. Es bedeutet vielmehr, daß ich sie durch einen teils offenen, teils inneren Dialog mit anderen aushandele. Deshalb gewinnt das Problem der Anerkennung mit dem Aufkommen der Idee einer innerlich erzeugten Identität neue Bedeutung. Meine eigene Identität hängt wesentlich von meinen dialogischen Beziehungen zu anderen ab" (ebd., S. 21).

In der kritischen Reaktion auf die Ideologie des „ungebundenen Selbst" betonen die Kommunitaristen teilweise in problematisch-moralisierender Weise die Notwendigkeit der Verantwortung für die und den „Dienst" an der Gemeinschaft. Das ist der moralinsaure Schäuble'sche Kommunitarismus, der einzelne zum Opfer für die Gemeinschaft motivieren oder zwingen soll. Es ist gut nachvollziehbar, daß vor allem Feministinnen diese Position heftig kritisieren. Da wird uns ein Gemeinschaftsmodell präsentiert, das Ein- und Unterordnung in eine patriarchalisch gedachte Lebensform vorsieht.

Diese Gemeinschaftsmoral negiert die empirisch gut belegte Tatsache, daß Menschen auch ohne gesellschaftliche Zwangsregulationen sich gemeinschaftlich betätigen, allerdings zunehmend weniger aus einer moralistisch-altruistischen Haltung der Aufopferung für andere, sondern aus dem Bedürfnis heraus, dabei etwas für sich zu tun, „Selbstsorge" oder „Selbsterfüllung" als Leitlinien zu betonen. Der eher konservative Soziologe Helmut Klages spricht von dem immer deutlicher ausgeprägten „Grundbedürfnis, Subjekt des eigenen Handelns zu sein, das keineswegs mit dem Gemeinsinn in Widerspruch steht". Er diagnostiziert „ein frei flottierendes Potential an Gemeinsinn in der Gesellschaft" (in Körber-Stiftung, 1993, S. 40). Und er macht es vor allem an dem breit gefächerten Spektrum von Selbsthilfeinitiativen fest. In solchen solidarischen Netzen ist die Basis für die Überwindung eines „egozentrierten Individualismus" gelegt und es besteht die Chance für die Produktion und Erprobung „kommunitärer Individualität".

Der aufgeklärte kommunitaristische Diskurs verknüpft also Freiheit und Selbstbestimmung mit zivilgesellschaftlichen Vorstellungen von Solidarität und Respekt. Hier knüpft die nächste Narration an, den man mit der Formulierung von Klages als das „Grundbedürfnis, Subjekt des eigenen Handelns zu sein", charakterisieren könnte:

9. Die Erzählung vom „aufrechten Gang": der Empowerment-Diskurs

Welches ist die Botschaft dieses Diskurses? Das Subjekt wird notwendigerweise zum Baumeister des Sozialen, seiner eigenen Gemeinde oder Lebenswelt. Statt Einpassung von Subjekten in vorhandene soziale Zusammenhänge kommt es deshalb darauf an, Menschen dazu zu befähigen, sich selbst solche Zusammenhänge zu schaffen. Erforderlich sind professionelle Ziele und Kompetenzen, Prozesse von Selbstorganisation zu fördern. Statt einer Förderung und Beschleunigung von Individualisierungsprozessen (z.B. als psychotherapeutische Modernisierung) gilt es, selbstbestimmte Netzwerkförderung zu ermöglichen. In diesem Zusammenhang wird eine professionelle Philosophie des „Empowerment" gefordert, die den Betroffenen die Kontrolle über ihre eigene Lebenssituation ermöglicht. Das ist im wesentlichen mein eigener Diskurs und hat in der Gemeindepsychologie mit guten Argumenten den paternalistisch-expertenorientierten Präventionsdiskurs abgelöst (vgl. Stark, 1996).

Er hat auch in der Gesundheitsförderung einen zentralen Stellenwert erlangt. Die Ottawa-Charta der Weltgesundheitsorganisation (1992) zur Gesundheitsförderung aus dem Jahre 1986 und die darauf aufbauende Initiative „Gesunde Städte" steht ganz unter diesen Vorzeichen. In der Ottawa-Charta heißt es: Gesundheitsförderung
„zielt auf einen Prozeß, allen Menschen ein höheres Maß an Selbstbestimmung über ihre Lebensumstände und Umwelt zu ermöglichen und sie damit zur Stärkung ihrer Gesundheit zu befähigen". Und etwas später: „Gesundheit wird von Menschen in ihrer alltäglichen Umwelt geschaffen und gelebt: dort, wo sie spielen, lernen, arbeiten und lieben. Gesundheit entsteht dadurch, daß man sich um sich selbst und für andere sorgt, daß man in die Lage versetzt ist, selber Entscheidungen zu fällen und eine Kontrolle über die eigenen Lebensumstände auszuüben sowie

dadurch, daß die Gesellschaft, in der man lebt, Bedingungen herstellt, die allen ihren Bürgern Gesundheit ermöglichen".

Die Arbeitsdefinition für eine „Gesunde Stadt" sieht bei der WHO so aus: Sie „verbessert kontinuierlich die physischen und sozialen Lebensbedingungen und fördert die Entfaltung gemeinschaftlicher Aktions- und Unterstützungsformen, beides mit dem Ziel, die Menschen zur wechselseitigen Unterstützung in allen Lebenslage zu befähigen und ihnen damit die maximale Entfaltung ihrer Anlagen zu ermöglichen".

Die Empowerment-Narration geht von einem Menschenbild aus, das man ehesten mit dem Bild vom „aufrechten Gang" ausdrücken kann. Es ist eine Narration, die sich an uns Professionelle wendet. Sie formuliert eine notwendige Alternative zu der Defizitnarration, die die Texte der Klinische Psychologie und Psychodiagnostik noch immer durchzieht. Die von ihr produzierte Sicht ist penibel in der Erfassung von all dem, was eine Person nicht schafft oder was ihr mißlingt. Die Empowermenterzählung fragt nach Handlungspotentialitäten und Fähigkeiten von Menschen, die wir fördern und unterstützen können. Sie soll Menschen dazu befähigen, sich selbst in Empowermentgeschichten zu entwerfen.

IV. Die Erzählung vom „beschädigten Leben"

Eine Geschichte erzählen Fachleute aus den HelferInnenberufen besonders ungern, denn sie scheint ihnen selbst den Boden unter den Füßen wegzuziehen: Die Geschichte von einer Gesellschaft, die den Menschen nicht nur neurotisch verkrüppelt, sondern in der Lebensmöglichkeiten systematisch verkrüppelt werden. Adorno hat den oft zitierten Satz hinterlassen, der psychologischem Handeln die Basis nimmt: „Es gibt kein richtiges Leben im falschen". Er zielt damit auf eine Gesellschaft, die alles Lebendige nicht unter das Gesetz der Wahrheit, sondern der Ware zwingt. Unter diesen Bedingungen sind dann scheinbar gelingende Identität und Normalität vom Ansatz her „verkehrt".

Der von solchen Gedanken getragene Diskurs ist höchst „unpraktisch" und unbequem dazu, deshalb wird er auch in unserer Szene immer mehr ausgeblendet. Es sind eher die Kulturtheoretiker, die uns an diese Gedanken erinnern. Einer ist Richard Sennett, der in seinem jüngsten Buch folgende Feststellung trifft:

„Es ist eine moderne Angewohnheit, soziale Instabilität und persönliche Unzulänglichkeit rein negativ aufzufassen. Die Entwicklung des modernen Individualismus hat, allgemein gesprochen, das Ziel verfolgt, das Individuum selbstgenügsam, ‚ganz' zu machen. Die Psychologie bedient sich einer Sprache, in deren Rahmen die Menschen ihr Zentrum finden, Integration und Ganzheit des Selbst erreichen sollen. Auch moderne soziale Bewegungen sprechen diese Sprache, als sollten Gemeinden wie Individuen werden, kohärent und ganz" (Sennett, 1995, S. 458).

Wenn man sich den Zusammenhang von gesellschaftlichen Lebensbedingungen und Persönlichkeitsentwicklung mit dem Blick auf unterprivilegierte gesellschaftliche Gruppen vergegenwärtigt, dann entdeckt man ein eindrucksvolles empirisches Gegengift gegen die ideologische Beschwörung der ungeahnten Chancen, die jede und jeder in unserer Gesellschaft hätten, etwas aus ihrem Leben zu machen und gestärkt und optimistisch aus Krisen und Belastungen hervorzugehen. Ich beziehe mich auf die „Demoralisierungs"-Forschung. Demoralisierung beinhaltet Einstellungen und Grundhaltungen, die durch ein geringes Selbstwertgefühl, Hilflosigkeit, Hoffnungslosigkeit, unbestimmte Zukunftsängste und allgemein gedrückter Grundstimmung geprägt sind. Für die USA berichten Dohrenwend et al. (1980) folgende Ergebnisse: Demoralisiert in dem beschriebenen Sinne wurde etwa ein Drittel der Bevölkerung eingeschätzt. Die Demoralisierungsrate von Frauen liegt um 10 Prozent höher als bei Männern. Etwa die Hälfte der Angehörigen der untersten sozialen Schicht erwies sich als demoralisiert. Etwa die Hälfte des Bevölkerungsanteils, der als demoralisiert eingeschätzt wurde, wies klinisch auffällige Symptome auf. Bei dieser Gruppe hatten die verfügbaren Ressourcen offensichtlich nicht ausgereicht, um mit Lebensproblemen und Krisen produktiv umgehen zu können. Das Demoralisierungssyndrom bringt zum Ausdruck, daß ein erheblicher Anteil der Bevölkerung für sich keinen Sinn mehr darin sieht, sich für oder gegen etwas einzusetzen. Diese Personen lassen Ereignisse fatalistisch auf sich zukommen und über sich hereinstürzen, weil sie nicht mehr daran glauben, daß sie wirksam etwas gegen diese unternehmen könnten.

Demoralisierung ist ein psychologisches Phänomen, aber seine Basis verweist auf gesellschaftliche Ungleichheit im Zugang zu Ressourcen. Es zeigt uns sozialstrukturelle Begrenzungen souveräner und selbstgestalteter Lebensführung auf und die Ideologieträchtigkeit von Ansätzen der Gesundheitsförderung, die psychische Gesundheit zu einer Angelegenheit von Lebensstil und guter Laune machen, also im Grunde auf unbegrenzte individuelle Bewältigungsressourcen setzen. Dieses Modell sollte aufzeigen, wo gesellschaftliche Fremdbestimmung, Enteignung von Alltagskompetenzen, die Zerstörung menschlicher Gestaltungsräume und die wachsenden ökologischen Risiken durch individuelle Bewältigungsstrategien letztlich nicht überwunden werden können und geeignete gesellschaftliche Strukturreformen erforderlich sind.

Die Arbeitslosigkeit hat ein Niveau erreicht wie noch nie in der Geschichte der Bundesrepublik und eine Ende ihrer Zunahme traut sich kein „Weiser" mehr zu prognostizieren. Die sozialstaatlichen Sicherungssysteme werden in einer beispiellosen ideologischen Kampagne delegitimiert, daß selbst die Sozialabbaustrategen sich immer noch als Verteidiger des Sozialstaats produzieren können. Die ökologischen Risiken sind auf einem hohen Level normalisiert worden. Fremdenfeindliche Gewalt ist fast aus den Schlagzeilen verschwunden und auch das heißt: Normalisierung. Angesichts solcher Zustände ist die Rede vom „beschädigten Leben" (Sloan, 1996) ein unverzichtbarer Diskurs.

Narrative Praxis: aber welche Erzählungen?

Eine Überraschung ist es sicher nicht, daß sich aus der wachsenden Erkenntnis von der Identitätsrelevanz von Erzählungen auch längst eine entsprechende therapeutische Praxis entwickelt hat. Sie heißt natürlich „narrative Therapie" und sie bietet sich als die Richtung an, die sich auf der Höhe postmoderner Zeiten bewegt (vgl. vor allem Parry, 1993, und Parry & Doan, 1994). Sie will KlientInnen systematisch dabei unterstützen, ihre Geschichte zu finden, einen Erzählfaden aufzunehmen und zu verfolgen, der in den Fragmenten der eigenen Lebenspraxis einen Zusammenhang stiftet. Hier greift sie tatsächlich ein wachsendes Bedürfnis und eine zunehmende Notwendigkeit auf, wie auch Heiko Ernst (1996) betont:

„Es scheint ..., als ob mit der wachsenden Offenheit des Lebensentwurfes und der grundsätzlichen Revidierbarkeit von Entscheidungen das Bedürfnis wächst, die Phasen und Partikel der eigenen Lebensgeschichte in eine Geschichte zu integrieren, die uns ermöglicht, das sonst allzu Beliebige, Zufällige und Widersprüchliche zu interpretieren. Lebensgeschichten schreiben sich nicht mehr ‚wie von selbst', sie folgen immer weniger den Verläufen, Mustern und Klischees, die noch in der Moderne eine halbwegs schlüssige Nacherzählung der eigenen Vita erlaubten. Die Biographien der Zukunft werden in doppelter Hinsicht Konstruktionen und Selbsterfindungen sein müssen: Zum einen muß die Lebenswirklichkeit selbst gestaltet werden, zum anderen ist die Verknüpfung der Ereignisse und Episoden des Lebens in eine Geschichte ein bewußter, interpretativer Akt der Selbstdefinition" (S. 200 f.).

Wenn Heiko Ernst den Wirkungshorizont einer narrationsbezogenen psychosozialen Arbeit durch die Auftrennung von Autorenschaft und Erzählkompetenz zu bestimmen versucht, habe ich meine Bedenken. Er begründet diese Aufspaltung so:

„Zwar sind wir nur in sehr geringem Maße *Autoren* unserer Geschichte – zu groß ist inzwischen die Macht der Außeneinflüsse und der Abhängigkeit von persönlichen und sozialen Ressourcen, um diese sich selbst überschätzende Rolle durchzuhalten –, aber wir können gute und verständnisvolle *Erzähler* unserer Geschichte sein und so den nötigen Sinn und Zusammenhang stiften" (S. 206).

Ich stimme der Aussage zu, daß wir als einzelne nur in geringem Maße AutorInnen unserer Geschichte sind, aber das war der „monologische Fehlschluß" der androzentrischen Ideologie. „Subjekt des eigenen Handelns" zu sein oder zu werden, setzt Kontexte der Anerkennung voraus und kommunitäre Handlungsverkettungen, wie sie sich in Empowermentprozessen vollziehen. Insofern kommt es für eine narrationsorientierte psychosoziale Praxis darauf an, Menschen den Zugang zu Erzähltypen zu schaffen, die solidarische Vernetzung, den Zusammenhang von Autonomie und Bezogenheit und die Förderung von „aufrechtem Gang" beinhalten. In ihnen steckt nicht nur ein gutes narratives Präsentieren einer möglicherweise total fremdbestimmten und kaputten Lebensexistenz, sondern auch die Erarbeitung einer Subjektposition, die ein veränderndes Eingreifen in die Lebenspraxis selbst thematisiert. Allerdings gehört dazu die so ungeliebte Erzählung vom „beschädigten Leben".

Literatur

Abels, H. (1993). *Jugend vor der Moderne. Soziologische und psychologische Theorien des 20. Jahrhunderts.* Opladen: Leske + Budrich.
Adorno, T.W. (1967). *Negative Dialektik.* Frankfurt: Suhrkamp.
Adorno, T.W. (1980). *Minima Moralia. Reflexionen aus dem beschädigten Leben.* In ders.: Gesammelte Schriften. Bd. 4. Frankfurt: Suhrkamp.
Akashe-Böhme, F. (Hrsg.) (1992). *Reflexionen vor dem Spiegel.* Frankfurt: Suhrkamp.
Albers, I. (1993). „Kunst und Freiheit". Kommunitaristische Anleihen bei Tocqueville. In C. Zahlmann (Hrsg.): *Kommunitarismus in der Diskussion.* Berlin: Rotbuch, S. 35 – 41.
Allesch, C.G. (1990). Angst vor der Zukunft? Flucht aus der Freiheit? Zur Psychologie des Fundamentalismus. *Salzburger Texte zur Kulturpsychologie 2.*
Althusser, L. (1973). *Marxismus und Ideologie.* Berlin: VSA.
Ankenbrand, L. (1929). *Der Wille zur Schönheit.* Stuttgart: Hädecke.
Anselm, R. (1992). „Freude aus Verunsicherung ziehn – wer hat uns das denn beigebracht!" Protestantische Identität in der Risikogesellschaft. In: F.W. Graf & K. Tanner (Hrsg.): *Protestantische Identität heute.* Gütersloh: Gütersloher Verlagshaus, S. 122 – 133.
Antonovsky A. (1987). *Unraveling the mystery of health. How people manage stress and stay well.* San Francisco: Jossey-Bass. (dt.: *Salutogenese.* Tübingen 1997: dgvt-Verlag)
Armbruster, J., Fahr, S., Hohloch, F. & Obert, K. (1987). Zwischen Sozialtechnologie und Entinstitutionalisierung. Prävention in der Sozialpsychiatrie. *Widersprüche, 7,* Heft 25, S. 33 – 42.
Arringer, R. M. (1913). *Der weibliche Körper und seine Verunstaltungen durch die Mode.* Berlin: Bergmühler.
Bauman, Z. (1992a). *Dialektik der Ordnung. Die Moderne und der Holocaust.* Hamburg: Europäische Verlagsanstalt.
Bauman, Z. (1992b). *Moderne und Ambivalenz. Das Ende der Eindeutigkeit.* Hamburg: Junius.
Bauman, Z. (1993). Wir sind wie Landstreicher. Die Moral im Zeitalter der Beliebigkeit. *Süddeutsche Zeitung* vom 16./17. November 1993.
Bauman, Z. (1994). Vom Pilger zum Touristen. *Das Argument, 36,* Heft 205, S. 389 – 408.
Bauman, Z. (1995a). Philosophie der Fitneß. *die tageszeitung* vom 25./26. März 1995, S. 19 – 21.
Bauman, Z. (1995b). *Postmoderne Ethik.* Hamburg: Hamburger Edition.
Bauman, Z. (1995c): Zeit des Recycling: Das Vermeiden des Festgelegt-Seins. Fitneß als Ziel. *Psychologie und Gesellschaftskritik,* Heft 74/75, Vol. 19, S. 7 – 24.
Baumeister, R. (1991). *Meanings of life.* New York: Guilford Press.

Baumeister, R., Heatherton, T. & Tice, D. (1994): *Losing control. How and why people fail at self-regulation*. San Diego: Academic Press.
Beck, U. (1985). Von der Vergänglichkeit der Industriegesellschaft. In Schmid, T. (Hrsg.). *Das pfeifende Schwein*. Berlin: Rotbuch, S. 85 – 114.
Beck, U. (1986). *Risikogesellschaft. Auf dem Weg in eine andere Moderne*. Frankfurt: Suhrkamp.
Beck, U. (1995a). Vom Verschwinden der Solidarität. Individualisierung der Gesellschaft heißt Verschärfung sozialer Ungleichheit. *Süddeutsche Zeitung* vom 14./15. Februar 1993. Wieder abgedruckt in Keupp, H. (Hrsg.): *Der Mensch als soziales Wesen*. München: Piper, S. 303 – 308
Beck, U. (1995b). Solidarischer Individualismus. An sich denken ist die Voraussetzung eines Daseins für andere. *Süddeutsche Zeitung* vom 02.03.1995.
Beck, U. (1996a). Kapitalismus ohne Arbeit. *DER SPIEGEL, 20*, S. 140 – 146.
Beck, U. (1996b). Ohne Ich kein Wir. Die Demokratie braucht Querköpfe. Plädoyer für eine Sozialmoral des „eigenen Lebens". *DIE ZEIT Nr. 35*, vom 23.08.1996, S. 10.
Beck, U. (Hrsg.) (1997). *Kinder der Freiheit*. Frankfurt: Suhrkamp.
Beck, U. & Beck-Gernsheim, E. (Hrsg.) (1994). *Riskante Freiheiten. Individualisierung in modernen Gesellschaften*. Frankfurt: Suhrkamp.
Beck, U., Giddens, A. & Lash, S. (1996). *Reflexive Modernisierung. Eine Kontroverse*. Frankfurt: Suhrkamp.
Bellah, R.N., Madsen, R., Sullivan, W.M. et al. (1987). *Gewohnheiten des Herzens. Individualismus und Gemeinsinn in der amerikanischen Gesellschaft*. Köln: Bund-Verlag.
Bergen, R von den (o.J.). *Wie bleibe ich gesund und schön?* Miniatur-Bibliothek Nr. 1189-1190. Leipzig: Verlag für Kunst und Wissenschaft.
Berger, P. L. (1971). *Einladung zur Soziologie*. München: List.
Berger, P. L. (1994). *Sehnsucht nach Sinn. Glauben in einer Zeit der Leichtgläubigkeit*. Frankfurt: Campus.
Berger, P. L. & Luckmann, T. (1995): *Modernität, Pluralismus und Sinnkrise. Die Orientierung des modernen Menschen*. Gütersloh: Verlag Bertelsmann Stiftung.
Beyer, M. M. (1992): *Power Line. Fit for power oder: Die feine ART der Selbst-Creation*. Paderborn: Junfermann.
Bilden, H. (1994). Feministische Perspektiven in der Sozialpsychologie am Beispiel der Bulimie. In: H. Keupp (Hrsg.): *Zugänge zum Subjekt*. Frankfurt: Suhrkamp, S. 147 – 185.
Bleuler, M. (1987). Schizophrenie als besondere Entwicklung. In: K. Dörner (Hrsg.): *Neue Praxis braucht neue Theorie. Ökologische und andere Denkansätze für gemeindepsychiatrisches Handeln*. Gütersloh: Verlag Jakob van Hoddis, S. 18 – 25.
Bochinger, C. (1994). *„New Age" und moderne Religion. Religionswissenschaftliche Analysen*. Gütersloh: C. Kaiser/Gütersloher Verlagshaus.
Bock, A. & Eisenbock, K. (1927). *Neuzeitliche Körperschulung für Frauen und Mädchen*. München: Bruckmann.
Böhm, I., Faltermaier, T., Flick, U. & Krause Jacob, M. (Hrsg.) (1992). *Gemeindepsychologisches Handeln: ein Werkstattbuch*. Freiburg: Lambertus.

Böhme, G. (1985). *Anthropologie in pragmatischer Hinsicht*. Frankfurt: Suhrkamp.
Bonhoeffer, D. (1952). *Widerstand und Ergebung*. München: C. Kaiser.
Bourdieu, P. (1983): Ökonomisches Kapital, kulturelles Kapital, soziales Kapital. In: R. Kreckel (Hrsg.): *Soziale Ungleichheit*. Göttingen: Schwartz, S. 183 – 198.
Bosshart, D. (1995): Die Neuerfindung des Menschen. In: *TopTrends. Die wichtigsten Trends für die nächsten Jahre*. Düsseldorf: Metropolitan Verlag, S. 139 – 165.
Brauer, H., Ernst, R., Hauffe, E. et al. (Hrsg.) (1936). *Das Frauenbuch. Das Weib als Mädchen, Gattin, Mutter, Pflegerin und Erzieherin in gesunden und kranken Tagen*. Berlin: Bong.
Bray, S. & Preston-Shoot, M. (1995). *Empowering practice in social care*. Buckingham: Open University Press.
Buber, M. (1982^5). *Das Problem des Menschen*. Heidelberg: Lambert Schneider.
Bubert, R., Franzkowiak, P., Stössel, U., Troschke, J. von & Wnuck, A. (1987). *Soziale Netzwerke und Gesundheitsförderung*. München: DJI-Verlag.
Bubik, R. (1994). Herrschaft und Medien. Über den Kampf gegen die linke Meinungsdominanz. In: H. Schwilk & U. Schacht (Hrsg.): *Die selbstbewußte Nation*. Berlin: Ullstein, S. 182 – 194.
Bugental, J. (1985): Stufen therapeutischer Entwicklung. In: R.N. Walsh & F. Vaughan (Hrsg.): *Psychologie in der Wende*. München: Scherz, S. 212 – 219.
Bulle, H. (1922). *Der schöne Mensch im Altertum. Eine Geschichte des Körperideals bei Ägyptern, Orientalen, Griechen*. München: G. Hirth.
Bundesministerium für Jugend, Familie und Gesundheit (1975). *Psychiatrie-Enquete. Bericht zur Lage der psychiatrischen und psychosomatisch/psychotherapeutischen Versorgung in der Bundesrepublik Deutschland*. Bonn.
Burgelin, O. & Perrot, P. (Hrsg.) (1994). *Vom ewigen Zwang zu gefallen*. Leipzig: Reclam.
Burghardt, W. (1940). *Der schöne Mensch in der Natur*. Dresden: Verlag Geist und Schönheit.
Callicos, A. (1995): *Theories and narratives. Reflections on the philosophy of history*. Cambridge: Polity Press.
Campe, J.H. (1801). Artikel „Protestantismus". In: *Wörterbuch zur Erklärung und Verdeutschung der unserer Sprache aufgedrungenen fremden Ausdrücke. Ein Ergänzungsband zu Adelungs Wörterbuche*. Bd. 2. Braunschweig, S. 555 f.
Casey, J.F. (1992). *Ich bin viele. Eine ungewöhnliche Heilungsgeschichte*. Reinbek: Rowohlt.
Cramer, M., Keupp, H., Röhrle, B. und Stark, W. (1986). Psychiatrischer und psychosozialer Umbau. *DGSP-Rundbrief*, Oktober, S. 42 – 45.
Daelen, E., Fritsch, G., Meyer, B., Schrank, L. & Wahr, K. (1905). *Die Schönheit des menschlichen Körpers*. Stuttgart: Kunstverlag von Klemm & Beckmann.
Dahrendorf, R. (1979). *Lebenschancen. Aufsätze zur sozialen und politischen Theorie*. Frankfurt: Suhrkamp.

Dauwalder, H. (1989). Psychische Gesundheit – „Präventives Verhalten" statt „Prävention" – Erfahrungen aus der Sekundärprävention der Schizophrenie. In: Stark, W. (Hrsg.) (1989): *Lebensweltbezogene Prävention und Gesundheitsförderung. Konzepte und Strategien für die psychosoziale Praxis.* Freiburg: Lambertus. S. 293 – 304.

Deleuze, G. & Guattari, F. (1974). *Anti-Ödipus. Kapitalismus und Schizophrenie I.* Frankfurt: Suhrkamp.

Dettling, W. (1995). *Politik und Lebenswelt. Vom Wohlfahrtsstaat zur Wohlfahrtsgesellschaft.* Gütersloh: Verlag Bertelsmann Stiftung.

Dettling, W. (1997). Die moralische Generation. *DIE ZEIT* vom 14.02.1997, S. 3.

Diewald, M. (1991). *Soziale Beziehungen: Verlust oder Liberalisierung? Soziale Unterstützung in informellen Netzwerken.* Berlin: edition sigma.

Döcker, U. (1994): *Die Ordnung der bürgerlichen Welt. Verhaltensideale und soziale Praktiken im 19. Jahrhundert.* Frankfurt: Campus.

Doherty, W. J. (1995): *Soul searching. Why psychotherapy must promote moral responsibility.* New York: Basic Books.

Dohrenwend, B. P., Dohrenwend, B. S., Gould, M. S., Link, B., Neugenauer, R. & Wunsch-Hitzig, R. (1980): *Mental illness in the United States. Epidemiological estimates.* New York: Praeger.

Dörner, K. (1994). Wir verstehen die Geschichte der Moderne nur mit den Behinderten vollständig. *Leviathan, 22,* S. 367 – 390.

Dröge, F. & Müller, M. (1995). *Die Macht der Schönheit. Avantgarde und Faschismus oder Die Geburt der Massenkultur.* Hamburg: eva.

Eagleton, T. (1994). *Ästhetik. Die Geschichte ihrer Ideologie.* Stuttgart: Metzler.

Edelheim, M. (1931). Das Schönheitsideal der modernen Frau. In: A. Schmidt-Beil (Hrsg.): *Die Kultur der Frau.* Berlin-Frohnau: Verlag für Kultur und Wissenschaft, S. 437 – 440.

Eggert, U (1995): Die neue Multimedia-Welt. In: *TopTrends. Die wichtigsten Trends für die nächsten Jahre.* Düsseldorf: Metropolitan Verlag, S. 201-220.

Elias, N. (1976). *Der Prozeß der Zivilisation.* Frankfurt: Suhrkamp.

Elster, J. (1989). *The cement. A study of social order.* Cambridge: Cambridge University Press.

Emrich, H. M. (1994). Postmoderne Hyperflexibilität, der Konstruktivismus und seine Kritik. In P. Buchheim, M. Cierpka & Th. Seifert (Hrsg.): *Neue Lebensformen und Psychotherapie – Zeitkrankheiten und Psychotherapie.* Berlin: Springer, S. 264 -282.

Engel, U. & Hurrelmann, K. (1993). *Was Jugendliche wagen. Eine Längsschnittstudie über Drogenkonsum, Streßreaktionen und Delinquenz im Jugendalter.* Weinheim: Juventa.

Ernst, H. (1991). Das Ich der Zukunft. *Psychologie heute, Heft 12,* S. 20 – 26.

Ernst, H. (1992). *Gesund ist, was Spaß macht.* Stuttgart: Kreuz-Verlag.

Ernst, H. (1996): *Psychotrends. Das Ich im 21. Jahrhundert.* München: Piper.

Etzioni, A. (1993). *The spirit of community. The reinvention of American society.* New York: Touchstone; deutsch: *Die Entdeckung des Gemeinwesens.* Stuttgart: Schäffer-Poeschel 1995.

Etzioni, A. (1994). *Jenseits des Egoismus-Prinzips.* Stuttgart: Schäffer-Poeschel.
Etzioni, A. (Ed.) (1995). *Rights and the common good. The communitarian perspective.* New York: St. Martin's Press.
Evers, A. (1994). Individuelle Freiheit und Gemeinsinn. Begrenzte Anerkennung oder: Warum sind Solidaritäten nur begrenzt politikfähig. *die tageszeitung* vom 2. Dezember 1994.
Expertenkommission der Bundesregierung (1988). *Empfehlungen zur Reform der Versorgung im psychiatrischen und psychotherapeutisch/psychosomatischen Bereich auf der Grundlage des Modellprogramms Psychiatrie der Bundesregierung.* Bonn: Bundesministerium für Jugend, Familie, Frauen und Gesundheit.
Faltermaier, T., Keupp, H., Stark, W. & Stein, M. (1985). Versuche, die Krise zu begreifen. In H. Keupp, D. Kleiber & B. Scholten (Hrsg.): *Im Schatten der Wende.* Tübingen: dgvt-Verlag.
Farkas, W. (1997). Blindtext, der brennt. Von der Schwierigkeit, über Jugendkultur zu schreiben. *Süddeutsche Zeitung* vom 19.02.1997, S. 17.
Fend, H. (1988). *Sozialgeschichte des Aufwachsens. Bedingungen des Aufwachsens und Jugendgestalten im zwanzigsten Jahrhundert.* Frankfurt: Suhrkamp 1988.
Fend, H. (1990). *Vom Kind zum Jugendlichen. Der Übergang und seine Risiken.* Bern: Huber.
Fend, H, (1991). *Identitätsentwicklung in der Adoleszenz.* Bern: Huber
Ferber, C.v. (1971). *Gesundheit und Gesellschaft. Haben wir eine Gesundheitspolitik?* Stuttgart: Kohlhammer.
Ferber, C. v. (1995): Individuelle Chancen – soziale Ressourcen in Zeiten gesellschaftlicher Umbrüche. In: W. Senf & G. Heuft (Hrsg.): *Gesellschaftliche Umbrüche – Individuelle Antworten.* Frankfurt: VAS, S. 11-21.
Fest, J. (1993): *Die schwierige Freiheit. Über die offene Flanke der offenen Gesellschaft.* Berlin: Siedler.
Finzen, A. (1985). *Das Ende der Anstalt. Vom mühsamen Alltag der Reformpsychiatrie.* Bonn: Psychiatrie Verlag.
Finzen, A. (1987). Von der Psychiatrie-Enquete zur postmodernen Psychiatrie. *Psychiatrische Praxis, 14,* S. 35 – 40.
Fischer, C.S. (1982): *To dwell among friends. Personal networks in town and city.* Chicago: The University of Chicago Press.
Fischer, H.W. (1928). *Körperschönheit und Körperkultur.* Berlin: Deutsche Buch-Gemeinschaft.
Flusser, V. (1994). *Vom Subjekt zum Projekt. Menschwerdung.* Schriften Band 3. Bensheim/Düsseldorf: Bollmann.
Foerster, H. von (1985): Das Konstruieren einer Wirklichkeit. In: P. Watzlawick (Hrsg.): *Die erfundene Wirklichkeit.* München: Piper, S. 39 – 61.
Foucault, M. (1969). *Wahnsinn und Gesellschaft.* Frankfurt: Suhrkamp.
Foucault, M. (1996). *Die Sorge um sich. Sexualität und Wahrheit 3.* Frankfurt: Suhrkamp.
Foucault, M. (1984). *Von der Freundschaft.* Berlin: Merve.

Frankenberg, G. (1994). Solidarität in einer „Gesellschaft der Individuen"? Stichworte zur Zivilisierung des Sozialstaats. In: G. Frankenberg (Hrsg.): *Auf der Suche nach der gerechten Gesellschaft*. Frankfurt: Fischer, S. 210 – 223.

Freud, S. (1930): *Das Unbehagen in der Kultur*. Wien: Psychoanalytischer Verlag.

Fromm, E. (1932). Über Methode und Aufgabe einer analytischen Sozialpsychologie. In: *Zeitschrift für Sozialforschung, 1,* 1932. Wiederabgedruckt in: Erich Fromm (1970). *Analytische Sozialpsychologie und Gesellschaftstheorie*. Frankfurt: Suhrkamp, S. 9 – 40.

Fromm, E. (1966). *Die Furcht vor der Freiheit*. Frankfurt: Europäische Verlagsanstalt.

Gabriel, K. & Hobelsberger, H. (Hrsg.) (1994). *Jugend und Religion und Modernisierung. Kirchliche Jugendarbeit als Suchbewegung*. Opladen: Leske + Budrich.

Gabriel, K. (1993). Wandel des Religiösen. *Forschungsjournal Neue Soziale Bewegungen, 3,* S. 24 – 32.

Garratt, D., Roche, J. & Tucker, S. (Eds.) (1997). *Changing experiences of youth*. London: Sage.

Gebhardt, E. (1975). Identity is a total institution. *International Journal of Sociology, 5,* S. 3 – 45.

Gebhardt, E. (1988). Die Stadt als moralische Anstalt. In K. R. Scherpe (Hrsg.): *Die Unwirklichkeit der Städte*. Reinbek: Rowohlt, S. 279 – 303.

Gebhardt, W. (o.J.). *Die Pflege der persönlichen Erscheinung*. Leipzig: Gloeckner.

Gehlen, A. (1940). *Der Mensch. Seine Natur und seine Stellung in der Welt*. Berlin: Dünnhaupt.

Gelatt H. B. (1989): Positive uncertainty: A new decision-making framework for counseling. *Journal of Counseling Psychology, 36,* S. 252 – 256.

Gensicke, T. (1994). Wertewandel und Familie. Auf dem Weg zu „egoistischem" oder „kooperativem" Individualismus? *Aus Politik und Zeitgeschichte, B 29-30,* S. 36 – 47.

Gensicke, T. (1995). Aktuelle Thesen zum Wertewandel. In: M. Fechter (Hrsg.): *Mut zur Politik. Gemeinsinn und politische Verantwortung*. Frankfurt: Hessische Gesellschaft für Demokratie und Ökologie, S. 46 – 49.

Gergen, K. J. (1991). *The saturated self. Dilemmas of identity in contemporary life*. New York: Basic Books.

Gergen, K. J. (1994). „Sinn ist nur als Ergebnis von Beziehungen denkbar". Interview mit K. Gergen. *Psychologie heute*, Oktober 1994, S. 34 – 38.

Gergen, K. J. (1979). Selbsterkenntnis und die wissenschaftliche Erkenntnis des sozialen Handelns. In: H. Sigrun Heide-Filipp (Hrsg.): *Selbstkonzept-Forschung*. Stuttgart: Klett.

Gergen, K. J. (1993). Psychologie in der Postmoderne. *Systeme 7,* S. 4 – 15.

Gerken, G. (1994). *Die fraktale Marke. Eine neue Intelligenz der Werbung*. Düsseldorf: Econ.

Gerken, G. & Konitzer, M.-A. (1996). *Trends 2015. Ideen, Fakten, Perspektiven*. München: dtv.

Gerling, R. & Wendler, G. (o.J.). *Kraft, Gesundheit, Jugendblüte! Wie gewinnt und erhält man sie? Ein Handbuch der Schönheitspflege*. Leipzig: Max Schmitz.

Gerling, R. (1917). *Der vollendete Mensch und das Ideal der Persönlichkeit*. Oranienburg: Orania.
Gesundheit und Schönheit. Über die Krankheiten unserer Zeit. (o.J.). Miniatur-Bibliothek Nr. 31. Leipzig: Verlag für Kunst und Wissenschaft.
Giddens, A. (1991). *Modernity and self-identity.* Cambridge: Polity Press.
Giddens, A. (1995). *Konsequenzen der Moderne.* Frankfurt: Suhrkamp.
Giese, F. & Hagemann, H. (1922). *Weibliche Körperbildung und Bewegungskunst.* München: Delphin.
Giese, F. (1927). *Körperseele.* Berlin: Delphin-Verlag.
Giesecke, W. (1994). Zur Kontroverse um eine andere weibliche Moral und Ethik. In: E. Arnold & U. Sonntag (Hrsg.): *Ethische Aspekte der psychosozialen Arbeit.* Tübingen: dgvt-Verlag, S. 15 – 30.
Gimmler, A. & Sandbothe, M. (1993): Unsere alltägliche Postmoderne. Grundgedanken postmodernen Denkens und deren Sedimentierung im alltäglichen Selbst- und Weltverständnis. In: D. Reigber (Hrsg.): *Frauen-Welten. Marketing in der postmodernen Gesellschaft – ein interdisziplinärer Forschungsansatz.* Düsseldorf: Econ, S. 230 – 280.
Gleichen-Russwurm, A.v. (1916). *Die Schönheit. Ein Buch der Sehnsucht.* Stuttgart: Verlag von Julius Hoffmann.
Gmeiner, H. (1995). *Eindrücke Gedanken Bekenntnisse.* 9. Auflage. Innsbruck/München: SOS-Kinderdorf-Verlag.
Goetz, R. & Strasburger, E. H. (o.J. etwa 1940). *Lehrbuch der Schönheit.* Berlin: Oestergaard.
Goffman, E. (1972). *Asyle. Über die soziale Situation psychiatrischer Patienten und anderer Insassen.* Frankfurt: Suhrkamp.
Gogarten, F. (1917). *Religion weither.* Jena: Eugen Diederichs.
Gogarten, F. (1926). Der protestantische Mensch. In: *Illusionen. Eine Auseinandersetzung mit dem Kulturidealismus.* Jena: Diederichs, S. 128 – 145.
Gogarten, F. (1928). Glaube und Wirklichkeit. In: ders.: *Glaube und Wirklichkeit.* Jena: Diederichs.
Goleman, D. (1996). *Emotionale Intelligenz.* München: Hanser
Graf, F. W. (1992). Einleitung – Protestantische Freiheit. In: F. W. Graf & K. Tanner (Hrsg.): *Protestantische Identität heute.* Gütersloh: Gütersloher Verlagshaus, S. 13 – 23.
Graf, F. W. & Tanner, K. (Hrsg.) (1992). *Protestantische Identität heute.* Gütersloh: Gütersloher Verlagshaus.
Grawe, K., Donati, R. & Bernauer, F. (1994). *Psychotherapie im Wandel. Von der Konfession zur Profession.* Göttingen: Hogrefe.
Greenwald, A. G. (1980). The totalitarian ego: Fabrication and revision of personal history. *American Psychologist, 35,* S. 603 – 618.
Griesinger, W. (1861^2). Die Pathologie und Therapie der psychischen Krankheiten. Stuttgart: Krabbe.
Gross, M.L. (1984): *Die psychologische Gesellschaft. Kritische Analyse der Psychiatrie, Psychotherapie, Psychoanalyse und der psychologischen Revolution.* Frankfurt: Ullstein.

Gross, P. (1994): *Die Multioptionsgesellschaft*. Frankfurt: Suhrkamp
Guggenberger, B. (1995). *Einfach schön. Schönheit als soziale Macht*. Hamburg: Rotbuch.
Günther, H.F.K. (1935). *Herkunft und Rassengeschichte der Germanen*. München: Lehmann.
Günther, H.F.K. (1941). *Gattenwahl zu ehelichem Glück und erblicher Ertüchtigung*. München/Berlin: Lehmann.
Günther, R. (o.A.). *Frauenschönheit im Spiegel der Jahrhunderte*. Zürich: Schröter.
Guttmann, O. (1902). *Die Aesthetische Bildung des Menschlichen Körpers*. Leipzig: Weber.
Habermas, J. (1985). *Die Neue Unübersichtlichkeit. Kleine politische Schriften V.* Frankfurt: Suhrkamp.
Habermas, J. (1992). Bemerkungen zu einer verworrenen Diskussion. Was bedeutet „Aufarbeitung der Vergangenheit" heute? *DIE ZEIT*, Nr. 15, 3.
Hacke, A. (1994). Kein Krokodil am Schniedelwutz. *Süddeutsche Zeitung* vom 6./7. August 1994, S. 3.
Haeberlin, U. (1996). Gesellschaftliche Entsolidarisierungsprozesse: Braucht die Heilpädagogik neue ethische Grundlagen? In G. Opp & F. Peterander (Hrsg.): *Focus Heilpädagogik*. München: Reinhardt, S. 172 – 184.
Haller, M. (Hrsg.) (1981). *Aussteigen oder rebellieren. Jugendliche gegen Staat und Gesellschaft*. SPIEGEL-Buch. Reinbek: Rowohlt.
Haarer, J. (1934). *Die deutsche Mutter und ihr erstes Kind*. München: Lehmann.
Hartmann, E.v. (1924). *Philosophie des Schönen*. Berlin: Volksverband der Bücherfreunde.
Hatzenbichler, J. (1994). Auf der Suche nach Heimat. *Junge Freiheit* 5/94 vom 28. Januar
Haug, W.F. (1986). *Faschisierung des Subjekts*. Berlin: Argument.
Hauskeller, M. (1994) (Hrsg.). *Was das Schöne sei. Klassische Texte von Platon bis Adorno*. München: dtv.
Heim, K. (1926). Der protestantische Mensch. In: G. Schenkel (Hrsg.): *Der Protestantismus der Gegenwart*. Stuttgart: Friedrich Bohnenberger, S. 297 – 314.
Helbig, N. (1987). *Psychiatriereform und politisch-ökonomische Strukturkrise in der Bundesrepublik Deutschland*. Marburg: Verlag Arbeiterbewegung und Gesellschaftswissenschaft.
Heller, A. (1989). The contingent person and the existential choice. The *Philosophical Forum*, Herbst/Winter 1989, S. 53 – 69.
Heller, A. (1995): *Ist die Moderne lebensfähig?* Frankfurt: Campus.
Hellerich, G. (1988). Prävention. In G. Hörmann & F. Nestmann (Hrsg.): *Handbuch der psychosozialen Intervention*. Opladen: Westdeutscher Verlag, S. 94 – 100.
Hengsbach, F. & Möhring-Hesse, M. (Hrsg.) (1995). *Eure Armut kotzt uns an! Solidarität in der Sinnkrise*. Frankfurt: Fischer.
Hermans, H. J. M. & Hermans-Jansen, E. (1995). *Self-narratives. The construction of meaning in psychotherapy*. New York: Guilford Press.
Hermans, H. J. M. & Kempen, H. J.G. (1993). *The dialogical self. Meaning as movement*. San Diego: Academic Press.

Herriger, N. (1991). Empowerment – Annäherungen an ein neues Fortschrittsprogramm der sozialen Arbeit. *Neue Praxis, 21*, S. 221 – 229.
Herzinger, R. (1995): Werden wir alle Jünger? Über die Renaissance konservativer Modernekritik und die post-postmoderne Sehnsucht nach der organischen Moderne. *Kursbuch 122*, S. 93-117.
Heyck, E. (1902). *Frauenschönheit im Wandel von Kunst und Geschmack*. Bielefeld und Leipzig: Velhagen und Klasing.
Hollingshead, A.B. & Redlich, F.C. (1958). *Social class and mental illness*. New York: Wiley.
Holtzbrinck, G. v. (Hrsg.) (1940). *Kraft und Schönheit in Leben und Kunst*. Stuttgart: Deutsche Verlags Expedition.
Holzkamp, K. (1995): Alltägliche Lebensführung als subjektwissenschaftliches Grundkonzept. *Das Argument 212*, 37, S. 817 – 846.
Honderich, T. (1994). *Das Elend des Konservatismus*. Hamburg: Rotbuch.
Honneth, A. (1990). Anerkennung und Differenz. Zum Selbstmißverständnis postmoderner Sozialtheorien. *Initial, Heft 7*, S. 669 – 674.
Honneth, A. (Hrsg.) (1993). *Kommunitarismus. Eine Debatte über die moralischen Grundlagen moderner Gesellschaften*. Frankfurt: Campus.
Horkheimer, M. & Adorno, T.W. (1969). *Dialektik der Aufklärung. Philosophische Fragmente*. Frankfurt: Fischer.
Horx, M. (1995). Das Comeback der Werte. In *TopTrends. Die wichtigsten Trends für die nächsten Jahre*. Düsseldorf/München, S. 45 – 62.
Howard, G.S. (1991): Culture tales: A narrative approach to thinking, cross-cultural psychology, and psychotherapy. *American Psychologist, 46*, S. 187-197.
Hurrelmann, K. (1988). *Sozalisation und Gesundheit. Somatische, psychische und soziale Risikofaktoren im Lebenslauf*. Weinheim: Juventa.
Hurrelmann, K. (1990). *Familienstreß, Schulstreß, Freizeitstreß. Gesundheitsförderung für Kinder und Jugendliche*. Weinheim: Beltz.
Hurrelmann, K. (1992). *Probleme mit dem Erwachsenwerden: Trotz materiellem Überfluß zunehmende psychosoziale Belastung?* Bielefeld: Manuskript.
Hurrelmann, K. (1994). *Prävention und Gesundheitsförderung im Kindes- und Jugendalter*. Einleitungsvortrag für das 2. Gesundheitswissenschaftliche Kolloquium am 28./29. Januar 1994.
Hurrelmann, K. & Laaser, U. (Hrsg.) (1993). *Gesundheitswissenschaften. Handbuch für Lehre, Forschung und Praxis*. Weinheim/Basel: Beltz.
Huster, E.-U. (1993): *Neuer Reichtum und alte Armut*. Düsseldorf: Patmos.
Huth, W. (1995). *Flucht in die Gewißheit. Fundamentalismus und Moderne*. München: Claudius.
Inglehart, R. (1977). *Silent revolution. Changing values and political styles among western publics*. Princeton: Princeton University Press; deutsch: *Kultureller Umbruch*. Frankfurt: Campus 1989.
Inglehart, R. (1990). *Culture shift in advanced industrial society*. Princeton: Princeton University Press.
Jacob, W., Moneta, J. & Segbers, F. (Hrsg.) (1996). *Die Religion des Kapitalismus. Die gesellschaftlichen Auswirkungen des totalen Marktes*. Luzern: Edition Exodus.

Jugendwerk der Deutschen Shell (1992). *Jugend '92*. 4 Bände. Opladen: Leske + Budrich.

Jurczyk, K. & Rerrich, M.S. (Hrsg.) (1993). *Die Arbeit des Alltags. Beiträge zu einer Theorie der alltäglichen Lebensführung*. Freiburg: Lambertus.

Kahnis, K.F.A. (1874). *Der innere Gang des deutschen Protestantismus*. Leipzig: Dörffling und Franke.

Kallscheuer, O. (1994). Was heißt schon Kommunitarismus. *Forschungsjournal Neue Soziale Bewegungen, 8*, Heft 3, S. 17 – 28.

Kardorff, E.v. (Hrsg.) (1985). *Das Modellprogramm und die Folgen. Die Psychiatrie auf Reformkurs?* Bonn: Psychiatrie Verlag.

Kelly, J.G. (1986). An ecological paradigm: Defining mental health consultation as a preventive service. *Prevention in Human Services, 4*, Heft 3/4, S. 1 – 36.

Kelly, J.G. (1990). Changing contexts and the field of community psychology. *American Journal of Community Psychology, 18*, S. 769 – 792.

Keupp, H. (1987). *Psychosoziales Handeln im gesellschaftlichen Umbruch*. Bonn: Psychiatrie-Verlag.

Keupp, H. (1988). *Riskante Chancen. Das Subjekt zwischen Psychokultur und Selbstorganisation*. Heidelberg: Asanger.

Keupp, H. (1989). Der verrückte Hunger nach Psychologie. Zur Diskussion um Psychokultur und New Age. *Das Argument, 31*, Nr. 176, S. 582 – 593.

Keupp, H. (1990). Lebensbewältigung im Jugendalter aus der Perspektive der Gemeindepsychologie. Förderung präventiver Netzwerkressourcen und Empowermentstrategien. In: Sachverständigenkommission 8. Jugendbericht (Hrsg.): *Risiken des Heranwachsens*. München: DJI, S. 1 – 51.

Keupp, H. (1992). Gesundheitsförderung und psychische Gesundheit: Lebenssouveränität und Empowerment. *psychomed, 4*, S. 244 – 250.

Keupp, H. (1993). Aufrecht gehen lernen in einer Welt riskanter werdender Chancen. Eine Empowerment-Perspektive für die Arbeit mit Kindern und Jugendlichen. *Blätter der Wohlfahrtspflege, 140*, S. 52 – 55.

Keupp, H. (1994). *Psychologisches Handeln in der Risikogesellschaft. Gemeindepsychologische Perspektiven*. München: Quintessenz.

Keupp, H. (1995). Gemeinsinn aus Eigennutz? Gegen einen falschen Moralismus. *Journal für Psychologie, 3*, Heft 2, S. 7 – 22.

Keupp, H. (1995). Zerstört Individualisierung die Solidarität? In: M. Fechter (Hrsg.): *Mut zur Politik. Gemeinsinn und politische Verantwortung*. Frankfurt: Hessische Gesellschaft für Demokratie und Ökologie, S. 9 – 45.

Keupp, H., Cramer, M., Giese, E.; Stark, W. & Wolff, S. (1982). Psychologen auf der Suche nach einer neuen politischen Identität. In *Jahrbuch für kritische Medizin 8*. Berlin: Argument-Verlag, S. 139 – 146.

Keupp, H. & Höfer, R. (Hrsg.) (1997). *Identitätsarbeit heute*. Frankfurt: Suhrkamp.

Keupp, H. & Rerrich, D. (Hrsg.) (1982). *Psychosoziale Praxis – gemeindepsychologische Perspektiven. Ein Handbuch in Schlüsselbegriffen*. München: Urban & Schwarzenberg.

Keupp, H. & Röhrle, B. (1987). *Soziale Netzwerke*. Frankfurt: Campus.

Key, E. (1904). Schönheit. In: dies.: *Die Wenigen und die Vielen*. Berlin: Fischer, S. 253 – 282.

Kieffer, C.H. (1984). Citizen empowerment. A developmental perspective. *Prevention in Human Services, 3*, S. 9 – 36.

Kind, H. (1984). Zur Geschichte prophylaktischer Vorstellungen in der Psychiatrie. In: G. A. E. Rudolf & R. Tölle (Hrsg.): *Prävention in der Psychiatrie*. Berlin: Springer, S. 231 – 235.

Klages, H. (1988). *Wertedynamik. Über die Wandelbarkeit des Selbstverständlichen*. Zürich: Edition Interform.

Klages, H., Franz, G. & Herbert, W. (1987). *Sozialpsychologie der Wohlfahrtsgesellschaft. Zur Dynamik von Wertorientierungen, Einstellungen und Ansprüchen*. Frankfurt/New York: Campus.

Klages, H. & Gensicke, T. (1993). Geteilte Werte? Ein deutscher Ost-West-Vergleich. In: W. Weidenfeld (Hrsg.): *Deutschland. Eine Nation – doppelte Geschichte. Materialien zum deutschen Selbstverständnis*. Köln: Verlag für Wissenschaft und Politik, S. 47 – 60.

Klee, E. (1993). *Irrsinn Ost – Irrsinn West*. Frankfurt: Fischer.

Kleiber, D. (1992). Gesundheitsförderung: Hintergründe, Grundauffassungen, Konzepte und Probleme. *psychomed, 4*, S. 220 – 230.

Klemm, G. (1855). *Die Frauen. Culturgeschichtliche Schilderungen des Zustandes und Einflusses der Frauen in den verschiedenen Zonen und Zeitaltern*. Band 2. Dresden: Arnoldische Buchhandlung.

Klessmann, M. (1994). Stabile Identität – brüchiges Leben? *Wege zum Menschen, 46*, S. 289 – 301.

Klipstein, M.v. & Strümpel, B. (Hrsg.) (1985). *Gewandelte Werte – Erstarrte Strukturen. Wie die Bürger Wirtschaft und Arbeit erleben*. Bonn: Verlag Neue Gesellschaft.

Klosinski, G. (Hrsg.) (1994). *Religion als Chance oder Risiko*. Bern: Huber.

Knörzer, G. (1994). Subjektive versus soziale Identität. Verschwindet das Subjekt in neueren religiösen Bewegungen? – Pastoraltheologische Vorüberlegungen. In H. Schrödter (Hrsg.) *Das Verschwinden des Subjekts*. Würzburg: Königshausen & Neumann, S. 239 – 260.

Koch, T. (1992). Was ist das spezifisch „Evangelische" als das „Protestantische"? Vom Schriftprinzip zur Erkenntnis der christlichen Wahrheit. In: F. W. Graf & K. Tanner (Hrsg.): *Protestantische Identität heute*. Gütersloh: Gütersloher Verlagshaus, S. 50 – 67.

Kolip, P. (1997). *Geschlecht und Gesundheit im Jugendalter. Die Konstruktion von Geschlechtlichkeit über somatische Kulturen*. Bielefeld: Habilitationsschrift 1997.

Kolip, P., Hurrelmann, K. & Schnabel, P.-E. (Hrsg) (1995). *Jugend und Gesundheit. Interventionsfelder und Präventionsbereiche*. Weinheim: Juventa 1995.

Konitzer, M. (1989). *NEW AGE. Über das Alte im neuen Zeitalter*. Hamburg: Junius.

Konitzer, M.-A. (1995): Schöne digitale Welt. In: *TopTrends. Die wichtigsten Trends für die nächsten Jahre*. Düsseldorf: Metropolitan Verlag, S. 167-199.

Körber-Stiftung (Hrsg.) (1993). *Wieviel Gemeinsinn braucht die liberale Gesellschaft?* Hamburg: Körber Stiftung.

Krafft-Ebing, R. v.(1885³). *Über gesunde und kranke Nerven.* Tübingen: Laupp.
Kraus, W. (1995): *Die narrative Konstruktion von Identitätsprojekten in der Spätmoderne. Theoretische Annäherung und empirische Exploration.* Berlin: Dissertation FU Berlin.
Kraus, W. (1996). *Das erzählte Selbst. Die narrative Konstruktion von Identität in der Spätmoderne.* In: H. Keupp (Hrsg.): *Bd. 8 der Münchner Studien zur Kultur- und Sozialpsychologie.* Pfaffenweiler: Centaurus.
Kraus, W. & Knaier, W. (1989). *Selbsthilfeinitiativen und kommunale Selbsthilfeförderung.* Weinheim: Deutscher Studien Verlag.
Krauss, F. (1924). *Streifzüge im Reiche der Frauenschönheit.* Berlin: Literarisches Institut Kosmos.
Lalive d'Epinay, C. (1992). Vom Ethos der Arbeit zum Ethos der Selbstverwirklichung. Der soziokulturelle Wandel in der Schweiz im zwanzigsten Jahrhundert. In: R. Zoll (Hrsg.): *Ein neues kulturelles Modell.* Opladen: Westdeutscher Verlag, S. 160 – 177.
Lasch, C. (1980). *Kultur des Narzißmus.* München: Steinhausen.
Lévi Strauss, C, (1968). *Das wilde Denken.* Frankfurt: Suhrkamp.
Lifton, R.J. (1993): *The protean self. Human resilience in an age of fragmentation.* New York: Basic Books.
Lohauß, P. (1995): *Moderne Identität und Gesellschaft. Theorien und Konzepte.* Opladen: Leske + Budrich.
Löw, R. (1994). *Über das Schöne. Warum das Schöne schön ist.* Stuttgart: Weitbrecht.
Luther, H. (1992). *Religion und Alltag. Bausteine zu einer praktischen Theorie des Subjekts.* Stuttgart: Radius.
Lyotard, J.-F. (1986): *Das postmoderne Wissen. Ein Bericht.* Wien: Böhlau.
MacIntyre, A. (1987): *Der Verlust der Tugend. Zur moralischen Krise der Gegenwart.* Frankfurt: Campus.
Mancuso, J.C. (1996): Constructionism, personal construct psychology and narrative psychology. *Theory & Psychology,* 6, S. 47 – 70.
Mansel, J. (1995). *Sozialisation in der Risikogesesellschaft.* Neuwied: Luchterhand.
Mansel, J. & Hurrelmann, K. (1991). *Alltagsstreß bei Jugendlichen.* Weinheim: Juventa.
Mansel, J. & Klocke, A. (Hrsg) (1996). *Die Jugend von heute. Selbstanspruch, Stigma und Wirklichkeit.* Weinheim: Juventa 1996.
Marbach, J.H. & Mayr-Kleffel, V. (1988). Soweit die Netze tragen ... Familien und soziales Umfeld. In: Deutsches Jugendinstitut (Hrsg.): *Wie geht's der Familie? Ein Handbuch zur Situation der Familien heute.* München: Kösel.
Marcia, J.E. (1989). Identity diffusion differentiated. In: M. A. Luszcz & T. Nettelbeck (Eds.): *Psychological development: Perspectives across the life-span.* Amsterdam: Elsevier, S. 289 – 294.
Marcia, J.E., Waterman, A.S., Matteson, D.R., Archer, S.L. & Orlofsky, J.L. (1993). *Ego identity. A handbook of psychosocial research.* New York: Springer.
Marcuse, H. (1965). *Triebstruktur und Gesellschaft.* Frankfurt: Suhrkamp.
Marx, K. & Engels, F. (1848). Manifest der Kommunistischen Partei. In: dies.: *Ausgewählte Schriften. Band I,* S. 17 – 57. Ostberlin: Dietz-Verlag 1966.

Mecheril, P. & Bales, S. (1994): Über Zusammenhänge zwischen multikultureller und postmoderner Identität. *Systeme, 8,* S. 37 – 54.

Mensendieck, B.M (1912). *Körperkultur der Frau.* München: Bruckmann.

Mensendieck, B.M. (1929). *Anmut der Bewegung im täglichen Leben.* München: Bruckmann.

Menzler, D. (1924). *Die Schönheit Deines Körpers.* Stuttgart: Dieck & Co.

Menzler, D. (1924). *Körperschulung der Frau.* Stuttgart: Dieck.

Meuter, N. (1995*): Narrative Identität. Das Problem der personalen Identität im Anschluß an Ernst Tugendhat, Niklas Luhmann und Paul Ricoeur.* Stuttgart: M & P Verlag für Wissenschaft und Forschung.

Meyer, T. (1989a). *Fundamentalismus. Aufstand gegen die Moderne.* Reinbek: Rowohlt.

Meyer, T. (1995). Kommunitarismus und soziale Demokratie. *Forschungsjournal Neue Soziale Bewegungen, 8,* Heft 3, S. 73 – 75.

Meyer, T. (Hrsg.) (1989b). *Fundamentalismus in der modernen Welt.* Frankfurt: Suhrkamp.

Miller, D. & Walzer, M. (Eds.) (1995): *Pluralism, justice, and equality.* Oxford: Oxford University Press.

Miller, T. (1993). *The well-tempered self. Citizenship, culture, and the postmodern subject.* Baltimore/London: The Johns Hopkins University Press.

Minsel, W.-R. & Scheller, R. (Hrsg.) (1981). *Prävention. Brennpunkte der Klinischen Psychologie, Bd. II.* München: Kösel.

Mirowsky, J. & Ross, E. (1989): Social causes of psychological distress. New York: Aldine de Gruyter.

Mitscherlich, A. (1965). *Die Unwirtlichkeit unserer Städte.* Frankfurt a.M.: Suhrkamp.

Mock, O. (1933). *Befreiung des Lebens. Razzia im Dickicht der Probleme.* München: Langen-Müller.

Müller, I.P. (1904). *Mein System. Fünfzehn Minuten täglicher Arbeit für die Gesundheit.* Zürich: Grethlein & Co.

Müller, I.P. (1913). *Mein System für Frauen.* Zürich: Grethlein & Co.

Müller-Doohm, S. (1987). Zur Genese neuzeitlicher Subjektivität. *Psychologie und Gesellschaftskritik 11, Heft 41,* S. 63 – 82.

Mund, F. (1938). *Pietismus – eine Schicksalsfrage an die Kirche heute.* Marburg: Spener-Verlag.

Münster, A. (Hrsg.) (1977). *Tagträume vom aufrechten Gang. Sechs Interviews mit Ernst Bloch.* Frankfurt: Suhrkamp.

Nagl-Docekal, H. & Pauer-Studer, H. (Hrsg.) (1993). *Jenseits der Geschlechtermoral. Beiträge zur feministischen Ethik.* Frankfurt: Fischer.

Nestmann, F. (1989). Förderung sozialer Netzwerke – eine Perspektive pädagogischer Handlungskompetenz. *Neue Praxis, 19,* S. 107 – 123.

Neuenschwander, M.P. (1996). *Entwicklung und Identität im Jugendalter.* Bern: Haupt.

Newbrough J.R. (1992). Community psychology in the postmodern world. *Journal of Community Psychology, 20,* S. 10 – 25.

Newton, J. (1988). *Preventing mental illness.* London: Routledge & Kegan Paul.
Nuber, U. (1993). *Die Egoismus-Falle. Warum Selbstverwirklichung oft so einsam macht.* Stuttgart: Kreuz-Verlag.
Oelmüller, W. (1994). Subjekt aus der Perspektive der Philosophie der unbefriedigten Aufklärung. In: H. Schrödter (Hrsg.): *Das Verschwinden des Subjekts.* Würzburg: Königshausen & Neumann, S. 29 – 58.
Okin, S.M. (1993). Für einen humanistischen Liberalismus. *Transit, 5,* S. 74 – 90.
Opielka, M. (1995). Gemeinschaft als Ressource der Sozialpolitik. Zur Relevanz der Kontroverse zwischen Liberalismus und Kommunitarismus für die Wohlfahrtsstaatsdebatte. *Forschungsjournal Neue Soziale Bewegungen, 8,* Heft 3, S. 54 – 62.
Pallat, L. & Hilker, F. (Hrsg.)(1926). *Künstlerische Körperschulung.* Breslau: Ferdinand Hirt.
Parry, T.A. (1993): Without a net: Preparations for postmodern living. In: Friedman, S. (Eds.): *The new language of change. Constructive collaboration in psychotherapy.* New York: Guilford Press, S. 428-459.
Parry, T.A. & Doan, R.E. (1994): *Story re-visions. Narrative Therapy in the Postmodern World.* New York: Guilford Press.
Pataki, I. (o.J.). *Die Kunst, schön zu bleiben.* Wien, Leipzig, Stuttgart: Verlag der „Wiener Mode".
Plake, K. (1992). Die Schönheit des Körpers im Zeitalter der technischen Machbarkeit. In: K. Plake (Hrsg.): *Sinnlichkeit und Ästhetik. Soziale Muster der Wahrnehmung.* Würzburg: Königshausen & Neumann, S. 178 – 205.
Pockels, C.F. (1813). *Über Gesellschaft, Geselligkeit und Umgang.* Hannover: Hahn.
Polligkeit, W. (1938). Die Haltung der Volksgemeinschaft gegenüber dem nichtseßhaften Menschen. In: Bayerischer Landesverband für Wanderdienst (Hrsg.): *Der nichtseßhafte Mensch. Ein Beitrag zur Neugestaltung der Raum- und Menschenordnung im Großdeutschen Reich.* München: C.H.Beck,
Preiss, E. (1926). *Neue Wege der Körperkultur.* Stuttgart: Dieck.
Prokop, E., Schroll-Decker, I. & Hofer, B. (1996). *Ehrenamtliche soziale Arbeit in der städtischen Gesellschaft.* München: Verein für Fraueninteressen e.V.
Rappaport, J. (1981). In praise of paradox: A social policy of empowerment over prevention. *American Journal of Community Psychology, 9,* S. 337 – 356; deutsch: Ein Plädoyer für die Widersprüchlichkeit. Ein sozialpolitisches Konzept des „empowerment" anstelle präventiver Ansätze. *Verhaltenstherapie und psychosoziale Praxis, 17,* 1985, S. 257 – 278.
Rappaport, J. (1994): Narrative studies, personal stories, and identity transformation in the mutual-help context. In: T. J. Powell (Ed.): *Understanding the self-help organization. Frameworks and findings.* London: Sage, S. 115-135.
Rauschenbach, B.: Die Wiederkehr des Behemoth. Postmoderne zwischen Spiel und Bürgerkrieg. *Journal für Psychologie, 2,* 1994.
Reclam, C. (1883). *Des Weibes Gesundheit und Schönheit.* Leipzig: C.F. Wintersche Verlagshandlung.
Reese-Schäfer, W. (1994): *Was ist Kommunitarismus?* Frankfurt: Campus.
Reichel. P. (1994). *Der schöne Schein des Dritten Reiches.* Frankfurt: Fischer.

Reichert, K. (1940). *Von Leibeszucht und Leibesschönheit*. Berlin: Verlag Deutsche Leibeszucht.
Reigber, D. (1993): Relevanz der Frauen-Welten: Typologien für die Marktforschung. In: D. Reigber (Hrsg.): *Frauen-Welten. Marketing in der postmodernen Gesellschaft – ein interdisziplinärer Forschungsansatz*. Düsseldorf: Econ, S. 320 – 368.
Rheingold, H. (1994): *Virtuelle Gemeinschaft. Soziale Beziehungen im Zeitalter des Computers*. Bonn: Addison-Wesley.
Richter, H.E. (1981). Die neue Sensibilität. 19 Thesen über die Hintergründe der Jugendbewegung. In: M. Haller (Hrsg.): *Aussteigen oder rebellieren*. Reinbek: Rowohlt, S. 238 – 242.
Riefenstahl, L. (1936). *Schönheit im olympischen Kampf*. Berlin: Deutscher Verlag.
Rittmeister, J.F. (1968): Die psychotherapeutische Aufgabe und der neue Humanismus. *Psychiatrische en Neurologische Bladen Nr. 5*, 1936, S. 777 – 796. Nachdruck in: *Psyche, 22*, S. 934 – 953.
Roche, J. & Tucker, S. (Eds.) (1997). *Youth in society. Contemporary theory, policy and practice*. London: Sage.
Röhrle, B. (1985). Prävention: Die Wiederkehr alter Probleme? *Verhaltenstherapie und psychosoziale Praxis, 17*, S. 230 – 239.
Röhrle, B. (1989). Soziale Stützsysteme: Grundlagen und Möglichkeiten einer ökologisch orientierten Prävention. In: W. Stark (Hrsg.): *Lebensweltbezogene Prävention und Gesundheitsförderung. Konzepte und Strategien für die psychosoziale Praxis*. Freiburg: Lambertus, S. 117 – 127.
Röhrle, B. (1992). Prävention psychischer Störungen. In: R. Bastine (Hrsg.): *Klinische Psychologie. Band 2*. Stuttgart: Kohlhammer, S. 89 – 122.
Röhrle, B. (1994). *Soziale Netzwerke und soziale Unterstützung*. Weinheim: Psychologie Verlags Union.
Röhrle, B. (1995). Sind Maßnahmen zur primären Prävention wirksam? *Gemeindepsychologie Rundbrief, 1*, S. 3 – 10.
Rorty, R. (1995). *Hoffnung statt Erkenntnis. Eine Einführung in die pragmatische Philosophie*. Wien: Passagen.
Rose, A.M. (1962). A social psychological theory of neurosis. In: ders. (Ed.): *Human behavior and social processes*. Boston: Houghton Mifflin, S. 537 – 549.
Rössler, D. (1987). *Grundriß der Praktischen Theologie*. Berlin.
Roth, R. (1995). Kommunitaristische Sozialpolitik. Anmerkungen zur aktuellen Debatte über Professionalität und Ehrenamt in der Sozialpolitik. *Forschungsjournal Neue Soziale Bewegungen, 8*, Heft 3, S. 44 – 53.
Rudolf, G.A.E. & Tölle, R. (Hrsg.) (1984). *Prävention in der Psychiatrie*. Berlin: Springer.
Rust, H. (1995). *Trendforschung. Das Geschäft mit der Zukunft*. Wien: Kremayr & Scheriau, S. 17 – 48.
Sagan, L.A. (1992). *Die Gesundheit der Nationen. Die eigentlichen Ursachen von Gesundheit und Krankheit im Weltvergleich*. Reinbek: Rowohlt.
Sarbin, T.R. (Ed.) (1986). *Narrative psychology. The storied nature of human conduct*. New York: Praeger.
Schäuble, W. (1994). *Und der Zukunft zugewandt*. Berlin: Siedler.

Schieder, R. (1994): Seelsorge in der Postmoderne. *Wege zum Menschen, 46,* S. 26 – 43.
Schleich, C.L. (1922). *Besonnte Vergangenheit. Lebenserinnerungen 1859 – 1919.* Berlin: Rowohlt.
Schleiermacher, F. (1831). *Über die Religion. Reden an die Gebildeten unter ihren Verächtern.* 4. Auflage. Berlin: G. Reimer.
Schmid, G. (1992). *Im Dschungel der neuen Religiosität.* Stuttgart: Kreuz.
Schmidbauer, W. (1994). *Psychotherapieführer.* München: Heyne.
Schmidtchen, G. (1984). Protestanten und Katholiken. Zusammenhänge zwischen Konfession, Sozialverhalten und gesellschaftlicher Entwicklung. In: ders.: *Konfession – eine Nebensache? Politische, soziale und kulturelle Ausprägungen religiöser Unterschiede in Deutschland.* Stuttgart: Enke, S. 11 – 20.
Schmidtchen, G. (1997). *Wie weit ist der Weg nach Deutschland? Sozialpsychologie der Jugend in der postsozialistischen Welt.* Opladen: Leske + Budrich.
Schneider, J. (1905). *Die Pflege der Gesundheit und Schönheit. Ein Familienbuch.* o.O.
Schnibben, C. (1994). Ein Haufen Ameisen. *SPIEGEL-special „Die Eigensinnigen",* S. 56 – 59.
Schorsch, C. (1988). *Die New Age-Bewegung. Utopie und Mythos der Neuen Zeit. Eine kritische Auseinandersetzung.* Gütersloh: Gütersloher Verlagshaus.
Schreber, D.G.M. (1861). *Der Hausfreund als Erzieher und Führer zu Familienglück, Volksgesundheit und Menschenveredelung für Väter und Mütter des deutschen Volkes.* Leipzig: Friedrich Fischer.
Schuller, A. (1995). Anmaßender Individualismus zerstört Regionalkultur. *WELT am SONNTAG* vom 14. Mai 1995, S. 5.
Schultze-Naumburg, P. (1903). *Die Kultur des weiblichen Körpers als Grundlage der Frauenkleidung.* Leipzig: Diederichs.
Schultze-Naumburg, P. (1927). *Kunst und Rasse.* München: Lehmanns.
Schulze, G. (1992). *Die Erlebnisgesellschaft. Kultursoziologie der Gegenwart.* Frankfurt: Campus.
Schulze, G. (1995): Kontrapunkt: Armut in der Kultur des Reichtums. In: F. Hengsbach & M. Möhring-Hesse (Hrsg.): Eure Armut kotzt uns an! Solidarität in der Krise. Frankfurt: Fischer, S. 52-66.
Scull, A.T. (1980). *Die Anstalt öffnen? Decarceration der Irren und Häftlinge.* Frankfurt: Campus.
Seiffge-Krenke, I. (1994). *Gesundheitspsychologie des Jugendalters.* Göttingen: Hogrefe 1994.
Senf, W. & Heuft, G. (Hrsg.) (1995): *Gesellschaftliche Umbrüche – Individuelle Antworten.* Frankfurt am Main: VAS.
Sennett, R. (1996). Etwas ist faul in der Stadt. Wenn die Arbeitswelt bröckelt, wird die Lebenswelt kostbar: Perspektiven einer zukünftigen Urbanität. *DIE ZEIT Nr. 5* vom 26.01.1996, S. 47/48.
Sennett, R. (1995): *Fleisch und Stein. Der Körper und die Stadt in der westlichen Zivilisation.* Berlin: Berlin Verlag.

Settertobulte, W., Palentien, C. & Hurrelmann, K. (Hrsg.) (1995). *Gesundheitsversorgung für Kinder und Jugendliche. Ein Praxishandbuch.* Heidelberg: Asange.
Sheehy, G. (1976): *Passage: Predictable crisis of adult life.* New York: Bantam Books.
Silbereisen, R. K., Vaskovics, L. A. & Zinnecker, J. (Hrsg.) (1997). *Jungsein in Deutschland. Jugendliche und junge Erwachsene 1991 und 1996.* Opladen: Leske + Budrich.
Sloan, T. (1996): *Damaged life. The crisis of modern psyche.* London: Routledge.
Sorensen, T. & Sandanger, I. (1989). The strategic network position: a feasible model for implementing a decentralized psychiatry. *Health Promotion, 4*, S. 297 – 304.
Stark, W. (1986). The politics of primary prevention in mental health: The need for a theoretical basis. *Health Promotion, 1*, S. 179 – 186.
Stark, W. (1993). Die Menschen stärken. Empowerment als eine neue Sicht auf klassische Themen von Sozialpolitik und sozialer Arbeit. *Blätter der Wohlfahrtspflege, 140*, S. 41 – 44.
Stark, W. (1996*): Empowerment. Neue Handlungskompetenzen in der psychosozialen Praxis.* Freiburg: Lambertus.
Stark, W. (Hrsg.) (1989). *Lebensweltbezogene Prävention und Gesundheitsförderung. Konzepte und Strategien für die psychosoziale Praxis.* Freiburg: Lambertus.
Stone, H. & Stone, S. (1994). *Du bist viele. Das 100fache Selbst und seine Entdeckung durch die Voice-Dialogue-Methode.* München: Heyne.
Strasser, J. (1994a). ‚Individualisierung' – eine Gefährdung der Solidarität? *Die Neue Gesellschaft/Frankfurter Hefte, 41*, S. 118 – 123.
Strasser, J. (1994b). „Individualisierung und Solidarität". *Die Demokratische Schule*, S. 17/18.
Stratz, C.H. (1898). *Die Schönheit des weiblichen Körpers.* Stuttgart: Enke.
Stratz, C.H. (1901). *Die Rassenschönheit des Weibes.* Stuttgart: Enke.
Stratz, C.H. (1904). *Die Frauenkleidung und ihre natürliche Entwicklung.* Stuttgart: Enke.
Stratz, C.H. (1917). *Die Körperpflege der Frau.* Stuttgart: Enke.
Strauß, B. (1994): Anschwellender Bocksgesang. In: H. Schwilk & U. Schacht (Hrsg.): *Die selbstbewußte Nation.* Berlin: Ullstein, S. 19 – 40.
Surén, H. (1925). *Deutsche Gymnastik.* Berlin: Stalling.
Surén, H. (1935). *Gymnastik der Deutschen.* Stuttgart: Franksche Verlagsbuchhandlung.
Surén, H. (1936). *Mensch und Sonne.* Berlin: Scherl.
Tanner, K. (1992). Von der liberalprotestantischen Persönlichkeit zur postmodernen Patchwork-Identität? In: F. W. Graf & K. Tanner (Hrsg.): *Protestantische Identität heute.* Gütersloh: Gütersloher Verlagshaus, S. 96 – 104.
Taylor, C. (1993a). Wieviel Gemeinschaft braucht die Demokratie? *Transit, 5*, S. 5 – 20.
Taylor, C. (1993b). *Multikulturalismus und die Politik der Anerkennung.* Frankfurt: Fischer.
Taylor, C. (1994). *Quellen des Selbst. Die Entstehung der neuzeitlichen Identität.* Frankfurt: Suhrkamp.

Taylor, C. (1995). *Das Unbehagen an der Moderne.* Frankfurt: Suhrkamp.
Thoits, P. (1986). Multiple identities and psychological wellbeing. *American Sociological Review, 51,* S. 259 – 272.
Thoits, P.A. (1995). Identity-relevant events and psychological symptoms: A cautionary tale. *Journal of Health and Social Behavior,* 36, 72 – 82.
Tocqueville, A. de (1985). *Über die Demokratie in Amerika.* Stuttgart: Reclam.
Toulmin, S. (1991). *Kosmopolis. Die unerkannten Aufgaben der Moderne.* Frankfurt: Suhrkamp.
Troeltsch, E. (1906). Luther und die moderne Welt. In: C. Cornill et al.: *Das Christentum.* Leipzig: Quelle & Meyer, S. 69 – 101.
Troeltsch, E. (1909). Protestantisches Christentum und Kirche in der Neuzeit. In: P. Hinneberg (Hrsg.): *Die Kultur der Gegenwart. Teil I, Abt. IV,1: Geschichte der christlichen Religion.* Berlin/Leipzig: Teubner, S. 431 – 755.
Troeltsch, E. (1922). *Der Historismus und seine Überwindung.* Tübingen: J. C. B. Mohr.
Trojan, A. & Stumm, B. (Hrsg.) (1992). *Gesundheit fördern statt zu kontrollieren.* Frankfurt: Fischer.
Türcke, C. (1992): Die pervertierte Utopie. Warum der Fundamentalismus im Vormarsch ist. *DIE ZEIT,* Nr. 16, 10. April 1992.
Ueltzhöffer, J. (1996). Wege zur Bürgergesellschaft: die Geislingen-Studie. In: W. R. Wendt u.a.: *Zivilgesellschaft und soziales Handeln. Bürgerschaftliches Engagement in eigenen und gemeinschaftlichen Bezügen.* Freiburg: Lambertus, S. 121 – 137.
Ueltzhöffer, J. & Flaig, B. B. (1993). Spuren der Gemeinsamkeit? Soziale Milieus in Ost- und Westdeutschland. In: W. Weidenfeld (Hrsg.): *Deutschland. Eine Nation – doppelte Geschichte.* Köln: Wissenschaft und Politik, S. 61 – 82.
Ungewitter, R. (1905). *Die Nacktheit in entwicklungsgeschichtlicher, gesundheitlicher, moralischer und künstlerischer Beleuchtung.* Stuttgart: Richard Ungewitter Verlag.
Ungewitter, R. (1909). *Nackt. Eine kritische Studie.* Stuttgart: RichardUngewitter Verlag.
Ungewitter, R. (1913). *Nacktheit und Kultur. Neue Forderungen.* Stuttgart: Richard Ungewitter Verlag.
Vaassen, B. (1994): *Die narrative Gestalt(ung) der Wirklichkeit. Grundlinien einer postmodern orientierten Epistemologie für die Sozialwissenschaften.* St. Gallen: Dissertation.
Vester, M., Oertzen, P. v. et al. (1993). *Soziale Milieus im gesellschaftlichen Strukturwandel. Zwischen Integration und Ausgrenzung.* Köln: Bund-Verlag.
Vogl, C. (1908). *Der moderne Mensch in Luther.* Jena: Diederichs.
Vontobel, K. (1946). *Das Arbeitsethos des deutschen Protestantismus.* Bern: A. Francke.
Voß, Günter-G. (1991). *Lebensführung als Arbeit. Über die Autonomie der Person im Alltag der Gesellschaft.* Stuttgart: Enke.
Wagner, B. (1987). *Szenen einer Psychiatrie. Streitschrift gegen die Konzentration des Wahnsinns und für mehr psychosoziale Kultur.* Konstanz: Verlag Rainer Magulski.

Wagner, F. (1992). Protestantische Reflexionskultur. In: F. W. Graf & K. Tanner (Hrsg.): *Protestantische Identität heute.* Gütersloh: Gütersloher Verlagshaus, S. 31 – 49.
Walzer, M. (1992). *Sphären der Gerechtigkeit. Ein Plädoyer für Pluralität und Gleichheit.* Frankfurt: Campus.
Walzer, M. (1993). *Kritik und Gemeinsinn.* Frankfurt: Fischer.
Walzer, M. (1994). Moralischer Minimalismus. *Deutsche Zeitschrift für Philosophie, 42,* S. 3 – 13.
Walzer, M. (1994): *Thick and thin. Moral argument at home and abroad.* Notre Dame: University of Notre Dame Press.
Wambach, M.M. (Hrsg.) (1983). *Der Mensch als Risiko. Zur Logik von Prävention und Früherkennung.* Frankfurt: Suhrkamp.
Warner, M. (1989). *In weiblicher Gestalt. Die Verkörperung des Wahren, Guten und Schönen.* Reinbek: Rowohlt.
Weber, M. (1963). Die protestantische Ethik und der Geist des Kapitalismus. In: ders.: *Gesammelte Aufsätze zur Religionssoziologie* I. Tübingen: J. C. B. Mohr.
Wedemeyer, B. (1996). *Starke Männer – starke Frauen. Eine Kulturgeschichte des Bodybuilding.* München: Beck.
Weik, T. (1987). *Umschichtungen. Erfolge und Mißerfolge der Gemeindepsychiatrie.* München: AG SPAK.
Welsch, W. (1990). Identität im Übergang. In: ders.: *Ästhetisches Denken.* Stuttgart: Reclam, S. 168 – 200.
Welsch, W. (1993): „ICH ist ein anderer. Auf dem Weg zum pluralen Subjekt?. In: D. Reigber (Hrsg.): *Frauen-Welten. Marketing in der postmodernen Gesellschaft – ein interdisziplinärer Forschungsansatz.* Düsseldorf: Econ, S. 282-319.
Weltgesundheitsorganisation (1992): Die Ottawa-Charta (1986). In: A. Trojan & B. Stumm (Hrsg.): *Gesundheit fördern statt kontrollieren. Eine Absage an den Mustermenschen.* Frankfurt: Fischer, S. 84-92.
Wemmer, U. & Korczak, D. (1993). *Gesundheit in Gefahr. Daten-Report 1993/94.* Frankfurt: Fischer.
Wette, W. M. L. de (1815). *Über Religion und Theologie.* Berlin: Realschulbuchhandlung.
White, H. (1990). *Die Bedeutung der Form. Erzählstrukturen in der Geschichtsschreibung.* Frankfurt: Fischer (org. 1987).
Wilke, Hermann (1939). *Dein „JA" zum Leibe.* Berlin: Verlag Deutsche Leibeszucht.
Wilkinson, H. (1997). Kinder Freiheit. Entsteht eine neue Ethik individueller und sozialer Verantwortung? In: U. Beck (Hrsg.): *Kinder der Freiheit.* Frankfurt: Suhrkamp, S. 85 – 123
Winther, Fritz (1915). *Körperbildung als Kunst und Pflicht.* München: Delphin.
Wolf, Naomi (1991). *Der Mythos Schönheit.* Reinbek: Rowohlt.
Wolf, S. (1996). Arbeitsplätze auf dem Roulettetisch. Jenseits der Erwerbsarbeit: auf dem Weg in eine Tätigkeitsgesellschaft. *Süddeutsche Zeitung Nr. 213* vom 14./15.09.1996, S. V1/1
Wuthnow, R. (1991). *Acts of compassion: Caring for others and helping ourselves.* Princeton: Princeton University Press.

Wuthnow, R. (1994). *Sharing the journey: Support groups and American's quest for community*. New York: Free Press.
Yeo, M. (1993). Toward an ethic of empowerment for health promotion. *Health Promotion International, 8*, S. 225 -235.
Zahlmann, C. (Hrsg.) (1992). *Kommunitarismus in der Diskussion*. Berlin: Rotbuch Rationen.
Ziehe, T. (1987). Neue kulturelle Suchbewegungen. Nach dem Hedonismus. *SOWI, 16*, S. 247 – 254.
Zimmerman, M.A. (1990). Toward a theory of learnend helpfulness: A structural model analysis of participation and empowerment. *Journal of Research in Personality, 24*, S. 71 – 86.
Zinser, H. (1994). Die Selbstaufhebung des Subjekts in der Hinwendung zu okkulten Praktiken. In: H. Schrödter (Hrsg.): *Das Verschwinden des Subjekts*. Würzburg: Königshausen & Neumann, S. 227 – 237.
Zoll, R. (1993). *Alltagssolidarität und Individualismus. Zum soziokulturellen Wandel*. Frankfurt: Suhrkamp.
Zoll, R. (Hrsg.) (1992). *Ein neues kulturelles Modell*. Opladen: Westdeutscher Verlag.
Zygowski, H. (1989). *Grundzüge psychosozialer Beratung*. Opladen: Westdeutscher Verlag.

Nachweise

Kapitel 1 entstand als Vortrag auf Einladung der Landessynode der Evangelisch-lutherischen Landeskirche und wurde erstmals im September 1994 in der Evangelischen Akademie Tutzing gehalten. Eine veränderte Fassung habe ich im Juni 1995 beim Evangelischen Kirchentag in Hamburg vorgetragen. Veröffentlicht wurde er unter dem Titel „Aktuelle Befindlichkeiten: Zwischen postmoderner Diffusion und der Suche nach neuen Fundamenten." In: Psychologie und Gesellschaftskritik, 19, Heft 1, 1995, S. 29 – 56.

Kapitel 2 ist 1994 als Gutachten für den Gesundheitsbericht des Landes Nordrhein-Westfalen entstanden. Erstveröffentlichung in: Störfaktor, 8, 1995, Heft 31, S. 5 – 28.

Kapitel 3 bildet die Textbasis zu einem Vortrag im Rahmen der Kongresses der Neuen Gesellschaft für Psychologie im Februar 1997.

Kapitel 4 ist als Vortrag für den Weltkongreß für Soziale Psychiatrie im Sommer 1994 verfaßt worden und wurde unter dem Titel „Vom Ende moderner Eindeutigkeiten – Ohne Angst verschieden sein können." In: T.Bock et al. (Hg.): Abschied von Babylon. Verständigung über Grenzen in der Psychiatrie. Bonn: Psychiatrie-Verlag 1995, S. 550 – 559 im Kongreßbericht und erneut in der Zeitschrift Störfaktor, 8, 1995, Heft 32, S. 15 – 32 publiziert.

Kapitel 5 ist erstmals erschienen in: Verhaltenstherapie und psychosoziale Praxis, 27, 1995, S. 483 – 502.

Kapitel 6 geht auf einen Vortrag zurück, der im Februar 1997 im Rahmen der Vorlesungsreihe „Reden über Religion" an der Universität München gehalten wurde.

Kapitel 7 entstand aus einem Lichtbildervortrag im Rahmen der Ausstellung „Verflixte Schönheit" im Deutschen Museum München, die von dem Verein *Anstiftung* veranstaltet wurde.

Kapitel 8 verdankt seine Entstehung einer Einladung des SOS Kinderdorf e.V. zu einer internen Tagung im Schloß Pommersfelden bei Bamberg.

Kapitel 9 ist in vielen Anläufen entstanden. Es waren immer wieder Einladungen zum Thema Kommunitarismus zu referieren, die mir Gelegenheit gaben, meine Gedanken weiterzuführen, u.a. Einladungen von der Katholischen Fachhochschule in Freiburg im Dezember 1995, der Evangelischen Akademie Iserlohn im Oktober 1996, der Katholischen Hochschule für Sozialpädagogik in Saarbrücken im Dezember 1996, der Evangelischen Akademie in Bad Boll im Februar 1997 und der Freiwilligen-Agentur Bremen im Februar 1997.

Kapitel 10 entstand als Vortrag im Rahmen des DGVT-Kongresses im Februar 1996 in Berlin im Themenblock „Handlungsperspektiven der Gemeindepsychologie".

Kapitel 11 wurde als Plenarvortrag ebenfalls auf dem DGVT-Kongreß 1996 in Berlin gehalten. Erstveröffentlichung in gekürzter Fassung in: Psychologie & Gesellschaftskritik, 20, 1996, Heft 80, S. 39 – 64 unter dem Titel „Wer erzählt mir, wer ich bin? Identitätsofferten auf dem Markt der Narrationen" und in voller Länge in: Verhaltenstherapie & psychosoziale Praxis, 29, 1997, Heft 1, S. 41 – 66.

Reihe Fortschritte der Gemeindepsychologie und Gesundheitsförderung
IM DGVT-VERLAG

Bernd Röhrle und Gert Sommer (Hrsg.)
Gemeindepsychologie: Bestandsaufnahme und Perspektiven

Mit dieser Publikation wird endlich die lange vermißte Standortbestimmung der Gemeindepsychologie in Deutschland vorgelegt: Was hat sich in den letzten fünfzehn Jahren getan, welche Trends lassen sich in Forschung und Praxis beobachten? Wie wirken sich die veränderten gesellschaftlichen Rahmenbedingungen aus? Gibt es ein neues Selbstverständnis?

Spannende Fragen, die oft zu überraschenden Antworten und Ergebnissen führen. Außerdem, bzw. in der Entwicklung folgerichtig, setzt sich das Buch zum ersten Mal auch mit der Abklärung des Verhältnisses zwischen Gemeinde- und Gesundheitspsychologie auseinander.

Dieser Band begründet die DGVT-Buchreihe Fortschritte der Gemeindepsychologie und Gesundheitsförderung, die zur Entwicklung einer Psychologie beitragen möchte, die sich ihrer sozialen Verantwortung bewußt ist, an der Gestaltung einer gerechteren und lebenswerteren Welt teilnehmen will und deshalb theoretisch, methodisch und praktisch neue Wege erkundet.

Fortschritte der Gemeindepsvchologie und Gesundheitsförderunq,
Band 1, 1995, 216 Seiten, DM28,-

Aus dem Inhalt:

Heiner Keupp
Gemeindepsychologische Identitäten: Vergangenheit und mögliche Zukünfte
Bernd Röhrle, Simone Glüer und Gert Sommer
Die Entwicklung der gemeindepsychologischen Forschung im deutschsprachigen Bereich (1977-1993)
Irmtraud Beerlage
Handlungsforschung für HIV-infizierte Drogenabhängige
Manfred Zaumseil
Möglichkeiten sozialkonstruktivistischer Forschung am Beispiel eines gemeindepsychologischen Forschungsprojekts
Albert Lenz
Gemeindepsychologisches Handeln an einer Beratungsstelle
Lothar R. Schmidt
Zur gemeindepsychologischen Perspektive in der Gesundheitspsychologie
Toni Faltermeier
Gemeindepsychologische Impulse für eine Psychologie der Gesundheit
Wilfried Beischner
Aufbruch zu einem neuen Gesundheitsverständnis in Gemeinde- und Gesundheitspsychologie

dgvt-Verlag, Postfach 1343, 72003 Tübingen, Tel. (07071) 943434, Fax (07071) 943435

DIE FORUM-REIHE IM DGVT-VERLAG:

11 DGVT (Hrsg.): VERHALTENSTHERAPIE: THEORIEN UND METHODEN-Ein Lehrbuch
1986, 6. Auflage 1994, 306 Seiten, DM 34,-, ISBN 3-922686-76-1

14 J. Bergold, U. Flick (Hrsg.): EIN-SICHTEN - Zugänge zur Sicht des Subjekts mittels qualitativer Forschung
1987, 2. Auflage 1990, 274 Seiten, DM 38,-, ISBN 3-922686-85-0

15 I. Beerlage, E.-M. Fehre (Hrsg.): PRAXISFORSCHUNG - Zwischen Intuition und Institution
1989, 220 Seiten, DM 32,-, ISBN 3-922686-91-5

16 T. Wilson, C.M. Franks, P.C. Kendall, J.P. Foreyt: VERHALTENSTHERAPIE IM ÜBERBLICK - Theorie und Praxis; Band 11
1989, 3. Auflage 1994, 546 Seiten, DM 38,-, ISBN 3-922686-92-3

17 C. Schulze (Hrsg.): GYNÄKOPSYCHOLOGIE
1990, 2. Auflage 1992, 220 Seiten, DM 32,-, ISBN 3-87159-000-2

18 M. Beck, G. Brückner, H.-U. Thiel (Hrsg.): PSYCHOSOZIALE BERATUNG - Klient/inn/en - Helfer/innen - Institutionen
1991, 263 Seiten, DM 36,-, ISBN 3-87159-118-1

19 I. Vogt, M. Bormann (Hrsg.): FRAUEN - KÖRPER - Lust und Last
1992, 2. Auflage 1994, 280 Seiten, DM 38,-, ISBN 3-87159-119-X

20 A. Franke, M. Broda (Hrsg.): PSYCHOSOMATISCHE GESUNDHEIT - Versuch einer Abkehr vom Pathogenese-Konzept
1993, 186 Seiten, DM 34,-, ISBN 3-87159-120-3

21 E. Arnold, U. Sonntag (Hrsg.): ETHISCHE ASPEKTE DER PSYCHOSOZIALEN ARBEIT - Beiträge zur Diskussion
1994, 248 Seiten, DM 38,-, ISBN 3-87159-121-1

22 A.-R. Laireiter, G. Elke (Hrsg.): SELBSTERFAHRUNG IN DER VERHALTENS-THERAPIE - Konzepte und praktische Erfahrungen
1994, 310 Seiten, DM 48,-, ISBN 3-87159-122-X

23 F. Caspar (Hrsg.): PSYCHOTHERAPEUTISCHE PROBLEMANALYSE
1995, 270 Seiten, DM 38,-, ISBN 3-87159-123-8

24 Fritzsche, Fromm, Giese, Imbruck, Jostock, Nutt: WENN DER BERG NICHT ZUM PROPHETEN KOMMT... - Beiträge zur aufsuchenden psychosozialen Arbeit mit Einzelnen & Familien
1994, 288 Seiten, DM 39,-, ISBN 3-87159-124-6

25 A.A. Lazarus: PRAXIS DER MULTIMODALEN THERAPIE
1995, 280 Seiten, DM 38,-, ISBN 3-87159-125-4

26 M. Hermer: DIE GESELLSCHAFT DER PATIENTEN - Gesellschaftliche Bedingungen und psychotherapeutische Praxis
1995, 312 Seiten, DM 48,-, ISBN 3-87159-126-2

27 U. Sonntag et al. (Hrsg.): ÜBERGRIFFE UND MACHTMISSBRAUCH IN PSYCHO-SOZIALEN ARBEITSFELDERN
1995, 332 Seiten, DM 44.-, ISBN 3-87159-127-0

28 I. Attia et al. (Hrsg.): MULTIKULTURELLE GESELLSCHAFT - MONOKULTURELLE PSYCHOLOGIE?
1995, 308 Seiten, DM 38.-, ISBN 3-87159-128-9

29 A. Stark (Hrsg.): VERHALTENSTHERAPEUTISCHE UND PSYCHOEDUKATIVE ANSÄTZE IM UMGANG MIT SCHIZOPHREN ERKRANKTEN
1996, 344 Seiten, DM 48.-, ISBN 3-87159-129-7

30 H.-P. Michels (Hrsg.): CHRONISCH KRANKE KINDER UND JUGENDLICHE Psychosoziale Betreuung und Rehabilitation.
1996, 296 Seiten, DM 44.-, ISBN 3-87159-130-0

31 K. Egidi & M. Boxbücher (Hrsg.): SYSTEMISCHE KRISENINTERVENTION
1996, 216 Seiten, DM 36.-, ISBN 3-87159-131-9

33 Th. Giernalczyk (Hrsg.): SUIZIDGEFAHR - VERSTÄNDNIS UND HILFE
1997, 168 Seiten, DM 28.-, ISBN 3-87159-133-5